日独経済関係史序説

工藤 章[著]

桜井書店

はしがき

　本書の課題は，19世紀末葉から21世紀初頭にかけての，1世紀を超える日本・ドイツ間の経済関係史の輪郭を描き，その主要な論点を提示し，さらにその解明を試みることである．

　この1世紀あまりのあいだ，ドイツは世界的に重要な存在であり続けた．20世紀の前半にはふたつの世界大戦の主役であったし，20世紀後半には，ヨーロッパ統合の牽引車であり，ヨーロッパにおけるアメリカの最も重要なパートナーであった．そのようなドイツは，広く知られているように，日本にとってもまた長きにわたって重要な存在であり続けた．他方，ドイツにとっても，日本は東アジアの一構成要因としてたえず無視しえない存在であった．

　20世紀前半の政治・外交・軍事の分野では，第1次世界大戦の一環としての「日独戦争」に代表される対立および第2次世界大戦期の三国同盟の締結に象徴される協力という二面があった．経済の分野――企業と国民経済――でも，日独間には世界市場における輸出競争および技術ライセンシングなどによる協調という二面を見てとることができる．このような両国間の政治・外交・軍事・経済の諸関係は，いうまでもなく，日本によるドイツ学習を伴っていた．その学習は国家体制の構築という大目標に向けての，法制度，軍事組織，教育制度から科学技術を経て思想に至るまで，広く深いものであって，それは20世紀前半における日本の歩みに深く刻印されている．

　第2次世界大戦後も，両国はとりわけ経済関係――企業間関係および国民経済間関係――において相互に重要な存在であって，その関係は競争と協調という二面をはらみつつ展開されてきた．この時期には，技術や企業経営の分野でドイツが日本を学習するという新たな局面も現れた．それ以上に注目すべきは，両国間の歩みに見られる並行性が戦前期以上に鮮明となったことである．すなわち，同盟国としての敗戦，被占領・改革・復興，そして「経済大国」化という過程に見られる並行性がそれである．

　20世紀末から21世紀初頭にかけて，このような並行性は新たな様相を帯びる

に至った。それはとくに経済の分野で鮮明であって,経済のグローバル化と呼ばれる——それは実は大部分がアメリカ化と呼ばれるべきなのだが——世界経済の趨勢の下で,両国の経済にはさまざまな並行性が認められるようになった。そのため両国の経済は,グローバル化ないしはアメリカ化に乗り遅れた存在として指弾されるにせよ,あるいはアメリカ経済ないしアングロサクソン型の経済に対抗すべき反グローバル化の旗手として期待されるにせよ,いずれにしても相互に参照しつつ論じられ,あるいは一括して論じられることが,以前にも増して頻繁になったのである。

　このような学習と並行性に彩られつつ展開された日独関係の歴史は,政治・外交・軍事の分野については20世紀前半期を中心に研究が進んだが,経済分野に関しては,本書が対象とする全時期を通じて,解明はいまだ緒についたばかりである。他面,第2次世界大戦後,とくに20世紀末から21世紀初頭にかけての日独経済間に認められる並行性に着目した研究は,すぐ前に指摘したように少なくはない。だが,このような並行性の意味と意義も,この時期における両国の経済関係の推移を見ることにより,さらには20世紀半ばまでの両国経済関係の歴史を踏まえることにより,初めて十全に明らかにされるはずである。

　本書は,このような問題意識から,経済——企業と国民経済——の分野に対象を限定したうえで,日独両国が1世紀あまりにわたってどのような関係を構築してきたのかと問い,その歴史と現状を明らかにすることを主たる課題とする。さらに,そのような相互間の関係を念頭に置きながら,日独の経済を比較することをいまひとつの課題とする。その過程で,視野はおのずと西ヨーロッパへ,また東アジアへ,さらには世界経済へと拡大することにもなる。

　本書の編別構成は,このような問題意識と視野の拡大が反映されるように工夫した。すなわち,まず戦前期と戦後期とに時期を区分したうえで,戦前期については日独関係史を概観した論考などを収めた(Ⅰ)。戦後期については,日独双方ないしその一方の資本主義を概観したもの(Ⅱ),資本主義の主たる担い手である企業および資本主義の対内的側面である企業体制に関するもの(Ⅲ),資本主義の対外的側面である国際定位に関するもの(Ⅳ)とに分けた。この企業・企業体制・国際定位という用語については,本書の末尾に付論1として収めた「企業分析の射程」を参照されたい。なお,いまひとつの付論は,日独関

係史というテーマの持つ豊かな可能性を例示したものである。

　ここに収めた論考はいずれも、ここ20年あまりにわたって日独経済関係史を念頭に置きながら書き継いできたものである。ただし、直接に日独経済関係史という主題を扱ったものはむしろ少なく、多くは日本・ドイツのいずれかを対象とするか、あるいは地域的に視野を拡げたものとなっている。だがそのような場合でも、日独経済関係史という主題はたえず念頭にあった。また、日独の比較はその関係の認識を前提としなければならないという思いがつねにあったし、地域的な視野の拡がりは、ヨーロッパにおける地域化の進展を背景とすれば、むしろ自然であった。いうまでもなく、本書によって1世紀を超える日独経済関係史の全容を解明しえたとは毛頭考えていない。ただ、その輪郭を示し、主たる論点を提示し、それらの一部については解明を試行し、そうすることによって日独経済関係史の持ちうる意義を提示しようとするものである。本書を『日独経済関係史序説』と題した所以である。

目　次

はしがき　3

I　戦前期

第1章　日独経済関係の変遷――対立と協調 …………17

はじめに ……………………………………………………………17

第1節　東アジアにおける政治軍事的緊張と経済関係の深化
　　　　――1890-1914年 ……………………………………19

第2節　ヴェルサイユ・ワシントン体制の成立と日独経済関係の
　　　　新たな展開――1914-31年 …………………………23

　1　大戦による経済関係の切断と戦後における外交関係 …………23

　2　日本の重化学工業化と1927年日独通商航海条約の締結 ………27

　3　ドイツの技術への着目――ライセンシングと直接投資における
　　　協調 ……………………………………………………………31

　　(1)　ドイツの軍事技術への着目　31

　　(2)　企業間のライセンシングと直接投資　33

第3節　ヴェルサイユ・ワシントン体制の崩壊と日独経済関係の
　　　　再構築――1931-45年 …………………………………37

　1　貿易とその組織化 ……………………………………………37

　　(1)　貿易の動向と貿易協定　37

　　(2)　国際カルテル網への日本の包摂　41

　　(3)　「大東亜共栄圏」と「ナチス広域経済圏」　43

　2　ドイツからの学習――技術と組織・政策 ……………………46

　　(1)　ライセンシングの活発化　46

　　(2)　組織と政策の学習　49

おわりに …………………………………………………………53

第2章　「満州国」と日独通商関係――幻想の三角貿易 …………63

はじめに …………………………………………………………63

1　ドイツの対中国経済関係……………………………………………………65
　　　(1) 関心の復活――1920年代　65
　　　(2) 政策的接近――1930年代　67
　　2　ドイツの対満州国経済関係…………………………………………………70
　　　(1) 大豆貿易　70
　　　(2) 満独貿易協定　72
　　　(3) 協調の進展　74
　　　(4) 満州国承認　76
　　3　日満独経済関係………………………………………………………………77
　　　(1) 三角貿易――期待と現実　77
　　　(2) 三国同盟――期待と現実　80
　　おわりに…………………………………………………………………………82

第3章　日本企業の発展――技術移転と企業経営………………………………87
　　はじめに…………………………………………………………………………87
　　　(1) 課題　87
　　　(2) 視角としての国際関係企業史　88
　　　(3) 日本への技術・経営移転　91
　　1　過程……………………………………………………………………………93
　　　(1) 旺盛な導入意欲　93
　　　(2) 導入への抵抗　94
　　　(3) 意欲と抵抗の葛藤　96
　　2　構造……………………………………………………………………………97
　　3　成果……………………………………………………………………………99
　　おわりに…………………………………………………………………………100

II　戦後期：資本主義

第4章　西ドイツと日本の経済成長………………………………………………109
　　1　高度成長………………………………………………………………………109
　　　(1) 実績――経済成長至上主義の成功　109
　　　(2) 要因　110
　　　(3) 対外的帰結　113

2　低成長··114
　　　(1) 転換　114
　　　(2) 2度の石油危機　115
　　3　低成長の対外的帰結··117
　　　(1) G3　117
　　　(2) 対立　118
　　　(3) 協調　119
　　4　経済成長至上主義の継続··120

第5章　ドイツ資本主義──経済統合・ヨーロッパ統合・
　　　　グローバル化···123

　はじめに··123
　第1節　経済統合··124
　　1　前提状況···124
　　2　手段と過程···129
　　3　成果···134
　第2節　ヨーロッパ統合··139
　　1　ヨーロッパ統合の進展··139
　　2　ヨーロッパ統合にたいするドイツの立場···143
　　3　ドイツ経済のヨーロッパ化··146
　第3節　グローバル化···148
　　1　グローバル化の進展とドイツ経済···148
　　2　「立地論争」「柔軟化」「改革の停滞」··151
　　3　株式ブームと「株主価値」··154
　おわりに···158

III　戦後期：企業と企業体制

第6章　ドイツ企業体制のアメリカ化とヨーロッパ化·······································167
　はじめに··167
　第1節　企業体制のアメリカ化···170

1　アメリカ化の逆説……………………………………………………170
　　2　グローバル化としてのアメリカ化……………………………………173
　第2節　企業体制のヨーロッパ化……………………………………………176
　　1　覇権の衰退と地域化の進展…………………………………………176
　　2　対抗的グローバル化としてのヨーロッパ化…………………………178
　第3節　ドイツ企業体制のグローバル化……………………………………182
　　1　ヨーロッパ企業体制の未形成………………………………………182
　　2　ドイツ企業体制の変容………………………………………………184
　　　（1）大型合併ブームとその帰結――企業間関係　184
　　　（2）所有の優位，新たな意匠――所有・経営関係　185
　　　（3）企業買収法をめぐる企業・政府間関係　186
　　　（4）集団的・協調的労使関係の「柔軟化」　188
　　3　ドイツ企業体制の危機………………………………………………190

第7章　日本企業の戦後――石油化学……………………………………197
　はじめに――技術導入の射程………………………………………………197
　　1　石油化学工業企業化第1期計画（1955-59年）……………………199
　　　（1）総合石油化学企業の発足　199
　　　（2）中心技術の導入における共通性と差異性　200
　　2　三井石油化学――果敢な挑戦………………………………………204
　　　（1）総合石油化学企業としての発足　204
　　　（2）低圧法ポリエチレン　206
　　　（3）エチレン　210
　　3　三菱油化――体系的展開……………………………………………211
　　　（1）総合石油化学企業としての発足　211
　　　（2）高圧法ポリエチレン　213
　　　（3）エチレン　217
　　4　住友化学――慎重な出発……………………………………………219
　　　（1）総合石油化学企業への道　219
　　　（2）高圧法ポリエチレン　220
　　　（3）エチレン　221
　　5　日本石油化学――異種資本との協調………………………………221

(1) 総合石油化学企業ないしエチレンセンターとしての発足　221
　　　(2) エチレン　223
　　6　総合石油化学企業の発足……………………………………………224
　　　(1) 環境　226
　　　(2) 戦略　228
　　　(3) 成果　231
　　7　1960年代以降の展開……………………………………………231
　　　(1) 導入技術の高度化と国産技術の開発（1959-64年）　231
　　　(2) 開放体制下の量的拡大（1964-73年）　234
　　　(3) プロセス合理化と高付加価値化（1973年以降）　238
　　おわりに──独創技術への挑戦……………………………………240

第8章　日本の企業と企業体制──問題提起……………249

　はじめに……………………………………………………………249
　第1節　国際経済秩序の変容と日本経済……………………………249
　　1　グローバル化・アメリカ化・地域化の重層的ダイナミクス………249
　　2　日本経済──長期停滞基調………………………………………252
　第2節　焦点としての企業と企業体制………………………………254
　　1　長期停滞基調の原因………………………………………………254
　　2　企業と企業体制……………………………………………………256
　第3節　企業と企業体制への接近……………………………………258
　　1　3つの要請……………………………………………………………258
　　2　グローバル化・アメリカ化・地域化と企業体制………………262
　　　(1) 企業体制とその変容　262
　　　(2) グローバル化・アメリカ化・地域化への対応　265

第9章　日本企業研究への視座……………………………271

　はじめに……………………………………………………………271
　　1　焦点としての企業体制……………………………………………271
　　2　比較と関係…………………………………………………………273
　　3　注目すべき研究とそれが指し示す方向…………………………274
　　　(1) 関係を踏まえた比較の試み　274

（2）国際市場における関係を踏まえた比較　277
　　　（3）日本企業の対外進出という関係を踏まえた比較　279
　　　（4）企業体制研究の今後の課題　281

IV　戦後期：国際定位

第10章　日欧経済関係の変貌 ……………………………………287
　はじめに …………………………………………………………………287
　第1節　ヨーロッパ統合と日本──挑戦と対応 …………………289
　　1　日本の挑戦とEC市場統合 ………………………………………289
　　2　ECの挑戦 …………………………………………………………292
　　　（1）マーストリヒト条約批准過程における混乱　293
　　　（2）統合の遅延と進展　296
　　　（3）挑戦の継続　297
　第2節　対立と協調──貿易 ………………………………………298
　　1　通商関係の形成 ……………………………………………………298
　　2　通商コンフリクトのサイクル ……………………………………300
　　3　通商コンフリクトの構造 …………………………………………302
　　4　日本・EC共同宣言の前後 ………………………………………306
　　5　通商手段 ……………………………………………………………307
　　　（1）ECの手段　307
　　　（2）日本の手段　309
　第3節　期待と批判──直接投資 …………………………………312
　　1　日本の投資大国化 …………………………………………………312
　　2　日本の対欧直接投資の動向 ………………………………………314
　　3　日本の対欧直接投資の構成 ………………………………………315
　　4　日欧投資コンフリクトの可能性 …………………………………320
　おわりに …………………………………………………………………323

第11章　ヨーロッパ統合の射程──覇権代替の可能性 ……329
　はじめに …………………………………………………………………329
　第1節　欧州統合の意味転換 ………………………………………332

1　防衛組織から対抗組織へ……………………………………332
　　2　対抗組織を超えて……………………………………………336
　第2節　覇権代替組織としての可能性——通貨統合のケース………341
　　1　通貨統合の意味転換…………………………………………341
　　2　超国家性の位置………………………………………………345
　　　(1)　前提と飛躍　345
　　　(2)　国家主権と超国家性　349
　　3　単一通貨への政治過程………………………………………351
　おわりに………………………………………………………………357

第12章　グローバル化と地域化……………………………………361

　1　グローバル化の潮流……………………………………………361
　　(1)　グローバル化の極致　361
　　(2)　グローバル化という名のアメリカ化　363
　　(3)　アメリカ化の逆説　365
　2　底流としての地域化……………………………………………366
　　(1)　地域化の進展　366
　　(2)　グローバル化ないしアメリカ化への対抗軸としての地域化　367
　3　西ヨーロッパにおける地域化＝地域統合……………………369
　　(1)　高い達成水準　369
　　(2)　多元的様相　372
　　(3)　国家性・超国家性の枠組みを超えて　374
　4　東アジアにおける地域化………………………………………376
　　(1)　達成水準の低位　376
　　(2)　西ヨーロッパ地域統合の日本への含意　378
　　(3)　日本の選択　381

付論1　企業分析の射程………………………………………………387

　1　企業と現代資本主義……………………………………………387
　2　資本主義の基本単位としての企業……………………………388
　3　企業分析の射程…………………………………………………392

付論2　日独関係史への招待…………………………………………397

はじめに……………………………………………………………………397
  1　なぜ日独関係史なのか……………………………………………397
  2　事例：戦後初期の日独経済関係史………………………………401
    (1)「社会化」と有沢広巳　402
    (2) 日独貿易協定　403
    (3)「エアハルト論争」　404
  おわりに――日独関係史が目指すもの…………………………………407

あとがき　409

索引　415

I
戦前期

第1章　日独経済関係の変遷——対立と協調[*]

はじめに

　本シリーズ『日独関係史 1890-1945』を通じて対象とする時期，すなわち19世紀末葉の1890年頃から第1次世界大戦を経て第2次世界大戦が終了する1945年に至るまでの時期において，日独関係の歴史はすぐれて政治的軍事的なそれであった。すなわち，日清戦争の戦後処理をめぐる三国干渉から始まり，日独が干戈を交えた第1次世界大戦に至る緊張と対立の歴史を経て，その後は一転して，防共協定の締結から三国同盟条約の締結に至る接近ないし親和の歴史を経験し，ついには同盟国として第2次世界大戦を戦うことになったのである。だが，このような緊張・対立と接近・親和とに彩られた政治軍事関係をひとたび子細に検討すれば，そこには両国間の経済関係が微妙に絡み合っていた。
　まず，日清戦後の三国干渉を主導した帝国ドイツの動機の背後には，いうまでもなく中国における経済的権益という要因が存在していた。その権益をめぐる日独間の対立が直接に日独戦争としての第1次世界大戦を惹起したとするのは単純にすぎるとしても，経済関係を抜きにしてこの時期の両国関係を語ることはできそうにない。また，三国同盟条約の締結に至る交渉の過程においては，一方で東南アジアの原料資源をめぐる対立と協調が，他方でドイツの最先端技術にたいする日本の軍部や企業の期待が，要因として働いていた。ここでも，政治軍事関係は経済関係と密接に関連していたのである。
　だが，この時期の両国関係を主題としたこれまでの多くの研究にあっては，両国，とくに日本の運命を左右するに至った同盟関係の形成への着目からすれば当然かもしれないが，政治軍事関係に関心が集中するあまり，経済関係への

---

　[*]　初出は「総説2 日独経済関係の変遷——対立と協調」工藤章・田嶋信雄編『日独関係史 1890-1945 第Ⅰ巻 総説／東アジアにおける邂逅』東京大学出版会，2008年である。この論文は田嶋信雄「総説1」と並ぶシリーズ全3巻への導入として書かれた。

目配りは不十分なままであったといってよい。

　他方で，明治国家体制の建設に際して，日本は憲法をはじめとする法制度，軍事組織，教育組織などの分野でドイツから多くを学んだが，技術もその一角を形成していた。ドイツの技術を焦点とする両国の関係は，科学や思想などの文化的関係とも重なり合いながら，1890年以降1945年に至るまで継続された。

　このような技術をめぐる関係は，社会経済史や技術史などの研究分野において近年あらためて関心を惹くようになった。だが，技術移転や技術学習は多くの場合，軍部や企業の活動と不可分に関連しているにもかかわらず，近年盛んになった社会経済史的あるいは技術史的な研究も，こうした文脈を十分に織り込みながらその具体的様相を明らかにしてきたとは言い難いのが現状である[1]。

　このように，本シリーズ全3巻において対象とされる時期の日独関係にあって，その経済的側面は，関係の政治軍事的な展開を理解するうえでも，また日独間の技術移転や技術をめぐる学習の具体的な展開を明らかにするうえでも，不可欠の分析対象となっている。これを別の角度から見れば，政治軍事と技術とはしばしば直結しているのであるが，おそらくそれと並んで，両者のあいだの間接的な関係も重要なのである。そしてその両者を媒介するものが経済関係（輸出入貿易，技術提携ないしライセンシング，直接投資）であり，またそのような関係の当事者たる軍部や企業であったということができよう。

　そこでこの章では，1890年から1945年に至るまでの時期における日独関係の経済的側面の歴史を，一方では政治軍事関係の展開と関連させつつ，また他方では技術を軸とする日本によるドイツからの移転ないし学習にも目を配りつつ，概観することを課題とする。ただし急いで付け加えなければならないが，この章だけでこのような課題を十全に果たしうるとは毛頭考えていない。それだからこそ，全3巻のなかに社会経済史や思想史，あるいは知識社会史などの分野に関わるいくつかの章を設け，そうすることによって，少数ながら存在する日独関係史に関する文献[2]との差別化を試みようとしたのである。そのような諸章に示された歴史像を含む，関係全体の輪郭を提示しうれば，この章の課題は果たされたものといえよう。

第1節　東アジアにおける政治軍事的緊張と経済関係の深化
　　　——1890–1914年

　1850年代に開始され，1868年の明治維新と1871年におけるドイツ帝国の建設を経て拡大した日独の経済関係は，1890年前後に至ってようやく転機を迎えた。この頃，一方ではドイツの東アジアへの政治軍事的および経済的な進出にともなって，両国間には緊張関係が生まれた。他方では，日本の産業革命の進展にともなって，両国間の貿易は量的に拡大するとともに質的にも変化し始め，こうして経済関係の深まりが見られた。両国間の関係には，このように，一見すると相反するふたつの現象が見られるようになった。

　1871年に国家統一を果たしたドイツは，急速な経済発展を背景に，欧米諸国による帝国主義的競争に加わり，フランスやロシア，アメリカなどとともに先行者イギリスの後を追って，東アジアにもその姿を現した。ドイツは1895年4月，日清戦争の講和条件をめぐって三国干渉を主導したのに続き，97年11月には膠州湾を占領し，98年3月にはこれを租借した。また99年2月にはカロリン・マリアナ・パラオの諸島をも獲得していた。この間，日本は朝鮮や満州（中国東北部）における権益を拡張していたから，このようなドイツの東アジアへの政治軍事的な進出は，とくに中国において日独間の緊張を高めることになった。

　ところで，ドイツの東アジアへの政治軍事的な進出は，その経済的進出と相まっていた。両者は相互に促進しあったといってよい。1890年代における経済的進出を担ったドイツ企業としては，これまでの主力であったハンブルクやブレーメンなどに本拠を置く商社に加えて[3]，製造企業も目立つようになった。なかでも化学工業では BASF (Badische Anilin- & Soda-Fabrik)，バイエル (Farbenfabriken Bayer)，ヘキスト (Farbwerke Hoechst) などが合成インディゴなどをはじめとする染料の輸出で成功を収め，鉄鋼・機械工業ではグーテホフヌング製鉄 (Gutehoffnungshütte)，クレックナー・フンボルト・ドイツ (Klöckner-Humboldt-Deutz)，クルップ (Fried. Krupp) が，電機工業ではジーメンス (Siemens & Halske) が，いずれも積極的に進出していた。これらの大企業は，その販路の拡張と維

持のため，すでに東アジアに進出していたドイツ商社を代理店として活用した。他方，このような大企業との紐帯を強めたことによりその力を増したドイツ商社は，1890年代を通じて東アジアの各地に次々と同業組織を設立していった。このような同業組織は，1891年にタイに設立されたのを皮切りに，97年にはシンガポールに，1900年には上海に設立され，その後さらに天津，漢口，広東にも設置された。このような動きのなかで，1900年には，各地の組織を糾合するものとして東亜協会 (Ostasiatischer Verein) が設立された。これはイギリスの同種の組織を模範としていた[4]。ちなみに横浜・東京に同業組織が設立されたのは1901年のことである。これがその後1934年になって商業会議所となり，36年には，それまでに設立されていた神戸・大阪の商業会議所と統合されてドイツ商業会議所となったのである。

　東アジア地域のなかでもとくに日本は，ドイツの製造大企業の関心を惹くことになった。その一因となったのは，この頃から開始された日本の経済発展である。日本では，1880年代末以降，1890年の恐慌による中断をはさみながら，企業設立ブームが生じた。なかでも紡績業と鉄道業では大企業が簇生した。さらに製糸業が力をつけて輸出産業へと伸長し，石炭鉄鋼業や造船その他の機械工業が，海外から導入された近代的技術を基礎に発展していった。日本における産業革命の進行である[5]。日本初の工作機械企業が誕生したのもこの頃である[6]。このような経済発展は，しかしながら他方では，質量両面で供給の限界に直面していた鉄鋼製品や機械，化学製品の輸入の急増をもたらした。ドイツの製造大企業の関心を惹いたのは，まさにこのような日本経済の発展であった。

　事実，ドイツの重化学工業製品にたいする日本からの需要は，日独間の政治軍事的緊張の高まりにもかかわらず増加した。ドイツからの機械輸入はイギリスやアメリカからの輸入を急追し，20世紀初頭にはアメリカからの輸入に追い付く勢いであった[7]。需要の担い手としては企業のほか，軍部が重要であって，ドイツからの輸入は，戦艦をはじめとする軍需物資にも及んだ[8]。このように，東アジア，とくに中国における権益をめぐる日独間の緊張と対立を生んだ過程は，同時に貿易を中心とする両国間の経済関係が深化する過程でもあった。

　このような経済関係の深化は，当然ながら日独企業間の競争を伴った。日本国内市場はいうまでもなく，中国市場においても競争が生まれた。中国はドイ

ツの政治軍事的な進出の目標であったし，ドイツ企業は中国市場に日本市場以上の魅力を感じていた[9]。さらに，ドイツが獲得したカロリン・マリアナ・パラオの南洋諸島においても，日独企業間の競争が展開された。ちなみに，そこではしだいに日本企業が優位に立つに至った[10]。これらの企業間競争が両国の政治軍事的対立に経済的な要素を加えたのである。他面，ドイツ企業は先行するイギリスやアメリカの企業とも熾烈な売込み戦を戦わなければならなかった。日本海軍上層部を巻き込んだ1914年のいわゆるシーメンス事件は，ドイツのジーメンス社とイギリスのヴィッカーズ社の競争の過程で明るみに出たものである[11]。

経済関係の深化と並行する緊張と対立の進展は，通商関係という政府間の次元においても認められた。それは，日本側がかねてから掲げる「条約改正」すなわち不平等条約の撤廃という要求をめぐるものであった。日本側は，一方での経済発展，他方での日清・日露の両戦役における勝利による対外的地位の上昇を背景に，この要求を強めた。これに加えて，日本政府は「条約改正」という目標を達成すべく，対内直接投資の自由化のための条件を整備した。商法の改正や特許法の改正などの法整備，外国人による土地取得の自由化，そして1897年における金本位制採用などの措置がそれである。そのため，欧米諸国もついに「条約改正」という日本側の主張を容れざるをえなくなる。その結果，日独間においても，1896年4月ベルリンで調印された新通商航海条約によって，日本は外国人居留民裁判権を獲得し（治外法権の撤廃），さらに，1911年6月ベルリンで調印された通商航海条約および特別相互関税条約によって，関税自主権を獲得することになったのである[12]。

ちなみに，1911年の条約においては，最恵国待遇の相互供与とともに相互協定税率の設定が規定されていたが，後者の税率については，日英間，日仏間のいずれとも異なり，形式的にも実質的にも完全に互恵的なものであった。このように日本側に有利な結果となったのは，この当時日本の対独輸入額が対独輸出額の4倍に達しており，日本がドイツにたいして「強者の地位」にあったからだとされる[13]。すなわち，対独輸出品のうち，ドイツの関税引上げという対抗措置を被る懸念のあるものは，わずかに羽二重および陶磁器の2品目のみだったのである[14]。

1911年の日独通商航海条約についていまひとつ注目すべき点は，日本がドイツの関税政策を模範としたことである。ドイツは1902年に制定した新たな関税法を基礎として，ヨーロッパ諸国とのあいだに通商航海条約および関税協定を締結した。それは無条件最恵国条項の採用と相互関税協定の締結をもって通商政策の基調とするものであり，これによって「中欧協定制度」(Central European Conventional System) と呼ばれる体系が成立していた。その下で，同地域の関税が軽減されるとともに，その軽減の結果は無条件最恵国条項によって英仏などのすべての条約締結国に拡大された。これがヨーロッパにおける関税体系の安定と通商の発展に寄与したとされるのである。「小村条約改正に於て其の交渉開始前先づ明治43年に関税定率法を改正し，夫れを基礎として各国との交渉を始めたのは此の1902年の独逸の遣り方に則つたものである。」[15]

　前述したような，「条約改正」という目的を達成するために日本政府が遂行した対内直接投資の自由化は，日独経済関係に貿易以外の新たな様式を加えることになった。それまで，直接投資は横浜，東京，大阪，神戸，長崎，函館の居留地においてのみ許可されていた。そのため，ドイツからの直接投資は，輸出入貿易に携わる商社の在日組織向けの投資，在日ドイツ人顧客のためのビール醸造，製パン業，縫製業，時計店，新聞社などへの投資を除けば，皆無といってよい状態であった。「条約改正」との関連でこのような制限が撤廃されたのであるが，日本政府は「条約改正」後も外国企業をなお強く警戒しており，行政実務の場面で種々の制限を課しうる立場にあった[16]。そうした要因も働き，その後も実態には大きな変化はなく，とくに製造業分野での対日投資は皆無であった[17]。

　そのなかにあって，例外的に対日投資に意欲を示したのは電機企業ジーメンスである。同社の日本における事業展開は早く，すでに1860年代には輸出を開始していた。その内容は，重電機と弱電機とを問わず，ほとんどあらゆる種類の製品に及んでいた。このような事業展開を支えるため，同社はまず販売代理店を設置し，次いで現地法人を設置した。それによって日本におけるその事業はさらに拡大した。同社は東アジア市場を一体のものとして捉え，日本をその要ないしはそのための橋頭堡とみなしていた。日本での売上げは同社の東アジアでの売上総額の半ばを占めるほどであった。このような事業展開のなかで，

同社は現地生産を目的とする対日直接投資あるいは投融資の計画を有していた。もっとも，これは実施に至らなかった[18]。

　ジーメンス以外のドイツ大企業は，すでに挙げた BASF，バイエル，ヘキスト，グーテホフヌング製鉄，クレックナー・フンボルト・ドイツ，クルップのほか，機械のマンネスマン (Mannesmann)，MAN，電機の AEG を含めて，対日事業展開の様式としては依然として輸出を重視していた。国際経済関係のいまひとつの様式であるさまざまな形態での技術の移転あるいはライセンシングもまた，直接投資と同様にこの時期にはまだほとんど見られなかった。その事例としては，1908年におけるジーメンスから野口遵・藤山常一への石灰窒素製造法の供与，11年における MAN から川崎造船所へのディーゼル・エンジン製造法の供与，12年におけるマンネスマンから日本鋼管への鋼管製造法の供与という，わずか3件を挙げうるだけである[19]。この時期にはなお，他方で，政府によるドイツ製品の購入とドイツ人技術者の招聘（「お雇い外国人」方式）を通じての技術導入が見られた。その代表的な事例は，1901年2月に最初の高炉の操業が開始された官営八幡製鉄所におけるドイツ技術の導入であろう。

第2節　ヴェルサイユ・ワシントン体制の成立と日独経済関係の新たな展開——1914-31年

1　大戦による経済関係の切断と戦後における外交関係

　1914年6月28日におけるサライェヴォ事件を契機に，ドイツおよびオーストリア・ハンガリーと英仏露とのあいだに戦端が開かれた。戦争は当初の大方の予想に反して未曾有の規模となり，後に「大戦」(the Great War) と呼ばれることになった。このヨーロッパでの戦争にたいして，日本政府は当初は局外中立を宣言したものの，イギリスが日英同盟を前提に戦時協力を要請したことを好機と捉え，東アジア海域からのドイツ艦艇の即時退去または武装解除，および膠州湾租借地の日本側への引渡しを内容とする最後通牒をドイツに突きつけた。そしてこれが容れられなかったため，日本政府は8月23日にドイツにたいして宣戦を布告した。こうして，当時のいわゆる「日独戦争」が開始された。日本陸海軍は早くも11月7日には膠州湾青島要塞を占領し，ドイツ軍は降伏した。

日本海軍は10月14日までに赤道以北のドイツ領南洋諸島（マーシャル・マリアナ・カロリン諸島）を占領したほか，東南アジアで英海軍に協力し，また大戦末期には地中海にまで艦隊を派遣した。この間，日本はヨーロッパ列強の勢力が東アジアから後退した間隙を縫って，ドイツ権益を奪取するとともに，中国にたいしていわゆる21ヵ条要求を突きつけ，東アジア地域における勢力の拡大を目指した。

　日本の対独宣戦布告とそれに続く交戦によって，両国間の経済関係は切断された。まず，両国間の貿易は激減した。1914年の日本の対独輸出額は996万円，ドイツからの輸入額は4492万円であったが，その後，日本の対独輸出はほとんど絶無となり，ドイツからの輸入額は1915年に592万円，16年に414万円，17年に252万円，18年に343万円となり，19年には26万円にまで減少した。もっとも，当初は連合国側の対独経済封鎖の網の目をくぐって，中立国であるスウェーデンやノルウェーを経由しての輸入がかなりおこなわれた[20]。この事実は，「日独戦争」にもかかわらず日本におけるドイツ製品への需要が根強かったことを示しており，それがまた，対独封鎖を遂行するイギリスによる日本非難を引き起こすことにもなった。

　開戦とともに，日独間の通商航海条約もまた失効した[21]。日本政府はとくにイギリスの不満に配慮し，連合国と足並みをそろえるために，1915年9月には対独経済戦争宣言を発し，さらに17年4月には対敵取引禁止令を公布して対独経済関係を切断した。さらに同年7月には，日本政府は日本における特許権をも含むドイツ資産を接収した。ちなみに，そのなかには合成アンモニア製造のためのハーバー・ボッシュ法も含まれていたが，それを利用した企業化の試みは成功しないままに終戦を迎えることになった。このような事業環境の悪化のなかで，在日ドイツ商社の活動もまた萎縮することになった。当初はドイツからの輸入をできるだけ継続したいという日本側の思惑もあって，ドイツ商社の活動はある程度維持された。だがそれも長くは続かなかった。1916年9月には独亜銀行（Deutsch-Asiatische Bank）の横浜支店（1905年開業）および神戸支店（06年開業）が閉鎖された[22]。

　1918年11月11日における休戦協定の調印によって，4年3ヵ月に及ぶ世界大戦が終了した。19年1月にはパリ講和会議が開かれ，その結果は同年6月28

における，連合国とドイツとのあいだでのヴェルサイユ講和条約の調印となった (20年1月発効)。これによって，ヨーロッパ地域には敗戦国ドイツを厳格に統御するヴェルサイユ体制が成立したのであるが，その後ドイツは同条約で課された賠償金を支払う能力を持たないことが明らかになったため，賠償規定の改定およびドイツへのアメリカ資金の投入を内容とするドーズ案が実施され，こうしてヴェルサイユ体制は修正されることになった (「修正ヴェルサイユ体制」)。

他方東アジアにおいては，1921年11月から翌22年2月まで，アメリカの提唱により米英日中仏伊とベルギー・ポルトガル・オランダの9ヵ国が参加して，海軍軍縮および極東・太平洋問題に関するワシントン会議が開催された。その結果は，米英日仏伊の5ヵ国間での海軍軍備制限に関する5ヵ国条約の調印となった。さらにこの会議では，中国の主権尊重・領土保全・門戸開放・機会均等を保証しあい，民族自決主義を謳った中国に関する9ヵ国条約，日英軍事同盟の廃棄を決めた米英日仏4ヵ国間の太平洋に関する4ヵ国条約が調印された。他方，同会議と並行して進められた日中間の交渉を通じて，日本は戦時に獲得した旧ドイツ権益を放棄することを約束した。こうしていわゆるワシントン体制が成立することになった。

ヨーロッパ地域と東アジア地域における講和および戦後処理に関わるこのふたつの体制は，大戦後の国際関係の総体を律する基本的枠組みとなり，研究史では，両者をあわせてヴェルサイユ・ワシントン体制と呼ばれるようになった。ヴェルサイユ体制およびワシントン体制のそれぞれについては多くの研究が積み重ねられており，その経済的側面，とくに通商体制と通貨体制に関しても例外ではない。しかしながら，両体制をあわせてヴェルサイユ・ワシントン体制として観察する試みは，なおごく限られているといわなければならない[23]。このような，両体制を関連させ，単一のヴェルサイユ・ワシントン体制として捉える試みは，繰り返しなされる価値がある。その場合，日独両国は両体制それぞれの焦点をなしていたのであるから，この両国関係の解明は，そのような試みの核心をなすはずである。以下で日独経済関係の概観を与えるに当たっては，この点を念頭に置きながら作業を進めることにしたい。

さて，日独間の外交関係は，ヴェルサイユ条約の発効とともに復活した。その後の1920年代における外交関係については，当時から今日に至るまで，とく

に大きな懸案はなかったものと認識されてきている。そもそも当事者自身がそのような認識を示していた。例えば，再開されたベルリンの日本大使館に戦後最初の外交官として赴任した東郷茂徳（後に太平洋戦争開戦時および終戦時の外相）は，駐日大使として東京へ出発する予定のゾルフ（Wilhelm Solf）との会談を回想して，「『ゾルフ』氏は其際日本を知るには如何にすればいいかとの質問を提出したので，自分はそれに対し日独間には差当り政治上の重大問題はなく……」と答えたと記している[24]。東郷はさらに，その後ベルリンの大使館に勤務した時期（1929-31年）についても，「……日独間の単独なる関係に於ては更に又重大問題を以て目すべきものはなかつた」とし，「……殆ど政治的活動を要することはないので，其間の自分の仕事は日本絵画展覧会を通しての文化的啓発と高松宮両殿下の御来独を迎へたこと等であつた」[25]と記していた。

　たしかに，1920年代を通じて日独間の外交関係には懸案がなく，平穏に推移したといってよいのかもしれない。一方のドイツは，対外的には連合国とのあいだでの賠償・戦債問題に忙殺され，国内的には経済的混乱と政治的不安定を抱えており，東アジアとくに日本に政治軍事的な関心を払う余裕がなかった。日本にたいしてドイツが有したのは，連合国の一員として対独参戦に踏み切り，東アジアにおけるドイツ権益を奪ったことにたいする憤りないし反感であった。賠償問題は対日関係では大きな争点にならなかったものの，戦後，日本の軍人たちが賠償指定などの名目で工場に立ち入って調査したことなどにより，ドイツ側の反感はさらに強まった。他方，日本はヴェルサイユ講和会議では5大国入りを果たした。だが，主席全権西園寺公望以下の代表団は，大国に追随するとの政府方針の下，東アジアにおけるドイツ権益の継承と人種差別の撤廃以外の議題については積極的に発言せず，非力を露呈した。あるいは，すでに大戦前に積年の課題である「条約改正」を果たして安堵し，大戦を経て「独禍東漸」の脅威が消滅したこと，国際連盟の常任理事国となって大国の仲間入りを果たしたことなどの成果に満足したということであろうか。

　だが，はたして1920年代を通じて日独外交関係は平穏無事に推移したと言い切ってよいのであろうか。経済関係を視野に入れたとき，日独関係の相貌はかなり違って見えてくるのではないだろうか。以下，この疑問に留意しながら，日独の経済関係を観察していきたい。

2 日本の重化学工業化と1927年日独通商航海条約の締結

　第1次世界大戦によって切断された日独の通商関係は，休戦とともに復活した。それとともに，戦前日本で活動していたドイツ商社も活動を再開した。ただし，東アジア全域におけるドイツの権益は失われ，その通商・金融・海運・通信ネットワークも壊滅状態に陥ったし，東アジアにたいするその関心も当面は低下したままであったから，ドイツ商社に戦前の勢いはなかった。他方，この間隙を縫って，日本の商社が日独間の貿易に積極的に参入した。三菱商事を先頭に，日本の商社が相次いでドイツに出張所や支店を開設したのはこの頃である。ドイツ商社と日本商社とのあいだの日独貿易の取扱いをめぐる角逐は，すでに大戦前に激しさを増していたが，ここでも，敗戦はドイツに大きな損害を与えたのである[26]。

　ドイツ経済は，総力を挙げて戦争を遂行したことによる疲弊に加え，革命とその後の混乱，さらにインフレーションの昂進によって，いっそう疲弊した。そのため，ヴェルサイユ条約の下で予定されたドイツによる賠償支払いが不可能となった。この困難の克服のために，アメリカ資金の導入が計画されるとともに，条約中の賠償規定も改定された。これらを内容とするドーズ案の実施を踏まえて，ドイツは1924年8月に金本位制に復帰し，それとともに産業合理化を国民経済的課題として掲げてこれに邁進した[27]。

　大戦によって疲弊したドイツ経済とは対照的に，日本経済は大戦によって好影響を受けた。1915年以降，輸出の拡大にともなって大戦ブームが起きた。経済規模は急激に膨張し，1914-19年のGNP成長率は名目で226％，実質で42％に達した。国際収支は開戦前の赤字から一転して大幅な黒字を記録し，日本は債務国から一挙に債権国に転換した。しかし，終戦とともに内外の需要が急減し，また欧米の企業が東アジア市場に復帰してくると，このような好況は終焉し，20年には激しい戦後恐慌に見舞われることになった[28]。

　しかしながら，大戦によって日本経済にもたらされた変化は，終戦によっても元に戻りえない不可逆的な内容を持っていた。その焦点となったのが，戦時期に勃興した重化学工業の諸部門とそこにおける企業の存在である。終戦後まもなく，欧米の工業製品が東アジア市場に復帰し，日本市場にも押し寄せた。その中心は鉄鋼製品，機械，窒素肥料などであり，それは戦時期に生まれた日

本の重化学工業企業にとって脅威となった。日本の重化学工業企業はなお品質・価格の面で競争力が弱かった。また重化学工業製品の国内需要者は，海外の高品質製品を求めた。さらに，重化学工業の勃興それ自体が，機械などの新たな輸入の契機ともなった。このように，終戦とともに日本の重化学工業化の限界が露呈された。

　欧米企業のなかでも大陸ヨーロッパの企業は，相互に競争しつつ，製品価格を引き下げながら輸出圧力を強めつつあった。日本の大陸ヨーロッパからの輸入は，戦後かえって増加した。日本は世界市場におけるヨーロッパ製品の重要な輸入国となった。大陸ヨーロッパ工業国の中心にはドイツが位置していた。とくにドイツ製の機械，染料や窒素肥料などの化学製品は，堰を切ったように日本市場に流入した。大戦前に見られたドイツ工業製品の日本への輸入の増大傾向は，大戦の勃発によっていったんは中断されたものの，大戦終了後復活した。

　ドイツの対日輸出は1913年の1億2200万マルクから26年には2億4030万ライヒスマルクへと増加し，28年にはやや減少したが，それでも2億1290万ライヒスマルクであった。他方，ドイツの日本からの輸入は，戦前13年の4660万マルクから26年には1850万ライヒスマルクにまで落ち込み，その後わずかに回復したものの，28年は3980万ライヒスマルクであった。その結果，貿易収支は戦前から引き続きドイツ側の大幅な出超を記録していた。その幅は大戦前よりもむしろ増大していた。商品構成では，大戦直前の1913年と比べて顕著な変化は見られなかったものの，多少の入れ替わりはあった。ドイツの対日輸出品目では，鉄鋼製品，一般機械，電気機械，窒素肥料などの増加が目立つ。日本の対ドイツ輸出品目では，引き続き軽工業ないし雑工業製品が中心であった。ただし多少の変化が見られ，戦前の品目には植物性蠟，薄荷油，糸瓜，寒天，種子類，陶磁器，絹織物，銅製品などが挙がっているが，戦後は羽毛，貝ボタン，紙製品，陶磁器，繊維製品，絹織物，魚類缶詰などが目立った[29]。

　機械を中心とするドイツからの工業製品の輸入は，日本の重化学工業化の進展にとって決定的な意義を有していた。他方，日本の輸出製品はドイツ経済にとっては限界的ないしは奢侈的な品目であった。量的に見ても，日独間貿易はドイツにとってよりも日本にとって大きな意義を有していた。すなわち，1928

年における日本の貿易に占めるドイツの地位は，輸入先として6.1%であったが（輸出市場としては0.6%），他方，同年のドイツの貿易に占める日本の地位は，輸出市場としては1.8%，輸入先としては0.3%にとどまっていた[30]。

　欧米諸国からの工業製品の輸入は，それが日本の重化学工業化の進展にとって不可欠であったという面はあるとしても，その競争圧力に直面した重化学工業企業にとっての困難を惹起したことはいうまでもない。したがって，日本政府は誕生後まもない重化学工業企業の保護を目的として，関税引上げのほか，種々の量的統制措置を採用した。その最も端的な事例が，染料にたいする輸入許可制という直接的な輸入制限措置である。これは1924年6月に農商務省（商工省の前身）が省令によって実施したものであって，その狙いは事実上ドイツ染料の輸入制限にあった。ドイツ製染料は戦後当初はアメリカなどの製品に押されていたが，まもなくそれらを押しのけて日本市場を席巻していたのである。

　この保護措置にたいして，ドイツ染料企業（それらはまもなくIGファルベン〈IG Farben〉を結成するに至る）が猛然と反発したことはいうまでもない。だが問題はそれにとどまらなかった。染料は日独間の貿易品目のなかで最も重要なもののひとつであった。そのためこの問題は，当時開始されていた新たな通商航海条約を締結するための両国間の交渉とも絡み合うことになった。

　すなわち，戦前の1911年に結ばれた通商航海条約が大戦初期に失効した後，戦後はヴェルサイユ条約の規定によって，ドイツは連合諸国への一方的な無条件最恵国待遇の供与を義務づけられていた。この規定はむろん日独間についても適用された。日本政府は，ドイツに無条件最恵国待遇を供与せず一方的に最恵国待遇を受ける片務的事態を幸いとして，それによる利益を享受する方針をとった。それは，ヴェルサイユ会議以来の，連合諸国とくに英仏に追随するという方針の，通商政策における適用でもあった。これにたいしてドイツ側は，ヴェルサイユ条約の当該規定が失効する1925年1月を待つという方針を打ち出した。こうして，1925年1月以降，無条約状態の下で，日独双方はあらためて通商条約の締結に向けての交渉を開始することになった。

　その際，染料問題の解決が，通商条約交渉を軌道に乗せるために避けて通ることのできない課題となった。染料をめぐる両国間の交渉は，双方の外務省間の通商条約交渉とは別に，日本の染料工業の利害を代表する商工省とIGファ

ルベンとのあいだでおこなわれた。その結果，1926年8月に斎藤・ヴァイベル協定という名の一種の紳士協定が調印されることになった。その趣旨は，日本において国産化が進行している染料品目に関して，ドイツ側が輸出を自主的に規制するというものであった。この染料問題の解決をまって新たな日独通商航海条約が調印されたのは，27年7月のことである。この条約の骨子は双方が無条件最恵国待遇を与え合うところにあり，これによってようやく通商関係が正常化された[31]。

ドイツにとっては，ヨーロッパ諸国とのあいだの通商条約網の再建が，より切実な課題であった。とくに対仏通商条約の締結は，両国鉄鋼業の関係の調整とも相まって，最も重要な課題であった[32]。日本との通商条約は，ドイツにとっては周辺的な意義しか持たなかった。これにたいして日本では，この通商条約の締結は，その経済的な意義以上に政治的な意義が喧伝された。この条約は戦後東京で調印された大国とのあいだでの最初の条約であり，ドイツは日本を大国として遇する最初の大国であるとされた。戦前における「条約改正」の延長上に，この条約の調印は大国としての威信を発揚する好機と受け止められたのである。

この1927年の通商航海条約の調印が，1920年代における日独経済関係のひとつの頂点をなした。それはまた国際的な通商条約網の再建の一環をなしていた。通商体制と並んで国際経済関係の軸をなす通貨体制にあっては，日独の関わり方はこれとは異なっていた。すなわち，日本経済は1920年の戦後恐慌を経験した後，傾向的には重化学工業化・電化・都市化の進展のなかで経済成長を続けるのであるが，1923年9月の関東大震災の後産ともいうべき27年の金融恐慌に襲われる。そのため，通商条約網の再建と並ぶ，国際経済関係における「常態への復帰」に向けてのいまひとつの課題である国際金本位制への復帰は遅れた。それが果たされたのは，ようやく30年1月における金輸出解禁によってのことであった。この間，ドイツはすでに24年8月には金本位制への復帰を果たしていた。こうして，ヴェルサイユ・ワシントン体制の通貨面における表現ともいうべき国際金本位制にあって，敗戦国ドイツは早々とその体制に復帰したのにたいして，戦勝国日本はそれより5年あまりも遅れて復帰した。ここでは，日独双方はそれぞれに別々の道を歩んだといってよい。それだけに，1927年にお

ける日独通商航海条約の調印は，とくに日本側において格別の意義を有するものと評価されたのである。

　こうして，1920年代における日独経済関係を概観すれば，この時期の両国間の外交関係が平穏であったという通念は，多少とも修正を必要とするといわなければならない。大国化の途を歩み始めた戦勝国日本と，大国の力と威信を傷つけられた敗戦国ドイツとのあいだの関係は，相当に波乱含みだったのである。

3　ドイツの技術への着目——ライセンシングと直接投資における協調
(1)　ドイツの軍事技術への着目

　大戦の終了にともなって日独通商関係は復活したが，同時に，あるいはそれに先行して，ドイツの技術への日本側の注目あるいは渇望もまた復活した。ドイツ技術への日本側の注目は戦前以来のものであるが，大戦中にも維持された。というよりも，直接の交戦の経験を通じて，あるいはまたユトランド沖海戦などの戦闘の研究を通じて，ドイツの砲術，ドイツ製の潜水艦や航空機の優秀性が認識され，むしろ戦前以上に着目されるようになった。ドイツ製潜水艦7隻が戦利品として日本に回航されるという事実もあった[33]。

　日本の軍部は，すでに1918年11月の休戦の直後から，ドイツからの技術情報の入手に向けて動き出していた。陸軍は参謀本部の提案に基づき，軍事視察団をドイツに派遣した。一行は翌19年4月，ベルリンに到着している。その目的はドイツに抑留されている日本人捕虜の本国への送還やドイツの政情視察であったが[34]，彼らがドイツからの技術情報の入手に無関心であったとは考えにくい。さらに同年5月には陸軍省がドイツの「戦役間ニ於ケル諸施設，特ニ技術ニ関スル発明，設備等ニシテ学ブベキモノ甚ダ多ク，且ツ目下工場等ヲ解放シ，研究視察ノ便宜アリ。依テ陸軍ヨリ軍用技術調査研究ノ為，佐尉官約十名ヲ差遣セントス」という決定を下していた[35]。

　海軍もまたいち早く，少将加藤寛治を団長とする視察団を欧米に派遣したが，そのなかでとくに重視された訪問国はドイツであった。一行はヴェルサイユ条約が調印された直後の1919年7月に日本を発ち，ドイツを訪問した後，イタリア，フランス，イギリス，アメリカなどを歴訪して20年6月に帰国している[36]。いま一度東郷の回想によれば，「媾和条件に関する議論が猶酣なる時，同少将

は突然『カイザーホーフ』に自分を訪ね，『君の電報により今度来ることになつたから宜敷頼む』とのことであつた。其趣旨は，自分が入独後暫くしてから，独逸の技術を日本に移入する好時期と思ふから，日本の実業家を派遣せらる様取計を乞ふ旨の電報を東京に発したことがあるので，加藤少将一行は右電報に刺戟せられ独逸の軍事上の技術を移入する目的を以て来たと云ふ訳だ。」[37)] その加藤は帰国後の皇族講話会での講演で，「……独逸の科学工業の進歩は真に驚くべきものが御座ります。砲煌，砲弾，火薬，飛行機，飛行船の製作は元より測距，写真等に欠くべからざる光学機械『レンズ』等の驚くべき精度，又は毒瓦斯，発霧装置の発明より潜水艦の進歩と其効果等に至りまする迄真に世界の何れの国も企て及ばざる程度のものでありまして……」と，ドイツの技術を高く評価し，「此度の全旅行は独逸を殆ど主と致しまする様な結果に立至りました」と述べている[38)]。加藤たちは調査に従事しただけではなく，ドイツ製工業製品を購入することまでもおこなっていた。すなわち，「加藤調査団は海軍省軍務局の指示により，講和条約に抵触する2200トン型潜水艦（U142型）のディーゼル機関・二次電池の輸入に熱意を持ち，政府筋ではなく商事会社間（日本は三菱造船）の取引による商船用主機械として，実物を横須賀海軍工廠へ搬入した史実もあった。」[39)]

　日本の軍部がドイツの軍事技術に着目した理由としては，このような戦時期における直接間接の経験のほか，その後ワシントン会議において日英同盟の廃棄が決定されたことが大きい。日英同盟の廃棄により，海軍はこれまでのようにイギリス海軍からの技術的支援を得にくくなった。その分，技術導入先としてのドイツへの期待が増大し，また現実にもドイツへの技術者の派遣が増加していったのである[40)]。

　他方，ドイツ側が日本からの要請に応えた要因としては，ヴェルサイユ条約によって陸軍が10万人規模に，また海軍も１万5000人規模に制限されるとともに，軍需生産の規模および軍事技術の適用が，とくに航空機および潜水艦を中心に，厳しく制限されたことが挙げられる。このため，軍需生産に携わってきたドイツの企業は，工場閉鎖と解雇を避けて生き延びるために，生産拠点を国外へ移転してカムフラージュし，製品輸出およびライセンシングに意欲を示した。そこから，新興の大国である日本の市場への製品輸出および技術供与への

期待が膨らんだ。ドイツの技術者や経営者は，市場を求めて日本に殺到し，軍部と企業，大学や研究所に売込み攻勢をかけた。

その代表的事例は航空機である。ほとんどすべてのドイツの航空機・航空機エンジンのメーカーが日本に関心を持ち，販売攻勢をかけた。このうち，ロールバハ (Rohrbach) 社はデンマークに本社を移していたが，1925年には社主自身が来日し，軍関係者などを前に講演するなどして，軍とくに海軍への売込みを図った。同社はまた三菱と合弁企業を設立し，これを通じてライセンシングをおこなった。ドルニエ (Dornier) 社も社主自身が来日して講演などの売込み活動をおこなった。そして製品輸出には成功しなかったものの，1924年，川崎造船所とのあいだにライセンス供与協定を結んだ。ちなみに，この協定締結を仲介したのはイリス商会 (C. Illies & Co.) であった。このライセンシング協定に基づいて，川崎造船所の子会社である川崎航空機は DoN 型戦闘機を製造し，以後次々とその他のタイプの航空機を生産した[41]。潜水艦の分野でも，ドイツから多くの技術者が日本を訪れた。海軍ではドイツから招いた技術者の指導によって潜水艦の建造を進めた。クルップ・ゲルマニア造船所の技術者は川崎造船所において指導に当たった。潜水艦に関連する分野でも，MAN のディーゼル・エンジン製造技術，ジーメンスの電動機および蓄電池，ツァイス (Carl Zeiss) 社の潜望鏡などが，ドイツ人技術者の手で持ち込まれている[42]。

(2) 企業間のライセンシングと直接投資

日本側におけるドイツ技術への注目には，軍事的な理由があったばかりではなく，いうまでもなく，広範な経済的産業的な背景があった。戦時期に海外からの工業製品の輸入が途絶した日本では，これを好機と見た政府による重化学工業育成政策が遂行されたこともあって，重化学工業化が本格的に開始された。しかしいったん戦争が終結すると，日本市場にはふたたび欧米の工業製品が流れ込んだ。日本の企業の多くはそのような工業製品，とくに産業機械や染料などの化学製品を需要したが，誕生したばかりの重化学工業企業にとって，このような輸入はいうまでもなく重大な脅威であった。それと同時に，多くの企業は欧米の先進技術を導入する必要を感じていた。

この頃日本では，アメリカの技術がますます注目されるようになっていた。

アメリカではすでに第1次大戦前，大量生産・大量流通・大量消費という経済・社会の新たな仕組みが形成され，それを支える技術と技術体系が生まれ，かつそれに合致した企業形態や企業経営が発展しつつあった。そのため，アメリカの影響ないし「アメリカ化」の波は，大戦前，世紀転換期には日本にも及んでいた。大戦を経て，この「アメリカ化」の波はさらに強まっていた[43]。それにもかかわらず，少なからぬ日本企業は，軍需生産に直接関わらない企業であっても，ドイツの技術に着目した[44]。その際，戦時におけるそれらの企業の経験がドイツへの傾斜の一要因となった。すなわち，敵国資産として日本政府によって差し押さえられたドイツの特許権を基礎に，日本側では自力での企業化が試みられたが，製造技術に関する経験が乏しかったために成功せず，日本企業は戦後あらためてドイツからの技術導入を試みたのである。その好例がアンモニア合成のためのハーバー・ボッシュ法の事例であった。「……住友の鈴木馬左也氏が『ハーバー』式空中窒素安定法の特許権を買入れんが為め，多数の部下を引率して入独したのである。自分は右に対しては大なる興味を有して居たので，双方を招いて会談の機を作る等，相当の便宜を供与したが，独逸側にて当時猶自己の技術を高く評価すると共に，日本の技術を過小評価したる事情其他日本側の都合もあり，交渉進捗せざる間に『カップ・プッチュ』に遭遇したる為め，一行は匆惶和蘭に引揚げ其儘となつたことがある。」[45]

　ドイツの技術，とくに製造技術への着目は，ドイツにおいて目覚ましく発展した物理，化学，医学などの自然科学への憧憬とも関連していた。大戦後には何人もの科学者が日本に招待された。物理学のアインシュタイン（Albert Einstein）は1922年に来日して，専門家の枠を越えて広範な市民の熱狂的な歓迎を受け，一種の文化現象となった[46]。また24年に来日した化学者ハーバー（Fritz Haber）も学界に刺激を与えるとともに，彼の親日的な態度と発言は，折から進められていたドイツ染料の対日輸出に関する両国間の交渉にも影響を及ぼした。さらに，彼の主導によってベルリンに日本研究所が設立されることになり，それに対応するものとして東京に日独文化協会が設立された[47]。ドイツへの憧憬とドイツからの学習への意欲は自然科学に限られず，社会の全般に及んだ[48]。

　一方で，日本企業がこのようにドイツの技術に着目し，その導入に意欲を燃

やしていた頃，ドイツ側にあっては，もっぱら軍需生産に携わってきた企業を除けば，多数の企業は日本への技術供与にたいして消極的あるいは拒否的であった。その典型例は化学企業 IG ファルベンに見ることができる[49]。ただ，日本企業の熱意に押されてライセンシングをめぐる交渉に入るドイツ企業もあった。前述のように，ライセンシングは第1次世界大戦前にはごくわずかの件数を確認しうるのみであるが，大戦後には多少とも増加したものと推測される。もっとも，ライセンシングに関する統計は，ごく簡単なものでさえ見出しえない[50]。

　日本市場に関心を持つドイツ企業にとっては，ライセンシングという進出形態と並んで，直接投資という選択肢もあった[51]。大戦前，世紀転換期に日本政府は対日直接投資の自由化に踏み切っていた。大戦後，欧米企業による在日企業の経営権の掌握にたいしては，依然として種々の制約が課されたものの，資本自由化の方針は継続された。だが，ドイツ企業は対日直接投資にはきわめて慎重であった。そもそも，その多くは大戦により在外資産・権益の多くを喪失していたため，対外直接投資には慎重になっていた。当然ながら，その慎重さは遠隔の日本についてとりわけ顕著であった。日本市場に関心を有するドイツ企業の多くは，対日事業展開の様式としては製品輸出を重視した。対日事業展開に積極的であった IG ファルベンも，この点では例外ではなかった。1920年代において，IG ファルベンには対日直接投資に関する具体的な計画はなかった。窒素肥料の分野で朝鮮において現地生産を実施する構想はあったが，これも具体化されなかった[52]。

　直接投資の件数については，1931年時点での商工省による調査がある。これによれば，貿易，保険などを除く外資系製造企業は計88社存在した。その国籍別内訳は，アメリカ籍36社，イギリス籍21社，ドイツ籍17社，以下，スイス籍3社，中国籍2社，フランス籍，ルクセンブルク籍，チェコスロヴァキア籍各1社，不明6社となっている。企業数でいえば，ドイツはアメリカ，イギリスに次いで第3位であった。このドイツ系企業17社について，所有・経営形態別内訳を見ると，外国法人（販売のみ）5社，日本法にもとづく法人12社となっていた。また，その産業別内訳を見ると，機械器具7社，電気機械3社，人絹2社，綿糸メリヤス2社，飲料，感光紙，毛糸各1社となっていた[53]。

日本興業銀行による対日直接投資に関する調査を見ると，そこに登場するドイツ系企業は，富士電機製造，旭ベンベルグ絹織，後藤風雲堂の3社のみである[54]。宇田川勝の研究では，外資系製造企業として39社が挙げられている。ただし，そこにいう外資系製造企業とは，日本において現地生産をおこなっているかどうかは問わず，製造業に属する企業である。このような意味での外資系製造企業39社のうち，ドイツ系企業はシーメンス・シュッケルト電気，後藤風雲堂，旭絹織，富士電機製造，日本ベンベルグ絹織の5社であった。外資系企業の活動が最も活発であった石油，重電機，タイヤ，自動車の4産業分野に関わるドイツ系企業は，富士電機製造のみであった[55]。

　ドイツ企業の対日直接投資は，その多くが販売拠点の設立を目的としていた。生産拠点を構築して現地生産にまで進む直接投資はきわめて稀であった。そのきわめて稀な事例が，電機企業ジーメンスによる投資である。前述のように，同社はすでに大戦前に日本においてかなりの規模の事業を展開していた。大戦を契機として，日本でも電機企業が発展するとともに，ふたたび対日輸出を開始した欧米企業も加わって，日本市場での競争は激しさを増した。このような事態に直面したジーメンスは，日本政府による資本自由化政策の継続という条件の下で，1923年8月，古河企業集団の一員である古河電気工業との合弁により富士電機製造（以下，富士電機と略記）を設立した。ジーメンスの資本所有比率は約30％であった。ジーメンスは富士電機にたいして現物出資の形で技術を供与したほか，工場長を派遣した[56]。これはドイツ企業による現地生産を目的とした直接投資のなかで最大規模のものであり，第2次世界大戦以前におけるドイツ企業の対日直接投資としては最も重要な事例であった。

　富士電機の事業展開は困難の連続であった。1923年9月1日，新会社が業務を開始した当日，関東大震災が発生した。幸い，従業員にも本社事務所の建物にも被害はなく，ジーメンスからの輸入業務を引き継いだために在庫品と引渡し前の製品があり，これによって支障なく営業を継続できた。さらに，震災後の復興に向けて電気機器の需要が急増し，在庫品を売りさばくことができた[57]。しかし，その後も富士電機の苦難は続いた。ジーメンスによる出資は現物（技術）によるものであって，古河側がすべての資金を調達しなければならなかった。だが，古河は満州における大豆投機の失敗により莫大な損失を

被っていたため，資本金の払込みに困難を覚えていた。当初の払込みは授権資本金1000万円の4分の1の250万円のみであり，その後は小額ずつ払い込み，30年末にようやく900万円の払込みが終了するという有様であった。富士電機は赤字を埋め合わせるために，いくつかの銀行から資金を借り入れた。借入額は25年3月には合計260万円に上っており，その後さらに180万円の借入れをしなければならなかった。同社のジーメンスへの未払い代金は，27年初頭までに200万円以上に達していた。同社はジーメンスと交渉し，この未払い代金を100万ドル，利率7.5％の借款とする合意を取り付けることができ，小康を得た[58]。

それもつかの間，昭和恐慌期に入ると，富士電機の経営危機はさらに深刻になった。同社は組織を縮小し，人員を削減した。1930年5月，従業員の16％に当たる205名を解雇し，また賃金俸給の引下げに踏み切った。31年9月には第2次人員整理をおこなわなければならなかった[59]。

なお，日本企業の対ドイツ直接投資も，わずかながらあったが，その多くは三菱商事，三井物産，大倉商事などの商社によるものであり，しかも主としてドイツからの工業製品輸入および技術導入を目的として設立されたものであった。その他，海運では日本郵船，大阪商船がハンブルクに事務所を構え，金融では横浜正金銀行がベルリンおよびハンブルクに支店を開設していた。それ以外の分野で特異なケースとしては，日本からドイツへの技術移転を目的としてベルリンに設立されたオストルルギ有限会社（Ostlurgi GmbH）がある[60]。しかしながら，製造業の分野での直接投資は皆無であった。

第3節　ヴェルサイユ・ワシントン体制の崩壊と日独経済関係の再構築——1931-45年

1　貿易とその組織化

（1）貿易の動向と貿易協定

1920年代初頭に成立したヴェルサイユ・ワシントン体制は，1930年代の半ばまでには崩壊した。その政治軍事面を見れば，西ヨーロッパにおけるヴェルサイユ体制は，1933年1月に成立したナチス政権が35年3月に再軍備を宣言してヴェルサイユ条約による軍事的制約を廃棄したことによって崩壊した。他方，

東アジアにおけるワシントン体制は，1931年9月の満州事変，33年3月の日本の国際連盟からの脱退によって崩壊し始め，35年12月における日本によるワシントン海軍軍縮条約（5ヵ国条約）の廃棄通告，36年1月における日本の第2次ロンドン海軍軍縮会議からの脱退によって最終的に崩壊した。

　このようなヴェルサイユ・ワシントン体制の崩壊過程を経済面から見れば，崩壊の開始は，実は世界恐慌の発生に先行していた。1920年代後半，アメリカの好況と株式市場の活況により，ドイツに投下されていたアメリカ資金が本国に逆流し，そのためドイツは資金不足に陥り始めた。そのうえ，ドイツの景気はニューヨーク証券取引所における株価の暴落に先行して下降に向かったため，ドイツの賠償支払い能力が低下した。賠償をめぐる連合諸国とドイツとのあいだでの新たな合意によってもこの問題は解決されず，景気下降から恐慌に陥るなかで，ドイツは1931年7月には金本位制を事実上停止した。こうして，ヴェルサイユ体制（あるいはドーズ案を経た「修正ヴェルサイユ体制」）は崩壊に向かったのである[61]。

　他方，東アジアにあっては，アメリカの景気下降のため日本の対米絹糸輸出が激減したことによって，日本の景気下降に拍車がかかり，1930年1月における金輸出解禁すなわち金本位制への復帰も，資金の対外流出の契機となって，かえって世界恐慌の日本への波及を加速した。こうして日本も，31年9月にイギリスが金本位制を離脱した後を追って，同年12月に金輸出再禁止すなわち金本位制の停止に至る。ここに，ワシントン体制の崩壊が経済的に確認されたのである。

　日独両国はヴェルサイユ・ワシントン体制のふたつの焦点であり，またその崩壊の震源地ともなったが，1930年代前半にあっては，政治外交的にはなお互いに疎遠であった。1933年3月，日本が満州事変に関するリットン調査団報告書の採択を不服として国際連盟を脱退し，ナチス政権もまた同年10月に再軍備の意思を秘めて日本の後を追ったが，この両国による国際連盟からの脱退は，何ら共同歩調の結果ではなく，それぞれの外交方針の帰結にすぎなかった。むしろ，ドイツはリットン調査団報告書の採択に賛成し，「満州国」（以下，括弧を省略する）不承認の立場をとっていた。

　両国間の貿易も，世界恐慌発生の直前には拡大したものの，世界恐慌が深化

するなかで縮小の一途をたどることになった。ドイツの対日輸出は1928年の2億1300万ライヒスマルクから32年の8100万ライヒスマルクへと60％強も減少した。またドイツの日本からの輸入も，同じ時期に4000万ライヒスマルクから1900万ライヒスマルクへと50％強の減少をみた[62]。日独ともに金本位制を停止し，またともに金外貨の流出により同種の困難に陥っていた。ライセンシングによる技術提携や直接投資も途絶した。こうして経済関係は縮小した。

　世界恐慌からの脱出の過程にあっても，両国はそれぞれ独自の道を歩んだ。ドイツは国内需要に支えられて早期に景気回復に向かった。対外的には引き続き対ヨーロッパ貿易が中心であった[63]。他方，日本でも円相場の低落に支えられて輸出が増加し，また満州事変を契機に拡張的財政政策へ転換したことも加わって，景気はやはり早期に回復に向かった。日独間の貿易は回復に転じたが，その増勢は微弱であった。その商品構成においては，世界恐慌前に比べて変化が見られた。ドイツの対日輸出の商品構成では，羊毛・毛織物が消えるとともに，鉄鋼製品，電気機械，染料，肥料が著しく減少した。他方，一般機械がとくに1930年代後半に著増し，また新たに医薬品が登場した。このような変化は，部分的には日本の重化学工業化の本格的進展を反映したものであったが，概していえば補完性がますます薄くなり，競合関係が強まった。

　日本では，ドイツからの武器などの軍需物資の輸入を拡大すべきだとする主張が，軍の内部で強まった。1934年に海軍内部のいわゆる艦隊派に属する将校によって作成された「独逸提携ニ関スル意見」なる文書においては，ドイツ海軍を通じて発注すべきものとして，標的船無線操縦装置，砲塔自働旋回俯仰装置，砲戦指揮装置，ディーゼル機関，航空用ディーゼル機関，光学兵器類が列挙され，さらに航空機，機関銃，潜水艦も候補として挙げられていた[64]。造兵廠による外国製工業品の購入リストでは，購入先としてドイツは上位に挙げられていた[65]。だが他方で，日本側には依然としてそれに匹敵する有力な輸出品が存在しなかった。そのため，ドイツ側の大幅出超という貿易収支の不均衡は続き，むしろ拡大した[66]。

　日本側ではこの不均衡にたいする不満が高まった。そこで両国間で何らかの解決策を見出すための交渉が進められた。その結果，その詳細を史料で直接に確認することはできないが，1934年にドイツからの輸出額と日本からの輸出額

の比率を4対1に固定するという趣旨の取決めが成った[67]。両国間の通商関係は，27年に調印された通商条約が世界恐慌のなかで効力を失った後，事実上無条約の状態が続いていた。したがって，この取決めが両国間の貿易を律する唯一の合意となった。ヴェルサイユ・ワシントン体制の崩壊は，経済的には国際金本位制の崩壊と国際通商条約網の解体を意味したが，そのなかで日独はそれぞれに為替管理を強化しながら——ドイツの1934年9月における「新計画」および日本の33年3月における外国為替管理法——，輸出比率を固定することにより暫時の解決を見出そうとしたのである。

　日独間には，貿易不均衡という従来からの問題に加えて，アジア市場における競争の激化という新たな問題が生じた。日本が世界恐慌から脱出して景気回復を果たす過程において，日本製品の世界市場への進出は急であった。とくにアジア市場において，日本製品にたいするドイツの警戒感が強まった。それはイギリス綿工業の場合ほどの深刻さは持たなかったものの，白熱電球，自転車，染料，肥料などの日本製品の伸長は，ドイツのジャーナリズムによる日本非難の格好の題材となった。当時のドイツの新聞には，「日本の脅威」，「日本の競争」あるいは「日本，ドイツ特許を侵害」，さらに「日本，『ゾーリンゲン製』商標を使用」などといった見出しが躍った[68]。このような日本非難の記事がほぼ姿を消すのは，1936年11月の日独防共協定調印の頃である[69]。

　1937年7月の日中戦争の勃発とともに，日本経済は戦時体制に入った。対外経済については，同年9月の臨時資金調整法および輸出入品等臨時措置法によって貿易と外国為替の管理が実施された。同じ9月には，すでに18年4月に公布されていた軍需工業動員法が日中戦争に適用され，さらに38年4月には国家総動員法が公布された。この頃，日本政府は機械・武器買付けのための使節団を数次にわたって欧米に派遣したが，その主たる買付け先はアメリカとドイツであった。それと同時に，日本政府はドイツからの武器などの軍需物資の輸入を促進する狙いから，ドイツ政府にたいして新たな貿易協定の締結を提案した。ドイツ政府はこれを受諾し，1938年初めから交渉が開始されたが，交渉はなかなか進展しなかった。その原因のひとつは，依然として日本からドイツに輸出すべき主力商品が見当たらないというところにあった。それに加えて，日本の中国侵略にともなってドイツが中国市場で被った損害につき，ドイツ側が

日本にたいして補償を要求するという事実もあった。さらにドイツ側は，日本への政治外交的な接近を進め，1938年5月には満州国とのあいだに満独修好条約を調印することによって満州国の承認に踏み切るとともに，対中武器輸出を停止することを決定したが，それにともなう損失の補償をも要求した。このことも交渉を難しくした。ようやく39年7月になって交渉が妥結し，貿易協定が仮調印された。しかしその直後に欧州大戦が勃発したため，正式調印には至らなかった[70]。

　日独の政治外交関係は，1936年11月の日独防共協定の調印を境に変化し始めた。前述のように，ドイツは満州国を承認するとともに対中武器輸出の停止に踏み切ったほか，中国に派遣していた軍事顧問団の召還を決定し，こうして，戦争状態にある日中のあいだで日本に接近した。その後さらに，独ソ不可侵条約の締結による関係の冷却などの紆余曲折を経ながらも，1940年9月の日独伊三国同盟条約の調印に至って，両国間の政治外交的親和は頂点に達した。それにもかかわらず，経済的な協力の成果は乏しいままであった。

　経済関係において，日本側のドイツにたいする期待とドイツ側の対応とは乖離していた。ドイツが期待を寄せたのは日本よりもむしろ満州国であった。ナチス政権は食料用油脂の自給率の上昇を目指し，油脂工業を育成発展させていたが，その際大豆の輸入先としての満州国に注目した。他方，満州国は重化学工業化を目標としており，そのために必要な機械の輸入先としてのドイツにたいする期待が高まった。こうして，ドイツと満州国とは機械と大豆とを媒介として相互に接近することになった。すでに1936年4月には満独貿易協定が結ばれており，その後も形式を変えながら協力関係が継続された。日本側には満独貿易を媒介とする日独貿易の拡大あるいは日満独三角貿易への期待が高まった。しかし，その期待が満たされることはなかった。満州産大豆には，補完性の薄い日独間を架橋しうるほどの力はなかった[71]。

(2) 国際カルテル網への日本の包摂

　1930年代における世界の工業製品市場では，国際カルテルによる組織化が進んだ。その主たる担い手はヨーロッパの大企業であり，その中核にはドイツ企業が位置していた。ドイツ企業が国際カルテルにおいて重要な役割を演じた分

野の事例としては，重電機，電話機器，染料，窒素肥料などがある。

　このような国際カルテルはすでに1920年代までに形成され始めていたが，当時の世界的な自由貿易への回帰の趨勢のなかでは，なお弱体であり，部分的であった。世界市場の周辺に位置し，ヨーロッパから遠く隔たった日本の市場と企業は，まだ国際カルテルの網の目に包摂されることは少なかった。当時の日本の通商関税政策はなお自由主義的な面を残していたこともあり，日本市場は国際カルテルによる競争制限の対象となることは稀であった。多くの場合，それはむしろ最も遅くまで自由競争地域として残された。先述した染料の分野における斎藤・ヴァイベル協定は，ドイツ企業IGファルベンと日本の染料企業とのあいだの市場に関する協定であったが，IGファルベンは国際染料カルテルの参加者であるフランスやスイスの染料企業の同意を得ながら，この協定交渉を進めていた。その意味で，この協定は国際染料カルテルと日本企業とのあいだの協定であり，日本企業を国際カルテルに包摂する先駆的なものであった。

　1930年代に入ると，世界市場が急速に保護貿易に彩られていくなかで，国別にいっそう強固に組織化されたヨーロッパ諸国の大企業は，国際カルテルを強化するとともに，アメリカや日本にもその網の目を拡げていった。日本では，通商関税政策における保護主義と対日直接投資にたいする排斥の基調が明瞭になった。工業製品にたいする関税引上げが実施され，商工省を中心に国産品愛用運動および国産化奨励運動が本格化した。さらに，軍部，とくに陸軍による政治への介入の影響を受け，外資政策もそれまでの自由化から規制・排斥主義へと大きく転換したのである。そのなかで，少なからぬ工業製品分野において，日本企業の生産力が輸入を排除するほどに伸長した。日本企業はさらに，アジア市場への進出を窺うなかで，旧秩序を体現する国際カルテルへの挑戦者となっていった。このような事態に直面した欧米企業は，日本市場において相互に協調するとともに，日本企業をも国際カルテルのなかに包摂する方針に転じた。こうして国際カルテル網の拡大は，日本の市場と企業にも及ぶことになった[72]。通商条約網が崩壊したまま再建されない世界市場にあって，国家間での市場の組織化が私的組織化によって補完された。通商条約あるいは貿易協定の存在しないままであった日独間についても，これはそのまま妥当した。

(3) 「大東亜共栄圏」と「ナチス広域経済圏」

 1939年9月，ヨーロッパ大戦の勃発とともに，大多数の国際カルテルは崩壊した。それまで国家間の通商関係を補完していた私的な組織化は，国家間の戦争という事態の下ではもはや存在しえなくなった。日本の市場と企業を包摂する国際カルテル網も消失した。日独両国間の貿易は，ふたたび国家間関係のみによって律せられなければならなくなった。しかし現実には，それは容易ではなかった。日中戦争勃発以降続けられていた両国間の貿易協定交渉は，前述のようにようやく1939年7月に妥結し，協定が仮調印されたのであるが，その協定は大戦の勃発によって実施の見込みが立たなくなり，正式に調印されぬままに終わったのである。

 1940年央，ドイツがヨーロッパ戦線において電撃的勝利を収めた結果，フランス・オランダの東南アジア植民地をめぐる権力状況が流動化した。その原料資源は日独双方の着目するところとなり，これをめぐって，両国間には角逐の芽が生じるとともに，協力に向けての接触が開始された。ドイツは日本を東南アジア原料資源のドイツへの搬送にとって不可欠なパートナーとして重視するに至った。日本側は，この面で対独協力の実を挙げることによって，ドイツからの武器などの軍需物資の輸入においてドイツの寛大な協力を取り付けようとした。双方のこのような現実的な経済的利害は，いわゆる防共協定強化交渉が独ソ不可侵条約の締結により頓挫した後の空白を経て，日独がふたたび政治的に接近する際の底流ともなった[73]。

 日独の再接近は1940年9月における三国同盟条約の調印に結実したが，この条約に込められた日本側の期待は，それからまもなく，陸海軍によるドイツへの軍事視察団の派遣という形で表明された。この視察団の海軍側の団長を務めた中将野村直邦は，次のように回顧した。「このような国内事情に加えて，日華事変が泥田に足を突っこんだように，政治的にも経済的にも動きがとれず，非常な重荷になっているとき三国条約にたいする報復手段として，アメリカが日本に経済圧迫をつぎからつぎへと加えてきた結果，たとえばこれまでアメリカから買入れていた工作機械のようなわが国の軍備充実に必要な重要器材などが輸入途絶となったので，わが国としてはこれをドイツに求めるよりほかに方法が無くなった。それで三国条約のおみやげとして軍事視察団をドイツに派遣

し，欧州の戦線やドイツ，イタリアの銃後の工場運営などを視察し，軍需器材購買の円滑な関係を実現することとなったのである。」[74] ただし，この視察団の活動は視察を主眼とするものであり，それをも踏まえての武器などの軍需物資の買付け交渉は，その後必ずしも円滑に進まなかった。

　日本企業にも，三国同盟条約の調印とそれにともなう日独の協調にたいする期待が高まった。その一例として，大日本セルロイドによるドイツ製機械の輸入と技術導入の試みの顚末を紹介しよう。

　大日本セルロイドは1940年，子会社である満州電気化学工業を通じて，満州国におけるアセテート人絹の企業化を計画した。それは，松花江での60万キロワットの発電を利用し，日産10トン規模で生産するというものであった。大日本セルロイドの技術者和田野基は，機械購入および技術導入の命を帯びてアメリカ経由で渡独し，40年3月，IG ファルベン傘下のヴァッカー電気化学 (Wacker Elektrochemie) と接触した。交渉は順調に進み，わずか2日間で契約のための覚書に調印することができた。彼は本社にたいして覚書の内容の承認を求めるとともに，本社を通じて，満州国政府にたいして機械代金および技術伝授料の支払い許可を求めた。

　だが，満州国政府からの支払い許可を得るまでには時間がかかった。ようやく5ヵ月後の1940年8月，本社から次のような返電があった。「酢酸羊毛の伝授料及機械代の支払は満州政府の許可を得たるも，ゾンダーコント・マルクにて支払う事，支払時期は満独協定成立後直ちに支払う事の2条件を相手方に承認せしむる為切に貴殿の御高配を煩わしたく御援助を乞う。」ここにいう満独協定とは，1936年4月に締結され，その後いくどか更新されたものを指している。「間もなく満独協定は新京でドイツ代表フォン＝スピンドラーと満州国政府との間に成立した。満州国はドイツに対し3千万マルクの借入金（前年のものを合すと4千5百万マルクとなる）を限度として，X勘定は大豆合計30万トン（1トン＝117マルク）をもって決済，B勘定は大豆以外の，たとえば大豆油・南京豆のごときもので決済するものである。そしてこの内3/4は新規購入品，1/4は借入金の償却に当てることになっていた。更に満州国政府より特に要請される場合はドイツ国政府の同意を得て機械に関連する特許権使用料はこのゾンダー・マルクで支払い得ることになっていた。」こうして，支払いに関する満

州国政府からの許可は得られた。

　だが，もうひとつの難関が控えていた。ドイツ政府である。この間にもヴァッカー側は，満独協定に基づく決済方法につきドイツ経済省から許可を得るべく努力していた。その結果は，9月26日，なおベルリンに留まっていた和田野に伝えられた。「只今到着した経済省の指示によれば伝授料は外貨支払を必要とす。物品の供給に対してはゾンダー・マルク勘定でよろしい。」部分的とはいえ，外貨による支払いが条件とされており，これは満州国政府からの許可の際の条件とは両立しえないものであった。商談はここに頓挫した。この報を手にした翌日，和田野は三国同盟条約調印の報に接し，思わず慨嘆した。「何が三国同盟だ。」

　その後もなお，ヴァッカー社はドイツ経済省にたいして要望を繰り返したが，決定が覆されることはなかった。「……満州国公使館から経済省の公式の返事を伝えてきた。すなわちライセンスのゾンダー・マルクによる支払は大豆供給額が購入品に対し余裕ある場合に限るという原則に対し，わが社とワッカー社との契約は合致しないというのが拒絶の理由であった。」こうして，1940年12月末，10ヵ月に及ぶこの商談は立消えになった[75)]。結局，満独協定も三国同盟も，この商談には役に立たなかった。この事例は，政治的親和にもかかわらず，経済的協調はいっこうに進まなかったことを示している。

　この事例に如実に示された三国同盟条約への期待と貿易取引の現実との乖離は，当事者の一部によって正確に認識されていた。1941年12月の太平洋戦争勃発によって，第1次世界大戦の際とは異なり，両国は同盟関係の下で戦争を遂行することになったが，その両国の経済関係について，日本では陸軍省が秘密裏に調査研究を組織していた。この研究の目的は，「日本を盟主とする大東亜圏と独逸を中核とする欧州広域圏とが将来如何なる経済的結合関係に立つべきか，又立ち得るかと云う，2大経済広域圏間の相互接合関係の見透しを確立するための基礎資料を提供する」ところにあった。この目的のために，「先ず欧州広域圏の主体たる独逸が大東亜圏に対して如何なる経済的依存関係を有していたか，又大東亜圏が独逸に対して如何なる経済的依存関係を持っていたか，即ち独逸・大東亜圏間の相互的依存関係を，独逸と大東亜圏との両立場より検討」した。その際，「今次の大戦の影響を蒙らざる1937年・38年の両年を基準

年度として研究した。」[76] その結論は、第1に、「独逸の物資総輸入地としての大東亜圏の地位は相対的には必ずしも高くない」というものであった。さらに第2に、「大東亜圏の独逸の輸出市場としての総体的地位は輸入市場としてのそれよりやや低く……」、第3に、「……大東亜圏全体の輸入市場としての独逸の総体的地位は英・米・日に次いで第4位を占めるに過ぎず……」、第4に、「大東亜圏の輸出市場としての独逸の地位は総体的には低い……」とされていた[77]。要するに、「独逸・大東亜圏間の相互的依存関係」は、ドイツから見てもまた「大東亜圏」から見ても意義は高くないという、まっとうな結論が引き出されていた。「大東亜共栄圏」と「ナチス広域経済圏」という日独双方の経済圏のあいだには、補完的関係が存在せず、そのために、政治的な親和の進展にもかかわらず、何らかの協調的な関係が成立することはなかったのである。

　もちろん、前述のように、双方のあいだには日中戦争勃発後、経済的協調へ向けての交渉が開始されていた。それ以降、1939年7月には一度は交渉が妥結し、貿易協定の仮調印まで済ませていたものの、その直後の欧州大戦の勃発によって正式調印にまで至らずに終わった。その後、三国同盟条約が調印された直後の1940年10月に交渉が再開されたが、それがようやく妥結を見たのは43年1月のことであった。三国同盟条約の精神の経済面における具体化として、経済協力協定が調印されたのである[78]。この協定の調印自体、戦局の悪化を考慮すれば、あまりにも遅きに失していた。しかも、その後も経済協調は進まず、例えば、人造石油製造技術をめぐる交渉が妥結して成約に至ったのは、実に45年1月のことであった[79]。協調に向けてのさまざまな構想や協定にもかかわらず、双方が外貨の不足に悩む現実の下、結局は資金・クレジットが壁となった。政治的親和と経済的角逐のコントラストは、戦間期と戦時を通じて、日独関係を貫く基調であった。

2　ドイツからの学習——技術と組織・政策

(1) ライセンシングの活発化

　1939年までの時期、国際カルテル網による日本の包摂という前提の下で、企業間のライセンシングが活発化した。日本側では、景気回復が進むとともに、企業によるドイツ工業製品および製造技術への需要が増大した。他面、満州事

変以降,日本政府の外国資本政策は制限的となり,ついには禁止的となったため,欧米企業による対日直接投資は急減し,さらに日本からの撤退が続いた。したがって,日本側にとって,技術導入は対内直接投資によっては困難となった。しかし,ドイツ技術への日本の渇望は,とくに1937年7月の日中戦争の勃発とともにさらに強まった。他方ドイツ側では,1940年9月の三国同盟条約の調印を境に,政府と軍部の対日姿勢がようやく変化し,日本からの武器などの軍需物資供与の要請に応じようという気運が生じた。

1930年代に入ると,ドイツの大企業の多くは対日技術供与にたいして積極的な姿勢に転じていた。その大きな要因は,それらが中核となる国際カルテル網への日本企業と日本市場の包摂が一応達成されたことであった。また,中国市場での事業拡大が,日中戦争の激化とドイツ政府の対中武器輸出禁止措置などのために陰りを生じたという要因もある。ただしいうまでもなく,ドイツ企業はあくまでもライセンス契約,すなわち商業ベースによる技術供与のみを考えており,しかも政府は外貨での対価支払いを条件とした。こうして,ライセンシングの件数は,日本側が求めた件数をはるかに下回ったと推定される。

もっとも,前述のように,ライセンシングに関する統計は,ごく簡単なものでさえ見出しえない[80]。推測のうえで多少とも手掛かりになるのは,特許権などの統計であり,とくに日本においてドイツ人によって獲得された特許権などの数である。外務省の資料によれば,1941年12月末日現在の日本における工業権の概数は,特許権4万7000,実用新案権9万,意匠権1万4000,商標権25万3000であった[81]。そのうち外国人所有の工業権は,比率としてはごくわずかであったが,そのなかでドイツ人の所有する特許権は4500,実用新案権は1200であり,それぞれ過半数を占めており,米英を圧倒していた。また著作権の領域でも,意匠権では1位,商標権ではアメリカに次いで2位であり,米英とともにシェアを三分していた[82]。

ライセンシングの事例のうち,軍部が直接に関わったものとしては,航空機の事例が知られている[83]。また企業間の事例としては,IGファルベンと日本企業とのあいだのそれがある。染料および窒素肥料の分野では,拡大する日本国内市場さらに東アジア市場は日本企業が制圧するところとなった。そのため,IGは国際カルテルの強化とそれへの日本企業の包摂という対応をとり,これ

に成功を収めるとともに，従来きわめて消極的であったライセンシングにも乗り出した。さらに人造石油の分野でもライセンシングを試みた[84]。

ちなみに，ドイツ企業の対日戦略を対中国戦略との比較で特徴づければ，次のようになろう。ドイツ企業は日本企業の技術力と学習能力を高く評価し，それゆえ将来の競争者となることを警戒するとともに，日本の市場にたいしては，すでに日本企業によって制覇された市場として低い評価しか与えなかった。これにたいして，ドイツ企業は中国市場の将来性に期待しており，しかも中国企業の能力にはさして警戒する必要を感じなかったために，中国を直接投資の対象として重視した。工業製品の対中国輸出が増大するにつれ，一部の企業は現地生産のための対中国直接投資を計画した。IG ファルベンは染料の分野で中国への直接投資をかなり真剣に検討した[85]。

背景としてのアメリカ化は後退した。直接投資や技術提携を見るかぎり，ドイツにおいてもまた日本においても，この時期はアメリカ化の中断ないしそれからの乖離の時期であった。乖離の程度はドイツにおけるよりも日本においてのほうが大きかった。その極端な事例は，日本政府に強いられて GM やフォードが日本から撤退したことである。他面，アメリカ化がさらに進行する局面も見られた。とくにドイツではそれが明瞭であり，フォルクスワーゲン（国民車）構想やアウトバーン建設計画，ラジオの普及，ハリウッド映画やジャズの流行がその象徴である。また，コカコーラがベルリン・オリンピックの公式清涼飲料となった[86]。このようなアメリカ的生活様式の浸透あるいは大衆消費社会への傾斜は，第2次世界大戦後になって，ドイツにおいてはさらに進み，日本においてもようやく本格化する。

直接投資については，前述のように1931年9月の満州事変以降，日本政府は対内直接投資に関する政策を転換し，それにたいするさまざまな規制を強めていく。これにともなって，欧米企業による対日直接投資は急減し，さらに日本からの撤退が続く。ドイツ企業の対日直接投資もその例外ではなかった。そのなかでジーメンスのみは子会社富士電機を通じての現地生産を継続した。富士電機は世界恐慌のさなかに経営危機に陥ったが，その後の景気回復にともなってその業績も回復した。売上げの増加，工場の増築，機械の増設，工員の増員が相次いだ。1933年の決算ではなお赤字であったが，これを底として，これ以

降黒字に転換し，すべての繰越損失が解消された。34年下半期には6％の配当が実施された。これは同社設立以来初めてのことであった。配当率はこれ以後，8％へ，さらに9％へと引き上げられた。「この成績を得て草創期10年間の苦難失意時代を回顧すると，まるで夢の様な感じがする。この異常な発展はいうまでもなく軍備拡張による軍需品の発注増加……満州国国土開発機材の需要，国内電源開発に伴う電機類の需要旺盛などに原因するものであった。」[87] その反面，ジーメンスは富士電機の経営権をしだいに失っていった。その端的な事例は電話交換機事業に見られる。この分野では，ジーメンスは富士電機による現地生産を承認し，さらに富士電機の100％子会社としての富士通信機製造（現富士通）の設立を承認した。ジーメンス社内にはこの富士通の設立にたいして強い抵抗があった。それにもかかわらず，富士電機は設立を強行した。その結果，ジーメンスは孫会社に当たる富士通の経営権を握ることができなかったのである[88]。

(2) 組織と政策の学習

　第1次世界大戦後，1920年代におけるドイツ技術への日本の着目は，1930年代になって結実した。さらにこの時期になると，ドイツ技術への着目から進んで，技術に関わる組織と政策にも目が向くようになる。ドイツからの学習は，個々の技術だけではなく，それを生み出す組織や政策をも対象にし始めたといってよい。

　そのひとつの重要な事例は産業合理化運動である。金本位制への復帰とともに開始されたドイツの産業合理化運動は，アメリカからの衝撃への対応という意義を有していた。日本でのそれは，アメリカからの衝撃への対応であるとともに，ドイツからの衝撃の帰結でもあった。1930年6月，商工省の外局として臨時産業合理局が設置され，日本でも産業合理化運動が開始された。それは商工官僚の主導になる，そしてアメリカよりもむしろドイツからの学習に基づく運動であった。これに関わった商工官僚岸信介は，「ドイツでは日本と同じように資源がないのに，発達した技術と経営の科学的管理によって経済の発展を図ろうとしていた。私は『日本の行く道はこれだ』と確信した。アメリカにはとても歯が立たないけれど，ドイツ式であれば日本もできるということだ」と

回想している[89]。ドイツからの学習は，強制カルテルの形成が産業合理化の中心形態とされるところに如実に現れた。ドイツからの学習はその後も続けられ，とくに自動車製造事業法による国民車（日本版フォルクスワーゲン）構想はドイツ学習の代表例であったといえよう。

いまひとつの，より重要な事例は，総力戦としての第1次世界大戦についての学習であった。第1次世界大戦，あるいはより正確にはヨーロッパ大戦は，物資と国民の動員の規模において未曾有のものであり，世界史上初の総力戦であった。ドイツはヴェルダンその他での激戦を経験した。またドイツの戦時経済体制は，戦争が長期化した1916年夏以降，既存の重化学工業化の高い水準を前提とし，国家資本主義とも呼ばれる組織化によって，総力戦に見合う体制となった。そして国民は「かぶらの冬」と呼ばれる厳しい冬を経験するなど，国民生活の水準の低下は，後の第2次世界大戦時のそれよりも大幅であった[90]。

これにたいして日本では，軍は総力戦を直接には経験しなかった。青島での陸戦は小規模なものにとどまったし，青島を攻撃した日本海軍はドイツ東洋艦隊の主力と交戦することはなかった。軍が総力戦を経験しなかったという事実に対応して，戦時経済体制も総力戦に見合うようなものではなかった。海外からの重化学工業製品の輸入が途絶し，内需，さらに輸出需要が発生したのを契機に，ようやく重化学工業が勃興した段階にとどまっていた。総力戦体制は不必要であったばかりではなく，不可能でもあった。したがって，総力戦としての大戦については，交戦国，とくにドイツの経験を学習することになった。

開戦後まもなく，陸海軍はこの戦争を研究するための組織を立ち上げていた。陸軍は1915年11月，臨時軍事調査委員を設けたが，この組織はドイツについての調査研究にも従事していた[91]。海軍も同年10月に臨時海軍軍事調査会を設置していた[92]。軍部のみならず企業にあっても，大戦時のドイツは熱心な学習の対象となった。例えば，古河の中島久万吉は，戦時期のドイツの組織化の中心人物であったラーテナウ（Walther Rathenau）に影響を受け，国家の私経済への介入による資本主義の修正を主張した。また蔵相として金輸出解禁を断行した井上準之助も，ラーテナウに影響を受け，しばしばラーテナウに擬されていた[93]。

こうして，陸海軍とも第1次世界大戦の調査研究を通じて，とくにドイツの

事例を学ぶことを通じて，総力戦体制に関する認識を深めていった。そしてその成果をすでに戦時中に，さらに戦後にはいっそう積極的に，組織改正に生かそうとした。だが，1920年代においては，総力戦のための準備は遅れ，頓挫したといってもよい。たしかに，1918年4月の軍需工業動員法の公布，同年5月の内閣軍需局の設置，さらに27年5月の内閣資源局の設置などの措置がとられた。しかしその後は，日中間で戦端が開かれた直後の1937年7月28日に総動員計画実施に関する件が閣議決定されるまで，目立った進展はなかった[94]。

　第1次大戦時とその後，日本はドイツの技術に魅了された。しかし技術に関連した組織および政策への着目とその学習は遅れ，1930年代に入ってようやく本格化した。したがって，総力戦体制に関わる学習は，ナチスの制度・組織の学習と混淆することになった。しかも，ナチス政権は1939年9月の欧州大戦の開始まで，そしてそれ以降もしばらくのあいだは，総力戦体制を準備することを逡巡していた。当面「電撃戦体制」を採用し，しかも戦争初期の勝利によってこの戦略思考が強化されることになった。ドイツが総力戦体制に移行するのは，1941年6月の独ソ戦開始の後，しかもそれにおいて苦戦を強いられるようになってから後のことである[95]。したがって，1930年代から40年代初頭にかけてのドイツからの学習は，実は総力戦体制の準備とは直結せず，しかも総力戦体制としての第1次大戦が，いわばナチス的に彩られて学習の対象とされたといってよい。

　技術に関わる組織や政策の面でのドイツ学習の例としては，1937年10月における企画院の設立がある[96]。また，42年1月に設立された技術院にもドイツの影響が見られた。技術院の設立の際にモデルとなったのは，35年満州国に設立された大陸科学院である。これは国務総理大臣に直属し，国内のすべての官庁研究機関を傘下に統合する組織であったが，そのモデルとなったのは，大戦前の1911年ドイツに設立されたカイザー・ヴィルヘルム科学振興協会であった[97]。

　ただし，これらの組織が総力戦体制の準備を明確な目標としていたかどうかについては，検討の余地が大きい。総力戦体制の準備の遅れを示す象徴的な事実は，政府による総力戦研究所という組織の設置が，1941年10月，すなわち日米開戦の前夜であったことである。しかもこの組織も，総力戦体制準備にとっ

ての意義は大きくなかった。「その教育成果を,戦争期間中直ちにみることは困難であるが,戦後の日本再建時に,研究生であった人たちは,日本各界の指導者として活躍している。将来の指導者を養成するという点からすれば,研究所の目的は達せられたが,総力戦の遂行には間に合わなかった。総力戦研究所の設置が,遅きに失していたのである。」[98]

ナチス・ドイツからの学習は,社会や文化の全領域に及んだ。1936年11月の日独防共協定の調印以降,38年11月には日独文化協定が締結され,39年6月には日独医学協定が締結された。このような協定と相まって,組織や制度の面でさまざまな学習が進められた。ドイツ労働戦線の「歓喜力行団」(Kraft durch Freude) はイタリアのドーボ・ラヴォーロ事業団 (OND) の運動と並んで日本に紹介され,厚生運動のモデルとなった。「ただドイツ労働戦線が,農業・商業部門を含む全産業部門を包摂する巨大組織であったのにたいし,大日本産報の組織対象は鉱工業部門にとどまるものであり,その財政規模にも格段の差があった。」[99] 経済新体制や勤労新体制へのナチス政策思想の影響は明瞭であった[100]。またナチスの人口政策も学習された。「日中全面戦争が泥沼化していき戦争遂行のための『人的資源』を確保する方策が探られるなかでナチス・ドイツの人口政策が日本に紹介され,政府や軍部首脳に大きな影響をあたえた。そしてこれを日本の政策にも取り入れようとする気運が高まり,1938年8月には厚生省に人口問題研究所が設置された。」[101] 学習は文化統制の戦術にも及んだ。情報局の設置については,陸軍省が34年10月発表の『国防の本義とその強化の提唱』で提案していたが,この文書はゲッベルス (Joseph Goebbels) の率いるドイツの宣伝省に言及していた。ドイツの宣伝省は,映画・ラジオ・出版から音楽・美術・文学までを管轄した。40年12月に設置された日本の情報局には7部局が設けられたが,そのうちの6部局までがドイツの宣伝省と同じ分野を管轄した[102]。38年8月に訪日したヒトラー・ユーゲントは日本の教育政策に大きな影響を与えた[103]。ただし,これらの学習が総力戦体制の準備に直結することにはならなかった。

おわりに

　1890年前後から1945年までの日独関係の経済的側面を扱ったこの章では，対象とする時期を3つに区分したうえで，一方では政治軍事関係との交錯に留意しつつ，他方では技術移転ないし技術学習を重視しつつ，日独経済関係全体の輪郭を明らかにしようと努めてきた。この概観をさらに要約すれば，次のようになろう。

　第1次世界大戦の勃発までの時期，1890年前後から1914年までを扱った第1節では，ドイツの東アジアへの政治軍事的および経済的進出，そして日本の産業革命の進展にともなって，一方では両国間に政治軍事的緊張関係が生まれるとともに，他方ではその経済関係が深化したことが明らかにされた。とくに，日本の側でのドイツ製工業製品およびドイツの技術への需要の増加が注目された。

　これに続く第2節では，第1次世界大戦期および1920年代を扱った。この時期には，第1次大戦期に開始された日本における重化学工業化が20年代にも継続したが，これが両国間の経済関係を規定する主たる要因となった。まず第1に，日独通商航海条約の締結交渉においては，ドイツ製化学染料の輸入制限が最大の争点となった。両国はこの問題を解決して通商航海条約を締結することができたが，これによって，通貨関係においては接点を欠くヴェルサイユ体制とワシントン体制は，通商面からかろうじて関連を有することになった。第2に，重化学工業化の進展を背景とする日本企業によるドイツの技術への着目は，日本の軍部によるドイツ軍事技術への渇望と相まって，ライセンシングを主要な形態とする，ドイツから日本への技術移転を促すことになった。

　大恐慌から第2次世界大戦の終結までを対象とした第3節では，ヴェルサイユ・ワシントン体制が崩壊する過程において，日独は貿易協定の締結を目指し，その努力は満州国を含める形でも続けられたものの，協調の成果は乏しかったという事実が明らかにされた。日独の経済はむしろ，1939年まではドイツ企業を中核とする国際カルテルが日本の市場と企業を包摂することによって関連づけられたのである。また，このような貿易関係を前提として，この時期にはライセンシングを主な形態とするドイツから日本への技術移転が活発化した。そ

れと同時に，技術に関わる組織や政策についても，日本のドイツからの学習が盛んになった。ただし，総力戦体制の準備という点では，その学習成果には限界が画されていたことも示唆された。

1) 日独関係の経済的側面の歴史を概観したものとしては，Erich Pauer, Die wirtschaftlichen Beziehungen zwischen Japan und Deutschland 1900-1945, in: Josef Kreiner (Hrsg.), *Deutschland–Japan. Historische Kontakte*, Bonn: Bouvier Verlag Herbert Grundmann 1984（エーリヒ・パウアー「1900-1945年間における日独政治経済関係」日本大学『国際関係研究』8号，1984年）がある。これは一次史料や同時代の文献を駆使し，また研究史を踏まえた先駆的なものである。また，時期は戦間期に限られているが，工藤章『日独企業関係史』有斐閣，1992年，第1章，Akira Kudo, *Japanese-German Business Relations: Cooperation and rivalry during the inter-war period*, London: Routledge, 1998, Chapter 1 は，企業次元での関係に焦点を当てて概観したものである。
2) 例えば，技術移転に関する Erich Pauer (Hrsg.), *Technologietransfer Deutschland–Japan von 1850 bis zur Gegenwart*, München: Iudicium 1992.
3) 工藤，前掲，第2章。
4) Bernd Eberstein, *Der Ostasiatische Verein 1900-2000*, Hamburg: Christians 2000, S. 24-25.
5) 三和良一『概説日本経済史 近現代 第2版』東京大学出版会，2002年（初版，1993年），55-73ページ。
6) 幸田亮一「工作機械工業の技術移転史」工藤章・田嶋信雄編『日独関係史 1890-1945 III 体制変動の社会的衝撃』東京大学出版会，2008年。
7) Pauer, Die wirtschaftlichen Beziehungen, *op. cit.*, S. 162-163（パウアー，前掲，94-95ページ）。
8) 日本の軍部の対ドイツ関係については，スヴェン・サーラ「日独関係における陸軍」工藤章・田嶋信雄編『日独関係史 1890-1945 II 枢軸形成の多元的力学』東京大学出版会，2008年，ベルトホルト・ザンダー＝ナガシマ「日独海軍の協力関係」同，参照。
9) ロルフ-ハラルド・ヴィッピヒ「日清・日露戦争とドイツ」工藤章・田嶋信雄編『日独関係史 1890-1945 I 総説／東アジアにおける邂逅』東京大学出版会，2008年，浅田進史「膠州湾租借条約の成立」同。
10) Gerd Hardach, Südsee und Nanyō. Deutsch-japanische Rivalität in Mikronesien, 1885-1920, in: Josef Kreiner und Regine Mathias (Hrsg.), *Deutschland–Japan in*

der Zwischenkriegszeit, Bonn: Bouvier Verlag 1990.
11) 奈倉文二・横井勝彦・小野塚知二『日英兵器産業とジーメンス事件——武器移転の国際経済史』日本経済評論社，2003年，竹中亨「ジーメンス社の対日事業」工藤・田嶋編，Ⅰ，前掲．
12) 日本学術振興会編・外務省監修『条約改正関係 日本外交文書7 別冊 通商条約と通商政策の変遷』世界経済調査会，1951年，82-92ページ，本宮一男「1911年関税改正の意義——鉄鋼関税を中心に」高村直助編『日露戦後の日本経済』塙書房，1988年．
13) 日本学術振興会編，前掲，85，88-89ページ．
14) 同，85ページ．
15) 同，82-83ページ．
16) 竹中，前掲．
17) Michael Rauck, Technologietransfer Deutschland‒Japan (1870‒1914) dargestellt anhand konkreter Industrieprojekte, in: Pauer (Hrsg.), *op. cit.*, S. 107-111.
18) 竹中亨『ジーメンスと明治日本』東海大学出版会，1991年，Toru Takenaka, *Siemens in Japan. Von der Landesöffnung bis zum Ersten Weltkrieg*, Stuttgart: F. Steiner 1996; 竹中「ジーメンス社の対日事業」前掲．
19) Rauck, *op. cit.*, S. 106-107.
20) 日本学術振興会編，前掲，242ページ．
21) 同，206ページ．
22) Pauer, Die wirtschaftlichen Beziehungen, *op. cit.*, S. 167 (パウアー，前掲，99ページ); Michael Rauck, Preussisch-japanische Beziehungen auf wirtschaftlich-industriellem Gebiet, in: Gerhard Krebs (Hrsg.), *Japan und Preußen*, München: Iudicium 2002, S. 299-300.
23) その数少ない例として Gilbert Ziebura, *Weltwirtschaft und Weltpolitik 1922/24-1931. Zwischen Rekonstruktion und Zusammenbruch*, Frankfurt am Main: Suhrkamp 1984 (三宅正樹訳『世界経済と世界政治 1922-1931——再建と崩壊』みすず書房，1989年) がある．これは，世界経済上の指導的国家としてのアメリカがヴェルサイユ体制とワシントン体制とを結び付ける，いわば「ちょうつがい国家」(Scharnier-Macht) としての役割を果たすことになったとする．ただしその内容は格別に目新しいものではなく，むしろ問題提起としての意義が大きい．この問題提起をも受け，久保亨「ヴェルサイユ体制とワシントン体制」歴史学研究会編『講座世界史6 必死の代案——期待と危機の20年』東京大学出版会，1995年は，両体制が非西欧地域にもたらした変化をトルコと中国の事例に即して見ており，また平智之「第2次大戦に至る世界経済体制の対極化過程——『政治経済学』的

視角からの再検討」『土地制度史学』「別冊 20世紀資本主義——歴史と方法の再検討」1999年，同「帝国主義世界体制と中国」石井寛治・原朗・武田晴人編『日本経済史 3 両大戦間期』東京大学出版会，2002年は，ヴェルサイユ・ワシントン体制の形成から崩壊までを概観している。

24) 東郷茂徳『時代の一面——東郷茂徳外交手記（外相東郷茂徳〔Ⅰ〕）』原書房，1985年，41ページ。初版は『時代の一面——大戦外交の手記』改造社，1952年。そのほか，以下の版がある。『東郷茂徳外交手記——時代の一面』（明治百年史叢書）原書房，1967年，『時代の一面——大戦外交の手記』中央公論社，1989年。

25) 東郷，前掲，71ページ。

26) Pauer, Die wirtschaftlichen Beziehungen, *op. cit.*, S. 164-165（パウアー，前掲，96-97ページ）；工藤，前掲，第2章第Ⅰ節2，参照。

27) 工藤章『20世紀ドイツ資本主義——国際定位と大企業体制』東京大学出版会，1999年，第Ⅰ部第1, 2章。

28) 大石嘉一郎「戦間期日本の対外経済関係」大石嘉一郎編『戦間期日本の対外経済関係』日本経済評論社，1992年，6ページ。

29) イリス商会『イリス商会創業百年史——日独貿易史に対する一寄与』イリス商会，1959年，99ページ。

30) 工藤『日独企業関係史』前掲，20-22ページ。

31) 工藤章『イー・ゲー・ファルベンの対日戦略——戦間期日独企業関係史』東京大学出版会，1992年，第2章，同「1927年日独通商航海条約と染料交渉」工藤・田嶋編，Ⅰ，前掲。

32) 工藤『20世紀ドイツ資本主義』前掲，第Ⅰ部第3章。

33) 野村實『日本海軍の歴史』吉川弘文館，2002年，95-96ページ。日独の海軍間関係全般について，Hans-Joachim Krug, Yoichi Hirama, Berthold J. Sander-Nagashima and Axel Niestl, *Reluctant Allies: German-Japanese naval relations in World War II*, Annapolis: Naval Institute Press, 2001；ザンダー＝ナガシマ，前掲，参照。

34) 萩原延壽『東郷茂徳——伝記と解説（外相東郷茂徳〔Ⅱ〕）』原書房，1985年，75-80ページ。

35) 同，93ページ。

36) 加藤寛治大将伝記編纂会編『加藤寛治大将伝』加藤寛治大将伝記編纂会，1941年，709-711，714ページ。

37) 東郷，前掲，40ページ。

38) 加藤寛治大将伝記編纂会編，前掲，715ページ。

39) 野村，前掲，96-97ページ。

40) 麻田貞雄「日本海軍と対米政策および戦略」細谷千博・斎藤眞・今井清一・蝋

山道雄編『日米関係史——開戦に至る十年 1931-41年 2 陸海軍と経済官僚』東京大学出版会，1971年（新装版，2000年），93-94ページ，野村，前掲，148-149ページ，平間洋一『第2次世界大戦と日独伊三国同盟——海軍とコミンテルンの視点から』錦正社，2007年，233ページ．

41) この事例についての詳細は，永盛義雄『一駐独技術士官の想い出——帝国海軍最後の深海の使者』非売品，1980年，118-128，140，153-156ページ，John W. M. Chapman, Japan in German Aviation Policies of the Weimar Period, in: Josef Kreiner (Hrsg.), *Japan und die Mittelmächte im Ersten Weltkrieg und in den zwanziger Jahren*, Bonn: Bourvier Verlag Herbert Grundmann 1986; Erich Pauer, Deutsche Ingenieure in Japan, japanische Ingenieure in Deutschland in der Zwischenkriegszeit, in: Kreiner und Mathias (Hrsg.), *op. cit.*, S. 299-304 などを参照．

42) Pauer, *op. cit.*, S. 294-298. 海軍によるドイツからの技術導入について，第1次大戦終了後から第2次大戦勃発までの時期を概観したものとして，平間，前掲，228-237ページを，また第1次大戦終了後の陸軍造兵廠における技術研究と技術導入について，佐藤昌一郎『陸軍工廠の研究』八朔社，1999年，253-284ページを参照．

43) Akira Kudo, Matthias Kipping and Harm G. Schröter (eds.), *German and Japanese Business in the Boom Years: Transforming American management and technology models*, London: Routledge, 2004, pp. 5-7.

44) 工藤『日独企業関係史』前掲，9-11ページ．

45) 東郷，前掲，40ページ．

46) 金子務『アインシュタイン・ショック——日本の文化と思想への衝撃 I, II』河出書房新社，1981年（新装版，1991年，岩波書店，2005年），杉元賢治編訳『アインシュタイン——日本で相対論を語る』講談社，2001年．

47) 工藤『日独企業関係史』前掲，144-146ページ，同『イー・ゲー・ファルベンの対日戦略』前掲，66-68，75-80ページ，Kudo, *op. cit.*, pp. 149-152, 155-161; Margit Szöllösi-Janze, *Fritz Haber 1868-1934. Eine Biographie*, München: C. H. Beck 1998, S. 560-580. ハーバーの講演集 Fritz Haber, *Aus Leben und Beruf. Aufsätze Reden Vorträge*, Berlin: Verlag von Julius Springer 1927 はまもなく邦訳された（田丸節郎訳『ハーバー博士講演集——国家と学術の研究』岩波書店，1931年）．そこには日本に関する章が多数見出される．

48) Eberhard Friese, Kontinuität und Wandel. Deutsch-japanische Kultur- und Wissenschaftsbeziehungen nach dem Ersten Weltkrieg, in: Rudolf Vierhaus und Bernhard vom Brocke (Hrsg.), *Forschung im Spannungsfeld von Politik und Gesellschaft. Geschichte und Struktur der Kaiser-Wilhelm-/Max-Planck-Gesellschaft*, Stuttgart:

Deutsche Verlags-Anstalt 1990.
49) 工藤『イー・ゲー・ファルベンの対日戦略』前掲, 75-78ページ。
50) 外務省特別資料部編『日本に於ける外国資本』霞関会, 1948年, 149-150ページ。
51) 工藤『日独企業関係史』前掲, 19-20ページ。
52) 工藤『イー・ゲー・ファルベンの対日戦略』前掲, 207ページ。
53) 外務省特別資料部編, 前掲, 68-69, 72-75ページ。
54) 日本興業銀行『外国会社の本邦投資』日本興業銀行, 1948年（ガリ版刷り）, 125-137, 241-254, 349-357ページ。
55) 宇田川勝「戦前日本の企業経営と外資系企業（上・下）」法政大学『経営志林』24巻1, 2号, 1987年,（上）15, 18-20ページ, Masaru Udagawa, Business Management and Foreign-affiliated Companies in Japan, in: Takeshi Yuzawa and Masaru Udagawa (eds.), *Foreign Business in Japan before World War II: The International Conference on Business History 16*, Tokyo: University of Tokyo Press, 1990, pp. 3-5, 6-13.
56) 設立の過程の詳細について, 渡辺尚「富士電機成立過程の試論的分析」土屋守章・森川英正編『企業者活動の史的研究』日本経済新聞社, 1981年, 同「富士電機の創立過程——第2・3段階を中心に」中川敬一郎編『企業経営の歴史的研究』岩波書店, 1990年, Hisashi Watanabe, A History of the Process leading to the Formation of Fuji Electric, in: *Japanese Yearbook on Business History*, Vol. 1, 1984.
57) 富士電機製造株式会社『富士電機社史 1923-1956』富士電機製造株式会社, 1957年, 12-13ページ。
58) 同, 30ページ。
59) 同, 31, 36ページ。
60) 工藤『日独企業関係史』前掲, 第5章。
61) 工藤『20世紀ドイツ資本主義』前掲, 第II部第1章。
62) 工藤『日独企業関係史』前掲, 21ページ。
63) 工藤『20世紀ドイツ資本主義』前掲, 第II部第5章。
64) 伊藤隆・鈴木淳・小池聖一・田浦雅徳・古川隆久編『続・現代史資料5 海軍加藤寛治日記』みすず書房, 1994年, 557-563ページ。
65) 佐藤, 前掲, 322-323, 518-551ページ。
66) 三和, 前掲, 134ページ。
67) Pauer, Die wirtschaftlichen Beziehungen, *op. cit.*, S. 200-201（パウアー, 前掲, 127-128ページ）。
68) 工藤『日独企業関係史』前掲, 11-12ページ。
69) 中埜芳之／楠根重和／アンケ・ヴィーガント『ドイツ人の日本像——ドイツの

新聞に現われた日本の姿』三修社, 1987年, 49ページ.
70) 工藤, 前掲, 16ページ.
71) 田嶋信雄『ナチズム外交と「満洲国」』千倉書房, 1992年, 第4章, 工藤, 前掲, 第2, 3章, Kudo, *op. cit.*, Chapters 3 and 4.
72) 以上, Akira Kudo and Terushi Hara (eds.), *International Cartels in Business History: The International Conference on Business History 18*, Tokyo: University of Tokyo Press, 1992; 工藤『イー・ゲー・ファルベンの対日戦略』前掲, 第4章, 第5章第1節, Kudo, *op. cit.*, Chapter 2, 参照.
73) 工藤章「戦時経済協力の実態──ドイツの電撃的勝利から独ソ開戦まで」工藤・田嶋編, II, 前掲.
74) 野村直邦『潜艦 U-511号の運命──秘録日独伊協同作戦』読売新聞社, 1956年, 23-25ページ.
75) 和田野基『ああ玄海の波の華──ある工業化学者の半生』リサーチ・マネヂメント・ロータリー社, 1980年, 104, 143-144, 179, 184-187, 198-199ページ, 工藤章「幻想の三角貿易──『満州国』と日独通商関係・覚書」『ドイツ研究』23号, 1996年, 67-68ページ〔本書第2章〕.
76) 陸軍省主計課別班『独逸大東亜圏間の相互的経済依存関係の研究──物資交流の視点に於ける』「経研資料調第65号」1942年,「例言」1ページ. 陸軍省主計課別班は秋丸機関と呼ばれた. 報告の当該部分の執筆者は武村忠雄である. 秋丸次朗「秋丸機関の顛末」『有澤廣巳の昭和史』編纂委員会編『回想 有澤廣巳の昭和史』東京大学出版会, 1989年, 64-65ページ.
77) 陸軍省主計課別班, 前掲,「要旨」1, 4, 7, 11ページ.
78) 工藤「戦時経済協力の実態」前掲.
79) 工藤『イー・ゲー・ファルベンの対日戦略』前掲, 273-275ページ.
80) 外務省特別資料部編, 前掲, 149-150ページ.
81) 同, 141, 150ページ.
82) 特許庁編『工業所有権制度百年史 上巻』発明協会, 1984年, 578-579ページ.
83) Hans-Joachim Braun, Technologietransfer im Flugzeugbau zwischen Deutschland und Japan 1936-1945, in: Kreiner und Mathias (Hrsg.), *op. cit.*; Erich Pauer, Menschen, Muster und Motoren. Die technische Zusammenarbeit zwischen Deutschland und Japan von 1930 bis 1945, in: Gerhard Krebs und Bernd Martin (Hrsg.), *Formierung und Fall der Achse Berlin – Tokyo*, München: Iudicium 1994, S. 105-109.
84) 工藤, 前掲, 第4章第6節, 第5-7章, Kudo, *op. cit.*, Chapters 6 and 7. ライセンシングについてはこのほか, クルップの事例は, 工藤『日独企業関係史』前掲, 第4章, Kudo, *op. cit.*, Chapter 5, グーテホフヌング製鉄の事例は, 長島修

『日本戦時企業論序説——日本鋼管の場合』日本経済評論社，2000年，第3章を参照。さらに，エーリヒ・パウアー「日独技術交流とその担い手」工藤・田嶋編，III，前掲，参照。

85) 工藤『イー・ゲー・ファルベンの対日戦略』前掲，57-58ページ。
86) 古内博行「ドイツ」原輝史・工藤章編『現代ヨーロッパ経済史』有斐閣，1996年，123-124ページ。
87) 富士電機，前掲，39ページ。
88) 工藤『日独企業関係史』前掲，第6章，Kudo, *op. cit.*, Chapter 9.
89) 原彬久『岸信介——権勢の政治家』岩波書店，1995年，39-40ページ。
90) 工藤『20世紀ドイツ資本主義』前掲，338-341ページ。
91) 黒沢文貴『大戦間期の日本陸軍』みすず書房，2000年，83，87，134-135ページ。
92) 斎藤聖二「海軍における第1次大戦研究とその波動」『歴史学研究』530号，1984年，16ページ。
93) 松浦正孝『財界の政治経済史——井上準之助・郷誠之助・池田成彬の時代』東京大学出版会，2002年，113，115ページ。
94) 原朗「経済総動員」大石嘉一郎編『日本帝国主義史3 第2次大戦期』東京大学出版会，1994年，75-79ページ。軍の組織改革はほとんど進まなかった。その原因についてはさまざまな議論がある。当事者の認識の問題とする説としては次の例がある。「第1次大戦以後，現代戦争の総力戦となったことは広く論じ尽され，指揮官の地位が高まり，その責任が広範となるにつれて純軍事問題と共に政治，経済，社会等各般の諸問題に対する理解と知識とが必要であって，動員，戦備，作戦が直ちに国民生活を根底から揺り動かし，しかもその国民の生産活動によって戦力が消長する相互媒介的なものであることも広く承認されていたことである。しかるに事実の示すところはこれ等の世界的定説に陸海軍人が殆ど耳を藉していなかったことである。」高木惣吉『太平洋海戦史 改訂版』岩波書店，1959年，「序文」9-10ページ。「日本海軍の首脳部の致命的な怠慢は，史上初めての総力戦，消耗戦であった第1次世界大戦の意義を十分に理解せず，また理解しようともしなかったことである。」池田清『海軍と日本』中央公論社，1981年，188ページ。「たしかに日本海軍は，多数の武官をヨーロッパに派遣して実地に観戦させ，部内においても大戦の研究調査に全力をあげた。だが海軍の首脳部は，艦隊決戦のイデオロギーにわざわいされて，史上初の総力・消耗の長期対峙戦としてのこの大戦の性格を，歴史的に理解しえなかった。」同，189ページ。組織・リーダーシップの問題とする説としては，ベルクハーンのそれがある。彼は，ドイツなどに比べて弱体な産業的基礎，軍内部および外部での抗争の2要因を挙げている Volker R. Berghahn, *Militarismus. Die Geschichte einer internationalen Debatte*,

Leamington Spa: Berg 1986, S. 146-153（三宅正樹訳『軍国主義と政軍関係――国際的論争の歴史』南窓社，1991年，166-172ページ）．

95) 工藤『20世紀ドイツ資本主義』前掲，328-329ページ．
96) 大淀昇一『宮本武之輔と科学技術行政』東海大学出版会，1989年，同『技術官僚の政治参画――日本の科学技術行政の幕開き』中央公論社，1997年．
97) 大淀『技術官僚の政治参画』前掲，151ページ．
98) 森松俊夫『総力戦研究所』白帝社，1983年，3ページ．
99) 高岡浩之編『資料集 総力戦と文化 第2巻』大月書店，2001年，497，500ページ．
100) 柳澤治「ナチス政策思想と『経済新体制』――日本経済界の受容」工藤・田嶋編，III，前掲．
101) 高岡編，前掲，505ページ．
102) グレゴリー・J・ガザ「日本政治の比較研究――ファシズム問題を中心に」南亮進・中村政則・西沢保編『デモクラシーの崩壊と再生――学際的接近』日本経済評論社，1998年，298ページ．
103) 中道寿一「ヒトラー・ユーゲントと日本」工藤・田嶋編，III，前掲．

第2章　「満州国」と日独通商関係——幻想の三角貿易*

はじめに

　両大戦間期の日独関係は，経済面に限ってみれば，何よりもまず「角逐」という言葉によって特徴づけられよう。それは，同時期，とくに1930年代に入ってから進行した政治的な接近とは著しい対照をなしていた。その経済的角逐の様相は1920年代から1930年代にかけて変化した。1920年代における角逐は，主として日本の国内市場をめぐるそれであった。すなわち，第1次世界大戦を機に日本の重化学工業化が開始されたにもかかわらず，ドイツ製機械や染料・肥料などの化学製品の輸入は継続された。ドイツ製機械への需要は，日本の工業化の進展にともなってむしろ高まりさえした。それにたいして国産品が挑戦したのが1920年代であった。1930年代に入ると，国内市場では国産品がしだいにドイツ製品を追いつめるようになる。ドイツの対日輸出は減少した。そればかりではなく，世界恐慌からの回復の過程において，日本製品の世界市場への進出が急であった。とくにアジア市場では，白熱電球，自転車，染料，肥料などの日本製品が急速に伸長した。それは「メイド・イン・ジャーマニー」にたいする「メイド・イン・ジャパン」の挑戦という形をとった。

　角逐と並んで，両大戦間期の日独経済関係を特徴づけるいまひとつの言葉は，「学習」であろう。日本の企業によるドイツの技術・経営スキルの導入，とくに工業生産技術の導入は，学習の一形態であった。また日本政府による学習も，産業合理化運動（臨時産業合理局による強制カルテルの形成），貿易・通貨管理方式，自動車製造事業法による国民車構想（日本版フォルクスワーゲン・プロジェクト），技術院の設置に至る科学技術政策など，種々の形をとって進められた。日本側の学習意欲は，すでに1920年代に旧敵国の技術の賞賛という皮肉な形で高まっ

＊　初出は「幻想の三角貿易——『満州国』と日独通商関係・覚書」『ドイツ研究』23号，1996年である。『ドイツ研究』は日本ドイツ学会の機関誌であり，23号では「日独交流史の再検討」が特集された。

たが，1930年代に入ってからも増大しこそすれ，衰えることはなかった[1]。

このような日本側の学習意欲の高さは，親独的な政治態度に裏打ちされていた。だがそれとは裏腹に，第1次大戦を経て，ドイツは19世紀末以来の反日の政治姿勢をさらに強めていた。このようなドイツの姿勢は1930年代前半も継続された。たしかに，日本とドイツは相次いで国際連盟から脱退するなど，国際政治的には歩調を同じくしていた。1933年3月，日本がリットン調査団報告書の採択を不服として連盟を脱退した後，10月にはドイツも再軍備の意思を秘めて日本の後を追っていた。しかしこれは何ら共同歩調の結果ではなく，それぞれの外交方針の帰結にすぎなかった。むしろドイツはリットン調査団報告書の採択に賛成し，「満州国」（以下，括弧を省略する）不承認の立場をとっていた。ドイツは，第1次大戦での敗北によってアジア地域における既得権益をすべて喪失し，政治・外交的に，そしてある程度は経済的にも，アジアにたいする関心を失っていたのである。

1930年代後半に入るとようやく，日本における広範なドイツ熱も手伝って，ドイツの対日政治姿勢に変化が見られた。こうして，1936年11月の日独防共協定の締結から40年9月の日独伊三国同盟の調印に向かうなかで，日本とドイツはしだいに政治的に接近していった。そこから，貿易の拡大など，経済的協調の可能性を探り，協調の制度化を目指す動きが出てきた。両国の通商体制は，1927年に調印された通商条約が世界恐慌のあおりを受けて効力を失った後，事実上無条約状態が続いていた。そこでまず，新たな通商条約の締結が課題とされた。

しかしながら問題は，依然として日本側がドイツに輸出しうる有力な産品を持っていないところにあった。日本の対独輸出品目としては，植物性蠟，薄荷油，糸瓜，寒天，種子類，陶磁器，絹織物，銅製品などの伝統産品のほか，戦後は羽毛，貝ボタン，紙製品，魚類缶詰なども登場したが，いずれも額は小さく，また発展の可能性に乏しかった。それらはドイツから輸入される機械や化学製品に対抗しうるものではなかった。その結果，日独貿易収支は1930年代に入ってからも引き続きドイツ側の大幅出超の状態にあった。多角決済機構が崩壊した1930年代にあっては，この状態が改善されないかぎり，貿易の拡大の展望は得られなかった。とくにドイツ側には，対日輸出に力を入れる動機は生ま

れなかった。

　そこに登場したのが満州国産品であり，とりわけ大豆であった。満州国側は当然その対独輸出の拡大を願ったし，他方ドイツの側にも満州産大豆を欲する事情があった。そこで満州国からの対独大豆輸出の拡大を促し，それによって対独出超を実現し，さらに日独間の貿易拡大をも図ろうという構想が浮上した。ドイツの対日出超，日本の対満出超という現状の下で，満独貿易が拡大し，満州国の対独出超が生じれば，日満独3カ国間の貿易不均衡が相互に相殺され，貿易拡大の展望が得られる。端的には，日本から満州国へ機械を輸出し，満州国からドイツへは大豆，そしてドイツから日本へは機械と技術を輸出する。こうして，日満独三角貿易が発展する，というわけである。

　しかし，その実現は容易ではなかった。日本とドイツの経済的角逐はこの時期にはアジア市場，とくに中国市場へと拡大していた。しかもドイツ政府は親中国の外交姿勢をすぐには変えようとしなかった。さらに，そもそも三角貿易が成立するためには，出超規模がある程度そろわなければならず，また自由外貨によらない支払いをどの程度認めるのかなど，決済方法に関する合意が必要であった。したがって，満州国を媒介項としても，日独の経済協調体制の実現は容易ではなく，事実その過程は曲折をたどった。本章は，その過程とその帰結を検討するものである。そのためには，ドイツの対中国経済関係を検討することから始めなければならない[2]。

1　ドイツの対中国経済関係

(1) 関心の復活——1920年代

　ドイツのアジア地域にたいする経済的関心は，第1次世界大戦を境にしていったん大幅に低下した。大戦での敗北と戦後処理の結果，ドイツは中国山東半島の租借地，ビスマルク・マリアナなど南洋群島の植民地をはじめ，この地域における権益のすべてを失ったのであるから，それも当然であった。さらに，敗戦国として，ドイツは連合諸国とのあいだの賠償問題とそれにともなう紛争への対応に忙殺されることとなり，旧海外植民地への関心をさしあたり放棄し，政治・外交的視野をヨーロッパおよびアメリカに局限することとなった。アジアはドイツにとってはるかかなたに遠のいたのである[3]。

それでも，経済的関心はじょじょに復活していった。関心の焦点はいうまでもなく，急激な工業化を遂げつつあった日本の市場であり，また潜在的には巨大な中国市場であった。そして実際にも，さほど目覚ましいものではなかったにせよ，ドイツの対日本・中国貿易は絶対的にも相対的にも増加する傾向にあった[4]。

なかでも，ドイツがとくに期待をかけたのは対中国貿易である。対日貿易においては，工業製品をめぐる角逐を伴ったし，日本からの原料輸入には多くを期待しえなかった。これにたいして，中国は工業製品市場としての潜在的発展性におおいに期待しえたし，原料供給地としての魅力は日本の比ではなかった。当時の対中国貿易の商品構成は，輸出では鉄鋼製品，機械，染料のほか，武器や飛行機などの軍需品が中心であった。他方，中国からの輸入品目としてはタングステン鉱石やアンチモニー，すずなどの鉱物原料資源のほか，卵・卵製品，包装材料，剛毛，羽毛，綿花，羊毛，大豆などの農産物が中心であった[5]。要するに，ドイツの対中国貿易は典型的な垂直分業を特徴としており，それはドイツ企業の関心に最も適合的であった。そして何よりも，製品市場および原料供給地としての中国の規模と発展可能性は，ドイツ企業を引き付けるに十分であった。

工業製品の輸出が増大するにつれ，一部のドイツ大企業は現地生産のための直接投資を計画するほどであった。鉄鋼・機械のクルップや電気機械のジーメンスがその例である。化学のIG（イーゲー）ファルベンも，染料工場の建設を計画したし，1930年代に入ってからのことであるが，石炭液化による人造石油製造をも計画している。染料分野での直接投資は，IGは日本よりも中国においていち早くこれを実施したほどである。ドイツ染料の輸出市場として，中国の重要性は日本のそれをはるかに凌いでいたから，それも何ら不思議ではないが，中国市場の発展性への期待は，それほど強かったのである[6]。

だが，このような対中国貿易は，脆弱な基礎の上に成立していた。ドイツは第１次大戦によってアジア地域におけるすべての権益を喪失していたから，ドイツ製造企業やドイツ商社は，帝国主義的な組織網に庇護されることなく，いわば単騎での進出を余儀なくされた。それでも大手製造企業は単独で製品販売網を築き，あるいは再建する力を持っていたが，機械製造を中心とする中小の

企業はドイツ商社の組織網に依存していた。そしてそのドイツ商社はいまや，日本や中国の商社・商人はもとより，イギリスやフランス，そしてアメリカの商社に押されていた。ドイツの金融機関の対アジア進出ないし再進出は，それ以上に遅れていた。ドイツの対中国貿易の大部分は，イギリスをはじめとする諸外国の銀行によって金融されるほどであった[7]。

したがって，ドイツの中国への進出は中国をめぐる内外の政治状勢にきわめて敏感であり，おずおずとしたものにならざるをえなかった。貿易は絶対的・相対的に増大したとはいえ，その実績はさほど目覚ましいものではなかった。直接投資に証券投資を加えた投資実績は，1931年時点でおよそ3億6500万ライヒスマルク（9000万ドル）と推定されている。少なくはないが，とくに目立つ額でもない[8]。各国の対中国直接投資および借款に占めるドイツのシェアは，第1次大戦前の水準を回復しなかった[9]。

こうして，経済的関心の復活にもかかわらず，1930年前後の時点まで，ドイツの対中国経済関係の実績は，貿易，直接投資とも，戦前の地位を回復するにはほど遠かった。絶対額の伸びがさほどでなかったことは，辛亥革命以降の中国の政治的不安定などにも起因していよう。だが，相対的に戦前の地位を取り戻しえなかったのは，ドイツ自身の側に要因があった。植民地帝国主義としてドイツが被った第1次大戦の打撃は，それほど深刻であった。

(2) 政策的接近——1930年代

ドイツ経済は，1928年秋には景気後退を迎え，翌年秋には世界恐慌に巻き込まれる。このなかで，対中国経済関係への期待は高まった。1930年には財界団体であるドイツ工業連盟（Reichsverband der Deutschen Industrie）が中国に特別経済ミッションを派遣している。これは大企業の関心の高まりの現れであり，それ自体としてはとくに顕著な成果はなかったものの，これを契機にドイツ大企業は中国調査会（China-Studiengesellschaft）なる調査機関を設立し，関心の具体化のための方法を組織的に検討するようになる。

他方，ドイツ政府の対中国政策はすぐには転換されなかった。1931年9月に勃発した満州事変は，東アジアにおける秩序維持システムたるワシントン体制の限界を明らかにした。しかし，アジアにおける権益をすべて喪失していたド

イツは，直ちに積極的に動くことなく，米英に追随して日本の権益拡大を牽制するにとどまった。1932年10月のリットン調査団報告書にも，いうまでもなく賛成した。ドイツのアジア政策の本格的始動は，国内の秩序維持システムたるヴァイマル体制の崩壊のみならず，西ヨーロッパにおける秩序維持システムたるヴェルサイユ体制からの離脱をもまたなければならなかった。すなわち，33年1月におけるナチス政権の発足の後のことになる。

しかも，経済的接近の主たる対象は満州国ではなく，国民党政権下の中国であった。貿易拡大のために，直接の奨励金の交付や「アスキ・マルク」(特別補償マルク) 貿易など，さまざまな措置が講じられた。それらは，経済相とライヒスバンク総裁を兼ねていたシャハト (Hjalmar Schacht) の名に結び付けられる「新計画」(Neuer Plan) の下で採用された手段であった。外貨を節約しつつ貿易の拡大を目指す「新計画」にとって，中国は重要なターゲットのひとつであった。

その際，ドイツの企業，とくに商社の活動が目立った。とくに，ドイツ最大の鉄鋼商社であるオットー・ヴォルフ (Otto Wolff) 商会の活動は重要な意義を有していた。同社はケルンに本拠を置き，アジア貿易に勢力を誇っていたが，ドイツ政府の保証を取り付け，鉄鋼企業やドイツ銀行 (Deutsche Bank) 傘下の独亜銀行 (Deutsch-Asiatische Bank) とコンソーシアムを結成し，中国政府にたいして借款を供与した。その主な狙いは，中国政府から鉄道建設を受注するところにあった。また，借款とバーター取引の組合せも，1935年に調印された南昌萍郷鉄道建設契約を嚆矢として用いられた[10]。

このような輸出促進措置の対象としては，鉄道資材などのほか，武器などの軍需物資が重要な意義を持っていた。大恐慌期にはソ連がドイツ製武器の重要な市場となっていたが，ナチス政権の成立にともない独ソ秘密軍事協力が破綻し，ソ連との政治・外交関係が緊張するに至って，対ソ輸出は期待しえなくなった。そこで有力な代替市場として注目されたのが，内戦の続く中国だったのである。農産物輸出国中国はまた，タングステンなどの軍需関連の重要原料の供給地としても着目された。要するに，工業製品と鉱物資源・農産物との取引，垂直分業あるいは相互補完的関係への期待が高まった。それは日本には期待し難いものであった。

このような軍需貿易とも関連し，また中国の対ソ接近を牽制する狙いもあって，ドイツ政府は，1928年以降非公式に開始されていた対中国軍事顧問団の派遣を継続し，さらに正式のものとしたうえで強化した[11]。そのような対中国貿易への関心の表現が，ドイツ国防軍による対中国貿易のための新たな措置であった。すなわち，1936年4月，ドイツ国防軍は国民党政権とのあいだに借款を内容とするいわゆるハプロ契約を結んだ。現物による返済を予定する，借款とバーター取引の組合せの一種である。またこれと関連して，いくつかの工場建設が計画された。ちなみに，ここにいうハプロ (Hapro) とは工業製品貿易有限会社 (Handelsgesellschaft für industrielle Produkte mbH) なる組織の略称である。この組織はそれより2年前にベルリンに設立され，対中国武器輸出や中国産原料の輸入に携わっていた。36年4月，この会社がドイツ国防軍の直轄となり，それと同時に締結されたのがハプロ契約であった。またその後，ヒトラーの側近の軍人ライヘナウ (Walter von Reichenau) が訪中していた[12]。このようなドイツの対中国経済関係重視の姿勢は，外交方針にも現れていた。35年5月，ドイツ外務省は在華公使館を大使館に格上げし，その後大使館を北京から南京へ移した。これはいうまでもなく国民党政権承認の方針の継続であり，発展であった[13]。

そうした努力の結果，対中国（ただし対満州を含む）貿易額は拡大した。例えばタングステンについて見れば，世界の供給の40-50％をドイツが需要していたが，中国の輸出の60-70％をドイツが輸入していた。1936年のドイツのタングステン輸入総量8726トンのうち，中国からの輸入は5091トンであり，58.3％を占めていた。また金額で見れば，輸入総額1230万ライヒスマルクのうち，710万ライヒスマルク，57.7％であった[14]。また，1935/36年のドイツの武器輸出総額のうち，57.5％ (2000万ライヒスマルク) までが中国に向けられていた。これにたいして対日輸出は17万ライヒスマルクにすぎず，総額の1％にも満たなかった[15]。

こうして，ドイツの企業は，大企業をも含めて対中国取引への関心を高め，政府も同様に「新計画」のための諸手段を適用した。さらに，政治・軍事的な関心も高まった。そのため，借款の供与，軍事顧問団の強化など，経済・軍事援助がおこなわれた。だが，このようなドイツの経済・軍事的な親中国政策が，

日本の対中国政策と背反する性格のものであったことはいうまでもない。このようなドイツの外交的立場は、日本の中国への軍事侵攻と満州国の建設の過程のなかで微妙になっていった。しかも、ドイツの経済的関心は満州産大豆を無視することができなかった。満州国成立以降、そのような経済的関心は、ドイツ外交の抱える矛盾をさらに強めるものとなっていく。

2　ドイツの対満州国経済関係
(1)　大豆貿易

　ドイツと満州国の経済関係において最も重要な貿易品は大豆であった。一方において、満州ないし満州国にとって、それは最大の輸出産品であり、経済の根幹をなしていた。満州経済は「大豆経済」であるといわれるほどであった。満鉄の鉄道収入の大宗も大豆の輸送であった。その対独輸出は第1次大戦以前からおこなわれていたが、1920年代、ドイツは満州産大豆の最大の顧客となった。1930年前後には、大豆および大豆油の輸出の80ないし90％以上がヨーロッパに向かい、さらにその3分の2がドイツ向けであった。三井物産および三菱商事がその多くを扱った[16]。ドイツ市場の重要性については、「原料大豆市場としての独逸は、単に欧州市場の首脳者たるのみならず、その価格決定に於て、その数量に於て、終局的・基底的な支配者であるといふことが出来る。かくてこそ、独逸の胃腑は、満州の全神経を支配し、満州の全神経は独逸の時計の針の音にも敏感となるのである」といわれるほどであった[17]。

　他方、ドイツにとっても大豆は重要な輸入品目のひとつであり、そのなかで満州産大豆は重要な地位を占めていた。ただ、その意義は政府の政策とともにかなり変化した。

　ドイツでは大豆は食用油や油粕の原料として重要であった。ドイツの食用植物油の消費に占める大豆油の割合は、1929年14％、30年15％、31年17％であった。大豆が需要された要因のひとつは、比較的安価であったことである。また硬化油製造技術が発達し、マーガリンが安価に製造されるようになったため、食用植物油の消費が急増し、1人当たり消費量は戦前1913年の1.6キログラムから28年には7.6キログラムへと増加していた。そのため、大豆への需要もさらに増大していた[18]。

ナチス政権は、深刻化する外貨不足に対処すべく、またより積極的には食料用油脂の自給率の上昇を狙って、大豆を含む食料用油脂の消費および輸入を制限する措置を打ち出した。早くも1933年には、消費が急増しつつあったラードおよびマーガリンについて増税を実施した。さらに翌34年5月には輸入制限措置を講じた。すなわち、大豆を含む油用種子および油用植物について輸入許可制を実施し、新規輸入を停止した。このような措置は当然、満州国の対独輸出に打撃を与えることになった。ところが、まさにその頃ドイツでは、干魃の結果として飼料不足が発生していた。そのため、飼料不足対策のひとつとして、実施したばかりの油用種子および油用植物の輸入停止措置を解除し、8月には緊急輸入の許可へと政策を転換せざるをえなかった[19]。ちょうどこの頃、35年春、イギリスが自由輸入品目リストから大豆を削除したため、大豆の世界市場価格は大幅に下落していた。ドイツ政府当局は当然この市況を睨んでおり、これを好機として輸入許可制へと転換したのであろう。いずれにしてもドイツ政府は、貴重な外貨を使っても食料用の植物油の輸入を続けることの必要性を再確認せざるをえなかった。

ちなみに、石油と並んで「油の穴」と呼ばれた植物油の不足と輸入依存は、その後の第2次4ヵ年計画によっても埋まらなかった。ハンガリーとのあいだで、ドイツからの窒素肥料の輸出促進とハンガリーでの大豆作付面積の拡大を組み合わせた計画が試みられさえした。「ナチス広域経済圏」は、標榜されたようなアウタルキー(自給自足)的なものではなく、域外からの輸入を不可欠としており、非自立性はとうてい払拭しうるものではなかった。このことは、ドイツ一国規模においてばかりではなく、中部ヨーロッパ規模においても妥当した[20]。

このような政策の曲折を反映し、大恐慌期以降、1930年代半ばまで、ドイツと満州ないし満州国とのあいだの大豆貿易は低迷していた。満州産大豆の総輸出量には変化が見られなかったが、対独輸出は減少し、総輸出にたいするその割合は、1933年の31.2%から34年21.5%、35年12.8%へと低下した[21]。満州事変後、日本がドイツに満州国の承認を迫ったのにたいし、ドイツは不承認の方針を変えなかったが、このような政治関係が満州産大豆の対独輸出にとって障害となることはなかった。むしろ、ドイツの側の外貨(自由外貨)不足が、輸入

制限措置の施行と撤廃という紆余曲折を経ながら，重要な制約要因になったものと考えられる。

(2) 満独貿易協定

ドイツと満州国はこのような大豆貿易の低迷を打開しようと図った。ドイツ側の動機は外貨を節約しつつ低廉な輸入を確保することであり，満州国側の動機は輸出の拡大，そして外貨の獲得であった。満州国にとって，大豆は経済建設に当たって不可欠な外貨の源泉であったから，それへの期待はいっそう増大していた。さらに，満州国を媒介とする日独貿易の拡大，すなわち三角貿易への期待もあった。双方がとった手段は，何らかの特別な協定を締結するというものであった。その成果が1936年4月に締結された満独貿易協定である。

この協定に至る過程において終始主導権を握ったのはドイツであった。さらにその先鞭をつけたのは，イデオローグであるローゼンベルク(Alfred Rosenberg)の率いるナチ党外交政策局であり，その極東政策構想であった。「その構想とは，一言でいえば，ナチ党外交政策局の肝煎りで私的な貿易会社を設立し，この会社を通じて外交政策と対外経済政策の連繋戦略を実現する，というものであった。」[22] そこに投機商人ハイエ(Ferdinand Heye)が登場する。彼はこの構想を武器に，経済界親ナチ派のテュッセン(Fritz Thyssen)を通じてナチ党の実力者ゲーリング(Hermann Göring)に接近し，さらにその後ろ盾により外務省にも接近する。そしてナチ党外交政策局の一員として，1933年夏，日・満の関係当局と満独貿易に関して交渉を開始する[23]。その後も彼は35年初めまで再三にわたり策動する。その動きは，ハンブルク・ブレーメンの極東関係商社の団体である東亜協会(Ostasiatischer Verein)の反対にあい，他方，満州国および日本の側もハイエの資格に疑念を抱き，その胡散臭さに警戒を募らせた。さらに，満州国不承認政策・親中国政策を堅持するドイツ外務省，とくに通商政策局長リッター(Karl Ritter)の抵抗にあい，ハイエの試みは結局失敗に終わった[24]。

注目すべきは，ナチ党外交政策局の構想が換骨奪胎されてドイツ外務省案となり，満独貿易協定につながったことである[25]。非公式かつ個別の試みが公式化され，体系化されるというのは，対中国軍事顧問団やハプロ契約でも使われた手法である。このような手法は，政治・軍事に比べれば経済ではまだしも

自然であるが，それでもドイツの総合的対アジア政策の不在がその背景にあることは見やすいであろう。それはともかく，ドイツ外務省は駐日大使館商務書記官クノル (Karl Knoll) を1934年初頭満州国に派遣した。彼は視察や関東軍・満鉄・満州国政府との接触から，満州国開発にドイツが参入しうる余地があるとの結論に達した[26]。外務省，とくに通商政策局長リッターは，対満州国政策を再検討し，それをアジア政策のなかに位置づける作業をおこなった[27]。

1935年9月，ドイツ外務省無任所公使 (Ministerialdirektor) キープ (Otto Carl Kiep) を団長とするミッションが来日し，外相広田弘毅，蔵相高橋是清，財界首脳たちと会談した。蔵相高橋とはとくにドイツ・満州国間の通商問題について話し合った。キープは外務省案を提示した。日本側も，ドイツ機械の対満輸出の見返りとして，満州国からの大豆輸出の拡大を要請した[28]。ちなみに，ちょうどこの頃，35年11月，昭和製鋼所の所長伍堂卓雄がクルップ・レン法技術導入の件でドイツを訪れ，クルップの当主に会ったとき，日本側は英文の質問書 (Questionare) を手渡していたが，それは(1)日独友好協力関係の強化について，(2)ドイツの対満州国経済協力について，(3)国防，とくに産業動員について，(4)国際政治状勢について，という4項目から成るものであり，その第2点が当該の問題に触れていた[29]。

このような接触の積み重ねの成果が，1936年4月の満独貿易協定であった。ちなみに，この36年という年は，双方にとっていわば経済計画の年であった。ドイツでは10月，第2次4ヵ年計画が発足していたし，満州国ではこの年の秋，第1次満州産業開発5ヵ年計画の立案に着手していた。

協定の主な内容は次の通りであった。(1)ドイツは1936年6月から1年のあいだに1億円 (1円＝1満州元) に相当する満州国物資のドイツへの輸入を承認する。(2)満州国側は同一期間内に2500万円相当のドイツ物資の満州国への輸入をなしうるよう，必要な措置をとる。(3)ドイツの満州国からの輸入については，25％すなわち2500万円相当分は「アスキ・マルク」(特別補償マルク) で支払い (これは満州国によるドイツ物資輸入の支払いに充てることが予定された)，75％すなわち7500万円は外貨で支払うこととする。このような内容を持つ協定は，さしあたり1年の期限をもって発効した[30]。

協定の狙いは，第1に，満独間の大豆と機械の取引の拡大であり，第2に，

それを通じての，ドイツの対満入超，満州国の対日入超，日本の対独入超の相殺，そのかぎりでの3国間貿易のそれぞれの拡大にあった。後者は三角貿易への期待である。ただし，ドイツの対満支払いのうち，外貨なしの清算取引によるものとされるのは25％だけであり，残りの75％は外貨による決済が義務づけられていた。これはとうていドイツ側の満足を得られるものではなかったし，三角貿易への展望を制約するものであった。ちなみに，1935年の満州国の対独輸出額は3280万円であったから，総額1億円という輸入枠はその3倍に当たる。またライヒスマルクによる支払い枠2500万円は，同年のドイツの対満入超幅をやや上回る程度であった。ここにも，協定の目指すものが比較的慎ましいものであったことが示されている[31]。

この満独貿易協定は，ドイツにとって，満州国経済への関心を明らかにし，対満経済協調の制度化に踏み出すものであった。だがその内容が満州国不承認政策・親中国政策と背馳することもまた明らかであった。その点を考慮して，ドイツ外務省はその名を協定の文面に出さないという小細工を施した[32]。ドイツ政府が親中国政策を堅持していたことは，協定締結の直後の1936年4月，前述のように国防軍が中国政府とのあいだにハプロ契約を結んだところに如実に現れていた。つまり，ドイツ政府は中国国民党政権および満州国政府の双方と，ほぼ同時に，事実上正式の通商関係を結んだのである。

(3) 協調の進展

満独貿易協定の成果は必ずしも明らかでない。大豆価格の推移には，その影響が現れたようにも見える。すなわち，1935年春，イギリスが自由輸入品目リストから大豆を削除したあおりを受け，満州産大豆の輸出価格は大幅に下落したが，満独協定の締結後，大豆価格は上昇に転じた。1ピクル当たり平均輸出価格は，35年の44.47満州元から36年66.76元へと上昇した。しかし，それがどこまで協定締結の効果であったのかは判然としない。またドイツの大豆輸入は36年には増加せず，またドイツの対満機械輸出も期待通りには増加しなかった[33]。だが，協定締結から1年後の37年5月，双方はそれが一定の成果を挙げえたものとして，40年5月までの3年間の期限付きで協定を延長することに同意した。

その後，満独経済協調をさらに進めるために登場したのは，またしてもドイツ最大の鉄鋼商社オットー・ヴォルフ商会であった。1937年9月，同商会と満州中央銀行とは「クレディット協定」を締結した。その骨子はオットー・ヴォルフが200万ポンドのクレディット枠を設定し，満州国はそれをドイツ製品の輸入に充て，返済は現物でおこなうというものであった。「満州国プロジェクト」とも呼ばれた借款である[34]。

　協定の主な内容は次のごとくであった。(1)オットー・ヴォルフは，満州国および関東州租借地における満州国政府および満州中央銀行の推薦を受けた商社から，200万ポンドまでの発注に応ずることができる。利率は5.5％とする。(2)満州中央銀行は，本協定施行後1年以内になされた発注への支払いにたいして保証を与える。(3)発注総額の10％はポンドで支払い，残額は満州国特産物の輸送によっておこなう。(4)支払いは半期ごとにおこなうこととし，最終支払い日は1944年6月末とする。

　すなわち，200万ポンド，5年期限の借款の供与がその骨子であった。5.5％という利率は，過去多年にわたる日本の外債発行において最も高い水準であった。借款額はわずか3500万円にすぎないが，もしこれが成功すれば，第2，第3の借款が取り決められるであろうと観測された[35]。

　両者が協定に調印したのは9月4日であるが，それは，7月7日の盧溝橋事件以降，8月13日の上海事変の勃発を経て，戦闘が激化しているさなかのことであった。オットー・ヴォルフは前述のように上海を拠点として借款を梃子に中国の鉄道建設に食い込んでいた。そのオットー・ヴォルフが中国から満州国へと事業の重心を移したのである。それは，政治的に敏感なオットー・ヴォルフによる，ドイツ政府の満州国承認を先取りした決断であった。事業拡大の手段としては例のごとく借款を採用したが，高利率であるうえに，満州中央銀行の保証が与えられるという好条件であった。ただし，それは媒介的に日本にたいする借款と見られ，とくに戦火が拡大し始めたこの時期にあっては，戦費調達を間接的に援助するものと見られた。したがって，ドイツ政府の満州国不承認・親中国政策とは明白に背馳していた。オットー・ヴォルフ側は当然そのことを考慮して，協定の内容を秘密にするところが大きかった。これとは対照的に，日本側は内容を直ちに公表した。上記の内容紹介も同盟通信の報道に基づ

くものである。

(4) 満州国承認

　ドイツの対満経済協調の進展は，そのアジア政策とますます矛盾するものとなっていた。さらに，1936年11月の日独防共協定の調印により，日本との政治的接近も開始された。中国および日本にたいする二面外交の矛盾は，同年12月の西安事件の勃発により露呈し，翌37年7月の盧溝橋事件と日中全面戦争への突入により，さらに決定的な段階へと進んだ。

　だが，ドイツはこのような矛盾を抱えたまま，親中国政策を継続した。西安事件の後，ドイツ政府はライヘナウ使節団を派遣し，借款供与を約束した[36]。また，日中戦争の勃発直後，日本政府は機械・武器買付けのためのミッションを欧米に派遣したが，ドイツ政府はむしろ戦争の勃発を契機に，対日・対中武器輸出について種々の制限を設けた。まず当該地域への輸出全般について外貨払いを輸出認可の条件とし，次いで軍需物資の対日輸出に100％外貨支払いを義務づけた。9月に入ると，すべての物資について対日・対中輸出を全額外貨での支払いを条件としてのみ許可するとした。さらに12月，ドイツ経済省は対日輸出全般について，一定期間以上のクレディット供与を当局による審査の対象とするとした。その他，軍事物資の日本・中国への輸出や軍需企業での教育訓練なども特別の審査の対象となった[37]。

　これらの措置は，リスクの増大した戦争地域にたいしてとられたものという性格が強く，親中国政策の継続と一括することはできないが，日本側からの協調の要請に応えるものでなかったことはたしかである。日本側のドイツにたいする経済的期待とドイツ側の対応とは，なお乖離していた。日独双方の外貨不足と為替管理の強化のなかで，政治的接近にもかかわらず，経済的な懸隔は狭まらず，むしろ拡大したといってもよい。

　ドイツの外交関係はなお中国に傾斜しており，軍事顧問団の派遣を継続していた。経済ベースでも対中国武器輸出を継続していた。日中戦争開始後に試みられた駐華大使トラウトマン（Oskar Trautmann）による和平工作は，彼個人の意図とは別に，当時のドイツ政府の親中国政策を象徴している。

　しかし，二面外交の終わりを告げる時期が訪れる。日中戦争勃発の前後，ド

イツ外務省は密かに満州国に顧問を送り込むようになっていた。1938年に入ると，2月のヒトラーの満州国承認の意向表明を受け，5月，満独修好条約が調印された。これによってドイツは満州国を正式に国家として承認した。ほぼ同じ時期に，ドイツ政府は在華軍事顧問団を引き揚げた。これはドイツの対中国外交政策の転換，したがってまた対日政策の転換を，ようやく行動において明確に示すものであった[38]。

この政策転換を受け，同年9月には満独両者間に通商条約が締結された。ただしその内容は，前年5月に更新された満独貿易協定およびオットー・ヴォルフ借款を引き継いだものであった。ドイツは1億満州元を限度として大豆，剛毛，大豆油，ペリラ油，とうもろこし，落花生などの物産を購入すること，そしてその4分の3は外貨により支払うことを約束した[39]。

こうして，ドイツの対満州国政策は，1937年の経済協調から38年の政治協調へと展開した。それは，中国および満州国における経済利害を重視する経済主義から，日本の対ソ戦を密かに期待する軍事主義への旋回とも関連していたと思われる。ドイツの思惑をどの程度承知していたかは別として，日本側のこれにたいする反応はいうまでもなく歓迎一色であった。

3　日満独経済関係

(1) 三角貿易——期待と現実

ドイツの満州国承認の背後には，いくつかの要因があった。ひとつは，いうまでもなく1936年11月における日独防共協定の調印から37年7月の日中戦争の開始に至る政治状勢の変化であろう。これによって，ドイツ政府はいよいよ二面外交の矛盾の解決を迫られたのである。いまひとつは経済的な変化であって，日中戦争を契機にドイツの貿易の重心が中国から満州国へと移ったのである。対中国貿易の減少は著しかった。中国からの輸入は半減し，借款は停止されて，ドイツはむしろ債権回収に走った。他方，日本・満州国との貿易は，輸出，輸入とも増大した[40]。対満貿易に限れば，輸入は1936年に増加したものの1億元の協定枠を消化しえず，37年以降は停滞した。他方，対満輸出は36年以降目覚ましい増加を示した。満州国に進出したドイツ商社・商人は，とくにこの対満輸出によって潤った[41]。

このようにドイツを中国から引き離し，満州国（および日本）へ引き付けた要因としては，1936年の満独貿易協定よりも，37年の日中戦争のほうが重要であったように思われる。ふたつの出来事が短期間のうちに継続して生じており，それぞれの影響を測ることは難しく，今後なお立ち入った検討を要する。ここではさしあたり，一例として電機産業の場合を見ておこう。このケースでは，ドイツの輸出が中国から満州国（および日本）へとスウィングしたことが明瞭である。中国ジーメンス社（Siemens China Co.）の強電設備について，中国からの受注額は1935/36年度の386万ライヒスマルク，36/37年度の764万ライヒスマルクから37/38年度はわずか13万ライヒスマルクへと激減した。他方，日本・満州国からの受注は36/37年度の241万ライヒスマルクから37/38年度には800万ライヒスマルクへと急増している[42]。

こうして，満独貿易が発展した結果，日満独の三角貿易が発展したと見ることができるようにも思われる。ドイツから見れば，（大豆輸入による）対満入超を対日出超で得た余剰によりカバーする余地が膨らんだというわけである[43]。だが，はたしてそうであろうか。三角貿易は発展したのであろうか。どの程度の規模で存在していたのであろうか。観察対象となる期間が短く，また政治・軍事状勢が激動したこともあって，この点を見極めることには困難が伴う。それでも，三角貿易の発展をいうことは無理のように思われる。

まず，上記のようにドイツの対満貿易において，輸出は増加したものの輸入は停滞していた。ドイツの入超幅が縮小したわけであるが，このことは大豆と機械の取引の拡大という満独貿易協定・通商条約の狙いが必ずしも実現されなかったことを意味している。また，対満入超幅の縮小は，対日出超幅を拡大させるドイツ側の動機を弱めるであろう。この点は，満州国および日本の側から見れば明瞭である。満州国の対独出超幅の縮小は，日本の対独入超幅の拡大を制約するからである。

さらに，日本の対独輸出で有力な輸出品が存在しないという状況には変化がなかった。日本の重化学工業化が進展するにつれ，垂直分業への展望はますます希薄になったが，かといってそれは水平分業を可能にするほどの水準には達していなかった。日独の経済関係には補完性という点で狭い限界があったのである。したがって，日本の対独入超は継続された。だがその拡大は，上記のよ

うに満州国の対独出超幅の縮小によって制約された。さらに，ドイツは自由外貨を欲していたから，日本の対独入超の一部は自由外貨によって決済されなければならなかった。しかし，日本も同様に自由外貨の不足に悩んでいた。こうして，日独貿易が拡大する展望は，依然として開かれなかったのである。三角貿易の規模は最も細い貿易関係によって規定されるとすれば，日独関係こそがその最も細い関係であり，それが全体の拡大を制約したように思われる。

　このように見てくれば，三角貿易が成立するための経済的根拠は相当に脆弱であったと思われる。そして満州国および満州産大豆には，過大な期待が寄せられたように見える。満独貿易協定などの一連の合意に盛り込まれた夢の大きさに比べて，達成水準はやはり低かった。そもそも，三角貿易の成り立つ根拠を綿密に調べたうえで作られた構想が，一方の側にでも存在したのであろうか。それは，軍人や革新官僚，あるいは貿易の実態に疎い外務官僚のたんなる幻想にすぎなかったのではないだろうか。このような点はさらに検討しなければならないが，ここでは，日独間と満独間の双方にまたがるある商談を取り上げ，三角貿易の幻想性を例示しておくにとどめたい。

　大日本セルロイドは1940年，子会社である満州電気化学工業を通じて，満州国におけるアセテート人絹の企業化を計画した。それは，松花江での60万キロワットの発電を利用し，日産10トン規模で生産するというものであった。大日本セルロイドの技術者和田野基は，機械購入および技術導入の命を帯びてアメリカ経由で渡独し，3月初頭，IGファルベン傘下のヴァッカー電気化学と接触した。交渉は順調に進み，わずか2日間で契約のための覚書に調印することができた。彼は本社にたいして覚書内容の承認を求めるとともに，本社を通じて，満州国政府にたいして機械代金・技術伝授料の支払い許可を求めた。

　満州国からの支払い許可を得るまでには時間がかかった。ようやく5ヵ月後の8月，本社から次のような返電があった。「酢酸羊毛の伝授料及機械代の支払は満州政府の許可を得たるも，ゾンダーコント・マルクにて支払う事，支払時期は満独協定成立後直ちに支払う事の2条件を相手方に承認せしむる為切に貴殿の御高配を煩わしたく御援助を乞う。」「間もなく満独協定は新京でドイツ代表フォン＝スピンドラーと満州国政府との間に成立した。満州国はドイツに対し3千万マルクの借入金（前年のものを合すと4千5百万マルクとなる）を限度

として，X 勘定は大豆合計30万トン（1トン＝117マルク）をもって決済，B 勘定は大豆以外の，たとえば大豆油・南京豆のごときもので決済するものである。そしてこの内 3/4 は新規購入品，1/4 は借入金の償却に当てることになっていた。更に満州国政府より特に要請される場合はドイツ国政府の同意を得て機械に関連する特許権使用料はこのゾンダー・マルクで支払い得ることになっていた。」こうして，支払いに関する満州国政府からの許可は得られた。

　だが，もうひとつの難関が控えていた。ドイツ政府である。この間にもヴァッカー側は，満独協定に基づく決済方法につきドイツ経済省から許可を得るべく努力していた。その結果は，9月26日，なおベルリンに留まっていた和田野に伝えられた。「只今到着した経済省の指示によれば伝授料は外貨支払を必要とす。物品の供給に対してはゾンダー・マルク勘定でよろしい。」部分的とはいえ，外貨による支払いが条件とされており，満州国政府からの許可の際の条件とは両立しえないものであった。商談はここで頓挫した。この報を手にした翌日，和田野は三国同盟調印の報道に接し，思わず慨嘆した。「何が三国同盟だ。」その後もなお，ヴァッカー社はドイツ経済省にたいして要望を繰り返したが，決定が覆されることはなかった。「……満州国公使館から経済省の公式の返事を伝えてきた。すなわちライセンスのゾンダー・マルクによる支払は大豆供給額が購入品に対し余裕ある場合に限るという原則に対し，わが社とワッカー社との契約は合致しないというのが拒絶の理由であった。」こうして，1940年12月末，10ヵ月に及ぶこの商談は立消えになった[44]。

　満独協定も，三国同盟も，この商談には役に立たなかった。政治的親和にもかかわらず，経済的協調はいっこうに進まなかった。この事例は，日満独の経済関係の現実と三角貿易の幻想性を雄弁に物語っているのではなかろうか。

(2) 三国同盟——期待と現実

　ドイツの満州国との通商関係は，ともかくも制度的には整備されていった。他方，日独間では制度的にすら進展が見られなかった。1927年に締結された通商条約が世界恐慌以後の為替管理体制の下で効力を失った後，条約の締結が懸案となっていたが，そのための交渉は進捗しなかった。ようやく1939年7月，貿易協定につき合意が成ったものの，その直後に欧州大戦が勃発したために，

その正式の調印は延期されてしまった[45]。

　欧州大戦の勃発後，イギリスの対独封鎖などにより，日独および満独間の貿易はさらに細った。ドイツ製機械の輸入の困難に直面した日本企業は，アメリカへの発注を増加させた。例えば三菱商事は，クルップのライバルである米企業メスタ社（Mesta Engineering Co.）からの購入を予定していた[46]。

　しかし，1940年9月の日独伊三国同盟の成立を機に，アメリカが対日禁輸を段階的に強化したために，日本企業はふたたびドイツへの発注を増やした。例えば，鍛造品や反応筒の分野でメスタに接近していた三菱商事，また米企業ユナイテッド・エンジニアリング社（United Engineering）に接近していた三井物産は，ともにふたたびクルップに向かった[47]。

　1939年8月の独ソ不可侵条約の調印を背景に，シベリア鉄道での輸送がなお可能であった。満州産大豆のシベリア鉄道での輸送は40年初頭から実施された。船舶では50日を要するのにたいして，10日しかかからなかったが，コストが高く，それに加えて貨車の不足や管理組織上の混乱がひどくなった。そのため，まもなくシベリア経由の輸送量は激減してしまった。41年初頭にはドイツから日本に使節団が送られたが，まもなく独ソ戦が開始され，シベリア経由の可能性はなくなった[48]。

　三国同盟の成立に，日本側は経済・技術協力への期待を込めていた。同盟条約の調印後の1941年1月，陸軍中将山下奉文および海軍中将野村直邦を団長とするミッションをドイツに派遣し，技術・戦略物資の交換について交渉した。また，42年1月には日独伊軍事協定が締結された。さらに43年1月には日独経済協力協定が結ばれた。これらの協定にもよる日独協力の成果は皆無ではなかった[49]。しかし，戦況の深刻さを考えただけでも，それらはたんなるエピソードにしかすぎないものである。とくに焦点であった人造石油製造技術の導入について，日本側の期待は満たされなかった[50]。

　日本の南進，とくにフランス領インドシナへの進駐（1940年9月，北部仏印，41年7月，南部仏印）にたいしてドイツが警戒を強め，そのために貿易協定締結交渉はかえって停滞した[51]。1941年6月の独ソ戦の勃発により，シベリア鉄道での輸送が不可能となり，ドイツの対日輸出は激減した。そして同年12月の太平洋戦争の勃発によって，日独経済関係はさらに細まった。貿易協定の締結

は意味を失った。それに代わる経済協力協定が調印されたのは，前述のように，ようやく43年1月になってからのことであったが，しかしこの協定もたんに抽象的に貿易，技術，金融，経済政策における協力の促進を謳った，わずか5条から成る簡単なものにすぎなかった[52]。その実効は当初からほとんど期待できず，日独貿易は最後には潜水艦による輸送に頼るほどのじり貧状態に陥ったのである。

おわりに

1930年代，日独間では政治的親和が進展したが，その裏面において経済協調は進まず，経済関係はあい変わらず冷徹な計算原理に貫かれた。政治的親和と経済的計算のコントラストは，戦間期を通じて日独関係を彩る基調であった。日独間貿易において，日本側にはドイツからの機械の輸入と技術導入への期待があったが，ドイツにとってはそれに匹敵する有力な日本製品は存在しなかった。ただし，ドイツは満州国からの大豆の輸入に関心を有していた。そこで，満州産大豆を媒介に，日独貿易を拡大することが試みられた。その試みは日満独三角貿易への展望につながる。だが満州産大豆には，補完性の薄い日独間を架橋しうるほどの力はなかった。期待と現実は乖離し，三角貿易はほとんど幻想に近いものとなったのである。

1) 両大戦間期の日独経済関係を概観したものとして，工藤章『日独企業関係史』有斐閣，1992年，第1章，参照。
2) 本章は主として二次文献に依拠しており，また二次文献の探索も十分ではない。当該問題に関する見取り図を描いてみたにとどまっている。一次史料をも用い，また日満独の貿易関係を全体として分析することにより，この見取り図を検証してみること，とくに三角貿易の可能性とその現実を立ち入って検討することが，今後の課題として残されている。表題に覚書と付した所以である。
3) Kurt Bloch, *German Interests and Policies in the Far East*, New York: International Secretariat, Institute of Pacific Relations, 1940, Chapters 7 and 9（アメリカ太平洋協会，小関藤一郎訳『東亜広域経済圏と独逸』東洋書館，1940年，第7,9章）。原著はInstitute of Pacific Relations Inquiry Seriesの一冊であり，小冊子ながら内容的には高い水準を示している。小関訳は訳者による加筆が目立ち，訳書としては問題がある。訳書としてはもう一種，南満州鉄道株式会社調査部上海事務所調査

室訳『極東に於ける独逸の権益と政策』生活社,1940年がある.
4) Bloch, *op. cit.*, pp. 9-10 (訳,前掲,29-30ページ). 1920年代におけるドイツとアジア諸国,とくに日本および中国との貿易について,さしあたり,*ibid.*, Chapters 1-3 (同,第1-3章),参照.
5) *Ibid.*, p. 20 (同,55-56ページ).
6) Fried. Krupp GmbH, Historisches Archiv, Essen (HA Krupp と略記する), WA 51 v 1079.
7) ただし,ドイツの製造企業も上海のドイツ商社にたいして信用を供与していた. Bloch, *op. cit.*, p. 11 (訳,前掲,33ページ).
8) *Ibid.*, p. 18 (同,50ページ). 直接投資,間接投資(証券投資)の双方を含むものとしたのは推測である. その後,1930年代はこれ以上増加せず,1931年がピークであった.
9) 藤原貞雄「両大戦間期の中国と外国資本」小野一一郎・吉信粛編『両大戦間期のアジアと日本』大月書店,1979年,80,84-85ページ.
10) Bloch, *op. cit.*, pp. 24-25 (訳,前掲,67-69ページ). オットー・ヴォルフはドイツの対ソ輸出で重要な役割を果たした. 上海に事務所を置き,対中国取引にも乗り出し,さらに後述するように満州国へも進出した. オットー・ヴォルフについてはさらに,Kurt Pätzold et al. (Hrsg.), *Biographien zur deutschen Geschichte von den Anfängen bis 1945*, Berlin: Deutscher Verlag der Wissenschaften 1991, S. 555-556 (Hans Radandt), 参照.
11) 田嶋信雄『ナチズム外交と「満洲国」』千倉書房,1992年,114-115ページ.
12) Alfons Esser, Die drei Fernostverträge des Jahres 1936 und ihre Bedeutung für die deutsche Chinapolitik, in: Kuo Heng-yü und Mechthild Leutner (Hrsg.), *Beiträge zu den deutsch-chinesischen Beziehungen*, München: Minerva-Publikation 1986, S. 92-98. ハプロの活動に関してはさらに,John P. Fox, The Klein Projects in China: Arms, economics, and foreign policy in the Third Reich, in: Bernd Martin (Hrsg.), *Die deutsche Beraterschaft in China 1927-1938. Militär-Wirtschaft-Außenpolitik*, Düsseldorf: Droste 1981 を参照.
13) Bloch, *op. cit.*, p. 30 (訳,前掲,85ページ).
14) *Ibid.*, pp. 27-29 (同,77-82ページ).
15) 田嶋,前掲,114ページ.
16) 春日豊「1930年代における三井物産会社の展開過程——商品取引と社外投資を中心に(下)」『三井文庫論叢』18号,1984年,288ページ.
17) 『満洲経済年報』1935年版,金子文夫『近代日本における対満州投資の研究』近藤出版社,1991年,331ページより再引用.

18) Bloch, *op. cit.*, p. 18（訳，前掲，51-52ページ）．
19) 古内博行「ナチス期の農業政策研究――穀物調達措置の導入と畜産危機の発生」『千葉大学教養部研究報告』A-16（上）号，1983年，50，72，79ページ。原資料は，南満州鉄道株式会社地方部商工課『独逸と満州大豆』1935年，79-83ページおよび参考資料第7，79ページ，その他。
20) Dietmar Petzina, *Autarkiepolitik im Dritten Reich. Der nationalsozialistische Vierjahresplan*, Stuttgart: Deutscher Verlags-Anstalt 1968; Cleona Lewis, *Nazi Europe and World Trade*, Washington, D.C.: The Brookings Institution, 1941（神野誠治訳『ナチ・ヨーロッパの資源と貿易』国際日本協会，1942年），参照。その域内における貿易構造については，工藤章「『ナチス広域経済圏』の再検討」東京大学『社会科学研究』35巻3号，1983年，参照。
21) 古内，前掲，108ページ。原資料は『エコノミスト』1936年10月1日号，47ページ。
22) 田嶋，前掲，138，141-142ページ。
23) 同，147-150ページ。
24) 同，166-224ページ。ハンブルク・ブレーメンの商社の組織である東亜協会は，ハイエの交渉に反対する根拠を挙げるなかで，「『我々は日本と並び満洲国の最上の客なのであるから』，満洲国承認なしでもドイツは満洲国開発に参与し得る」としていた。同，176ページ。他方，「……ハイエの交渉相手たる日本および満洲国側も，ハイエの行動を不信の念をもって眺めていた。日本および満洲国側は，……ハイエの行動様式に関して，『いかがわしい』日本人に囲まれており，また，『脅し』と『虚言』をもって交渉に臨んでいるとの批判を強めていたが，さらに加えて，彼の行った提案内容にも重大な疑念を懐かざるを得なかった。」同，177ページ。
25) 「彼ら貿易政策局官僚にとってはハイエの『慎重さ』を欠く交渉態度，私的会社の介在，1億ライヒスマルクという巨額の提案内容およびそこから生じる『私益』のみが問題なのであって，バーター的清算協定締結自体には異論はなかったのである。」同，200ページ。さらに，220ページ，参照。
26) 同，159ページ。
27) 同，225ページ。リッターのヘゲモニーの下での政策形成過程に関して，同，225-233ページ，参照。
28) Vertretung Berlin an Essen, 13. November 1935, HA Krupp, WA 51 v 1079.
29) Grusonwerk an Krupp von Bohlen und Halbach, 29. November 1935, HA Krupp, FAH IVC 195.
30) 田嶋，前掲，233-234ページ。

31) Erich Pauer, Lots of Friendship, but Few Orders: German-Japanese economic relations in the late 1930s, in: Ian Nish (ed.), *German-Japanese Relations in the 1930s*, Suntory Toyota International Centre for Economics and Related Disciplines, London School of Economics and Political Science, International Studies 1986/3, p. 13.
32) 「なお，本協定の調印者は，『満洲国関係官憲代表謝介石』および『ドイツ国外国為替管理局代表オットー・キープ』とされていた。……調印者の肩書きに『ドイツ政府』の名を入れないことにより政府間協定ではない単なる行政上・手続上の協定という外装を整えることが出来たという点で，リッターにも十分受け入れ得るものであった。」田嶋，前掲，234–235ページ。
33) Bloch, *op. cit.*, pp. 33–35 (訳，前掲，94–102ページ)．
34) HA Krupp, WA 51 v 1079.
35) Bloch, *op. cit.*, pp. 37–39 (訳，前掲，103–109ページ)．満州中央銀行史研究会編『満州中央銀行史——通貨・金融政策の軌跡』東洋経済新報社，1988年には，この借款については特段の記載がない。
36) Bloch, *op. cit.*, p. 35 (訳，前掲，101–102ページ)．
37) 工藤『日独企業関係史』前掲，第2章第II節，参照。
38) なお，次の指摘を参照。「独満貿易協定の成立による満洲国の事実上の承認以降の独満関係，とりわけ1938年2月のヒトラーによる満洲国承認意志の表明を経て同年5月の法的承認に至るまでの独満関係……(1)この協定の更新のための交渉過程は極めて技術的な問題に終始していること，(2)満洲国の承認に至る過程では対満洲国政策はナチス・ドイツの対日政策のまったくの従属変数に転化してしまっていること，……」田嶋，前掲，あとがき，2–3ページ。
39) Bloch, *op. cit.*, p. 46 (訳，前掲，126–128ページ)．
40) *Ibid.*, pp. 39–40 (同，109–113ページ)．
41) パウアーは満洲国におけるドイツ商社・商人の不平不満を集めている。例えば，英米商社に比べて待遇が悪い，秘密の輸入禁止措置が存在している，輸入許可が降りている案件にたいして満州中央銀行が外貨を交付しない，輸入許可書類を英語では受け付けない，日本の商社が売り惜しみをしている，あるいは輸入許可の制限・ドイツ船舶への差別措置などの非関税障壁が存在している，といったものである。財閥系商社の台頭にたいしても不満があった。Pauer, Lots of Friendship, *op. cit.*, pp. 17–20. しかし，パウアーはドイツの貿易の重点が中国から満州国へと移動したという，このような不平不満の背景にある文脈を明確に指摘していないように思われる。
42) Peter Mielmann, *Deutsch-chinesische Handelsbeziehungen am Beispiel der Elektro-*

industrie, 1870-1949, Frankfurt am Main u. a.: Lang 1984, S. 287-288.
43) Bloch, *op. cit.*, pp. 19-20（訳，前掲，54ページ）．この点にかぎらず，総じてブロッホは日独の協調の側面を過大に評価し，対立の側面を軽視しているように思われる。
44) 和田野基『ああ玄海の波の華――ある工業化学者の半生』リサーチ・マネヂメント・ロータリー社，1980年，104，143-144，179，184-187，198-199ページ。
45) Erich Pauer, Die wirtschaftlichen Beziehungen zwischen Japan und Deutschland 1900-1945, in: Josef Kreiner (Hrsg.), *Deutschland – Japan. Historische Kontakte*, Bonn: Bouvier Verlag Herbert Grundmann 1984, S. 200-201（エーリヒ・パウアー「1900-1945年間における日独政治経済関係」日本大学『国際関係研究』8号，1984年，127-128ページ）．
46) Vertreter-Büro an Grusonwerk, 19. August 1940, HA Krupp, WA 51 v 1079; Lemke an Grusonwerk, 19./20. Juli 1940, HA Krupp, WA 105/5.
47) Lemke an von Raußendorff, 7. November 1940, HA Krupp, WA 51 v 1079.
48) Pauer, Lots of Friendship, *op. cit.*, pp. 21-22.
49) 中原茂敏『国力なき戦争指導――夜郎自大の帝国陸海軍』原書房，1989年，163-166ページ。
50) 工藤『日独企業関係史』前掲，第3章。さらに，日本のある将校による「穴のあいた防衛同盟」(defence alliance with some loop holes) という形容をも参照。Bernd Martin, *Deutschland und Japan im Zweiten Weltkrieg. Vom Angriff auf Pearl Harbor bis zur deutschen Kapitulation*, Göttingen: Musterschmidt 1969, S. 20; Pauer, Lots of Friendship, *op. cit.*, p. 23.
51) Pauer, Die wirtschaftlichen Beziehungen, *op. cit.*, S. 201-202（パウアー，前掲，128ページ）．
52) Der Deutsch-Japanische Wirtschaftsvertrag, in: Martin Schwind (Hrsg.), *Japan von Deutschen gesehen*, Leipzig und Berlin: Teubner 1943, S. 272.

第3章　日本企業の発展——技術移転と企業経営[*]

はじめに
(1) 課題

　日本の技術発展を世界史においてどう位置づけるべきか。この問題にたいして，企業経営史の視点からの接近を試みることが本章の課題である。経営史の分野における研究成果を私なりに踏まえつつ考えてみたい。

　経営史が企業経営，とりわけ経営者層の意思決定過程を対象とする学問であるとすれば，技術発展をめぐる問題に接近するに際して，技術発展と企業経営の関係，そしてそれをめぐる意思決定過程に焦点を当てることになるのは当然であろう。だが，そこに焦点を当てていく前に，いくつかの認識を前提としておきたい。まず技術発展と技術移転についての関係であるが，技術発展はたえざる技術の移転，とくに国際的な移転があって初めて可能になるという認識である。次に，その技術移転は多くの場合，経営スキルの移転と密接に関連しており，経営スキルは技術移転を通じてのみ国際的に移転されると考えられる。言い換えれば，通常の場合，技術移転が経営移転に影響を与え，あるいは規定するのであって，その逆ではないのである。

　さらに，経営スキルについても技術と同様に，そのたえざる移転という条件がなければ発展はない。こうして，技術発展と企業経営の関係を考察するに際して，技術の移転ないし交換という側面から接近すべきであり，かつ技術とともに経営スキルをもあわせて考察すべきであるということになる。

　ここで移転というとき，技術なり経営スキルなりの導入ないし輸入とともに，輸出をも含めて考えている。企業の技術と経営はその導入を通じてのみならず，その輸出を通じても発展しうる。言い換えれば，企業は技術・経営の導入から

---

[*] 初出は，研究ノート「技術移転と企業経営——経営史からの接近」東京大学『社会科学研究』46巻3号，1994年である。

学習するばかりではなく，その輸出からも学習しうるし，またしなければならないということである。これは，輸出すべき技術が枯渇したときにその企業生命を終えたアメリカ企業 RCA の歴史が残した教訓でもある。ただここでは，さしあたり技術・経営の導入者ないし受け手としての日本企業を対象として取り上げ，その輸出者ないし出し手としての日本企業については，最後に問題の所在を示すにとどめ，今後の課題としたい。

ここで述べることはあくまでも暫定的なものであり，せいぜい若干の作業仮説を提示するにとどまることになろう。それらの仮説は実証的作業をおこなうなかで生まれたものであり，その意味では実証による裏打ちがないわけではないが，しかし，ここで言及される事実はそのような作業仮説にたいする例示にとどまっている。それらの仮説の実証はなお今後の課題として残されている。この点はあらかじめお断りしておかなければならない。

ここでは，課題の性質上もっぱら国際間の移転に視野を限定し，国内での移転には触れない。また企業間移転に限定され，企業内の移転には言及しない。用語法についても一言しておきたい。「移転」という言葉にはさしあたり拡散ないし普及という意味をも持たせて使用する。さらに「導入」は，技術の受け手の側から捉えた「移転」を意味するものとする。「技術」という言葉は主として生産技術という意味で用いる。生産技術以外の多種多様な経営管理技術は「経営スキル」ないし「経営」という言葉で区別する。

(2) 視角としての国際関係企業史

さて，技術・経営移転に関する研究において経営史を特徴づけるものは，何といっても，企業を最も重要な移転の主体として見るというところにあるといってよい。移転の主体としては，個人や政府組織，非営利団体など，いろいろなものが考えられるが，経営史では，技術の出し手としても受け手としても，企業を中心に据えるのである。言い換えれば，主として企業間の移転を観察するといってもよい。

このように企業を技術・経営移転の最も重要な主体とするのは，企業を対象とする経営史の学問としての性格と深く関わっているが，その点を離れても，企業は国民経済における最も重要な技術の担い手であるとともに，最も重要な

技術・経営スキルの開発者であるといってよい。このように捉えられた企業は，たんなる技術や経営スキルの伝達手段ではなく，それらを生み出し，変化させる存在である。

そもそも技術や経営スキルは一種の情報であるが，たんなる情報ではなく，それ以上に知識としての性格を有している。知識は情報とは異なって，たんに送られ，収集され，あるいは貯蔵されるだけではなく，加工され，蓄積され，利用され，そして何よりも組織に体化されるものである。そして，アルフレッド・チャンドラーがその最近著『スケール・アンド・スコープ』の「日本語版への序文」において日本企業に関する問題提起との関連で強調しているように——それは同時に同書の限界をも告白しているように思われるが——，企業は情報よりもむしろ知識に関わる組織である[1]。技術——少なくともその一部——や経営スキルは，物的施設とは対照的に人間に体化されたものであり，そのような人間の集合としての組織が企業である。知識としての技術や経営スキルは広く企業によって利用されるとともに，企業組織の内部に蓄積され，再加工され，再利用される。このような技術や経営スキルをめぐる過程は，企業という組織による学習過程ないしは企業による組織学習の過程であるということができよう。

このように考えてくれば，経営史における技術移転の研究にあっては，いくつかの要請が満たされなければならないであろう。まず第1に，企業による技術・経営移転を，上記のような意味での知識の蓄積過程の一環として，ないしは企業による組織学習の過程の一環として見なければならない。第2に，すでに触れたように，技術移転は経営スキルの移転と密接不可分に結び付いており，技術について述べたことはそのまま経営スキルについても妥当する。したがって，経営史における技術移転の研究に際しては，技術移転と経営スキルの移転を関連させて考察しなければならない。これが第2の要請である。さらに第3に，上のふたつの点から直ちに導かれることであるが，技術および経営スキルの移転は企業経営と不可分に関わっていた。したがって，問題はたえず企業経営との関わりで観察されなければならないということになる。しかもその際，移転がおこなわれるさまざまな背景ないし環境，移転の動機，あるいは移転の成果のみならず，移転過程そのものの分析が不可欠である。そしてそのために

は，企業の戦略と組織という視角を導入する必要がある。企業戦略しだいで，技術・経営スキルはその水準が低いところから高いところへも流れる。このことは，企業戦略という要因が技術・経営の移転にとっていかに決定的な意味を持つかを示唆している。

　以上のことがらを前提としたうえで，さらに強調しておきたいことは，技術・経営スキルの出し手と受け手の双方の企業経営を視野に収めなければならず，そのためには双方の史料（とくに企業内史料）を利用することが望まれるという点である。国境を越えて複数の企業が技術・経営スキルの出し手および受け手として交渉し，契約を結び，契約を履行する。また出し手どうしないし受け手どうしが相互に競争し，あるいは協調する。このように，技術・経営スキルの移転は，各企業の戦略および組織が国際間で交錯するところに成立するものと見ることができる。あるいはまたこのような移転過程は，技術・経営スキルの出し手としての企業およびその受け手としての企業という2者のプレイヤーによるゲームと見ることもできよう。これに当該国の政府を加えれば，3ないし4プレイヤー・ゲームとなる。それは双方の認識と意思決定が交錯するところに成立するゲームである。研究者はこの過程ないしゲームを，その外部に立つ第三者として，双方の情報へのアクセス可能性などの外部者としての特権を行使しつつ観察するわけである。これは，移転が企業間関係のひとつの形態であり，企業間取引の一種であることを考えれば，いわば当然の要請である。

　このような観点は，国際関係経営史ないし国際関係企業史という経営史学における新たな視角と密接に関わっている。この視角は，多国籍企業論ないし多国籍企業史の限界を意識しつつ，企業経営の歴史を国際関係の文脈のなかで，さらに詰めていえば国際的な企業関係の文脈のなかで捉えようとするものであって，中川敬一郎をはじめとする数人の経営史家の提唱になるものである。私自身も，このような視角から，両大戦期間における日本とドイツを素材として技術・経営移転のケーススタディーをおこなってきた[2]。ここでは，このような国際関係経営史ないし国際関係企業史という視角を意識的に採用しつつ，考察を進めることにしたい。

　経営史および社会経済史の分野においては，国際的な技術・経営の移転のみならず，社会経済制度や慣習，さらには経済・経営文化の移転も関心を集めて

きた。技術・経営移転との関連では，とくに教育制度・訓練制度，経営者団体・技術者団体，特許制度，移民などが重視されてきた。そのような関心は文明移転への関心にも連なっている。その際，導入された技術・経営スキルと，いわば土着の制度・慣習・文化との接触・相剋が，制度・慣習・文化，さらには文明の移転にとって不可欠の通過点となってきたといってよい。技術・経営移転は，より広い経済・社会レベルでの移転にとって最も基軸的な位置を占めてきたのである。したがって，経済・社会レベル，さらには文明規模での移転も，企業間の技術・経営移転の過程と構造のいっそうの掘下げを通じて，初めて十全な解明が期待できるのである。

(3) 日本への技術・経営移転

さて，経営史の分野における技術・経営移転に関する研究には，わが国における研究に限っても，すでに相当の蓄積があるといってよい。一国ないし一地域にとっても，世界全体にとっても，たえざる活発な技術移転なしには技術発展，ひいては工業化は不可能であったし，今後も不可能であろう。したがって，技術移転というテーマが経営史でたえず注目されてきたのも当然であった。そもそも，文明移転に関する諸研究が教えているように，近代の技術発展の源泉とされる西ヨーロッパ地域でさえ，アジア地域やイスラム地域からその当時の先進技術を受容することなしには，その技術発展もありえなかった。ましてや近代世界における後発国日本では，その経営および経済の発展は欧米先発諸国からの技術・経営の導入と深く結び付いていた。

日本に関しても，すでに提起した3点にわたる要請は同様に妥当する。このことをまず確認しておこう。すなわちまず第1に，日本が近代化を遂げた19世紀後半から20世紀前半の時期に，企業が最も重要な主体となった。欧米では企業，とりわけ多国籍化した大企業がますます重要な技術・経営の出し手となった。日本の側でも，受け手は政府機関と官営企業から少数の大企業へ，さらには広く深い重化学工業化の進展を背景に，多数の企業へと移行した。第2に，技術導入と並んで経営導入の意義が大きかった。日本の企業経営の良好な成果およびその独自の性格のためにともすれば忘れられがちであるが，日本企業はこの時期にきわめて熱心に欧米企業の経営スキルを導入した。そして第3に，

欧米から日本への技術・経営移転は，欧米企業および日本企業の企業経営（戦略と組織）と不可分に関わっていた。

　先に，技術・経営移転の分析に際して，その過程を技術・経営スキルの出し手と受け手の双方の企業経営の交錯として見ることの重要性を強調した。そしてこのような研究が当然要請されるとも述べた。国際関係経営史ないし国際関係企業史という視角が打ち出されるとともに，このような研究もしだいに活発になってきた。幕末・維新期における欧米からの技術・経営導入に関しては，比較的早い時期から研究が活発であったが，世紀転換期以降からさらに両大戦間期へも関心が及び，近年は第2次世界大戦後の時期もしだいに経営史研究の視野に収められるようになってきた。第2次大戦以前には技術の出し手としての日本企業は例外的であったことはいうまでもないが[3]，戦後，とくに1970年代以降ともなると，出し手としての日本企業も不可欠の研究対象となっている。

　末尾に掲げた文献リストは，20世紀前半期の日本を対象としたものを中心に，このような研究およびそれに密接に関わる研究を挙げたものである。その際，経営史をできるだけ広く解釈したうえで作成した。このような限定を付したうえでも，リストはけっして網羅的ではないが，これによって活発な研究状況の一端を窺うことはできよう[4]。

　ただしここで，先の要請を満たすことがさほど容易ではないことを強調しておきたい。望まれる研究にとって障害となりうる要因の第1は，方法ないしは問題意識に関わる。これまでの日本における技術・経営移転に関する研究は，もっぱら受け手としての日本企業に視野が限定されるきらいがあった。当事者双方の分析という要請はなかなか満たされなかったのである。そうなった理由としては，すぐ次に述べる史料状況のほかに，日本の学界の牢固たる伝統である欧米研究と日本研究との固定的な分業関係が挙げられよう。国際関係経営史ないし国際関係企業史は，まさにこのような分業関係の打破を目指すものでもあった。それはともかく，先の要請が満たされ難かった理由をさらに挙げれば，これまでの研究の多くでは，技術・経営スキルという商品は匿名の海外企業によってたえず無制限に供給されたかのような想定があったのではなかろうか。たしかに，欧米の先進企業は——日本の企業と市場の潜在的成長力を過小に評価したこともあって——日本での技術・経営スキルの売込みに熱心であったこ

とから，日本企業は技術・経営スキルを市場において容易に購入しうるという観念が成立したのではないか。それでも，企業の当事者は実際の企業間取引を経験したから，そうした観念から免れうるが，研究者は往々にして移転の結果に目を奪われて，移転の過程とそこにおける出し手の戦略と組織への関心が希薄であったのではなかろうか。

困難をもたらす第2の要因として考えられるのは史料状況である。望ましい研究のためには，出し手と受け手の双方の企業に関する史料，とくにそれらの内部史料を利用することが望まれるし，ほとんど不可欠である。しかし，そのための条件は，かなり整備されてきたとはいえ，なお理想からはほど遠い。残念ながら，これは欧米企業よりもとくに日本企業の側について当てはまるというのが実情であろう。また，戦前についてはまだしも，戦後については企業内史料の利用に関しては種々の困難があり，研究にとっての大きな制約となっている。

このように考えれば，ここで要請されるような研究の将来はけっして楽観しうるものではない。史料状況の改善とともに，研究方法ないし問題意識の面でのいっそうの進展が望まれるのである。

1　過程
(1) 旺盛な導入意欲

歴史的に観察すると，近代日本における技術・経営導入の過程を何よりも特徴づけるものは，日本企業が――ここで対象としている時期においては――欧米の技術・経営にたいして示した旺盛な導入意欲であったのではなかろうか。それは欧米を含む後発国に共通する特徴であったとしても，日本のそれは際だっていたのではなかろうか。

これを国民経済レベルと企業レベルとに分けて見よう。まず国民経済レベルでは技術・経営の導入に関する態度の分岐はほとんど存在しなかった。すなわち，ほとんどすべての成員は外国からの技術・経営の導入に肯定的な態度を示した。政府は貿易・外資・産業・科学技術政策などを通じてその導入を推進した。企業もほとんど例外なく導入に熱心であった。そして広い階層にわたって，海外からの文物にたいする好奇心と学習意欲が旺盛であった。企業について対

比的にいえば，当時の欧米の後発諸国では，外国の技術・経営の導入に関する態度がおおむね導入派企業と拒絶派企業に二分されていたのにたいして，日本では拒絶派企業はほとんど存在せず，実際に導入するかどうかは別として，ほとんどすべての企業が導入を肯定した。

　戦前の一例を挙げれば，電機産業における自主独立派の雄たる日立製作所でさえ，海外の技術を積極的に導入した。政府にも企業にも，「自前の産業を持ちたい」という意欲——これはあるドイツ企業の最高経営者をして「日本人のほとんど病的なまでの野心」と呼ばせたものである——が強烈であったにもかかわらずである。また第2次大戦後，日本では欧米，ことにアメリカの技術と経営を導入し，受容することは自明の理となった。同じ頃，西ヨーロッパではなお，アメリカからの技術と経営——ことに後者——の導入にたいして慎重あるいは拒絶的な企業が存在していた。

　このように，技術・経営導入の日本における歴史を観察すると，導入にたいする文化的な障壁が低く，薄かったという仮説が成立するように考えられる。文明にたいする文化の弱さといってもよく，あるいは文明導入における柔軟性と呼んでもよい[5]。

　次に，企業レベルにおいても同様のことが観察できる。導入における企業の意欲は，できるだけ広くかつ深く導入しようとする態度となって現れた。すなわち，ある技術を導入する際に——契約による公式の導入であるか非公式の導入であるかを問わず——，関連する技術をも広く導入しようとし，またある経営スキルを導入する際にも関連スキルにも関心を持ち，あるいは技術を供給する欧米企業の経営スキルにも貪欲な関心を示すことが多かった。このような意味で，それは「広い」導入であった。他方，導入する技術や経営スキルの理解において徹底しようとしたケースも少なくない。稀に，それらの科学的基礎にまで降りて理解しようとしたケースもあった。そのような意味で「深い」導入であった。一言をもっていえば，「まるごと」の導入であった。

(2) 導入への抵抗

　しかし，いくつかの個別企業のケースの観察からは，これとは対照的な特徴が浮かび上がってくる。それは導入にたいする強い抵抗の姿勢であって，導入

への旺盛な意欲とは正反対の態度である。すなわち，自社の既存の技術あるいは経営スキルに固執する態度であり，さらに——おそらく多くの場合——その目的のために自らの経営権に固執する態度である。

　このような導入企業自体における抵抗の強さは，20世紀前半の日本では——そして20世紀後半に入ってからも——，技術・経営の導入形態としてライセンシング形態がとくに選好されたという事実と関連している。技術・経営の移転の形態は企業の国際的展開の形態（モード）でもあるが，それには第1に財（素材・機械設備）の輸入，第2に直接投資，そして第3にライセンシングがあった。ここにいうライセンシングとは広義のそれであって，直接投資を伴わない事業展開全般を指すものである。20世紀前半の日本では，まず財の輸入を通じての技術・経営スキルの学習が盛んであった。デッド・コピーによる模倣やリヴァース・エンジニアリングによる学習がそれである。またライセンシングによる導入が重要であった。件数のうえでは，ライセンシングは直接投資をはるかに上回った。第2次世界大戦前期についての精確な数値は得られないが，直接投資が100件前後であったとすれば，ライセンシングの件数は数百のオーダーであった[6]。このようなライセンシング選好について，19世紀末までの，そして1930年初頭以降1970年前後までにおける日本政府の禁止的ないしは制限的外資政策が一因であることは間違いないし，また欧米企業が日本市場の潜在的成長性にたいする過小評価から直接投資戦略の採用に慎重であったことも指摘できよう。さらに，ここに指摘した日本企業の導入にたいする抵抗の姿勢をも要因として挙げることができる。当時の世界にあっては，出し手としての多国籍企業による技術・経営移転のネットワークが形成されていた[7]。日本はそのようなネットワークのいわば穴となっていた。

　ところで，このような企業レベルでの導入にたいする強い抵抗の理由としては，一面では日本企業によってすでに獲得された技術・経営能力が一定の水準に達していたことが挙げられよう。そしてそこから来る自信であり，自負であった。他面，ナショナリズムという背景，あるいはまた——例えばイギリスとの比較において——社会においてビジネスが持つ重みといった要因も無視しえないであろう。

　重要なのは，このような導入にたいする抵抗が，あくまでも導入への旺盛な

意欲を前提としていたという点である。それは退嬰的な抵抗ではなく，積極的抵抗とでもいうべきものであった。事実，多くの日本企業は導入に際して，たんなる模倣を超えて改善や革新へと進もうとした。その際，自社がすでに獲得していた技術・経営能力に依拠しようとした。ときとして，それは自社の能力を超える過大な要求を自らに課することになった。それが結果的には模倣に終わることも多かった。したがって，このような結果だけを見て，模倣という特徴づけがなされることにもなるのである。

こうして，社会レベルとは異なって，個別企業のレベルに降りてみると，導入に旺盛な意欲を見せる企業自身が，同時に強い抵抗をも示した。言い換えれば，導入企業のなかに，強い導入意欲とそれにたいする強い抵抗が同時に存在したということである。外国技術・経営の「まるごと」導入に示される強い意欲は，同時に，自社の技術・経営への固執に裏打ちされた抵抗に遭ったのである。

(3) 意欲と抵抗の葛藤

さらに仮説を積み上げれば，導入企業はさしあたりこのような企業内部の強い抵抗を抑制した。戦後初期に自社技術を棚上げにしてデュポンからのナイロン技術を導入し，あわせて経営スキルをも導入した東洋レーヨンは，その代表的な一例である。いわば「身を捨ててこそ浮かぶ瀬もあれ」という意思決定である。そのために，「まるごと」の導入は結果的にはいっそう模倣と見えることにもなった。このような抵抗の抑制は，何よりもまず，日本と欧米とのあいだに厳として存在した技術・経営格差にたいする自覚によることはいうまでもない。ただし，それは同時に，高い自己評価能力の現れでもあった。

しかし，日本企業は自社の技術を——場合によっては自社の経営方式をも——いったん否定するものの，最終的には否定しきることにはならなかった。またそうできなかった。企業経営の内部に，強い導入意欲と同時にそれにたいする強い抵抗が存在し，せめぎあった。そして，後に触れる経営者層の統合構造を前提とすれば，このせめぎあいは個々の経営者，とくに最高経営者の心理構造のなかにも存在し，あるいはそこに集約された。これは，いささかあいまいな表現であるが，あえて葛藤と呼ぶにふさわしい。その分析は経営史におけ

る挑戦的な課題であって，認知科学の知見などをも採用しつつ取り組まれなければならないであろう[8]。

2 構造

これまで仮説的に述べてきたように，海外の技術・経営を導入する企業の内部に，導入にたいする旺盛な意欲と強い抵抗が同時に存在し，それが最終的には最高経営者個人の心理の内部における葛藤を生んでいるとすれば，そのような対立とダイナミズムの過程を生み出す要因としていかなるものが考えられるであろうか。これについては，技術・経営の出し手および受け手の双方の側での競争と協調を含む企業間関係，企業・政府間関係などが考慮されなければならないであろうが，ここでは企業の組織構造についてのみ考察したい。

日本企業による技術・経営導入を，企業の組織構造に注目して特徴づけようとすれば，経営者層および労使関係というふたつの次元における統合性が挙げられよう。

第1の特徴は，経営者層レベルでの統合性である。すでに指摘したように，知識としての技術・経営スキルを蓄積し，加工し，そして利用する最も重要な主体は企業であるが，企業の内部においてこのような知識の創造と組織学習を中心的に担い，それに関わる意思決定を主導するのは経営者層である。多くのケースにおいて，強い導入意欲が経営者によって共有され，そして経営者全員が導入に関わった。彼らは抵抗意識をも共有していた。導入をめぐる経営者層内部での対立は少なく，弱かった。それにかわって，各経営者個人の心理の内部における意欲と抵抗の葛藤があり，それがときとして経営者層全体の葛藤として噴出した。

技術・経営の導入に際しては，導入されるべき技術・経営スキルについて選択・適用の能力を有した経営者の存在が前提となる。その場合，社会レベルにおいてはまず，一定数以上の経営者が存在しなければならない。ここでは，所有経営者であるか俸給経営者であるかを問う必要はない。次に，彼ら経営者が企業経営において一定の地位を得ている必要がある。ここでは，とくに俸給経営者の地位と役割が問題となる。そして彼らの導入技術を選択・適用する能力が問われる。日本における技術者の総数，そして彼らの企業経営における地位

を確認するといった基礎的な作業は，このような問題に接近するための不可欠の前提である[9]。

上のような意味での統合性は，さらに詰めていえば，経営者がジェネラリスト型であったこと，そしてそのように教育，訓練されたことに裏打ちされている。もちろん，一部の職能にはスペシャリストが存在するが，日本の企業経営者は全体として欧米のスペシャリスト型と対照的であった。もう少し細かく見れば，実際には，経営の組織構造にはいろいろなパターンがあった。ジェネラリスト型経営者が広く存在する協調パターン，あるいはジェネラリスト型の経営者が少数存在し，彼らが最高経営者の地位についている独裁パターン，さらには技術・経営知識の集積を体現する個人が権威を有し，最高経営者がそれを支える媒介パターンなどである。このようなパターンは権力と権威の分配の組合せのパターンに応じて多様であった。いずれのパターンにおいても，ジェネラリスト型の経営者が果たすべき役割は大きかった。

導入に際して内外の技術・経営格差が大きければ大きいほど，意思決定過程において経営者が果たすべきこのような役割は大きかった。歴史的に見れば，工業化の初期，ある産業の勃興期，ある企業の創業期において，経営者層，ことに最高経営者が技術・経営導入に際して果たす役割は大きかったという傾向が看取される。当初，導入に関する意思決定・執行は最高経営者のマターであったのが，しだいに下部に降ろされ，ルーティン化した。

第2の構造的特徴として，労使関係における統合性が挙げられる。技術・経営の導入は，最高経営者レベルでは完結しない。導入の現場は工場やオフィスであって，そこにおける経営者と従業員との相互理解および協力関係が不可欠である。またそのためには共通の意欲と認識の共有が不可欠である。それらの水準が導入成果に大きく影響する。日本では概して，技術・経営の導入に際して，経営者と従業員とのあいだでの導入をめぐる対立は少なかった。社会レベルおよび企業レベルで，導入にたいする労働者の抵抗は弱かった。このことは，労働者の組織的運動が職工平準化を目指したこと，独自の労働者文化が希薄であったことと関連していよう。また企業内組合主義および企業内福祉とも相互補完的であろう。

このような統合性は，さらに詰めていけば，技術・経営の導入の現場として

の工場・オフィス——とくに工場——における，技術者——その一部は経営者層に属する——と労働者の機能的に平等な立場での密接な協力関係が形成されたことによろう。奥田健二のいう「現場主義」，あるいは佐々木聡のいう「生産管理技術者と指導的職工との協力関係」の形成である。これは，例えばドイツで同じ時期に「職長帝国」から「技師長帝国」への交替が進んだことと比べて対照的である[10]。そしてこの特性は，まさに技術・経営の導入過程を通じて形成・展開されたものと考えられる。

3 成果

このような欧米からの技術・経営の導入における意欲と抵抗の同時存在，そしてその間の葛藤は，たんなる模倣にとどまらず，改善さらには革新をもたらす前提条件となった。導入過程のなかにすでに改善，さらには革新への——それも製法革新から製品革新への——論理が組み込まれていた。言い換えれば，追付きの論理のなかに追越しの論理が内包されていた。

技術・経営の導入過程に見られた模倣・改善・革新のダイナミズムは，日本の技術・企業経営のダイナミズムを構成する中心的な要素であった。技術・経営は移転を通じてむしろ変形されるのがふつうである。環境，動機が異なれば当然であろう。しかし日本では，移転の主体における導入意欲と導入への抵抗という葛藤を通じて，その変形が強まったのではなかろうか。

ただし，それはあくまでも事態が好循環的に進展した場合であって，悪循環に陥った場合には，導入の失敗という結果に導かれるか，せいぜい模倣の成功にとどまる。さらに好循環が継続した場合でも，一種の陥穽がまちかまえている。それは自己の技術・経営水準の評価における錯誤である。模倣・改善・革新のダイナミズムは，自己の技術と経営にたいする評価のぶれ，あるいは評価基準のぶれを伴いうる。経営者や技術者個人のレベルにおいて，あるいは企業経営のレベルにおいて，さらには一国としても，その危険性は否定できない。そして1930年代の経済・軍事ナショナリズムの下で，日本政府と多くの日本企業は技術と経営が移転によってこそ発展しうるという命題を忘却し，そのような自己評価における誤りに陥ったのではなかろうか。技術立国論や質的優位論はそのような誤りの一表現であったと思われる[11]。

おわりに

　日本における技術・経営移転をめぐって，その特徴を述べてきた。私なりのケーススタディーに基づくとはいえ，これらはあくまでも作業仮説の域を出るものではない。そのレベルにおいてさえ，残された問題は少なくない。

　導入の意欲と抵抗をめぐる過程に関しては，なお分析の余地が大きい。また視野が製造業に限定され，狭すぎるきらいがあろう。マーケティング・人事・広報などの機能についても，同じような議論ができるかどうかを検討しなければならないであろう。そもそも，ここで過程・構造・成果に分けて仮説として述べたことが，どこまで日本に特殊であり，どこまで普遍性を含んでいるのかは，根本的に検討されなければならない。「現場主義」といった括弧付きの用語は，より普遍的な言語に代替され，それが示す労使関係における統合性は普遍的な枠組みで説明されなければならない。

　導入への抵抗に関わる文化的要因に関しても，なお考察の余地が大きい。ここでは企業経営の内部における抵抗を強調したが，その文化的側面の考察は今後に残されている。この問題は，日本の経験の特殊性と普遍性というもうひとつの問題とも絡み合っており，さらには，技術・経営の出し手としての日本企業の可能性にも連なっている。

　この後者の点に関して小林達也は，「日本の経験は日本独自のものである。それを教訓として教えることはよいが，現実の政策に翻訳できない地域が多い」と指摘し，また「途上国問題においても，文化と同一化された日本文明は，こと産業化について教訓的であったとしても，なお普遍性を示しうるものではない。／筆者は，日本の既存の文明のなかから普遍化可能部分を求めるよりも，むしろ新しい世代の文明に期待をかけることの方が将来重要になると思っている」とも述べている[12]。豊富な経験に裏打ちされた重い指摘である。私としては普遍性を強調したいが，そのためには文化的要因の展開が不可欠である。また，欧米との比較はいうまでもなく，日本のフォロワーとして成功した韓国や台湾などのアジアNIEs，さらにはASEAN諸国，中国との比較が重要であると考えている。それは本章で提示した日本の経験が普遍性を持ちえているのか否かをテストするものでもある。その際にも，国際関係経営史ないしは国際関係企業史という視角を踏まえた国際比較が重要であることを，いま一度強調し

ておきたい。

　最後に,「問題はこれまでの史学において,欧米における技術進歩を普遍的な歴史法則として捉え,日本の西欧技術受容を単なる遅れの克服とか必然的な過程とする考え方が強かったために,この事象の世界史的重要性が十分に認識されなかったところにある。異文化間の技術移転の成功例として,在来技術との関係において明治以後の西欧技術移転過程を見直す研究は,まだまだ緒についたばかりである」という内田星美の指摘は,技術移転だけではなく経営移転についても,依然として妥当するものであることを確認しておきたい[13]。

文献リスト

内田星美「技術史」経営史学会編『経営史学の20年——回顧と展望』東京大学出版会,1985年。
───「技術者の増加・分布と日本の工業化——1880年～1920年の統計的観察」一橋大学『経済研究』39巻4号,1988年。
───「技術移転」西川俊作・阿部武司編『日本経済史 4 産業化の時代 上』岩波書店,1990年。
───「国際的技術移転——歴史的回顧」日本科学技術振興財団『平成2年度 産業技術の発展と社会的受容方策についての調査研究』日本科学技術振興財団,1991年。
───『日本技術史講義』私家版,(1993年)。
大塩武『日窒コンツェルンの研究』日本経済評論社,1989年。
奥田健二『人と経営』マネジメント社,1985年。
日本経営史研究所・花王株式会社社史編纂室編『花王史100年(1890～1990年)』花王株式会社,1993年。
清川雪彦「欧米技術の受容をめぐる諸問題——日本の経験をどう捉えるか」社会経済史学会編『社会経済史学の回顧と展望』有斐閣,1984年。
工藤章「石油化学」米川伸一・下川浩一・山崎広明編『戦後日本経営史Ⅱ』東洋経済新報社,1990年〔本書第7章〕。
───『日独企業関係史』有斐閣,1992年。
───『イー・ゲー・ファルベンの対日戦略——戦間期日独企業関係史』東京大学出版会,1992年。
小林達也『技術移転——歴史からの考察・アメリカと日本』文眞堂,1981年。
───「日本の技術移転——『受け手』の時代,『送り手』の時代」日本科学技術振

興財団『平成元年度 産業技術の発展と社会的受容方策についての調査研究』日本科学技術振興財団, 1990年。

佐々木聡・野中いずみ「日本における科学的管理法の導入と展開」原輝史編『科学的管理法の導入と展開——その歴史的国際比較』昭和堂, 1990年。

竹中亨『ジーメンスと明治日本』東海大学出版会, 1991年。

中岡哲郎・石井正・内田星美『近代日本の技術と技術政策』国際連合大学, 1986年。

中川敬一郎『比較経営史序説』東京大学出版会, 1981年。

─────「経営史学における国際比較と国際関係」土屋守章・森川英正編『企業者活動の史的研究』日本経済新聞社, 1981年。

西川浩司「企業のパラダイム転換に関する比較史的考察——フォード・システムとトヨタ生産システムの形成過程」龍谷大学『経済経営論集』29巻3号, 1989年。

─────「萌芽期日本板ガラス産業の連続史的側面と断続史的側面——共通的知識・認識体系の存在可能性について」龍谷大学『経営学論集』32巻4号, 1993年。

林武『技術と社会——日本の経験』東京大学出版会, 1986年。

南亮進・清川雪彦編『日本の工業化と技術発展』東洋経済新報社, 1987年。

森川英正『日本経営史』日本経済新聞社, 1981年。

山崎広明『日本化繊産業発達史論』東京大学出版会, 1975年。

Chandler, Alfred D., Jr., *Scale and Scope: Dynamics of industrial capitalism*, Cambridge (Mass.): Belknap Press of Harvard University Press, 1990 (安部悦生・川辺信雄・工藤章・西牟田祐二・日高千景・山口一臣訳『スケール・アンド・スコープ——経営力発展の国際比較』有斐閣, 1993年).

Daito, Eisuke and Nobuo Kawabe (eds.), *Education and Training in the Development of Modern Corporations: The International Conference on Business History 19*, Tokyo: University of Tokyo Press, 1993.

Jeremy, David J. (ed.), *International Technology Transfer: Europe, Japan and the USA, 1700–1914*, Aldershot: Edward Elgar, 1990.

───── (ed.), *The Transfer of International Technology: Europe, Japan and the USA in the twentieth century*, Aldershot: Edward Elgar, 1992.

Kudo, Akira and Terushi Hara (eds.), *International Cartels in Business History: The International Conference on Business History 18*, Tokyo: University of Tokyo Press, 1992.

Okochi, Akio and Hoshimi Uchida (eds.), *Development and Diffusion of Technology – Electrical and Chemical Industries: The International Conference on Business History 6*, Tokyo: University of Tokyo Press, 1980.

Pauer, Erich (Hrsg.), *Technologietransfer Deutschland – Japan von 1850 bis zur Gegen-*

wart, München: Iudicium 1992.

Yuzawa, Takeshi and Masaru Udagawa (eds.), *Foreign Business in Japan before World War II: The International Conference on Business History 16*, Tokyo: University of Tokyo Press, 1990.

付記　この論考は，もともと1993年10月23日から25日にかけて川崎市の神奈川サイエンス・パークで開催されたワークショップ「日本の技術発展を世界史にどう位置づけるか」に提出した原稿を，そのとき賜った批判と議論を参考にして改訂したものである。その際，オーガナイザー内田星美教授（東京経済大学）から私に与えられた課題は，上記のテーマにたいして，経営史の分野での成果を踏まえて発言するということであった。内田教授および貴重なコメントを賜った岡田和秀教授（専修大学）をはじめとする参加者各位，そして主催者の日本科学技術振興財団にあらためて感謝の意を表したい。

1) Alfred D. Chandler, Jr., *Scale and Scope: Dynamics of industrial capitalism*, Cambridge (Mass.): Belknap Press of Harvard University Press, 1990；安部悦生・川辺信雄・工藤章・西牟田祐二・日髙千景・山口一臣訳『スケール・アンド・スコープ——経営力発展の国際比較』有斐閣，1993年，「日本語版への序文」ivページ。

2) 中川敬一郎『比較経営史序説』東京大学出版会，1981年，同「経営史学における国際比較と国際関係」土屋守章・森川英正編『企業者活動の史的研究』日本経済新聞社，1981年，工藤章『日独企業関係史』有斐閣，1992年，同『イー・ゲー・ファルベンの対日戦略——戦間期日独企業関係史』東京大学出版会，1992年。

3) 工藤『日独企業関係史』前掲，第5章は，数少ない例外的ケースのひとつ，蓄電池用鉛粉製造法としての島津法の欧米への移転を扱っている。

4) 研究サーベイとしては，内田星美「技術史」経営史学会編『経営史学の20年』東京大学出版会，1985年，清川雪彦「欧米技術の受容をめぐる諸問題——日本の経験をどう捉えるか」社会経済史学会編『社会経済史学の回顧と展望』有斐閣，1984年が有益である。経営史学会の機関誌『経営史学』は毎年「年間回顧」を掲載しており，便利である。ただし，とくに技術に関する項目が立てられているわけではない。

5) 次の鋭い指摘を参照。「日本の技術は模倣専心であり，……技術が文化に拘束されない約束を明治時代にとりつけていた。」小林達也「日本の技術移転——『受け手』の時代，『送り手』の時代」日本科学技術振興財団『平成元年度　産業技術の発展と社会的受容方策についての調査研究』日本科学技術振興財団，1990年，39ページ。

6) 1931年時点での商工省の調査では，外資系企業として88社が捕捉されている。これにたいして，1941年現在における外国人所有の特許権は8843件にのぼっていた。そのすべてがライセンシングの対象になったわけではなく，また他方で特許権に基づかないライセンシングも多数にのぼったが，直接投資との比較のうえでは一応の目安となる。工藤『日独企業関係史』前掲，24，26-27ページ，参照。さらにいえば，通念では製品輸入よりもライセンシングが，ライセンシングよりも直接投資のほうが，技術・経営導入の影響は広く深いとされている。しかし，ライセンシングの件数の多さからいえば，「直接投資が狭く深い移転効果を持ったとすれば，ライセンシングは薄いが広い効果をもたらした。」同，246ページ。

7) 「19世紀後半に開発された，電気・化学・石油・内燃機関等の新技術は，先進諸国に第2次産業革命ともいわれる社会経済の変化をもたらした。これらの新技術の発明は英国に加えてドイツ・アメリカ合衆国で行われたが，その相互普及の担い手となったのは大企業であった。19世紀初頭から逐次各国で整備された特許制度は，先進国間の特許協定（パリ条約）となって，国際的な技術移転が制度化された。対価の支払や有効期限等を定める技術提携契約が定型化された。このような特許制度を基礎とした国際技術移転の制度化は，新技術の移転を促進するとともに，自己開発または個人特許の買取りによって基本特許を保有する大企業を国際技術移転の主役の地位におし上げたのである。／一方において，19世紀のドイツ・アメリカ合衆国の電機・化学工業において企業内の組織的研究開発が開始されたが，これらの企業においては開発費の償却のためにも事業を国内に留めずに国際化することが有利となって，外国における子会社・提携会社を通ずる開発された技術の移転を積極的に行うようになった。……多国籍企業の成立と国際技術移転とは，密接な関係がある。」内田星美「国際的技術移転——歴史的回顧」日本科学技術振興財団『平成2年度 産業技術の発展と社会的受容方策についての調査研究』日本科学技術振興財団，1991年，22ページ。

8) 認知科学の知見を援用した経営史における先駆的研究のひとつとして，西川浩司「萌芽期日本板ガラス産業の連続史的側面と断続史的側面——共通的知識・認識体系の存在可能性について」龍谷大学『経営学論集』32巻4号，1993年，参照。そこでは，本章とは異なった文脈においてではあるが，意味記憶とエピソード記憶，宣言的知識と手続き的知識などの概念を応用した分析がなされている。同，72-76ページ。

9) 俸給経営者については，森川英正の『日本経営史』日本経済新聞社，1981年などの一連の研究を，また技術者については内田星美の「技術者の増加・分布と日本の工業化——1880年〜1920年の統計的観察」一橋大学『経済研究』39巻4号，1988年などの一連の研究を参照。

10) 奥田健二『人と経営』マネジメント社,1985年,佐々木聡・野中いずみ「日本における科学的管理法の導入と展開」原輝史編『科学的管理法の導入と展開——その歴史的国際比較』昭和堂,1990年,245ページ(佐々木稿),今久保幸生「19世紀末ドイツ電機工業における経営・労務政策(1)-(10)」『佐賀大学経済論集』18巻1・2号-22巻5号,1985-90年。
11) 工藤『日独企業関係史』前掲,終章での,ヤマムラ・テーゼをめぐる問題提起を参照されたい。
12) 小林「日本の技術移転」前掲,46,47ページ。
13) 内田「国際的技術移転」前掲,22-23ページ。

II
戦後期：資本主義

第4章　西ドイツと日本の経済成長[*]

1　高度成長

(1) 実績——経済成長至上主義の成功

　第2次世界大戦後の西ドイツと日本の歴史は，経済成長の歴史であったということができる。両国は枢軸国として敗戦を迎え，ともに西側連合諸国による占領の下で政治・軍事小国に改編された。そのような両国にとって，経済成長は敗戦と混乱，そして貧困からの脱出のための最も有力な手段であった。それはまた政治的安定の鍵であった。それこそが，ヴァイマル共和国と大正デモクラシーに欠けていた政治的安定と政策選択の自由を，ボン共和国と民主国家日本とに与えるはずであった。そればかりか，経済成長は両国の国家的さらには国民的アイデンティティーを確認する手段でもあった。こうして，西ドイツと日本にとって，経済成長こそが最大の目標となり，いわば自己実現の最も有力な手段となった。両国は経済成長至上主義を採用したということができる[1]。

　西ドイツの経済復興は他の西ヨーロッパ諸国よりも遅く始まったが，回復のテンポは速く，1950年代初頭には鉱工業生産などの指標が戦前水準に復帰した。他方で日本も，1955年には GNP が戦前の水準を回復した。ほぼ5年のタイムラグをもって，両国は経済復興を完了したのである。次いで両国は戦後世界体制への復帰を果たした。政治的には占領状態の終了，国家主権の回復，そして国際連合への加盟がそれであった——ただし，西ドイツの国際連合への加盟は1973年にまでずれ込んだ。経済的には，自由・多角的・無差別の理念を掲げたブレトンウッズ体制の機関である国際通貨基金 (IMF) と世界銀行 (IBRD)，さらに貿易・関税一般協定 (GATT) への加盟を通じて，戦後世界体制への復帰が果たされた。

---

[*] 初出は「西ドイツと日本の経済成長」歴史学研究会編『講座世界史 10　第三世界の挑戦——独立後の苦悩』東京大学出版会，1996年である。

このような世界経済体制の枠組みの下で，西ドイツと日本は経済成長至上主義を採用し，経済国家となった。そしてその後，実際にも経済成長の実績を挙げることに成功した[2]。

西ドイツでは1950年代には年率8.6％に当たる高度成長が続き，この過程で生産性が向上し，経済体質が強化された。貿易収支は早くも1951年には黒字となり，翌年には国際収支が黒字となった。その後は恒常的に黒字を記録した。56年には貿易自由化を完成した。そして61年には IMF 8条国，GATT 11条国に移行して自由な貿易と為替取引を実施する義務を受け入れ，ブレトンウッズ体制のフルメンバーとなった。1960年代に入ると成長の速度は低下したものの，年率4％台の成長が維持された。1960年代央まで景気後退は軽微であり，成長率が鈍化するにとどまっていた。物価は安定し，失業率は1％以下にまで低下して超完全雇用状態が出現した。順調な輸出の拡大に支えられて，国際収支も堅調に推移した。西ドイツ経済はまさに「奇跡の子」であった。

他方日本も，経済復興を遂げた1955年以降，生産性の増大を梃子にして成長を本格化させた。成長率は年率10％を超え，資本主義国では群を抜くハイスピードであった。そして西ドイツにやや遅れて1963年に GATT 11条国，64年に IMF 8条国に移行し，また同年には経済協力開発機構（OECD）に加盟して先進国グループの仲間入りを果たした。さらに68年には GNP で西ドイツを上回るまでになった。

(2) 要因

このような西ドイツおよび日本両国の高度成長をもたらした要因としては，重要なものに限ってもいくつかを挙げなければならない。戦後初期の労使対立を克服した後の安定した労使関係，あるいはまた企業の旺盛な投資意欲，そしてそれを支えた各種の金融方式は無視しえない。その産業的基礎に注目すれば，それは重化学工業であり，とくに自動車や家電製品に代表される耐久消費財産業であった。それに見合って，自動車の普及や家庭の電化に象徴されるように，国民の消費生活もこの間に大きな変化を遂げた。またスーパーマーケットの発達に代表されるような流通構造の変化にも目覚ましいものがあった。そしてこのような変化，いわゆる大衆消費社会の到来は，アメリカにおいていち早く生

じていたから，両国の高度成長の過程はアメリカ型の大量生産・大量流通・大量消費の経済構造を実現する過程であった。すなわち，経済における「アメリカ化」(アメリカナイゼーション) の進展である。

そのような変化をもたらした主要な国際的条件に着目すれば，まず第1に，原油をはじめとする原料資源の低廉かつ安定的な供給が指摘できる。また第2に，自由化による世界の工業製品市場の拡大が挙げられる。両国は IMF・GATT 体制の下での世界経済と世界貿易の拡大の恩恵を享受した。とくに IMF 固定為替レートの下でマルクおよび円の実効実質レートが過小評価されたために，輸出が促進されたことも見逃しえない。そして第3に，先進国からの技術・経営手法の導入による技術発展や企業経営の変貌があった。

これらはいずれも，アメリカを中心とする世界経済秩序の円滑な進行を前提とし，それによって初めて成立した条件である。すなわち，第1の条件である原油などの資源の低廉かつ安定的な供給は，アメリカの覇権の下で可能となった。それによって石炭から石油へのエネルギー・原料の転換が進められた。また第2の市場拡大という条件は，アメリカの覇権の下でのブレトンウッズ体制 (IMF・GATT 体制) の成立と機能によって初めて実現された。そして，技術と経営手法の導入という第3の条件についても，その導入先の先進国としては圧倒的にアメリカが重要であった。それは経済のアメリカ化のもうひとつの側面であった。そしてアメリカの政府と企業の「寛大さ」によって，技術・経営の移転は大量かつ円滑に実行されたのである[3]。

こうして，西ドイツおよび日本の高度成長は，国際的にはアメリカの覇権の下で実現されたのである。

もちろん，もう少し具体的に見れば，両国における成長要因にはいくつかの重要な相違が見られた。第1の条件，すなわち石炭から石油へのエネルギー・原料転換は，日本では西ドイツよりもはるかに急速に進行した。第2の条件については，西ドイツが1958年に発足した欧州経済共同体 (EEC) という「大市場」に大きく依拠したのにたいし，日本にとっての「大市場」は，繊維などの軽工業にとってはアメリカとアジアであり，重化学工業にとってはアメリカであった。

そして第3の技術・経営手法の導入についても相違があった。まず重化学工

業化の程度の相違がある。戦後初期の西ドイツでは，戦争による損耗にもかかわらず，一定の重化学工業化段階を体現した資本ストックが豊富に存在していた。この点では日本も同様であった。しかし，西ドイツでは日本よりも重化学工業化がはるかに進んでいた。ドイツは，19世紀末から20世紀初頭に進んだいわゆる第2次産業革命を主導する国のひとつであった。したがって，戦後西ドイツに残された資本ストックも，戦前における鉄鋼製品，電気機械，自動車，石油精製，化学工業などの発達の成果を体現するものであった。これにたいして日本では，第1次世界大戦を契機として重化学工業化が開始され，1930年代には進展が見られたものの，その本格化は戦後に持ち越された。したがってまた，アメリカからの技術導入は，耐久消費財産業のみならず重化学工業全般でおこなわれたのであり，またその意義も西ドイツにおけるよりもはるかに大きかったのである。

　さらにこれに関連して，アメリカからの技術・経営手法の導入の形式にも相違が見られた。伝統的な先進技術を誇る西ドイツも，自動車などの耐久消費財産業や石油精製，石油化学などの素材産業ではアメリカに遅れをとっており，技術・経営手法の導入が不可避であったが，アメリカの技術や経営手法はまず何よりも製造子会社の設立などの対内直接投資の形式を通じて導入された。これにたいして日本では，対内直接投資は1970年前後の資本自由化まで政策的に厳しく抑制された。したがってアメリカの技術や経営手法の多くは，技術導入契約という形式を通じて導入された。言い換えれば，日本企業は経営権を確保しつつアメリカから学習したのであり，後になると，そこから日本型の生産システムや企業経営方式が発展することとなる。

　このほか，成長にともなって生じる労働力需要にたいして，どのように供給を確保したのかという面での相違も無視できない。西ドイツでは出生率の低下，高齢化，教育年限の長期化などの要因が重なって，就業可能人口の増加が止まった。さらに労働時間の短縮が進んだ。週労働時間は1970年には44時間にまで減少し，その後さらに短縮された。失業率は1％を下回り，超完全雇用状態になった。労働力供給の限界に直面したのである。これにたいする手段は，まず何よりも合理化投資であった。そして1960年代の労働生産性の上昇は，1950年代よりも大幅であった。

このように，合理化投資が進む一方で，難民や外国人労働者への依存も大きな役割を果たした。1960年頃までは，東ドイツや東ヨーロッパから多くのドイツ人難民が流入した。彼らの多くは技術者や専門家として職を得，あるいは熟練労働者となった。1961年8月に「ベルリンの壁」が建設され，ドイツ人難民の流入が停止された後，労働力不足を補ったのは東南ヨーロッパ諸国やトルコ，地中海諸国からの外国人労働力の流入であった。彼らの多くは不熟練労働者であった。そして外国人就業者数は73年に250万人のピークに達し，この年の全就業者数に占める外国人の比率は9.3％であった。このように，西ドイツでは高度成長期の全体を通じて国外からの労働力供給があった。

　このような労働力供給の不足を背景に，1960年代末には工場レベルでの「非公式の」反乱を含む労働運動の昂揚がもたらされ，それまで安定していた労使関係に緊張が訪れた。それにともなって，企業の事業意欲にも陰りが生じた。それは，1970年代以降の労働生産性上昇の鈍化，労働力の質の問題が生じる伏線となる。

　これにたいして日本では，高度成長の前半期には農村からの労働力の流入が重要な役割を果たしたものの，その後半期に入ると，そのような供給源も相対的に枯渇した。そのために日本では1960年代半ば以降，すなわち西ドイツでは外国人労働者が急増していた頃，「減量経営」「省エネ」を合言葉に合理化・省力化投資が活発化し，新たな生産性水準が実現されていった。この相違は，1970年代以降の両国の経済実績の差異を説明する要因として重視しなければならない[4]。

(3) 対外的帰結

　こうして西ドイツと日本は，アメリカの覇権によってもたらされた国際的条件を前提に，その産業構造や技術・経営手法においてアメリカの影響を受けつつ（アメリカ化），高度成長を実現した。そしてこのような成長を通じて，両国は1970年前後までには，アメリカに次ぐ「経済大国」としての地位を確かなものにするに至った。

　この間，西ドイツや日本の高度経済成長を支えたアメリカは，軍需関連部門や先端技術部門では依然として圧倒的な競争力を保持していたものの，重化学

工業部門,とくに耐久消費財部門では西ドイツをはじめとする西ヨーロッパ諸国や日本の追撃を受けて地盤沈下が目立った。その結果,一方におけるアメリカと他方における西ヨーロッパ諸国および日本とのあいだの不均等発展は顕著であった。このような不均等発展はアメリカの覇権の弱化をもたらし,アメリカが中心となって形成された戦後世界経済体制(IMF・GATT 体制)の基盤を揺るがすことになった。

2 低成長
(1) 転換

アメリカの覇権の下に謳歌された「アメリカの平和」(パクス・アメリカーナ)は,経済的には,1970年代初頭に至って大きく動揺した。すなわち,まず1971年8月のニクソン声明によって IMF の固定為替相場制に終止符が打たれ,73年以降は変動相場制の時代に入った。さらに73年10月には第4次中東戦争を契機に第1次石油危機が発生した。この一連の事件を,地盤沈下にたいする覇権国アメリカの打開策と捉える見方もある。しかしながら,ニクソン声明がアメリカの国際収支の構造的悪化とドル危機を背景とし,石油危機がアメリカの政治・軍事的な影響力の陰りを背景とすることは疑いえない。いずれにせよ結果的には,それ以降アメリカの覇権が弱体化し,それとともに西ヨーロッパや日本の高度経済成長を支えた条件が失われ,世界経済は低成長の時代を迎えることになった。さらに政治・軍事的にも,ヴェトナム戦争の事実上の敗北を認めた73年1月のヴェトナム和平協定によって,アメリカの覇権の衰えは明白になった。

このような転換は,西ドイツと日本にとっても,高度成長の終焉と低成長への転換を不可避とした。石油危機によって,石油という最も基礎的なエネルギー・原料資源の低廉かつ安定的な供給という,高度成長の第1の条件が失われた。また IMF 固定為替相場制の放棄と変動相場制への移行の過程で,世界の市場は混乱した。さらに,マルクおよび円はドルにたいして継続的に切り上げられ,それまでの過小評価が修正された。その結果,輸出促進効果は減殺された。こうして,高度成長のための第2の市場条件にも陰りが生じた。さらに,第3の技術・経営手法の移転という条件も揺らいだ。そもそもアメリカと西ド

イツ・日本とのあいだの技術力・経営力格差が縮小して，移転の効果が減少したし，競争力の減退に苦悩するアメリカ企業は，アメリカ政府とともに，それまでのように技術・経営手法の西ドイツ・日本への移転に「寛容」ではなくなった。

こうして，ほぼ5年のタイムラグを伴ってともに高度経済成長を遂げてきた両国は，1970年代初頭の時点で，低成長への転換を同時に経験することになった[5]。

(2) 2度の石油危機

第1次石油危機後の西ドイツの実質経済成長率は，1973年の4.9％から74年には0.4％へ，75年にはマイナス1.9％へと急落した。マイナス成長は67年のマイナス0.1％に続く2度目の経験であり，その幅は最大であった。失業者は100万人を超え，失業率もそれまでの完全雇用水準から跳ね上がって，75年には3.3％に達した。インフレーションの昂進も免れず，消費者物価は73年，74年と連年，前年度比で7.0％上昇した。

財政金融政策は，緊縮的なものから拡張的なものへと転換され，景気刺激を目標とした。それと同時に，構造的な財政赤字の解消を目指す財政再建にも手が着けられた。当時，社会保障費と公債費を中心に財政支出が増大した結果，GNPにたいする財政支出の比率は，1970年の15％強から75年の20％弱へと上昇していた。財政金融政策の転換もあって，76年から翌年にかけて景気は回復した。インフレーションは比較的早く沈静に向かった。この間，貿易収支および経常収支は堅調であり，74年にはむしろ以前よりも大幅な黒字を記録するほどであった。

しかし景気回復の歩みは弱々しく，1977年には早くも景気後退に向かった。結局，1970年代の成長率は60年代の半分程度の2％台で推移した。失業者数は100万人の大台近くで高止まった。財政再建も容易には進まず，GNPにたいする財政支出の比率はむしろ増加し続け，1980年には30％に達した。

日本は第1次石油危機の衝撃を最も強く受けた国のひとつであった。それまでに開始されていたインフレーションは，ニクソン声明後の円切上げのタイミングが遅れたこともあって激発的なものとなり，消費者物価上昇率は1974年に

24.3％，75年には11.9％に達した。これにたいして財政金融政策は，インフレーション抑制を第1の課題として緊縮的に運営された。その効果もあって，物価はその後急速に沈静に向かった。その反面，失業率は，アメリカや西ヨーロッパの水準から見ればきわめて低い水準ではあったものの，1970年代を通じて急上昇した。実質経済成長率は1974年にマイナス0.5％を記録した。

中東からの石油輸入に依存する日本の産業と企業は大きな打撃を受けた。これにたいして，製造業企業は「減量経営」「省エネ」をスローガンに合理化・省力化投資を推進し，また労使関係の「柔軟化」を図った。こうして産業構造をいち早く「重厚長大型」から「軽薄短小型」へと転換させていった。

1979年のイラン革命を契機とする第2次石油危機は，西ドイツおよび日本の経済成長をさらに減速させた。

西ドイツの経済成長への衝撃は，第2次石油危機のほうがはるかに小さかった。西ドイツの実質成長率を引き下げる効果は，第1次石油危機が1974-75年で4.5％ポイント，第2次石油危機が79年0.5％ポイント，80年2.0％ポイントであった。ところがその影響は，長期的には第2次石油危機のほうがはるかに深刻であった。1981年，82年とマイナス成長が連続し，失業者数は急増して200万人を超え，失業率は10％を記録した。貿易収支の黒字が減少し，経常収支も65年以来の赤字を記録した。それにともなってマルクも相当の下落を記録し，「強い通貨」のイメージが損なわれた。もっともこの間も物価は比較的落ち着いていた。経常収支は急速に回復して82年には黒字に戻った。それにともなってマルクもふたたび強さを取り戻した。しかしながら景気の回復には時間がかかり，しかも回復は力強さを欠いていた。成長率は低い水準で推移した。失業率も10％近い高水準のままであった。この間，財政赤字の累積を背景に，財政金融政策は引締め基調であった。

日本も第2次石油危機の衝撃を免れることはできなかった。こうして，両国の経済成長率は，1960年代，70年代，80年代と傾向的に低落していった。西ドイツの実質成長率は，1960-68年が年率4.1％，1973-79年が2.3％，1979-87年が1.4％であった。また同じ時期における日本の成長率は，それぞれ10.2％，3.6％，3.8％であった[6]。

ただし日本は，第2次石油危機を比較的容易に克服していくことができた。

そのことは上の成長率に反映されている。西ドイツの成長率が段階的に低下していったのにたいし，日本は第2次石油危機以降はむしろ第1次後をわずかながら上回る率を達成している。このような両国の分岐を説明する要因のひとつとして，1970年代に開始され現在進行中の「第3次産業革命」における日本企業の成果が挙げられよう。すなわち，日本の自動車・家電産業を中心とする組立加工型産業は，1980年代に入るとマイクロ・エレクトロニクス (ME) 化によって競争力をさらに高め，世界市場を席巻するに至ったのである。1980年には日本車が西ドイツ市場に突如大量に流入して経済紛争の導火線となったのは，それを象徴する出来事であった。

3 低成長の対外的帰結
(1) G3

世界経済は第1次石油危機以降，低成長の時代を迎えた。このなかで西ドイツおよび日本の両国は，先進諸国のなかでは比較的良好な経済実績を挙げ続けた。1978年のボン・サミット（先進国首脳会議）で両国が世界経済を牽引する「機関車」としての役割を課されたという事実が，そのことを象徴している。その経済大国としての地位は，輸出貿易や資本輸出（直接投資・証券投資）などにも示されている。1980年の世界の輸出貿易に占めるシェアは，西ドイツが10.3％で第2位であり，日本も6.4％で第3位であった。また同年の対外直接投資残高は，西ドイツが338億 SDR で第3位，日本が154億 SDR で第7位であった。両国は資本主義圏における5大国 (G5) の一員となり，さらに3大国 (G3) を形成するに至った。

他方，依然として最大の経済大国である覇権国アメリカは，ニクソン声明で金とドルの交換性を停止した後，対外均衡よりも国内均衡を優先する政策を推し進めていった。つまり，金融政策は引締めを基調としながらも拡張的財政政策を展開した。とくに，1981年に誕生したレーガン政権は減税と大規模な軍備拡張を実施した。その結果，財政赤字と経常収支赤字という「双子の赤字」が膨れ上がることになった。こうして，アメリカの経済実績は依然として西ドイツや日本よりも劣ったままであった。西ドイツ・日本とアメリカとのあいだの不均等発展はさらに強まった。

アメリカ主導で形成された戦後世界経済体制は1970年代初頭に大きく動揺したが，低成長期における不均等発展の継続により，覇権国アメリカの地位はさらに低下した。それは経済体制の再編成を困難にし，パクス・アメリカーナの安定性を損なった。経済体制をどのように再建するのかをめぐって，アメリカ，西ヨーロッパ諸国，そして日本という先進3極は，一方で対立しつつ他方で協調の途を模索し続けた。

(2) 対立

先進3極の対立は貿易摩擦あるいは投資摩擦という名の経済紛争という形をとって現れた。アメリカは，財政赤字の削減などの国内均衡の追求を怠りながら，貿易相手国の非関税障壁や「不公正」慣行を非難した。その矛先は西ヨーロッパにも向かい，米欧経済摩擦が発生した。しかし，米欧間では貿易収支の不均衡が恒常化しておらず，歴史的・文明的な連帯関係もあるから，その紛争はそのつど解決を見出していくゲームであった。

他方，日本は低成長期にも突出した経済成果を挙げており，経済的に疲弊した政治・軍事大国の羨望の対象となった。しかも日本の貿易・資本の自由化は西ドイツよりも遅れたし，経済的実力に比べても遅れていると映ったから，アメリカは苛立ちを募らせた。こうしてアメリカの対日非難，そして日米経済紛争は，西ヨーロッパにたいする非難と米欧紛争よりも厳しかった。

日本の突出した経済実績は日欧間にも経済紛争を発生させた。日本と欧州共同体（EC）とのあいだで最初の貿易紛争が発生したのは，第1次石油危機後の1976年のことであった。そして1980年代にも繰り返され，さらに恒常化するに至った。その要因のひとつとして，1980年以降の西ドイツの経済実績の悪化を挙げることができよう[7]。

西ドイツの対日貿易は1970年まではほぼ一貫して出超であったが，1970年代に入ると日本からの輸入が急増して入超に転じ，1980年代には入超幅が著増した。日本車が西ドイツ市場に突如流入したのが，まさに1980年のことであった。それでも，EC内の自由貿易派の旗手である西ドイツは，対日関係においてもしばしば日本の理解者として振る舞った。しかし，西ドイツもECの一員であるかぎり，フランスに代表される保護主義的潮流に一定の理解を示しており，

それがEC委員会の強硬な対日姿勢を支えた面は否定できないであろう。

　西ドイツは日本に比較的寛容であった。しかし長期的には姿勢が硬化する傾向にある。こうして，先進3極の対立の一環をなす日欧経済紛争において，西ドイツと日本はともに良好な経済実績を挙げた国として自由貿易を掲げ，共同して管理貿易に対抗しながらも，競争相手としての側面を強めつつあるといえよう。

(3) 協調

　他方，先進3極の協調はアメリカの覇権を支える形をとった。アメリカは1980年代半ばに対外純債務国に転落し，その後も債務は膨張の一途をたどった。覇権国アメリカの経済的衰弱は明白であった。しかし，西ドイツ，日本といえどもアメリカを超える経済大国とはなっていない。1987年のアメリカのGDPは4兆4700億ドルであり，西ドイツの4.0倍，日本の1.9倍であった。また同年の世界の輸入貿易に占めるシェアは，アメリカが16.5％で1位であり，西ドイツは8.9％，日本は6.0％である。アメリカは依然として世界最大の市場であり，ドルは依然として国際的基軸通貨であった。全世界の保有外貨準備のうちドルの占めるシェアは，1970年の77％から86年には57％にまで低下したとはいえ，なお過半を占める。これにたいして86年のマルクのシェアは14％，円は7％にとどまっていた。西ドイツと日本の経済的影響力は，西ヨーロッパ，東アジアにおいては他を圧するとはいえ，全世界的にはアメリカに及ばない。

　しかも，西ドイツも日本もアメリカに比肩しうるような政治・軍事大国ではない。軍事的には，西ドイツが北大西洋条約機構（NATO）への加盟による集団安全保障という形式をとり，日本が日米安全保障条約という二国間関係にあるという違いはあれ，ともに依然としてアメリカの従属的パートナーである。アメリカ軍基地の存在がそれを象徴する。覇権は経済力だけではなく，政治・軍事・イデオロギー・情報などの総合力によって決まるものである。したがってアメリカの覇権は衰弱したもののなお継続している。アメリカは経済力の衰えをそれ以外の力で補っているということができる。純債務国に転落しながらも，例えば軍事紛争の資金を西ヨーロッパ諸国や日本に負担させる能力，すなわち借金をする能力を依然として保持しているのである。

したがってまた，パクス・アメリカーナに取って代わって「パクス・ゲルマニカ」ないし「パクス・ジャポニカ」が成立するという展望は成り立たないであろう。そこで，米欧日先進3極間での「パクス・コンソルティス」(協調による平和) が，サミット (先進国首脳会議) や国際連合の役割強化などの手段を通じて模索されることになる。しかしそれは歴史が教える通り困難な道であって，結局，疲弊したアメリカ経済を支えつつパクス・アメリカーナを延命させるための協調となるほかない。

　G3を形成する西ドイツおよび日本は，そのような協調体制の最も重要な担い手であった。ただし，経済面に限定しても，国際的地位の安定性において両国には相違がある。

　西ドイツは，地域統合という緩衝体に包まれた経済成長を続けてきた。すでに1958年の欧州経済共同体 (EEC) 創設の時点で，その輸出の27％が同地域に向かい，その輸入の50％超が同地域からのものであった。その後域内貿易の比率はさらに上昇した。EC市場は競争的というよりも協調的であって，それだけに西ドイツの産業と企業の競争力にとっては「ぬるま湯」的であったといいうるかもしれない。しかし，西ドイツは対米関係を含む域外諸国との関係を，ECを通じて処理することができた。対米対立も米欧経済紛争という形をとった。西ドイツの経済は成長を犠牲にして安定を手に入れたということができる。

　これにたいして日本は，東・東南アジアの近隣諸国とのあいだにECに相当する地域統合体を有しなかった。その経済復興と経済成長は，冷戦体制のなかでの近隣諸国の分断と熱戦に加速された (朝鮮特需，ヴェトナム特需)。産業と企業は，アメリカ市場という世界最大でしかも競争的な市場において競争力を磨いてきた。それだけに，アメリカとの対立は直接に二国間の経済紛争となった。

　このような差異は，アメリカの覇権の延命を目指す協調体制のなかにあって，両国の地位の安定性に相違をもたらした。

4　経済成長至上主義の継続

　両国の戦後史は何よりもまず経済成長の歴史であった。1970年代初頭以降，低成長の時代を迎えた。それまでのような高度経済成長を実現するための条件は失われた。それとともに，経済成長の歴史としての両国の戦後史に終止符が

打たれるはずであった。言い換えれば，一国の目標とアイデンティティーを経済成長に求める成長至上主義も終焉するはずであった。

　国内的には福祉国家の建設という目標が重要性を増した。経済成長が福祉国家の拡充を支え，またそれとは逆に福祉国家の発展が経済成長を促進するという好循環が崩れ，いまや経済成長の限界が福祉国家を制約し始めることになったからである。対外的にも，経済大国となった両国にたいして，アメリカは政治・軍事的な協力を期待するようになった。経済成長至上主義を標榜することは，対外的にもしだいに許されなくなった。

　しかし，1990年代初頭に至るまで，成長至上主義は退場しなかった。国内的には，福祉国家の拡充の前提としての経済成長という観念が生き残った。対外的には，アメリカの覇権による安定のために，両国の経済成長はむしろ期待された。とくに日本については，1970年代以降も経済実績が良好であっただけに，経済成長至上主義の慣性ないし惰性もそれだけ大きかったということができよう。

1)　ヴェルナー・アーベルスハウザー，酒井昌美訳『現代ドイツ経済論——1945-80年代にいたる経済史的構造分析』朝日出版社，1994年，序章。ちなみにここにいう経済成長とは，ある年の付加価値の集計値である国民総生産（GNP）ないし国内総生産（GDP）が前年より増大することと定義できる。

2)　両国の高度成長については，戸原四郎「歴史と現状」戸原四郎・加藤榮一編『現代のドイツ経済——統一への経済過程』有斐閣，1992年，橋本寿朗『日本経済論——20世紀システムと日本経済』ミネルヴァ書房，1991年，第2章，参照。

3)　アメリカの覇権について，館山豊「パクス・アメリカーナの構造」工藤章編『20世紀資本主義II 覇権の変容と福祉国家』東京大学出版会，1995年，参照。

4)　これらの点について，さしあたり，工藤章「西ドイツ」馬場宏二編『世界経済IV ヨーロッパ』御茶の水書房，1988年，参照。

5)　2度の石油危機以後の西ドイツおよび日本の経済について，工藤，前掲論文，橋本，前掲書，第3章，参照。なお数値は，日本銀行統計局『日本経済を中心とする国際比較統計』各年版，その他から採った。

6)　この数値，その他について，奥村茂次・柳田侃・清水貞俊・森田桐郎編『データ世界経済』東京大学出版会，1990年，参照。

7)　日本と欧州共同体EC（現欧州同盟ないし欧州連合：EU）とのあいだの経済紛争について，工藤章「日欧経済関係の変貌」工藤編，前掲〔本書第10章〕，参照。

第5章　ドイツ資本主義――経済統合・ヨーロッパ統合・グローバル化*

はじめに

　1990年10月3日，東西ドイツの国家統一が成った。前年11月9日に「ベルリンの壁」が崩壊した後，1990年7月1日には東西間に通貨・経済・社会同盟が発足し，通貨統一が実現されていた。そして9月29日には国家統一条約が発効し，この条約に基づいて国家統一が実現されたのである。それは壁の崩壊から1年足らずのことであった。その結果として成立した統一ドイツは，新旧16の州から成る連邦国家であり，面積35万7000平方キロメートル，7940万（1990年現在。2000年は8220万）の人口を有する，ヨーロッパ域内の大国であった。

　統一を果たしたドイツにとっての最大の課題は，東西両地域での経済・社会統合であった。ここでいう統合とは，東西の経済・社会的な一体化を意味するものとして，政治的な統一とは区別して用いる。本書『ドイツ経済――統一後の10年』ではこのうち経済的な統合を扱うが，その経済統合という課題は，新たな国際環境の下で追求されることになった。すなわち，ヨーロッパ統合の進展および経済のグローバル化である。

　まず，1980年代半ば以降，とくに1992年におけるマーストリヒト条約の調印以降，ヨーロッパ統合が目覚ましい進展を見せた。マーストリヒト条約の調印・批准に当たっては，後に触れるようにドイツ統一それ自体が大きな契機となったが，その反面，ヨーロッパ統合の進展はドイツ経済のヨーロッパ化を促すこととなった。いまひとつの環境であるグローバル化は，すでに1970年代以降進展していたが，ドイツ経済にたいするその影響は，90年代，とくにその後

＊　初出は「概観――経済統合・ヨーロッパ統合・グローバル化」戸原四郎・加藤榮一・工藤章編『ドイツ経済――統一後の10年』有斐閣，2003年である。この論文は同書の序章として書かれた。

半に入ってから急速に目立つようになった。

　このように，1990年代の統一ドイツには，ヨーロッパ化とグローバル化というふたつの波が，相次いで，しかも相互に干渉しあいながら押し寄せてきた。このような環境の下で，ドイツは経済統合という課題を目指すことになった。それはまた，EU (European Union：欧州同盟ないし欧州連合) の一員として，単一通貨ユーロの導入や EU のいわゆる「東方への拡大」を推進しつつ，しかもヨーロッパ化する過程であり，またグローバル化を受け入れつつ，それに対抗する過程でもあった。

　そこで，この章で統一後の経済過程を概観するに当たっての具体的な課題は，次の3つになる[1]。

　第1に，東西両ドイツの統一が達成された後，国家統一とは区別された意味での経済・社会統合の一環としての経済統合が，ヨーロッパ統合およびグローバル化の進展という国際環境の下でどのように進められたのかを明らかにすることである。すなわちここでは，経済統合が開始される際の前提状況ないし前提条件はどのようなものであったのか，経済統合の手段と過程，またその成果はどうであったのかが問われるのである。

　第2に，ヨーロッパ統合の進展にたいして，統一ドイツはどのような立場にあったのか，そしてドイツ経済はどのように対応し，いかに変容を迫られたのかが明らかにされなければならない。

　第3に，グローバル化の進展にたいして，統一ドイツの経済がどのように対応したのか，いかに変容を迫られたのか，あるいはまたいかに自己を主張したのかが明らかにされなければならない。

　要するに，この章の課題は，統一後のドイツの経済過程を，ヨーロッパ統合とグローバル化という大波に洗われながら経済統合を追求する過程として描くところにある。

第1節　経済統合

1　前提状況

　1989年11月9日における「ベルリンの壁」崩壊の直後，モードロウ (Hans Modrow) 東ドイツ首相は両国家間の「条約共同体」の結成を提案した。これにたいしてコール (Helmut Kohl) 西ドイツ首相はすぐさまいわゆる10項目の提案をおこない，そのなかでモドロウの提案を支持するとともに，連邦国家形成を目指すべきことをも示唆した。このコール提案がその後の国家統合のあり方を指し示すことになる。その後，翌90年7月1日の通貨・経済・社会同盟の形成，そして同年10月3日の国家統一に至るまで，事態は多くの人々の予想をはるかに超える速度で進行した[2]。

　国家統一が成った翌日の1990年10月4日，ベルリンの旧帝国議会の建物において統一ドイツ初の連邦議会が開催された。議会の構成は，旧西ドイツの議員519人および旧東ドイツの人民議会 (Volkskammer) を代表する議員144人であった。新たに東ドイツに設けられ，そのうえで西の連邦共和国に加わった州において，10月14日，州議会選挙が実施された。その結果，キリスト教民主同盟 (CDU) はそのうちの4つの州で最大議席を獲得し，ザクセン州では絶対多数を得た。これにたいして，社会民主党 (SPD) はブランデンブルク州で相対多数を獲得するにとどまった。次いで，同年12月2日，連邦議会選挙がおこなわれた。これはナチスによる権力掌握の前年である1932年以来初の，全ドイツ規模での自由選挙であった。得票率は，キリスト教民主・社会同盟 (CDU/CSU) が43.8％，同党と連立を組む自由民主党 (FDP) が11.0％であり，連立与党はあわせて54.8％の過半数を獲得した。これにたいして社会民主党の得票率は33.5％にとどまった。増税なき「花咲き誇る田園」の建設というコール首相の約束が「統一ボーナス」をもたらしたといわれ，他方，社会民主党は統一への躊躇が災いしたと見られた。このほか，環境政党である90年同盟・緑の党 (Bündnis 90/Die Grünen) および旧東ドイツの体制政党であったドイツ社会主義統一党 (SED) の流れを汲む民主社会主義党 (PDS) が議席を獲得した。この結果，コールが賛成378票，反対257票，棄権9票で統一ドイツ初代の首相に選出され，キリスト教民主・社会同盟と自由民主党の第4次連立政権が発足した[3]。

　この間，国際社会の態度はドイツ統一にたいしてけっして好意的ではなかった。フランスやイギリスは強大な隣国の再形成を強く警戒した。警戒感はヨーロッパ全域にわたって見られた。これにたいして，両ドイツの政府はいわゆる2プラス4の枠組みを通じて連合国の同意を取り付け，さらに欧州安全保障・

協力会議 (CSCE. 今日の欧州安全保障・協力機構〔OSCE〕) の枠組みを通じてヨーロッパ諸国の同意を得ることに成功した。旧西ドイツの官僚機構は，立法と行政組織の形成のために膨大な作業をこなし，膨大な文書を作成した。それは「ドイツ外交政策の傑作」といわれた。

　東西ドイツの内部においては，統一のあり方にたいして経済的次元で強い異論があった。その異論は，1990年7月1日の通貨・経済・社会同盟の形成を控えて最も強まった。その際の争点は，東西通貨の統一に際しての，東マルクの西のドイツ・マルク (DM：以下マルクと略記する) にたいする交換比率にあった。ちなみに，このときの通貨同盟を，1923年および1948年のそれに続く第3の通貨改革と呼ぶことがあるが，これまでの通貨改革との類似性はなく，また全国民ではなくその一部にのみ関わるものであったことはいうまでもない。

　東マルクのマルクにたいする交換比率は，1990年初頭の実勢で7対1であり，その価値はその後さらに下落していた。それにもかかわらず，西ドイツ政府は交換比率を原則で1対1にすると公約した。それは賃金平準化などの公約とワンセットになっていた。そこには，これによって東地域の社会不安と西への大量の移住を抑制しうるという政治的判断が働いていた。

　1対1の交換比率による通貨統一は，通貨同盟の早期形成への決断と不可分の関係にあった。早期統一を目指すこの考え方は次のようなものであった。東地域の人々は迅速な統一を望んでいる。またそれにたいする現実的な代替的選択肢は存在しない。もし統一が長引けば，東ドイツ市民の西への移住ないし入国さえも直ちに禁止しなければならないであろう。すなわち，新たな壁の構築が不可避となるであろう。もし壁を構築しなければ，東の人々が大挙して西へ移住するという形で，いわば西において統一が実現されることになるはずである。他方，もし通貨統一を引き延ばせば，東の人々は統一の日まで，1989年水準に比してさえ大幅に低下した生活水準の下で暮らさなければならない。このような考え方が早期統一論の根底にあったのである。

　これにたいする批判は次のようなものであった。すなわち，1対1の交換比率では東マルクが過大評価され，一方では東の企業の競争力が失われるとともに，他方で旧債務が企業と国民経済にとって過大な負担となる。その結果，西からの資金の移転はより大規模にならざるをえない。このような考えから，批

判の眼は早期の通貨同盟の形成それ自体にも向けられる。このような批判がドイツ国内で広範に起こり，その批判の先頭には中央銀行であるドイツ連邦銀行（ドイチェ・ブンデスバンク）が立っていた。

　1990年3月，コール首相は通貨同盟問題担当を置き，それに大蔵省のティートマイヤー (Hans Tietmeyer. 後に連邦銀行総裁) を充てた。1対1を公約した政府とそれを批判した連邦銀行のあいだで妥協が図られた。その結果，個人保有の現金・預金については，15歳以上60歳未満の人にたいしては1人当たり4000東マルクまで1対1でマルクと交換すること，15歳未満の人にたいしては2000マルクまで，60歳以上にたいしては6000マルクまでは1対1，それ以上については2対1とすることとした。さらに，統一の年に投機で得た資金については3対1とし，債権債務は2対1，物価・賃金・年金は1対1と定めた。基本的には政府の主張が通った。政府にたいする批判の急先鋒であった連邦銀行総裁ペール (Karl Otto Pöhl) は，その後1991年3月になって通貨同盟のあり方を公然と批判し，5月に辞任した。

　この統一の速度には，経済の論理よりも政治の論理を優越させるコール首相の判断が端的に示されていた。このような統一過程を観察した経済史家エルカーは，経済の論理と政治の論理のいずれが優越していたかというナチス期の経済過程に関する論争を想起しながら，この過程を「政治の優位」(Primat der Politik) という言葉で特徴づけた[4]。

　さて，東西ドイツは国家次元では統一されたものの，経済・社会的にはなお別個の存在であった。経済・社会的な統一あるいは内的な統一，すなわちここでいう統合は，今後の課題であった。言い換えれば，統一後のドイツにとっての最大の課題は，経済・社会的な統合であった。

　経済および社会の統合のうち経済統合について見れば，その目標はいわば完全な平準化であり，さらにその最も厳格な主張は生活水準の平準化であった。これは，憲法に相当する基本法の106条にいう「生活関係の統一性」に対応していた。

　ところで，連邦政府および東地域の新しい州の住民の多くは，経済統合について当初はきわめて楽観的な展望を有していた。統一直後の総選挙戦で，コール首相は東地域の新市民にたいして「花咲き誇る田園」の建設を約束した。東

の多くの人々はこれを熱狂的に受け入れた。そしてコールは引き続き政権を担当することになった。1980年代末以降，西ドイツ・統一ドイツの経済は好況が続いていた。東西の双方が長所を持ち寄り，新たな創造を目指そうという楽観論が拡まっていた。

ところが，眼前に明らかとなったのは旧東ドイツ経済の疲弊であった。なかでも製造業企業の破綻が相次ぎ，製造業は崩壊したといってもよい状況にあった。

このような事態をもたらした原因としては，まず第1に，製造業全般について製品の質および製法に現れた技術水準の低さが指摘されている。とくに旧国営大企業の技術の陳腐化と経営の適応力の欠落は目立っていた。したがってまた，すぐ後に触れるように，西ドイツを含む先進諸国からの技術および経営手法の導入が焦眉の課題となった。

第2に，上記のような通貨同盟の形成に際して採用された通貨交換比率により，東地域は事実上400％ないしそれ以上の平価切上げに相当する衝撃を受けた。東地域は通貨同盟の形成と国家統一とにより，国際競争の相手たる旧東欧諸国には与えられた通貨政策（為替切下げ）による経済浮揚という選択肢を奪われていた。その結果，同地域の製品は，たとえ品質を考慮せずとも割高となり，西ドイツや西ヨーロッパ諸国への輸出はぴたりと止まった。従来の輸出市場であった旧ソ連・東欧地域においてさえ，その国際競争力は弱められた。

第3に，賃金コストの上昇が挙げられる。「平価切上げ」の衝撃は，いうまでもなく賃金上昇圧力ともなった。しかも急速な賃金の平準化という約束があり，またそれを受けて，統一の年であった1990年には旧西ドイツの全国組織の傘下に入った東地域の労働組合の賃金攻勢が激しかったことにより，賃金は急速に上昇した。労働生産性の東西格差は大きかったから——東地域の生産性について統一条約では西地域の60％と想定していたが，それは現実の数値の倍であったといわれる——，東地域の製造業は高い賃金コストに悩むことになった。

以上は供給側の原因であるが，需要の側にも経済の疲弊ないしは崩壊の原因があった。すなわち第4に，一方で，東地域の消費者は東の製品よりも，それまでテレビのコマーシャルや西ドイツから届く郵便小包でのみ知っていた西ドイツおよび西ヨーロッパの製品を選好した。言い換えれば，東地域に突如出現

した消費需要で潤ったのは，旧西ドイツ，さらに西ヨーロッパの企業であった。

　第5に，他方，旧ソ連・東欧市場も急速に縮小していた。その貿易は，経済相互援助会議（COMECON）の崩壊と相前後して，ハード・カレンシー(硬貨あるいは自由交換可能通貨)建てに切り替えられていったが，各国はその不足に悩み，しかもなけなしのそれは旧東ドイツ以外の地域に向かった。旧東ドイツの製品は，割高であるうえに品質の魅力に乏しかったのである。

　こうして，課題としての経済統合の前提状況としてあったのは，東地域経済の疲弊ないしは崩壊であった。したがって，経済統合という課題は東地域経済の再建にほかならず，平準化は同地域の経済水準の引上げにほかならなかった。

2　手段と過程

　東西の国家統一は，西ドイツの憲法に相当する基本法の第23条の規定に基づくものであった。すなわち，旧東ドイツ地域が5つの州——メクレンブルク・フォアポンメルン，ブランデンブルク，ザクセン・アンハルト，ザクセン，テューリンゲン——を形成し（これに加えて旧東ベルリンは西ベルリンとともにベルリン州を形成した），それらの州が連邦に加盟するという形式をとった。だがそれは擬制に違いなく，実態は西ドイツによる東ドイツのいわば吸収合併であった。旧東ドイツの社会主義計画経済の制度・組織は解体され，その経済は西ドイツの資本主義経済に編入されることになった。

　このような統一の実態が，経済統合という課題を達成するために統一ドイツが有する手段を規定した。すなわち，計画経済が解体された後の東地域には，西の資本主義経済の構成要素が移転されることになる。移転されるべきものは3種であった。ひとつは制度，いまひとつは技術と企業経営，そして最後に資金である。経済統合の過程をこの3つの手段に即して概観しよう[5]。

　第1の手段である制度の移転は，経済秩序ないし経済体制の移転と言い換えてもよい。法制度的には，旧西ドイツの基本法および各種法令の適用である。基本法の条文は，統一にともなって改正・廃止・補充され，あわせてヨーロッパ統合の進展に対応した改正も施された。さらに，州の立法権の強化への顧慮，さらに男女同権化の推進，障害者の保護，環境保護などのための改正もおこなわれた。

制度移転の実態は,「社会的市場経済」(Soziale Marktwirtschaft) と呼ばれる旧西ドイツの経済秩序ないし経済秩序観の東地域への適用であった。またそのために,連邦政府の行政制度や社会保障制度が移転された。これは州および市町村の次元でも同様であった。種々の協力関係 (Partnerschaft) を通じて,また一時的には人員の派遣を通じても,西の旧州は東の新州を支援した。このほか,経済団体,労働組合,企業なども,このような移転の担い手となった。その結果,制度の移転,したがってまた制度の平準化は急速に進展した。

　ボンからベルリンへの首都移転も,この制度の移転という文脈で見ることができる。西ドイツの首都については,もともと戦後占領期にドイツ側の立法機関である行政評議会がボンを暫定首都と決めており,西ドイツの主権が回復された後,1949年11月3日の連邦議会はこの決定を承認していた。ただし,全ベルリンおよびソ連占領地区で自由・平等・秘密・直接の総選挙が実施されれば,直ちに首都をベルリンに移すとも決議していた。1990年,まさにこの想定された事態が現実となった。しかし,統一条約ではベルリンが首都とされたものの,首都機能の移転については立法機関の決定に委ねられた。議会内外での激しい論争の後,1991年6月20日,連邦議会はベルリン338票,ボン320票の僅差をもってベルリンに政府と議会を移すことを決定した。ボン共和国からベルリン共和国への転換である。その後2000年までに,連邦議会および政府（首相府および9省）がベルリンへの移転を済ませた。連邦議会は旧議事堂での法案審議を開始した。新設なった首相府では,1998年の総選挙で勝利した社会民主党のシュレーダー (Gerhard Schröder) 首相が執務を開始した。こうして,ベルリンは首都としての機能を本格的に担うに至った[6]。

　経済統合のための第2の手段は技術・企業経営の移転であった。それは新製品の生産あるいは生産過程の合理化のために外部から新たな技術を取り入れること,そして有能な経営者を雇い入れることである。そして,国家統一の内実が西による東の吸収合併であったのに照応して,旧国営企業の民営化が旧東ドイツの経済体制・大企業体制の再編成において中核的な意義を持っていた[7]。民営化のための合併・取得 (M&A) においても,西ドイツ企業が圧倒的な優位を誇った。外国企業にも合併・取得の機会は開かれていたが,「ドイツ企業が圧倒的なシェアを占め続けた。1991年3月までの段階で,売却された約1300社

のうち，90％までが旧西ドイツ企業によって買収され，しかもその比率は上昇傾向にあった。」[8]

旧国営企業の民営化は，形式的民営化から実質的民営化へという段階を踏んだ[9]。そこには3つの異なった問題があった。ひとつは企業単位の組織的外延の決定であり，いまひとつは新たな所有者の確定であった。そして第3に，新たな諸条件への企業の適応という問題があった。

まず，316のコンビナートが約8000の法的に独立した企業に再編成された。企業数はその後1万3000へと増加した。民営化されるべき企業，事業所，ホテル，商店などは合計して3万5000を数えた[10]。旧国営企業の民営化を担当する機関は信託庁であった。これはもともと東ドイツにおいて1990年3月，経済改革の一環として設立されたものである。国家統一後，この信託庁は連邦大蔵省の下部組織となり，「再建整備よりも民営化を」(Privatisierung vor der Sanierung) という方針の下に，迅速な民営化を義務づけられた。政府与党はそれによって当該企業をより迅速に収益の挙がるものへ転換しうると考えた。これにたいして野党は，まず信託庁が当該企業を再建したうえで，健全な企業として売却すべきだとした。これによって政府の関与は長期化し，国家資金がより大量に必要となるものの，失業はより小規模になり，また売却益はより大きくなると主張したのである。当然ながら当面政府の方針が実行された。ちなみに，信託庁による迅速な民営化という政府の方針は，それまでコール政権が追求してきた規制撤廃 (Deregulierung) 政策と照応していた[11]。

しかし，当初は順調に進んだ売却活動はまもなく停滞した。これに対応して信託庁も，売却促進のために売却対象である企業の再建整備に力点を移さなければならなかった。それでも売却は停滞した。ほどなくして，信託庁は雇用確保のための組織となってしまった。結局，1994年末に信託庁が清算されるまでの民営化の実績は，約1万5000の企業，事業体の一部，土地，不動産の売却であった。売れ残った資産は連邦大蔵省が所有することになった。

旧国営企業の民営化の象徴的な事例として，第2次世界大戦前はIG（イーゲー）ファルベンの主力工場であったロイナ工場とその周辺の化学工場群がある。東ドイツ最大の化学コンビナートであった同工場も落剝が著しく，競争力があって民営化が可能な設備はごく一部にとどまること，そもそもこの工場は経済的観点か

らして維持が不可能であることは，当初より明白であった。ところが当地を訪れたコール首相は，突如これに立地保証を与えた。これにより，その後の信託庁の方針が規定された。すなわち，国民経済的・企業経営的には必ずしも有意義であるとは言い難いにもかかわらず，政治的な意図から，民営化の方針が打ち出されたのである。多くの，大部分は外国のコンソーシアムが，その購入をめぐってしのぎを削った。これにたいして，ドイツの化学企業はほとんど関心を示さなかった。東地域の市場，さらには東ヨーロッパ市場に製品を供給するのに十分な生産能力はすでに有していると考えたからである。結局，1994年，ロイナ工場の大部分はアメリカの企業ダウ・ケミカルが取得するところとなり，同社はドイツ子会社 BSL (Buna Sow Leuna Olefinverbund GmbH) を設立した。これによって，ダウ・ケミカルはコール首相の約束の線に沿って巨額の補助金を得て，ドイツ市場およびヨーロッパ市場に足場を築くことができた。これにたいして信託庁は，売上収益を得るどころか，とくに環境リスクの軽減のために，さらなる投資を余儀なくされた[12]。

　さて，旧国営企業の民営化に当たって，当初の目論見では，総額8000億ないし1兆マルクと評価されていた資産を売却し，その売却益を旧東ドイツ市民に分配することとされていた。1990年9月には資産価値をなお6000億マルクと評価していたが，91年には2000億マルクに引き下げた。ところが現実には，売却による収入は670億マルクにとどまった。しかも，民間の購買欲を喚起するために，多くの場合，再建整備という名目で事業体の負債の解消，累積環境汚染の除去などに巨額の資金を費やした。その結果，信託庁は2564億マルクの赤字を計上していた。この赤字を旧東ドイツ市民の負担とするわけにはいかないから，政府による赤字補填が不可欠になった[13]。

　振り返ってみれば，信託庁の課題は旧国営企業の民営化であり，この民営化に社会主義計画経済の市場経済への転換の手段としての期待が寄せられたのであるが，しかしそれはあまりにも過大な期待であった。そもそも信託庁の手で可能なのは，前記の3つの課題のうち，企業単位の組織的外延の決定から新たな所有者の確定までであって，新たな諸条件への企業の適応は信託庁だけでは如何ともし難かった。その点を考えれば，信託庁は旧国営企業の民営化という困難な課題をともかくも果たしたというべきであろう。さらにいえば，民営化

の限界は売却の不振にあったのではなく，ましてや，売却によって利益ではなく損失を計上せざるをえなかったところにあるのでもない。民営化の真の限界は，民営化された旧国営企業を導管とする技術・企業経営の導入がはかばかしくなかったところにある。そして，この課題は信託庁の権限と責任の範囲外にあった。

経済統合の鍵は技術・企業経営の導入にあった。しかし，それは旧国営企業の民営化によっては進展しなかった。他方，中小企業の新規設立にも当初熱い期待が寄せられていた。だが，設立ブームは崩壊し，期待された企業家精神も発揮されなかった。結局，域外からの新規投資に期待が収斂していった[14]。このような技術・経営移転の不十分さを補う役割を果たすことになったのが，経済統合の第3の手段としての西からの資金（しかも公的資金）の移転である。

国家統一の費用，あるいはより正確には統一後の統合のための費用は，統一の翌年1991年には1390億マルクにのぼった。しかもその額はその後増大して92年には1520億マルク，93年には1680億マルク，94年にも同じく1680億マルクとなり，95年には1940億マルクに達した。これは当初の予想をはるかに上回るものであった。その後はほぼ95年の水準で推移し，98年末までに累積総額は1兆4000億マルクに達した。この間の東の新州における税収が約3500億マルクであったから，これを差し引くと，西からの純移転額は1兆500億マルクとなる。だが，これに上記の信託庁の赤字や種々の隠蔽された負債の償却，さらにヨーロッパ復興計画（ERP）特別資産からの支払いなどを計算に入れると，純移転額はふたたび1兆4000億マルクとなる。ちなみに，1995年の新州の国内総生産（GDP）は3760億マルクであったから，同年の純移転額1940億マルクはそのおよそ半分に当たる。新州で得られたGDP1マルクにつき，西の納税者・保険料負担者は50プフェニヒを上積みしたことになる。他方，この純移転額はその年の旧州のGDPの6.3％に相当した[15]。

この公的資金の大部分は連邦財政から支出されることになったが，はるかに小規模ながら州，市町村からの支出も加わった。社会保険も巨額の移転を担った。連邦政府から東への資金の流れの導管としては，信託庁のほか，「ドイツ統一」基金（Fonds „Deutsche Einheit". 1990年初頭に設立された），東部躍進共同事業（1991年初めに発足した），州財政調整（1993年に連邦と新州とのあいだに連帯協定

が結ばれ，新州がこの制度に包摂され，その後更新された）などがあった。

東への資金の移転により，政府財政は圧迫された。政府は鉱物油税，保険税，付加価値税などの一連の増税，また連帯付加税（所得税・法人税にたいする7.5%の付加）の導入に踏み切った。だが，巨額の移転は経常収入ではとうていまかないえなかった。そのため，財政赤字は膨張した——ただし膨張の要因は東への移転だけではなかった。予想だにしなかった東西の国家統一を迎える直前，幸いにも，政府の累積債務は比較的低位にあった。1989年には9290億マルク，GDPの42%にとどまっており，後のマーストリヒト条約で規定された通貨統合に参加するための前提条件である収斂基準の60%をかなり下回っていた。それが，94年末には1兆9000億マルクにまで膨張した。5年間で倍増したことになる。GDPにたいするその比率も58%にまで上昇した。その後赤字は減少したが，それでも96年末には2兆1290億マルクであり，対GDP比率はちょうど60%に達した[16]。

3　成果

通貨統一から国家統一へと進むなか，東地域には突然一種の復興需要が発生した。いわゆる「統一ブーム」である。ところが，この需要は西地域からの供給ではまかないえず，とくに西ヨーロッパ諸国からの輸入が増大した。これにより統一ドイツの貿易収支の黒字幅が減少し，移転収支の悪化も加わったため，経常収支の黒字幅が減少した。統一の翌年1991年には経常収支は330億マルクの赤字になった。これは戦後復興以降の西ドイツ経済史上未曾有の出来事であった。ソ連情勢の混迷や湾岸戦争などの国際政治的要因も加わり，マルクはドルにたいしてのみならず，他のヨーロッパ諸国の通貨にたいしても弱化した。

国内では物価が上昇した。消費者物価は1991年に3.5%上昇したが，これは第2次石油危機後の1983年以来の高い上昇率であった。原料・原油価格などの輸入物価はむしろ下落していたから，統一ブームにともなう信用拡大などの国内要因が大きかった。そこから，92年夏には連邦銀行は金融引締めに転じた。この政策転換は対外的には，後に触れるような92年秋における欧州通貨制度（EMS）の危機をもたらした。だが国内では物価はさらに上昇し，貨幣供給量も増加し続けた。92年の物価上昇率は4.2%であった。

1993年に入ると統一ブームの沈静は明瞭となり，ドイツ経済は一転して「統一不況」に陥った。東での建設ブームの継続から建設業は好調を維持したものの，設備投資は全般に減少し，工業生産も減少した。企業倒産が増加し，失業者数は180万人から230万人へと増加した。この年の成長率はマイナス2.4％と，戦後最低を記録した。景気の観点からは，93年は戦後最悪の年となった[17]。

1994年は景気回復の年となった。景気はすでに前年夏には底を打っていたが，回復の勢いは微弱であった。1994年になると，緩やかながらも着実な景気回復が進んだ。回復は製造業にも及び，全般的な性格を強めた。合理化と適度な賃金上昇を実現した賃金率協定とにより，単位当たり賃金コストは減少していた。労働生産性は明らかに改善された。操業率も上昇した。税・課徴金負担の増大，雇用の全般的減少，所得の伸びの縮小にもかかわらず，個人消費は予想外に高いままに推移した。物価は安定していたが，それは連邦銀行の反インフレ政策の成果とみなされた。このような景気回復は，先進工業国が停滞局面を脱してふたたび景気上昇に向かったのと歩調を合わせていた——この年，OECD（経済協力開発機構）諸国の経済成長率は前年比で倍の約3％を記録した[18]。

このような景気回復の年であった1994年はまた，ドイツ統一後の経済統合が一段落した年でもあった。信託庁が清算され，また信託庁と並んで西からの資金移転の主たる導管であった「ドイツ統一」基金も廃止された。そのほか，旧東ドイツの農業協同組合が解散するなど，いくつもの制度的変化が見られた。この年におこなわれた基本法の改正は，そうした制度的変化の象徴であったと見ることもできよう。なお，国際政治的な環境の面でも，この年は画期をなしている。いわゆる2プラス4条約に従って，旧東ドイツ地域に駐留していた旧ソ連軍は94年8月までに撤退を完了した。9月にはベルリンに駐留していた米英仏軍も撤退した。こうして，経済統合の過程は，もちろんその後もなお続くことになるが，一段落したと見ることができる。

この点を確認するために，経済統合の実績を一瞥しておこう。その実績とは，言い換えれば東西間の経済の平準化における実績であり，さらに詰めていえば東における経済復興の成果である。

旧東ドイツ経済の縮小再生産の過程は1993年末までには終了し，その後は急速な拡大再生産ないし復興に向かった。製造業が好調に転じ，建設業に代わっ

て成長のエンジンとなった。また手工業と中小企業に代わって，大企業が経済の牽引車として登場した。設備投資および建設投資が活発化した。こうして，経済構造の転換が開始されるとともに，年率10％近い成長率が実現した[19]。

しかし，製造業企業は好調に転じたとはいえ，なお西の企業に競争を挑むほどの力はなかった。設備投資の活発化に加え，労使関係のいわゆる「柔軟化」にもよって生産性は上昇したが，他方で政府の平準化政策により賃金水準は西側水準の75ないし100％（平均で82％）に達したため，依然として生産性と賃金コストのあいだに大きな格差が存在していた。それでも，西の生産性水準に達するかそれを凌駕する企業も出現した。自動車産業では，先端的な技術と生産システムを導入したオペルのアイゼナハ工場が，ヨーロッパ最高の生産性を誇った。1995年に同工場では1800人の従業員が15万台を市場に送り出していた。すなわち，1人当たり年産83台である。同工場では，旧東ドイツ時代には1万人の従業員が8万台の「ヴァルトブルク」を生産していた。1人当たり年産8台である。造船業では，バルト海沿岸のヴィスマール，ヴァルネミュンデ，シュトラールズント，ヴォルガストに超近代的な造船所が生まれた。石油精製の分野では，中部のハレ・ビッターフェルト地域に最先端の巨大精油所が建設された。95年における粗価値生産にたいする製造業の寄与は，19.4％にとどまっていたものの（西では28.4％），とくにザクセン州（ドレースデン，ライプチヒ，ケムニッツ，プラウエン）およびテューリンゲン州（エルフルト，ゲーラ，イェーナ）には製造業の中核が生まれた[20]。

この間，雇用は縮小し続けた。1989年に970万人を数えた就業者数は，91年には760万人に減少していたが，その後さらに減少し，97年には610万人となった。東から西への人の移動が若い世代を中心に続き，それは統一後10年で100万人に達した。統一直後には20％を超えていた失業率は急速に低下した。とはいえ，失業問題は依然として深刻であった。91年には91万3000人の失業者がいたが（失業率10.7％），97年になっても135万4000人（17.4％）を記録していた。この年には，この登録失業者に加えて，雇用創出措置（ABM）や職業訓練（Fort- und Umschulung）で救済されている者や早期退職者などの「隠蔽された」失業者が93万4000人を数えたので，228万8000人（労働人口の27％）が事実上の失業状態にあったとされる[21]。

このような事態に対処するために，西からの公的資金の移転が継続された。公的資金は，鉄道網，自動車道路網，電話などの通信網，都市計画，工業団地・メッセの建設，さらに農地整理，環境対策，住宅の建設・修復など，産業・生活基盤の拡充に投じられた。それによって，東地域の都市と田園はそのたたずまいを一新したといっても過言ではない。さらに，観光産業などの第3次産業が主導する産業構造への転換の可能性が生まれた。そればかりではなく，公的資金は，直接東の人々の生活を底上げするためにも投じられた。

資金の移転によって，東の人々の生活は変化し，向上した。賃金・俸給，家計所得，年金の水準は，すでに西の水準の80％に達した。年金生活者の所得は平均で西よりも高いほどであった。その要因のひとつは，旧東ドイツではほとんどすべての女性が終身就労していたからである[22]。衣・食生活はもちろん，旅行の目的地などを見ても，消費パターンは西のあり方に似るようになった。自動車・家庭用機器などの耐久消費財の所有についても同様である[23]。

東の人々の50ないし60％は，統一の頃よりも自分にとって経済状況が改善したことを認めていた。それが悪化したとする者は10ないし20％にとどまった。ただしこれとは対照的に，東の経済状態全般については，悪化したと認識する者が多数にのぼった。いずれにせよ，「格差の解消」(Gleichstand) の実現までにはもちろんなお長い年月を要するとしても，「物質的生活条件の可能なかぎり完全な平準化」への動きは，人々の期待ないし予測よりも緩慢であったとはいえ，進展したのである[24]。

東西間の経済格差は，国際的に見てとくに著しいわけではない。イタリアの南北間で見られるような永続的な地域格差が生じることが一時懸念されたが，そのような懸念は解消に向かった。また，ドイツ国内の地域間格差は，東西のみならず，西どうしの例えばシュヴァーベンとニーダーザクセンとのあいだにも見られる。それでも，格差の解消あるいは完全な平準化が短期間で実現されることを望んでいた多くの人々が，幻滅を覚えたことも事実である。ことに，1990年の選挙戦での「花咲き誇る田園」の実現というコール首相の約束が人々の心を捉えただけに，旧東ドイツの時代に比べれば大幅にそれに近づいたとはいえ，だまされたと感じる者も多かった。

ただし，統一に寄せる東の人々の期待は，物質的な生活条件の平準化にとど

まらなかった。一部の人々はさらに「政治・社会・経済的システムへの態度（Einstellung）の一致」までをも求めた。そしてこの面での人々の評価は，自己の生活条件にたいするそれよりもはるかに否定的であった。1997年時点で，民主主義を至高の国家形態と見る者はわずか27％にとどまり，市場経済への信頼をもたぬ者が43％にのぼった。個人の自由を最も重要な価値とする者は，1990年には46％であったのが，1997年にはわずか30％に低下し（西では57％であった），平等を優先する者が43％から54％に上昇していた（西では27％であった）[25]。

ただそれでも，多数の人々が統一を肯定的に捉えていたことは確認しておくべきであろう。統一以降のいずれの調査でも，統一を肯定した人は否定的に捉えた人の倍以上を数えた。1997年9月，統一を撤回すべしとする者はわずかに13％であり，84％は統一ドイツを肯定していた[26]。45年にわたるふたつの異なった世界・生活・経験の後，負担の分配は不均等であった。旧東ドイツの市民には類例のない心理的・身体的適応能力が求められた。彼らにとってはまったく新しいシステムが，一夜にして覆いかぶさってきた。それゆえの苛立ちは理解されなければならない。ネオナチなどの極右国家主義政党の活動，あるいは外国人排斥の動きは，東の地域に限られず全ドイツ的な現象であるが，高い失業率を背景として，やはりとくに東で深刻である。

このようにさまざまな問題をはらみながらも，経済統合が一段落した1994年は，連邦議会選挙の年でもあった。そして，事前の大方の予想を覆して，コール首相率いる連立与党はかろうじて議会内多数を維持した。選挙終了後，この年の景気回復がコールにとっては追い風となったとも解釈された。得票率はキリスト教民主・社会同盟が41.5％，自由民主党が6.9％であり，野党社会民主党は前回より約3％ポイント増えて36.4％であった。90年同盟・緑の党は統一を拒否したハンディキャップが消えて7.3％にまで回復した。旧東ドイツの政権党の流れを汲む民主社会主義党は5％に達しなかったものの，小選挙区では3議席を獲得したため，統一後の特別の選挙規定により比例区でも議席を得た。こうして，賛成338票，反対333票の僅差でコールが首相に選出され，第5次コール政権が成立した[27]。

第2節　ヨーロッパ統合

1　ヨーロッパ統合の進展

　ドイツ統一の過程はヨーロッパ統合の進展と同時並行的に進んだ．しかも，両者は連動ないし同調する面を強く持っていた．とくに注目すべきは，統一を果たしたドイツにたいする近隣諸国の警戒感が，ヨーロッパ統合を加速するひとつの要因となったことである．ドイツ統一は，上述のようにドイツ国内の金融市場や財政政策，通貨政策に影響を及ぼしたのみならず，ヨーロッパ規模でも，主として高金利を維持する通貨政策を通じて各国経済に多大の影響を及ぼし，さらに統一ドイツをできるだけ早く統合ヨーロッパに包摂しようとする各国の動きを加速することになった．こうしてドイツ経済は，統合という課題を果たす過程において，それ自身が加速したヨーロッパ統合の高まりという新たな国際環境のなかに置かれることになった．

　1990年代におけるヨーロッパ統合は，市場統合から通貨統合へと進むとともに(深化)，その加盟国もオーストリア，スウェーデン，フィンランドを加えて15ヵ国に増え，さらに新世紀に入ってから一挙に増加して25ヵ国となる予定である(拡大)．ここではとうていその全容を見る余裕はない．ドイツ経済への影響という観点から必要なかぎりで見ておくことにしたい[28]．

　1990年代におけるヨーロッパ統合の進展は，1985年にその直接の起点を持つ．この年の6月，EC委員会により，期限を定めて域内市場の統合を目指す「域内市場白書」が発表された．これを受けて各国は翌年2月に単一欧州議定書(Single European Act)に調印し，これは1987年7月に発効した．この議定書の規定により，域内市場の自由化のための措置が次々にとられた．この立法過程は92年末にひとまず終了した．これがいわゆる1992年EC市場統合である．すでに85年までにECの域内経済統合は国際的に見れば高い水準に到達していたのであるから，これによる統合度の上昇幅は狭かったものの，それでもその成果は過小に評価すべきではない[29]．

　この1992年EC市場統合に踵を接するように，ECからEUへと向かう統合の新たな進展が見られた．その直接の起点となったのは，92年2月のマースト

リヒト欧州理事会（EC 首脳会議）において調印されたマーストリヒト条約である。それが参加各国により批准される過程では，デンマークの国民投票でいったん否決された後，再投票でようやく可決され，あるいはフランスの国民投票では僅差でようやく可決されるなど，波乱が相次いだ。

　これに並行して，ヨーロッパ域内での共同変動相場制である欧州通貨制度（EMS）に数次に及ぶ危機が生じた。それまで，EMS によりヨーロッパの通貨は比較的安定していた。マルクは域内基軸通貨の位置にあった。ところが，マーストリヒト条約の批准過程で混乱が生じ，そこへドイツ連邦銀行の金融引締め政策の影響が及んだ。そのような条件の下で，1992年9月以降，イギリスのポンドおよびイタリアのリラが売られてポンドとリラの相場が急落し，イギリスとイタリアは EMS の為替相場メカニズム（ERM）を離脱してしまった。金融引締めを続けたドイツ連邦銀行にたいして，EMS 加盟諸国は，自らの統一のために EMS 加盟諸国に犠牲を強いたものとして非難を浴びせた。それから1年後の93年7月，今度はフランス・フランが売られ，翌月に ERM の変動幅は2.25％から15％へ拡大された。これによって ERM は著しく弛緩してしまった。ERM を離脱してポンド安から好況に向かったイギリスを例外として，ヨーロッパの EC 諸国は景気後退を迎えた。これにたいして EC 委員会は，一方では通貨同盟に向けての決意をあらためて固めるとともに，他方で93年12月には「成長・競争力・雇用白書」を発表し，雇用対策にも向かった。なおその後94年末から95年初頭にかけて，メキシコ危機の影響を受けてスペインのペセタとポルトガルのエスクードが売られ，EMS はさらなる危機に陥った。

　マーストリヒト条約の批准過程に戻れば，条約を最後に批准したのは，皮肉にも条約の最も熱心な推進者であるドイツであった。ドイツでは批准の可否が憲法裁判に持ち込まれたために，批准が遅れたのである。ドイツでの合憲判決と批准を受けてマーストリヒト条約が発効したのは1993年11月であり，これにより EU が発足した。EU は95年初頭には新たな加盟国3ヵ国を加えて15ヵ国となった。マーストリヒト条約によれば，EU は経済・通貨同盟（後には文化・教育・公衆衛生の分野での統合もこれに加えられることになる），共通外交・安全保障政策，司法・内務協力という3つの柱から成っており，経済共同体を超えて政治・社会共同体を目指すことになった。この指向は，その後97年10月に調印

され，99年5月に発効したアムステルダム条約によりいっそう明瞭となる。

EUの発足は，あたかもヨーロッパにおける冷戦体制の終焉期に当たっていた。EUについては，当初から相対立する評価がなされた。一方では，それは冷戦期の遺物ないし時代錯誤的な試みと否定的に評価され，他方では，それは冷戦体制終了後の国際秩序の形成に向けての新たな試みとして高く評価された。最終的な評価はなお今後のEUの展開を見なければならない。ただ，欧州通貨制度（EMS）の混乱から通貨同盟の完成に至る過程を瞥見すればわかるように，マーストリヒト条約の調印・発効とEUの発足の過程を「政治の優位」と特徴づけることは妥当であろう[30]。そしてマーストリヒト条約の3つの主な内実のなかで「政治の優位」が最も目立った通貨統合が，その後も最も目覚ましい進展を見せた。そこでこの過程について，いま少し見ておこう。

1990年代における通貨統合の進展の起点は，1989年4月の経済・通貨同盟に関するEC委員会のいわゆるドロール報告である。そこに示された方針に沿って，90年7月には，経済・通貨同盟の第1段階に入り，域内市場統合が促進された。これは奇しくもドイツ通貨・経済・社会同盟の発足と同時期であった。その後93年11月にマーストリヒト条約が発効してEUが発足したが，同条約で経済・通貨同盟の目標期限が設定された。また，国民経済および財政金融政策に関する各国の収斂基準が設けられた。とくに財政赤字はGDPの3％以内に，そして累積財政赤字は同じく60％以内に抑えることが，経済・通貨同盟に参加する諸国に義務づけられた。

1994年1月には経済・通貨同盟の第2段階に入り，マクロ経済政策の協調が強化された。この間，通貨統合後の通貨安定のための安定協定（後に安定成長協定となる）を締結するための討議が継続され，96年12月，ダブリン欧州理事会で合意に達した。そのうえで，99年1月，経済・通貨同盟は第3段階に移行した。決済通貨として単一通貨ユーロが導入された。あわせて欧州中央銀行が設置された。その本部はフランクフルト・アム・マインに置かれ，98年6月に業務を開始していた[31]。

この単一通貨ユーロを核とする通貨同盟には，イギリス，デンマーク，スウェーデンを除くEU12ヵ国が参加した——ギリシアはやや遅れて2001年1月から参加した。ここで，EU圏とユーロ圏とのあいだに乖離が生まれた。そし

て，2002年1月1日には予定通り，単一通貨ユーロの銀行券および硬貨が現実に流通を開始した。

　こうして，ドイツを含む12ヵ国が，主権国家の本質的構成要素とみなされてきた自国通貨の発行権を自発的に放棄した。これは前例のない実験であるともいいうるが，ここでは，単一通貨ユーロの導入に至る過程を踏まえて，次の点だけを確認しておきたい。ひとつは，ユーロ圏はそれまでに事実上成立していたマルク圏をひとつの前提にして成り立つものであるが，いわば自生的に成立したマルク圏とは異なって，その成立は参加各国の政治的決定によるものであり，まさに「政治の優位」の表現であったという点である。また，単一通貨ユーロの導入は欧州通貨制度（EMS）の経験を踏まえたものではあるが，その関連は単線的ではなく，国際的な大量の資金移動に直面したEMSの無力と危機という現実，それへの反省と学習から，政治的に大胆に決定されたという点である。さらに，EUの主観的意図がどうであれ，ユーロは国際的基軸通貨ドルにたいする対抗関係に入らざるをえないであろうという点である。

　通貨統合と連動し，収斂基準の達成努力を経て，財政再建における各国の足並みがそろった。それ以外の経済分野でもこの間に統合が進んだ。金融市場における制度的統合や企業会計制度の統合はいうまでもないが，さらには欧州経営協議会法の制定，そしてEU会社法の制定への動きなど，労使関係や企業経営という資本主義の中枢部分にも，端緒的ながら統合が及び始めたことが注目される[32]。だが，通貨統合に示された超国家的な制度と，それ以外の分野でなお存在する国家主権とのあいだには，依然として越え難い溝があり，それが通貨統合，ひいては経済統合にとっての壁となっていることは否定し難い。

　さて，経済・通貨同盟への決定的な転換を果たしたEUは，統合の深化から統合の拡大へと舵を切った。この間に加盟を申請した13ヵ国のうち，1998年にはポーランド，チェコ，ハンガリー，スロヴェニア，エストニア，キプロスの6ヵ国と加盟交渉を開始し，その後2000年にはスロヴァキア，ブルガリア，ルーマニア，ラトヴィア，リトアニア，マルタの6ヵ国とも交渉を開始した。トルコとの交渉は開始されていないが，正式の候補国とはされている。加盟申請国のほとんどが中・東欧諸国であるので，「東方への拡大」と呼ばれる。

　この東方への拡大によってEUの加盟国は25ヵ国前後となるが，そうなれば，

第5章　ドイツ資本主義——経済統合・ヨーロッパ統合・グローバル化　143

現行の意思決定の制度では円滑な組織運営が困難となることが予想された。そこで，拡大に備えた組織改革を主な内容とするニース条約が，2001年2月に調印された。これによって，欧州委員会の構成，特定多数決の適用分野の拡大，特定多数決の新しい票配分などの機構改革が実現することになった[33]。この条約の批准の過程においては，アイルランドの国民投票で否決される波乱があったが，その後の再投票で批准された。

　このような準備を踏まえ，加盟交渉は進み，2002年12月のコペンハーゲンEU首脳会議で，上記12ヵ国のうちブルガリアとルーマニアを除く10ヵ国の正式加盟が決定された。こうして，単一通貨ユーロの現実の流通で幕を開けた2002年は，東方への拡大で幕を閉じた。

2　ヨーロッパ統合にたいするドイツの立場

　このように，EUの発足，通貨同盟の成立，さらには東方への拡大と，ヨーロッパ統合が急速に進展するなかで，統一ドイツは原則としてヨーロッパ統合を推進する立場に立ってきた。もともと西ドイツは戦後初期以来，一貫して対仏宥和を追求しており，この動機からヨーロッパ統合を推進してきた。ただし通貨統合については，経済実態の統合を優先させるべきだという立場から，慎重な姿勢を示していた。しかし，1988年2月，外相ゲンシャー（Hans-Dietrich Genscher）が覚書において，通貨政策は「経済政策の必要な収斂にとっての触媒」であると記したとき，西ドイツがついに経済統合と通貨統合の並列進行を受け入れたものとみなされた。事実，これ以降，西ドイツは通貨統合に積極的な姿勢を取り始める[34]。

　その後，突然に生じたドイツ統一に際して，コール首相はヨーロッパ統合の推進と引替えに統一への近隣諸国の同意を引き出そうとした。ヨーロッパ統合とドイツ統一を連繋させるこの戦略は，フランスのミッテラン（François Mitterrand）大統領も同意するところとなった。ミッテランは統一ドイツが強大化することを懸念していたが，ドイツ「封じ込め」を動機のひとつとして，ヨーロッパ統合を加速しようとした。このようなそれぞれの動機による独仏枢軸の再構築によって，ヨーロッパ統合に弾みがついた。それがマーストリヒト条約に結実したのである。

とはいえ，その後のヨーロッパ統合は，すでに触れたように紆余曲折を経た。ドイツは通貨統合への道を選択し，それを積極的に推進することになった以上，共通通貨（後に単一通貨と呼び換えられた）が可能なかぎり強く安定的であることを望んだ。またその目的のために，設立されるべき欧州中央銀行が政府からの独立性を有し，広範な権限を持つべきことを主張した。それとも関連して，通貨統合後の通貨安定のための安定成長協定をめぐる討議でも，厳格な規則と罰則の制定を主張し，フランスと対立したが，結局は，譲歩しながらも主張をおおむね貫いた。さらに，1998年に業務を開始した欧州中央銀行は，ドイツの主張が容れられ，加盟国政府からの独立性の高い中央銀行となった。それはドイツ連邦銀行をモデルとしたものといわれた。この間，94年9月にはキリスト教民主・社会同盟が，独・仏・ベネルクスのみで統合を先行的に実現させる「中核ヨーロッパ構想」を打ち出したが，そこにも，強く安定した共通通貨への願望が表されていた。

ドイツ政府・与党がこのように強い共通通貨を主張したのは，ひとつには，ドイツ国民の共通通貨ないし単一通貨への広範な不安ないし反対を考慮したからである。戦後西ドイツの国民は，ドイツ・マルクのなかに国民的象徴を見てきた。マルクは国民的同一性の象徴であった。それゆえに，彼らにとって，マルクの放棄は経済的繁栄の最も重要な保証を放棄するものと映った。しかも，マーストリヒト条約を批准し執行していく過程において，通貨同盟への参加の条件である収斂基準を達成するために，緊縮的な財政金融政策が採られた。それは，高い失業率を抱えたままのドイツ経済を圧迫した。そのため，共通通貨ないし単一通貨への不安ないし反対が増したのである。

ヨーロッパ統合への国民の支持は，西ドイツ時代から高く，統一後も引き続き高かった。世論調査では，支持はたえず50％を超え，ときには70％を超えた。反対はつねに10％未満であった。ところが1994年以降，支持は減少し，97年には支持38％，反対15％となった。統合そのものにたいしても反対論が高まった。導入が決まった単一通貨ユーロにたいしては，回答者の3分の2あるいはそれ以上が反対した。その後，反対は減少したが，ユーロにたいするドイツ国民の態度はむしろ冷めていた[35]。99年初頭からユーロが決済通貨として登場したが，その後2年近くユーロはドルにたいして弱化した。このため，ドイツ国民の

ユーロにたいする不安が増した。

　EU の拡大，とりわけ東方への拡大にたいしても，ドイツはこれを積極的に推進する立場に立った。すなわち，東欧諸国の EU 加盟を強く支持した。その背後にある経済的な要因としては，この地域が伝統的に貿易や直接投資を通じてドイツと緊密な関係にあること，とくに経済が成長軌道に乗るとともにドイツ企業の進出が目立つようになったことが挙げられる。

　ただし，ドイツは東方への拡大を無条件に推進したわけではない。条件のひとつが強いユーロの堅持であったことはいうまでもないとしても，それ以外にも次のような条件があった。ひとつは分担金の問題の解決である。EU の財源は約20％までを関税・農業課徴金により，残りは加盟国の分担金（GDP の1.27％に相当）によってまかなってきた。そこには純受取り国と純支払い国というふたつのグループが生まれる。そしてドイツはたえず最も多額を支払い，最大の純支払い国であった。1998年には230億エキュー（ECU）を支払ったが，これは加盟国全体の純支払い総額の60％に当たっていた。そこへ東の諸国が加われば，財政規模の問題や受取り国間の分配闘争の激化のほか，支払い増加が当然予想され，ドイツの純支払い額も増加する懸念がある。そこで，ドイツは98年から翌年にかけての EU 財政中期計画の策定交渉に際して，自国の純支払い額の削減を強く主張したのである。いまひとつは，拡大に備えた EU の組織改革に関わるものである。ニース条約で改革が実現するまでの過程で，ドイツは理事会での決定に関する議決権を人口に比例して配分するよう主張するなど，自国の利害を強く打ち出した。

　東方への拡大との関連にかぎらず，ヨーロッパ統合の将来構想をめぐっても，ドイツはニース条約調印前後の加盟国間の議論を主導した。シュレーダー政権のフィッシャー（Joschka Fischer）外相は，2001年5月のベルリン・フンボルト大学での講演のなかで，独仏などの主要国家による欧州連邦の形成を展望し，それが将来 EU の中核となることを主張した。そして，この連邦と加盟諸国家とのあいだで主権の分割を規定する憲法条約を締結すべきだとした。この欧州連邦案は波紋を呼んだ。これを実質的に国家主権を EU に委譲する案ととったフランスは，より緩やかな統合構想をこれに対置した。さらに，超国家的機構への変質を警戒するイギリスも，独自の構想を主張し続けた。こうして，将来

構想をめぐる従来の対立図式が，ドイツの「祖国ヨーロッパ」(Vaterland Europa) を目指す構想とフランスの「諸祖国から成るヨーロッパ」(Europa der Vaterländer) 構想との対立を軸に再燃した[36]。

3 ドイツ経済のヨーロッパ化

　さて，EC から EU への発展，通貨同盟の成立，さらに東方への拡大というように，ヨーロッパ統合が急速に進展するなかで，ドイツはフィッシャー外相の欧州連邦構想に至るまで，しばしば自己を強く主張してきた。だがこの間にも，他の加盟諸国と同様に，ドイツ経済は統合の進展によって大きな影響を受けることになった。いわば「ドイツ経済のヨーロッパ化」である。その詳細は，本書『ドイツ経済』の第1章以下において必要に応じて触れられることになるので，ここではごく表面的な部分のみを一瞥しておくことにしよう。

　ヨーロッパ化の最たるものはやはり通貨金融政策であろう。西ドイツ・統一ドイツ経済の制度的な土台のひとつをなしていた連邦銀行が欧州中央銀行の制度のなかに統合され，国民的統合の象徴でさえあったマルクはユーロに置き換えられ，通貨の安定を実現してきた通貨金融政策は EU 次元で遂行されることになったのである。

　単一通貨ユーロの導入に至る通貨同盟形成の過程において，早くもヨーロッパ化が遂行された。すなわち，上述のように，マーストリヒト条約で通貨同盟への参加の条件としての収斂基準が定められたが，この基準を達成するために，1995年から翌年にかけて，財政金融的な引締め措置がとられたのである。

　1995年の世界経済には，メキシコの金融危機，日本の構造問題，東欧の安定性への懸念などの新たな困難が生じたが，そのような動向はドイツ経済にも波及し，工業製品の輸出はマルクの上昇から抑制された。国内的にも，個人消費は連帯付加税や介護保険の保険料の新設などにより抑制された。長く続いてきた建設ブームは95年秋には終焉へと向かった。翌96年に入ると，景気回復の兆候が見え始めた。マルクの緩やかな弱化により輸出が増加した。企業はしだいに楽観的になり，操業率は上昇した。経済成長は加速され，貿易収支の黒字は記録的水準に達し，証券市場は活況を呈した。しかし労働市場では様相が異なっており，失業者数はさらに増大していた[37]。このように，高率の失業率

が続くなかでも，景気回復の兆候が見えてきたことに期待をかけながら，ドイツ政府は収斂基準を達成するために財政金融の引締めを続けた。その施策の一部は「帳簿操作」との非難を受けることになった[38]。

なお，この問題はその後再発した。収斂基準による財政金融的な制約は，1990年代後半の景気拡大期には潜在化していたものの，新たな世紀に入るあたりからしだいに顕在化した。2002年秋の総選挙を意識したシュレーダー政権は，景気の悪化に対処するために財政支出の拡大に乗り出した。そのため，財政赤字の対 GDP 比率が収斂基準である３％を超えるおそれが出てきた。こうして皮肉なことに，かつて安定成長協定をめぐって厳格な規則と罰則の制定を最も強く主張したドイツが，いまや収斂基準と協定による制約に苦しむことになったのである。もちろん，シュレーダー首相はあからさまに協定の緩和を主張することはしていない。むしろ，EU の規則は遵守すると繰り返し強調しており，この間減税を打ち出そうとするフランスのシラク (Jacques Chirac) 大統領を暗に批判した。さらに，04年における財政均衡の達成を目標とするEU 枠内での財政安定化計画の遵守，それに沿った財政赤字額の削減を目指している。だが，その計画値は野党からは実現困難として批判され，02年秋の総選挙の争点ともなった。ドイツでは，欧州中央銀行にたいして金融緩和を求める声がしだいに高まった。

財政金融政策以外にも，農業はいうまでもなく，企業経営や労働の分野に至るまで，ヨーロッパ統合の進展によって影響を受けた分野は多い。1998年にはドイツの法律（指令その他を含む）の４分の３までがあらかじめブリュッセルで立案されており，連邦議会ではそれらが可決されるにすぎないといわれるのだから，それも当然であろう。

金融市場・制度をはじめ，電気通信や電力などの多くの分野で，EU 主導の規制撤廃・緩和や自由化が進んだ。流通では小売業の営業時間規制の緩和などが進められた。企業間関係の規制ないしは競争政策の分野でも，合併・取得 (M&A)，とりわけ敵対的買収について，EU の法令による規制緩和が進んだ。

このような側面は，ヨーロッパ統合が次に述べるグローバル化と同調する面を代表しているといってよい。もちろん両者は同調しあうばかりではなく，しばしば対抗もする。両者が同調する面が際立っている金融分野においてさえ，

企業の敵対的買収に関する規制をめぐっては，ドイツ政府と EU とのあいだでかなりの緊張が続いた[39]。この点とも関係して，企業間関係の規制に関わる競争政策をめぐり，欧州委員会とカルテル庁などのドイツ側監督官庁とのあいだで，権限争いや判断をめぐる紛争が生じた。例えば，公営銀行であるランデスバンクの融資事業にたいするドイツ州政府の保証について，欧州委員会は競争秩序を歪めるものとして調査に乗り出した。これにたいしてドイツ側では，シュレーダー首相自身がランデスバンクの擁護に乗り出し，ブリュッセルに赴いての直接交渉さえおこなった。欧州委員会はまた，民営化後のドイツ・ポストにたいして EU 競争法令違反の認定をおこなった。統一ドイツの大企業が有する強大な市場支配力にたいして，EU 側が警戒を強めたのである[40]。

このように，ヨーロッパ統合はドイツ経済にたいしてさまざまな影響を及ぼしてきた。そのすべてを「ドイツ経済のヨーロッパ化」で括ることには無理があろう。とくに，ヨーロッパ統合に及ぼすドイツの影響力は無視しえない。統一ドイツはヨーロッパ域内で図抜けた「経済大国」であり，伝統的に強大なその産業力と並んで，その金融力も際だっている。欧州中央銀行の本部が置かれたフランクフルト・アム・マインは，ロンドンの地位を脅かす金融センターとして脚光を浴びた。単一通貨ユーロの導入の過程や欧州中央銀行のあり方をめぐる議論に端的に見られるように，ヨーロッパ統合におけるドイツの主導性は顕著であった。ただしそれだけに，「ヨーロッパ経済のドイツ化」への他の加盟国からの警戒や懸念は強く，それがまたドイツへの EU の厳しい姿勢にも反映した。したがって，ドイツがヨーロッパの一員としての道を歩むかぎり，大筋では「ヨーロッパ経済のドイツ化」ではなく「ドイツ経済のヨーロッパ化」が進まざるをえないのである。

第3節　グローバル化

1　グローバル化の進展とドイツ経済

1990年代，とくにその後半，ヨーロッパ統合の波にかぶさるように，グローバル化の波がドイツ経済を襲うことになった。これが，統一後の統合という課題に向かうドイツ経済にとって，いまひとつの新たな国際環境となった[41]。

第5章　ドイツ資本主義——経済統合・ヨーロッパ統合・グローバル化　149

　まず，いわゆるグローバル化についてその経済的な側面に着目すれば，それは1970年代以降の国際的な貿易・資本の自由化，そして国際的資金移動の飛躍的増大を指すものといってよい。もちろん，その起源を遡るつもりであれば，第2次世界大戦から第1次世界大戦を経て，はるか大航海時代にまでいき着くことになろうが，ここでそこまで遡る必要はあるまい。いずれにせよ，グローバル化を国際化と区別する本質的な理由はない。これは，グローバル化に関する言説すなわちグローバリズムについても妥当する。グローバリズムがかまびすしくなったのは1990年代に入ってからであるが，それはサッチャーイズムないしレーガノミックスとも呼ばれる新保守主義あるいは新自由主義の言説の延長上にある。

　ただし，グローバル化の歴史における1990年代の新しさは無視できないであろう。その新しさは，国際的な資金移動の規模に端的に現れている。国際決済銀行 (BIS) の推計によれば，1997年における世界の為替市場での1日の取引額は約1兆2000億ドルであったが，そのうち財サービスの実物取引に基づくものはわずか約5％であり，残りの95％は裁定取引，とくに投機的なそれであったという[42]。単純に計算すれば，投機による国際的資金移動は，貿易のおよそ20倍の規模に達していたわけである。

　さらに，いわばグローバル化における非対称性にも注目しておく必要がある。それはアメリカがグローバル化の中心的な推進力となっていることによる。このアメリカによって推進されるグローバル化は，そのかぎりではアメリカ化といってもよい。そして，グローバル化の場合と同様に，この潮流は19世紀末葉以来の長い歴史を有しており，第2次世界大戦後にいったんその頂点を迎えていた。しかも，1990年代，アメリカの国際余剰はまったくといってよいほど枯渇してしまい，そのかぎりでアメリカの「覇権」の経済的基盤は弱体化してしまっているにもかかわらず，アメリカの影響すなわちアメリカ化は勢いを増しているのである。これは一種逆説的な事態であるが，ここにも，90年代におけるグローバル化の新しさがあるといってよい。

　グローバル化ないしアメリカ化の主要な経路は直接投資——とくに多国籍企業によるそれ——であるが，これ以外にも貿易，技術提携，その他の多様な経路がある。さらに間接投資や通貨金融政策も挙げられ，最近では経済政策もこ

れに数えられる。また，グローバル化ないしアメリカ化にはふたつの次元がある。ひとつは国民経済次元であり，いまひとつは企業次元である。後者は技術・経営における動きであって，情報技術 (IT) の発展と相まって，グローバル化の名の下にアメリカ的経営手法やその前提となる法制度が次々に導入されつつある。ストック・オプション制度，アメリカ式会計基準などはその若干の例である。主要国の企業経営は，株主の利益を優先するアメリカ式経営に傾斜しつつある。

このようなグローバル化ないしアメリカ化は，ドイツ経済にたいしても変容を迫った。ドイツ経済はそれにたいしてどのように対応し，あるいは自己を主張したのか，そして現実にどのような変化が見られたのであろうか。

事態の展開はいささかねじれていた。もともと，西ドイツの経済は1970年代から80年代にかけて，所有・経営関係，企業間関係，労使関係などのさまざまな側面で，アメリカのそれとは異なる特徴をますます明瞭に示すようになっていた。そして，アメリカ型資本主義よりも優れた「ライン資本主義」の成立が主張され，賞賛された。ところが皮肉にも，そのような賞賛が頂点に達した頃から，長期の繁栄を謳歌するアメリカ経済のほうが，統一ドイツの経済にたいして風上に立つに至った。それがグローバル化あるいはアメリカ化と呼ばれる現象である[43]。

かつて喧伝されたドイツ経済の優位は忘却の淵に追いやられ，いまやそれに代わってドイツ経済のアメリカ化が頻繁に語られるようになった。国民経済次元では，金融・保険業の突出した発展をはじめ，経営思想，経営教育，経営コンサルティングなどの分野でのアメリカニズムの普及は，とどまるところを知らない。企業次元でも，アメリカの影響は企業のあらゆる機能に及んだ。とくに企業財務，企業会計および企業統治の面において，それは際だっていた。「リーン・マネジメント」「ダウンサイジング」「リエンジニアリング」が新しい企業文化の合言葉となった。このような企業次元におけるアメリカの影響は，国民経済次元におけるそれと密接に関連していた。

ただドイツにあっては，このグローバル化ないしアメリカ化の波は，ヨーロッパ統合を起点とするヨーロッパ化の波とある場合は同調し，ある場合はせめぎ合いながら押し寄せてきたことに注意しておく必要があろう。この点はも

ちろん EU 圏全体に多かれ少なかれ妥当する。一方で，ヨーロッパ統合がグローバル化ないしアメリカ化への対抗軸の形成・強化を狙いとして推進されてきた。その一例はドルにたいするユーロであるが，それ以外にも農業や環境など，枚挙にいとまがない。だが他方では，ヨーロッパ統合の過程で，金融市場をはじめとするさまざまな分野における規制撤廃・緩和や自由化が進められるかぎりでは，それはグローバル化やアメリカ化と同調せざるをえないのである。

2 「立地論争」「柔軟化」「改革の停滞」

こうして，ドイツは一方で統一後の東西の経済統合を進めつつ，ヨーロッパ統合とグローバル化・アメリカ化という国際環境に対応していかねばならなかった。その過程でいくつかの現状・政策批判が生まれ，それをめぐって論争が闘わされた。それらの論争はいうまでもなく多かれ少なかれ経済の現実とも関連しているが，それについてはヨーロッパ化と同様，本書『ドイツ経済』第1章以下の本論でそれぞれの文脈において触れられることになる。そこでここでは，グローバル化とアメリカ化をめぐる政策論争の概略を述べるにとどめよう。

最初の議論は国際分業のなかでのドイツの位置を問うものであり，これをめぐって「立地論争」(Standortdebatte) が起きた。一部の論者は，国際的に活動する企業にとって「立地としてのドイツ」(Standort Deutschland) の魅力が薄れたことを指摘し，その原因を取り除いて立地としての魅力を回復すべきだと主張した[44]。これは「空洞化」論の一種と見てよい。それは主として製造業を念頭に置いた議論であったが，金融についても同様に「金融センターとしてのドイツ」(Finanzplatz Deutschland) の復権を主張する議論が生まれた。すでに1985年前後，EC 市場統合への動きを背景に，証券取引所関係者のあいだに証券取引所改革の気運が生まれていた。政策当局もロンドンに対抗してフランクフルトを欧州の金融センターにしようとの狙いを持ち，1990年までにオプション・先物取引所の開設，市場の電子化を進めていた[45]。その後フランクフルトには欧州中央銀行の本部が置かれることになる。

もともと「立地としてのドイツ」という言葉は，ドイツ統一の前後から経営者や経済団体の首脳によって用いられ始めていたのだが，それは高い賃金水準

とその大幅引上げによる産業の国際競争力の弱化を指摘するものであった。その後、この言葉はコール首相をはじめとする政府与党の政治家たちも用いるようになった。これらの経営者や政治家は、ドイツ、とくに旧西ドイツの経済的困難の主因は産業立地の魅力が低下したところにあるとみなし、立地条件の改善とそれによる産業の競争力の回復・強化が必要だとした。さらにそのためには、賃金引上げの抑制、各種社会コストの削減、規制撤廃が必要だとしたのである。政府はこのような考えに立って、1993年9月にはドイツの産業立地の確保に関する経済省報告書を発表し、翌94年1月にはこれを具体化するために「成長・雇用促進のための行動プログラム」を閣議決定した。この経済省の報告書を受け、議会内外で議論が活発化した[46]。

1996年には国際資本収支が記録的な赤字となった。ドイツ企業は420億マルクの資金を対外投資に振り向け、外国企業は50億マルクの資金をドイツから引き揚げた。その結果、合計470億マルクが直接投資の形で国外へ向かった。経済団体の首脳は、高コスト体質のドイツは国際競争において低コスト国に太刀打ちできず、工業生産が低コスト国に大量に移転され、ドイツの世界市場でのシェアは失われ、高失業に苦しんでいるとして、生産立地の不利を告発した。彼らはとくに高い賃金および付加コスト、重い税負担、そして規制の過剰を問題とした。経済学者の多数はこれに同意した[47]。これにたいして野党の社会民主党や労働組合は、雇用の確保を重視する立場から政府与党や経済団体の主張に反対した。彼らはことの本質は付加価値の分配問題であるとした[48]。

「立地としてのドイツ」の主張からさらに歩を進めて、直截に労使関係の「柔軟化」(Flexibilisierung) を求める声が強まった。これはとくに政府与党や経済団体、そして多数派経済学者の側から発せられた[49]。そこから進んで、経済団体は「柔軟化」の要求を実践に移した。労働組合や経営協議会は、ときとして雇用確保を最重視する立場から妥協して経済団体の要求に応じた。その影響もあって、実態はある程度変化した。このような「柔軟化」の動きはとくに東地域で顕著であった。労働時間の「柔軟化」は労働時間の短縮という形をとり、例えば一部の産業での35時間制の導入、労働時間アカウント制の導入、パートタイマーに移行する権利の承認などの手法がとられた。さらに、労働組合の組織率が引き続き低下するとともに、経済団体から脱退する企業も増加し、それ

第5章　ドイツ資本主義――経済統合・ヨーロッパ統合・グローバル化　153

らの組織率も低下した。しかしこれらの変化は，政府与党の政治家や多数派の経済学者が望むほどの規模ではなかった[50]。

　現状にたいするいまひとつの批判は，年金政策，財政や租税政策などにおける「改革の停滞」(Reformstau) ないしは「改革の赤字」(Reformdefizit) を指摘するものであった。これはとくに野党からの政府にたいする批判としておこなわれたが，野党のみならず与党ないしそれに近い立場からも同様の声が挙がった[51]。事実，コール政権による供給指向の経済政策は，1990年代後半には窮地に陥っていた。長年この政策を学問的に支えてきたいわゆる経済賢人の多数派でさえ，97年秋の意見書において，供給重視の経済政策の適切さにたいする疑念を隠さずに述べた。批判はきわめて広範に生じた。「改革の停滞」はこの年の流行語に選ばれた[52]。

　このような状況の下で実施された1998年9月の連邦議会選挙では，政権交替がもたらされた。社会民主党は前回94年比4.5％ポイント増の40.9％の票を得て快勝し，72年以来久しぶりの最大会派となった。キリスト教民主・社会同盟は得票を6.2％ポイント減らし，35.2％にとどまった。90年同盟・緑の党，自由民主党はともに得票を減らしたが (それぞれ6.7％，6.2％)，議席を得るのに必要な基準である5％の壁を超えた。民主社会主義党も今回は5％を超えた。社会民主党は90年同盟・緑の党と連立を組んだ。ちなみに，これによって連邦共和国史上初めて首相の交替が――連立の組替えなどによってではなく――選挙によって実現した。こうして，1982年以来16年の長期にわたるコール時代が終わり，シュレーダー政権が発足した[53]。

　シュレーダー政権は，経営者層の支持をも取り付けながら労使協調を進めるとともに，さらに中間層の支持をも拡大しようとした。イギリスのブレア (Tony Blair) 政権に倣った「新しい中道」路線である。ところが政権発足後まもなく，党内対立が生じた。伝統的左派を代表するラフォンテーヌ (Oskar Lafontaine) 蔵相は，労働者層の支持を取り付けて総選挙での勝利に貢献した余勢を駆り，積極財政を主張して「新しい中道」路線と対立した。この対立は結局，ラフォンテーヌの蔵相および党首辞任をもって幕を閉じた。後継蔵相には均衡財政論者のアイヒェル (Hans Eichel) が就任し，「新しい中道」路線がようやく確定した[54]。ただし，シュレーダー政権はその後も雇用政策などで成果を挙げることができ

ず，州議会選挙での社会民主党の敗北が続いた。同党はコール前首相の違法献金疑惑などのいわば敵失によって，ようやく党勢を維持することができたのである。

　政府はおおむね政権発足時に締結された連立協定に沿った政策を立案し，実施に移していった。最大の課題である雇用政策では，政労使による「雇用・職業教育・競争力のための同盟」(Bündnis für Arbeit, Ausbildung und Wettbewerbsfähigkeit) を発足させた。経済団体はこれに参加しつつも，企業の負担増を警戒し，投資と雇用への脅威だと反発した。労働組合は逆に攻勢を強めた。税制改革では所得税・法人税の減税，キャピタルゲイン課税の廃止（ただし後に復活される），環境税の導入（ガソリン価格の引上げ）などに着手した。年金改革では，コール前政権による年金給付金の引下げなどの年金制度改革を白紙撤回した後，個人年金の新設などの改革をおこなった。脱原発は連立協定での眼目のひとつであったが，2000年6月，政府と電力企業はすべての原子力発電所を順次停止・廃棄していくことで基本的に合意した。政権発足から3年近くが経過したところで，シュレーダー首相は小冊子『連邦政府事業報告書』のなかで「改革の停滞」を克服しえたことを誇った[55]。しかし，この主張は説得的なものとは受け取られなかった。

3　株式ブームと「株主価値」

　さて，ドイツ・モデルにたいする最も新しい，そして最も強烈な批判は，「株主価値」(shareholder value) の重視を主張するそれである。その背後には株式ブームの到来という事態があった。

　すでに1980年代から採られていた証券市場活性化のための政策は，90年代に入ってから，数次にわたる資本市場振興法によって，「改革の停滞」の例外ともいいうるほどにさらに推進された。それは部分的には，金融市場の規制の撤廃に関わる EU の指令に対応して国内法を整備するという性格のものであり，有価証券取引税の廃止，投資新商品の開拓促進，保有株式の譲渡によるキャピタルゲインへの課税の廃止，少数株主の法的地位の向上などの措置が講じられた。他方，インサイダー取引規制の制定，規制官庁としての連邦証券取引監督局の設置も図られた。さらに，ドイツ国内の証券取引所の統合，ドイツ証券取

引所の株式会社化とその株式のフランクフルト証券取引所への上場，証券取引所の国際的提携と進んだ。97年3月にはベンチャー企業のためのノイアー・マルクト（Neuer Markt）が設立された。

EUの指令によってEU金融市場の統合一体化が進み，EU域内での資金の移動が拡大した。そしていうまでもなく，アメリカを中心とする国際的な大量の資金移動が生じていた。そのような背景の下で，上記のような証券市場活性化策がとられたのである。こうして，ドイツにおける株式ブームの要因がそろっていった。

株式ブームの契機となったのは，郵政事業の分割民営化の結果誕生したドイツ・テレコムの株式が1996年11月にフランクフルト証券取引所に上場されたことである。テレコム株は新たな「国民株」（Volksaktie）として喧伝された。テレコム株の上場によってドイツの「証券文化」が変わったともいわれた。実際，それは300万人以上のドイツ人個人投資家が購入するところとなった。

それまで，ドイツの株式市場は，絶対規模ではアメリカ，日本，イギリスの後塵を拝し，国民経済の規模との比率では他のOECD諸国に比べても下位にあった。この事態は，1980年代初頭以降の株価の上昇，金融市場の国際化によってもほとんど変わらなかった。連邦銀行によれば，国内の全上場株の時価総額は，96年11月に初めて1兆マルクを超えた。しかし，これはアメリカ，日本，イギリスに比べてなお見劣りがしていた。株式保有構造では，日本と同様に非金融部門企業と銀行による保有が目立っていた。同じく連邦銀行の計算によれば，家計の金融資産における株式の割合は，70年代から96年にかけて半減しており，家計は流通する株式の15％以下しか持っていなかった。ちなみに，日本やフランスでは20％程度であり，アメリカでは30％を超えていた。他面，製造業における株式による資金調達の比重は95年末で27％であって，70年代初頭とほとんど変わらなかった[56]。

ドイツ・テレコム株式の上場を契機に株価が上昇し，そのテンポは加速されていった。もちろんそれは実体経済の好調と無縁ではなかった。1997年初頭には戦後最高の失業率を記録し（12.2％），98年夏には一時マイナス成長を記録したドイツ経済は，99年後半以降，ユーロ安を背景にした輸出に主導されて安定した経済成長に向かった。だが，株価の急上昇に象徴されるブーム状況は，実

体経済を離れて展開した。金利は歴史的な低水準となり，企業収益は急激に増加した。株価はしだいに上昇し，97年10月に一服したあと続伸した。99年には単一通貨ユーロが決済手段として導入されたが，それはヨーロッパ諸国の企業のドイツ証券取引所への上場を促した。こうして，株価の上昇，売買規模の拡大が続いた。

　未曾有の数の人々が株式投資の場に登場した。株式会社などの企業の株主は，1988年には320万人，92年には400万人であったのが，98年には450万人に増加し，2000年には620万人に達した。また投資信託の契約者も，1997年の230万人から2000年には840万人へと著増している[57]。

　新規株式発行額も増大し，株式会社数とその上場企業数も著しく増加した。一部の大企業は，フランクフルト証券取引所のみならずニューヨーク証券取引所にも上場することを競って目指すようになった。ダイムラー・ベンツ（後にダイムラークライスラー）はすでに1993年にニューヨークに上場を果たしていたが，98年にはSAP，99年にはセラニーズ（ヘキストのアメリカ子会社）がこれに続き，2000年以降は上場ラッシュを迎え，インフィネオン，BASF，シェーリング，アリアンツ，ジーメンス，バイエル，ドイツ銀行（ドイチェ・バンク）などが上場を果たすか，その予定であった。さらに，株式ブームを背景に企業の合併・取得（M&A）が盛んとなり，それが逆に株式ブームを促進した。1990年代末にかけて，企業合併ブームは史上空前の規模に達した。

　株式ブームは大企業のみならず中小企業やベンチャー企業にも及んだ。中小企業の株式公開や発行は，1994年の中小企業法によって促された。ベンチャー企業にたいしては，上述のようにノイアー・マルクトが開設され，資金調達の面からの支援が強化された。同市場でのきわめて厳しい開示条件にもかかわらず，それに上場するベンチャー企業が急増し，99年末には200社を超えることが確実と期待された[58]。

　さて，このような株式市場の活況を背景に，「株主価値」の重視という主張が強まった。これは戦後西ドイツおよび統一ドイツの経済秩序を指導してきた「社会的市場経済」の理念，あるいはそれを掲げてきたドイツ・モデルにたいする最も強力な批判である。すでに上記の「立地論争」や「柔軟化」論，「改革の停滞」批判などにも，既成の社会経済的枠組みにたいする批判が含まれてい

たが，批判の鋭さはこの「株主価値」重視論において頂点に達した。しかも，これまでの批判とは異なって，グローバル化・アメリカ化を直接に受け，アングロサクソン流の経済秩序観を前提にしたものであり，したがって経済秩序理念の次元での批判を含んでいた。

批判の対象となった「社会的市場経済」理念の信奉者のなかにさえ懐疑が拡がり，その改訂の試みも見られた。政府のある小冊子は『連邦政府事業報告書』(*Geschäftsbericht der Bundesregierung*) という体裁をとった。また，ドイツ国家を株式会社に見立て，その業績を株主(＝国民)に報告するという体裁をとった本も刊行された[59]。それには経済技術相ミュラー(Werner Müller) が「株主への手紙」を寄稿している。民営化や規制撤廃によって「ドイツ株式会社」の株価を引き上げ，「株主価値」を引き上げることが目標とされた。

ドイツ社会では，労働する者は自らと共同体にたいして何らかの善をもたらすとする観念が伝統的に強固であり，このような形で労働を高く評価してきた。国家も社会保障システムの根底に労働を置いてきた。多くの者にとって，その自己評価の感覚は直接その労働と結び付いていた。ところが，不熟練工業労働者が稀少化し，また資金と労働のあいだの価値関係が変化するとともに，社会の成員の観念・態度が協調的なものから個人的なものへと変化した。そこに「株主価値」重視論が受け入れられる背景があり，またその影響の深刻さがある[60]。

シュレーダー政権は，一方では先述のように証券市場の活性化のための政策を繰り出したが，他方では外資によるドイツ企業の敵対的買収を規制しようとするなど[61]，それに反対に作用する政策も検討した。こうして，同政権は「株主価値」論とそれへの反論のあいだで政策的に動揺したといってよい。ちなみにこの立場は，社会民主党員シュミット(Helmut Schmidt) 元首相のグローバル化への部分的適応の主張を踏襲しているものと見てよいかもしれない[62]。

ところが，早くも2000年春には株式ブームの終焉が訪れた。これ以降，ドイツ証券市場の株価は，アメリカの動向に連動して全般に下落した。いわゆるハイテク株や民営化関連株の下落がとくに顕著であった。ブームの契機となったドイツ・テレコム株は，全般的動向とほぼ同様に，2000年3月に頂点に達した後，急落した。一時は66ユーロを超えていたその株価は，2001年夏には17ユー

ロを下回り,その後さらに下落した。株式ブームが去ると,それまでの大型合併ブームに代わって,大型倒産の波が押し寄せた。建設企業フィリップ・ホルツマン,機械のバブコック・ボルジヒ,メディア企業キルヒなどの破綻が相次いだ。ベンチャー企業の多くも行き詰まり,ノイアー・マルクトでの相場は崩壊した。このため同市場は2002年末をもって閉鎖され,ベンチャー企業支援のための証券市場は再編成を余儀なくされた。相次ぐ倒産あるいは破綻とともに,成長率も鈍化し,失業率が上昇した。このような状況を指して,「ベルリンの壁」の崩壊という転換に続く「第2の転換」(zweite Wende) とする声も聞かれた。

たしかに,株式ブームの終焉によって,それを背景として声高に唱えられた「株主価値」論は再考のときを迎えている。ただ,このような主張が直ちに消え去るかといえば,それは疑問であろう。グローバル化・アメリカ化の波は,アメリカ経済の下方転換,エンロンやワールドコムなどの「不祥事」の後も,減衰したとはいえ継続している。それと並行して,「株主価値」重視の観念も,迫力は減少するかもしれないが,今後さらに続くであろう。

それと同時に,「社会的市場経済」をはじめとして,「安定した通貨」,「協約自治」,「社会国家」というドイツ経済の指導的理念も,再考を迫られている。この4つの理念は戦後西ドイツ・統一ドイツの「『構成的』原理としての土台」と呼ばれてきた[63]。これらの「土台」はなお強固であると見ることもできるかもしれない。強固な「土台」の上に立つ経済体制が,「柔軟化」や「株主価値」により変容を受けつつその生命力を維持し続けていると解する見方もあろう。だが,統一後10余年を経て,これらの「土台」にたいしても再検討の眼が注がれるに至ったことはたしかである。

おわりに

この章では,国家統一を果たしたドイツが,ヨーロッパ統合とグローバル化・アメリカ化という大波に洗われながら,東西の経済統合という課題を追求する過程をたどってきた。この困難な課題を果たすべきドイツにたいして,まさに東西の経済統合が一段落した1994年頃から,ヨーロッパ統合の波が押し寄せてきた。そしてそれにかぶさるように,97,98年あたりからはグローバル

第5章　ドイツ資本主義——経済統合・ヨーロッパ統合・グローバル化　159

化・アメリカ化の波が高まった。このふたつの波は互いに同調し，あるいは対抗しつつ，東西の経済統合を目指すドイツ経済に多大の影響を及ぼした。

　東西ドイツの経済統合は，問題を残しつつも一定の成果を挙げた。さらに，ヨーロッパ統合の進展のなかで，ドイツ経済はしだいにヨーロッパ化するとともに，グローバル化・アメリカ化のなかで「株主価値」というアングロサクソン的経済理念からの挑戦を受けた。その過程で，1990年代末にかけて未曾有の株式ブームが訪れ，これまたかつてない大型合併ブームが到来した。だが2000年に入るや，株式ブームが終焉するとともに，ドイツ経済は新たな局面を迎えることになった。

　2002年9月，連邦議会選挙がおこなわれた。それはベルリンへの首都移転が成った後，ベルリン共和国での最初の総選挙であった。それは，社会民主党とキリスト教民主・社会同盟が得票率38.5％で並ぶという史上稀に見る接戦であった。ただ，連立与党の90年同盟・緑の党の得票率は8.6％であって，野党自由民主党の7.4％を上回ったため，与党の辛勝という結果となった。EU規模での左派政権から右派政権への転換のなかでの勝利であった。これを受けてシュレーダー政権は2期目に入った。その政権運営には困難が予想された。それは，「第2の転換」以降のドイツ経済の予想される困難とも関わっている。

　1）　本章全体を通じて参照した文献としては，個々に挙げたもののほか，Jürgen Gros und Manuela Glaab, *Faktenlexikon Deutschland. Geschichte – Gesellschaft – Politik – Wirtschaft – Kultur*, München: Heyne 1999；走尾正敬『現代のドイツ経済——「統一」からEU統合へ』東洋経済新報社，1997年，同『ドイツ再生とEU——シュレーダー政権のめざすもの』勁草書房，1999年，大西健夫／ウルリヒ・リンス編『ドイツの統合——分断国家から普通の国へ』早稲田大学出版部，1999年を挙げておく。GrosとGlaabのものは基本的事実を知るのに便利であり，走尾の2著作は『日本経済新聞』特派員による観察の集成である。大西とリンスのものは全般に信頼しうる観察である。さらに政治動向については，仲井斌『現代ドイツの試練——政治・社会の深層を読む』岩波書店，1994年，平島健司「統一ドイツ」木村靖二編『新版世界各国史13　ドイツ史』山川出版社，2001年，同「政治構造の変容と政策変化——欧州統合の中のドイツ」日本比較政治学会編『EUのなかの国民国家——デモクラシーの変容』早稲田大学出版部，2003年，参照。

　2）　東西ドイツ統一前後の経済過程について，邦語文献で代表的なものを若干挙げ

ておけば，青木國彦『体制転換——ドイツ統一とマルクス社会主義の破綻』有斐閣，1992年，住谷一彦・工藤章・山田誠編『ドイツ統一と東欧変革』ミネルヴァ書房，1992年，戸原四郎・加藤榮一編『現代のドイツ経済——統一への経済過程』有斐閣，1992年，百済勇『ドイツの民営化——統一ドイツとECの行方』共同通信社，1993年などがある。東西ドイツ統一の政治過程については多くの文献があるが，山田徹『東ドイツ・体制崩壊の政治過程』日本評論社，1994年，高橋進『歴史としてのドイツ統一——指導者たちはどう動いたか』岩波書店，1999年のみを挙げておく。

3) Horst Pötzsch, *Deutsche Geschichte von 1945 bis zur Gegenwart. Die Entwicklung der beiden deutschen Staaten*, München: Olzog 1998, S. 264.
4) Paul Erker, *Dampflok, Daimler, DAX. Die deutsche Wirtschaft im 19. und 20. Jahrhundert*, Stuttgart und München: Deutscher Verlags-Anstalt 2001, S. 317.
5) 以下の記述については，Hans-Hermann Hartwich, *Die Europäisierung des deutschen Wirtschaftssystems. Alte Fundamente, neue Realitäten, Zukunftsperspektiven*, Opladen: Leske und Budrich 1998, S. 131-143;近藤潤三『統一ドイツの変容——心の壁・政治倦厭・治安』木鐸社，1998年，52-90ページ，参照。ただし，近藤の観察はやや悲観的にすぎるように思われる。
6) Pötzsch, *op. cit.*, S. 265.
7) 工藤章「企業と労働」戸原・加藤編，前掲，50-51，60-61ページ。
8) 工藤章「市場経済の主体創出——旧国営企業の民営化」住谷・工藤・山田編，前掲，63-64ページ。
9) 工藤「企業と労働」前掲，67-84ページ。
10) Erker, *op. cit.*, S. 322.
11) Harm G. Schröter, Von der Teilung zur Wiedervereinigung (1945-2000), in: Michael North (Hrsg.), *Deutsche Wirtschaftsgeschichte. Ein Jahrtausend im Überblick*, München: C. H. Beck 2000, S. 411-423.
12) Erker, *op. cit.*, S. 323. 詳細はBSLの社史であるRainer Karlsch und Raymond Stokes, *Die Chemie muss stimmen. Bilanz des Wandels, 1990-2000*, Leipzig: Edition Leipzig 2000, 参照。
13) Pötzsch, *op. cit.*, S. 268. 信託庁の活動についてさらに，Wolfram Fischer, Herbert Hax und Hans-Karl Schneider (Hrsg.), *Treuhandanstalt. Das Unmögliche wagen. Forschungsberichte*, Berlin: Akademie Verlag 1993; 北村喜義『旧東独の企業システムと鉄鋼業——体制の崩壊と再建の政治経済過程』御茶の水書房，2000年，第III部，白川欽哉「東ドイツ経済の崩壊と東西統一後の市場経済化」林昭・門脇延行・酒井正三郎編『叢書 現代経営学20 体制転換と企業・経営』ミネルヴァ書

房，2001年，とくに209-218ページ，参照。
14) 工藤「企業と労働」前掲，84-89ページ。
15) Pötzsch, *op. cit.*, S. 270-271.
16) *Ibid.*, S. 270-271; Erker, *op. cit.*, S. 325-326.
17) 以上，1991年から93年までの景気について，Wolfram Weimer, *Deutsche Wirtschaftsgeschichte. Von der Währungsreform bis zum Euro*, Hamburg: Hoffmann und Campe 1998, S. 391-397, 404-406, 参照。
18) *Ibid.*, S. 423-427.
19) *Ibid.*, S. 423-427.
20) Pötzsch, *op. cit.*, S. 269.
21) *Ibid.*, S. 269.
22) *Ibid.*, S. 273.
23) Schröter, *op. cit.*, S. 413.
24) Pötzsch, *op. cit.*, S. 273.
25) *Ibid.*, S. 273.
26) *Ibid.*, S. 274.
27) *Ibid.*, S. 264-265.
28) 以下，Hartwich, *op. cit.*, S. 144-149, 150-160, 161-165, 166-173; Weimer, *op. cit.*, S. 398-403, 430-433 のほか，工藤章「ヨーロッパ統合の射程――覇権代替の可能性」東京大学社会科学研究所編『20世紀システム6 機能と変容』東京大学出版会，1998年〔本書第11章〕，同『20世紀ドイツ資本主義――国際定位と大企業体制』東京大学出版会，1999年，第Ⅳ部第3章，参照。なお，後藤健二『欧州通貨統合は何を克服したのか――ドイツから見た1995年～1999年』大蔵財務協会，2001年は，ドイツからの詳細な観察であり有益である。
29) マリオ・モンティ，田中素香訳『EU 単一市場とヨーロッパの将来――モンティ報告』東洋経済新報社，1998年。
30) Erker, *op. cit.*, S. 330.
31) 欧州中央銀行，小谷野俊夫・立脇和夫訳『欧州中央銀行の金融政策』東洋経済新報社，2002年。
32) Harm G. Schröter, European Integration by the German Model? Unions, multinational enterprise and labour relations since the 1950s, in: Ulf Olsson (ed.), *Business and European Integration since 1800: Regional, national, and international perspectives*, Göteborg: Graphic Systems, 1997, p. 85; Hartwich, *op. cit.*, S. 283-284. 石塚史樹「欧州的労使関係とドイツ・モデル」『大原社会問題研究所雑誌』511号，2001年は，産業レベルでの「ソーシャル・ダイアローグ」および企業レベルでの欧州

経営評議会の形成を紹介し，そこではドイツの労使関係がモデルとなったと主張している。

33) 藤原豊司『欧州統合の地平――拡大・深化・最終形態』日本評論社，2002年，第4章。
34) Weimer, *op. cit.*, S. 398.
35) Pötzsch, *op. cit.*, S. 276.
36) さしあたり，藤原，前掲，第2,3章，参照。
37) Weimer, *op. cit.*, S. 427-428.
38) このような財政金融政策の影響もあって，高い失業率はその後も続いた。西地域では1991年から96年にかけて119万1000の雇用機会が失われた。97年の登録失業者数は303万人（失業率9.9％）に達した。これに「隠蔽された」失業者102万人を加えると，同年には実質で405万人が失業状態にあったことになる（失業率12.9％）。東地域を加えれば数字はさらに悪化し，全ドイツでは1997年の登録失業者数が439万人，「隠蔽された」失業者が195万人，計634万人にのぼった。失業率は登録分で11.4％，「隠蔽された」失業者も加えた合計で16.5％であった。Pötzsch, *op. cit.*, S. 271.
39) 工藤章「産業と企業――『サービス社会』化の進展と大型合併ブーム」戸原四郎・加藤榮一・工藤章編『ドイツ経済――統一後の10年』有斐閣，2003年，参照。
40) ドイツ統一後の経済統合の過程にたいしても，欧州委員会などのEUの機関は介入した。とくに，旧東ドイツ地域への政府補助金をめぐる紛争が目立った。例えば，フォルクスワーゲンにたいするザクセン州政府の補助金について，欧州委員会は競争法令違反だとした。
41) グローバル化についての文献はきわめて多数にのぼるが，ドイツをめぐる状況については，Hartwich, *op. cit.*, S. 174-180, 参照。グローバル化と国民経済の対応をめぐるさまざまな論点について，秋元英一「グローバリゼーションの歴史的文脈」同編『グローバリゼーションと国民経済の選択』東京大学出版会，2001年のほか，工藤章「グローバル化と地域統合についての覚書」東京大学『社会科学研究』51巻6号，2000年〔本書第12章〕, Akira Kudo, Americanization or Europeanization? The globalization of the Japanese economy, in: Glenn D. Hook and Harukiyo Hasegawa (eds.), *The Political Economy of Japanese Globalization*, London: Routledge, 2001; do., A Note on Globalization and Regional Integration, in: Sung-Jo Park and Seigo Hirowatari (eds.), *Strategies towards Globalization: European and Japanese perspectives*, Berlin: Institute for East Asian Studies, Freie Universität Berlin, 2002, pp. 309-340, 参照。
42) Schröter, Von der Teilung zur Wiedervereinigung, *op. cit.*, S. 416.

43) Akira Kudo, Matthias Kipping and Harm G. Schröter (eds.), *German and Japanese Business in the Boom Years: Transforming American management and technology models*, London: Routledge, 2004, とくにその Introduction (by Kudo, Kipping and Schröter) を参照。
44) Margit Köppen, Strategies of German Big Business in their International Setting during the 1980s, in: Volker R. Berghahn (ed.), *Quest for Economic Empire: European strategies of German big business in the twentieth century*, Providence and Oxford: Berghahn Books, 1996; 藤澤利治「統一ドイツ経済の政策選択——産業立地の確保か社会国家の解体か？」『新潟大学商学論集』26号，1994年，近藤，前掲，14-27ページ。
45) 山口博教「ドイツの証券市場——諸地域取引所の歴史特性」『証券経済研究』2000年，125ページ。
46) 藤澤，前掲，227-246ページ。
47) Weimer, *op. cit.*, S. 428-430.
48) Roland Czada, Zwischen Stagnation und Umbruch. Die politisch-ökonomische Entwicklung nach 1989, in: Werner Süß (Hrsg.), *Deutschland in den neunziger Jahren. Politik und Gesellschaft zwischen Wiedervereinigung und Globalisierung*, Opladen: Leske und Budrich 2002, S. 203.
49) Hartwich, *op. cit.*, S. 204-210; 近藤，前掲，27-36ページ。
50) Czada, *op. cit.*, S. 220-221. 詳しくは，田中洋子「労働——雇用・労働システムの構造転換」戸原・加藤・工藤編，前掲，参照。
51) 近藤，前掲，36-52ページ。
52) Schröter, *op. cit.*, S. 414.
53) Pötzsch, *op. cit.*, S. 280.
54) 雨宮昭彦「グローバリゼーションの衝撃とドイツにおける選択肢」秋元編，前掲は，グローバル化とそれへのドイツ経済の対応をめぐるラフォンテーヌの主張を紹介している。
55) Presse- und Informationsamt der Bundesregierung (Hrsg.), *Geschäftsbericht der Bundesregierung 2000/2001. Deutschland erneuern*, Berlin: Presse- und Informationsamt der Bundesregierung 2001, S. 5.
56) Weimer, *op. cit.*, S. 427; 大矢繁夫『ドイツ・ユニバーサルバンキングの展開』北海道大学図書刊行会，2001年，62-63ページ。
57) Deutsches Aktieninstitut, DAI-Factbook 2003, 08.3-Zahl-D, http://www.dai.de/.
58) 山口，前掲，127ページ。

59) Peer Ederer und Philipp Schuller, *Geschäftsbericht Deutschland AG*, Stuttgart: Schäffer-Poeschel 1999.
60) Hartwich, *op. cit.*, S. 129-130; Schröter, *op. cit.*, S. 417.
61) 工藤「産業と企業」前掲，参照。
62) ヘルムート・シュミット，大島俊三・城崎照彦訳『グローバリゼーションの時代——21世紀への最大の課題に挑む』集英社，2000年。
63) Hartwich, *op. cit.*, S. 35.

Ⅲ
戦後期:企業と企業体制

第6章　ドイツ企業体制のアメリカ化とヨーロッパ化[*]

はじめに

　現代の世界経済を貫く基調はグローバル化であろう。グローバル化の主要な経路は，一方では外国直接投資ないしは多国籍企業の世界的規模での活動であり，他方では間接投資を含む膨大な量の国際的資金移動であるが，これ以外にも貿易，技術提携その他の多様な経路がある。

　グローバル化はけっして1990年代になって突然に現れた現象ではない。それはさしあたり，1970年代以降に進展した国際的な貿易・資本の自由化に基づく。さらに，その起源を遡るつもりであれば，19世紀後半から第1次世界大戦前までの帝国主義の全盛期に着目しうるし，はるか以前の大航海時代にたどり着くことができる。そのこととも関連して，グローバル化を国際化と積極的に区別する本質的な理由は見当たらないように思われる。このような歴史的連続性は，グローバル化に関する言説すなわちグローバリズムについても見出しうるであろう。グローバリズムがかまびすしくなったのは，たしかに東西冷戦が終焉した1990年代に入ってからのことであるが，それがサッチャーリズムないしレーガノミックスと呼ばれた新保守主義あるいは新自由主義の言説の延長上にあることは見やすいであろう。

　ただし，グローバル化の歴史における1990年代以降の新しさは無視できない。その新しさは，端的に国際的な資金移動の圧倒的な規模に現れている。国際決済銀行（BIS）の推計によれば，1997年における世界の為替市場での1日の取引額は約1兆2000億ドルであったが，そのうち財サービスの実物取引に基づくものはわずか5％，残りの95％は裁定取引であり，その多くは投機的なそれで

---

[*]　初出は「ドイツ企業体制のアメリカ化とヨーロッパ化」馬場宏二・工藤章編『現代世界経済の構図』ミネルヴァ書房，2009年である。

あったという[1]。単純に計算すれば，実需に基づかない国際的資金移動は，実需に基づくそれのおよそ20倍の規模に達していたわけである。

　本章で着目するのは，世界経済のグローバル化のなかでも各国の企業体制のグローバル化である。ここで「企業体制」(enterprise system) と呼ぶものを簡単に定義しておけば，それは資本主義経済の，主として国家によって規定された制度的側面である。企業体制を構成する主要な側面は，所有・経営間の関係，労使関係，企業間関係，そして企業・政府間の関係という4つの関係である。もちろん資本主義経済の制度には多種多様なものがあるが，企業体制はとくに企業に関わる制度を総称したものである。また，規定する主体が国家だけではないことについてはすぐ後で述べることになる。

　強調しておきたいのは，ここでは企業体制は個別の企業とは区別されたものとして措定されているという点であり，企業体制は個々の企業にたいして——国内企業であれ外国企業であれ——それらの活動の主たる制度的土台を提供しているという点である。このことを企業の側から言い換えれば，次のようになる。個々の企業は資本主義経済の最も重要な主体であり，しかもその活動の場は可能性としては世界規模に拡がっている。ただ，その世界は国家を含むさまざまな規定主体によって構造化されており，規定主体のなかで最も有力なのはさしあたり国家である。したがって，企業が活動する場は主として国家によって規定されることになる。そのようなものを企業体制と呼ぶのである[2]。

　したがってまた，ここで着目する企業体制のグローバル化は，個々の企業のグローバル化とも区別されることになる。例えば，日本の企業が社外取締役制度，ストック・オプション制度やアメリカ式会計基準などをグローバル化への対応という名目の下に導入するとすれば，それは個別企業次元におけるグローバル化である。そのような企業次元でのグローバル化は，それ以外にも企業財務や企業統治の面でも見られるところである。企業体制のグローバル化とは，もちろんこうした動きと関連してはいるが，それとは区別されるものであって，例えば社外取締役制度やストック・オプション制度が法律で許容されるかあるいは強制されるとすれば，それは企業体制の次元での現象と見なければならない。企業会計制度についても同様である。

　こうして本章は，グローバル化する世界経済の構造を，企業体制のグローバ

ル化という視角から明らかにしようとするものである。事例としてはドイツの企業体制を取り上げることにする。1990年に東西国家統一を果たしたドイツ資本主義は，それ以降，政治統一後の経済統合という課題に直面するのであるが，同時にグローバル化の波に襲われることになった[3]。

　ここで断っておかねばならないのは，ひとつは，本論での議論を先取りすることになるが，グローバル化はその内実においては——とりわけ企業体制との関連で——アメリカ化と見たほうがよいということである。いまひとつ指摘しておくべき点は，ドイツ資本主義はこの頃から急速に進展したヨーロッパ統合によっても大きく影響を被ることになったことである。このヨーロッパ統合による影響をヨーロッパ化と呼ぶことにすれば，問題は，アメリカ化とヨーロッパ化にたいして，ドイツ資本主義はどのように対応し，あるいは自己を主張したのか，そしてどのような変化が見られたのかということになる。本章ではこの問題を企業体制に即して解明しようとするものである。ちなみに，このドイツの事例は，ドイツがヨーロッパ地域で占める枢要な意義だけからしても，またヨーロッパ統合におけるドイツ・モデルの意義からしても，重要である[4]。

　とはいえ，ドイツを取り上げるのはさしあたり筆者の関心による。ただ筆者の心算は，今後ドイツと並べて日本の事例をも取り上げ，そうすることによって，グローバル化という現象にさらされる主要国の企業体制が基本的に同様の変容過程を経つつあることを明らかにするところにある。すなわち，各国資本主義の収斂の限界ないしは資本主義の多様性を明らかにするのではなく，むしろさしあたり収斂に向かう変容過程を明らかにすることを課題とし，そこからさらに，収斂を引き起こしているグローバル化という現象の総体に迫りたいと考えているのである[5]。ともあれ本章では，このような展望を念頭に置きつつ，ドイツの企業体制がグローバル化のなかで被っている変容の基本線を明らかにすることに主眼を置く。ただしそれが素描に終わっていることは，あらかじめ断っておかなければならない。

第1節　企業体制のアメリカ化

1　アメリカ化の逆説

　1990年代以降の世界経済におけるグローバル化では，アメリカが中心的な推進力となっている。そのかぎりにおいて，今日のグローバル化はアメリカ化とみなすべきである。このアメリカ化と呼ばれる現象は，グローバル化の場合と同様に，けっして新しいものではない。それは19世紀末葉における「経済大国」としてのアメリカの興隆以降の，1世紀以上にわたる歴史を有している。つまり，アメリカ化の歴史はアメリカが覇権国となる歴史とともに古い。ことに第2次世界大戦終了後，ドイツと日本の挑戦を退けてアメリカの覇権が確立され，1960年代に至るまでの四半世紀に，ソ連との緊張関係のなかでアメリカ化はその頂点を迎えていた。

　ちなみに，ここでいう覇権とは，世界経済における中心国ないしは中心国の力能を指すものであるが，そのような中心国がたんに経済のみならず，政治・軍事の分野においても，さらに文化・イデオロギーなどの広範な分野においても圧倒的な影響力を行使するような存在であることを考慮し，そのような意味での中心国の主導性あるいは国際秩序形成力に注目して，あえて覇権と呼ぼうというのである[6]。覇権国としてのアメリカが他の諸国ないしは世界経済に及ぼす影響が，アメリカ化と呼ばれるものの実態である。

　この1世紀を超えるアメリカ化の歴史のなかで，企業体制のアメリカ化には4つの大きな波を認めることができる。すなわち，19世紀末から20世紀初頭にかけての第1の波，第1次世界大戦後の1920年代における第2の波——これはあるいは第1の波と一括することができるかもしれないが——，第2次世界大戦後の1945年以降1960年代にかけての第3の波，そして1990年代以降，眼前に展開されている第4の波——それは1970年代から80年代にかけてのアメリカ化の弱化ないし脱アメリカ化の時期を経ていることを考慮すれば，第3の波の復活という意味で「再アメリカ化」と呼ぶほうがよいかもしれないが——がそれである[7]。

　繰り返しになるが，1世紀を超すこのようなアメリカ化の歴史は，覇権国と

してのアメリカの歴史と密接に関わっている。覇権を担うためには，あるいは覇権国であり続けるためには，それを支える経済的な基盤が必要とされる。それは経済規模や経済成長の度合いなどを含むが，何より不可欠なのは長期にわたって獲得される経済余剰である。この経済余剰はさしあたり国際収支の黒字に表現される。19世紀から20世紀半ばに至るまでの覇権国であったイギリスは，公式・非公式の植民地を領有し，そこから経済余剰を抽出した。しかし20世紀の覇権国たるアメリカは，これに当たるような経済余剰の恒常的源泉を有しておらず，結局はそれを自前で調達せざるをえなかった。ここに，イギリスとの比較におけるアメリカの覇権の特質があるともいいうる。

それはともかく，自前で調達する経済余剰を使い切ったとき，アメリカは覇権国としての衰退を開始せざるをえなかった。それが1970年前後のことである。すなわち，IMF固定相場制の崩壊によりドル支配の終焉が始まり，第1次石油危機の発生により米系石油メジャーズの制覇に陰りが生じたのである。さらに，ヴェトナム戦争での実質的な敗北は，アメリカの政治・軍事的影響力がピークを越えたことを意味した。イギリスの覇権に代替する候補として登場したのが19世紀末であり，覇権国としての確立が第2次世界大戦後であったとすれば，確立後30年足らずで，アメリカの覇権は早くも衰退へと向かい始めたことになる。もしIMF固定相場制の成立を覇権確立のメルクマールとして重視すれば，アメリカの覇権は確立と同時に衰退を開始したことになる[8]。

ところが1990年代に入ると，新たな展開が見られることになった。すなわち，経済成長や政治・軍事的影響力，そしてイデオロギーと生活様式をめぐってアメリカの覇権に挑戦したソ連が，この競争に敗北して挑戦者の地位を降り，さらに解体され，そして冷戦体制が終結したのである。

これによって，アメリカの覇権はいかなる影響を被ったのであろうか。この点について，アメリカは唯一の超大国となったのであるから，その覇権は強化されたのだという見方がある。これがむしろ通念であるといってよいであろう。たしかに，軍事力や政治力において，アメリカに代替しうる国家は登場していない。経済力にしても，その規模は依然として最大である。しかしながら，債務国化に示されるように，覇権の基礎をなす経済力の衰弱は進行し，経済的余剰はほぼ枯渇した。このことは，1991年の湾岸戦争によって露呈した。アメリ

カは，戦費を同盟国からの拠出金に依存しなければ，地域戦争すら戦えないことが明らかになったのである。より一般的には，各経済主体の経済的な動機から資金がアメリカへ流入し続け，ドル価値を支えるかぎりでは，アメリカの覇権はなお存続する。しかし，その経済的余剰の枯渇という事実は覆い難い。覇権の基盤は確実に掘り崩されたのである。

さらに付け加えれば，アメリカの覇権はソ連という政治・軍事・イデオロギー的挑戦者の存在によって脅かされると同時に，それ以上に支えられてもいた。冷戦体制は「西側」陣営の結束をもたらしたというかぎりにおいて，アメリカの覇権を支える一支柱であった。したがって，冷戦体制の終結によって，アメリカの覇権の政治的・軍事的・イデオロギー的統合力は弱まったと考えることができる。

こうして，冷戦体制の崩壊を契機に，アメリカの覇権はさらに弱化したと見ることができる。だが問題は，それにもかかわらず，冷戦体制終了後，企業体制におけるアメリカの影響すなわちアメリカ化が否定し難い事実であるという点にある。一方では，アメリカの覇権の経済的基盤は弱体化しているのだが，それにもかかわらずアメリカの影響すなわちアメリカ化は勢いを増しているのである。これはアメリカ化の歴史のなかで位置づけてみれば奇妙な事態であり，一種逆説的な事態である。

それでは，このような逆説的な事態をもたらしたものは何だったのであろうか。アメリカ化ないし再アメリカ化が進展した背景には，第1に，冷戦体制の崩壊後の一定の期間，たしかにアメリカが唯一の超大国化となったことが挙げられよう。アメリカの政治力・軍事力はなお維持されており，アメリカに取って代わる総合的な覇権国が登場しつつあるわけでもない。

第2に，貿易・資本の自由化の進展とそれにともなう国際金融市場の拡大がある。すでに1970年代には，国際通貨体制が変動相場制に移行するとともに，他方ではこれと並行して先進資本主義諸国の貿易・資本の自由化が進み，資金の国際的な大量かつ迅速な移動のための前提が形成された。次いで1980年代に入ると，先進資本主義諸国に続き，経済成長の実績を挙げた中進資本主義諸国でも貿易・資本の自由化が進み，それによって世界規模の開放体制が成立した。これも国際的な資金の移動を加速することになった。このような展開にあって，

グローバル化を唱えつつそれを推進してきたアメリカ政府とアメリカ出自の多国籍企業の影響力が強まった。

さらに第3に，このような国際金融市場の深化と拡大とに適合的なアメリカ出自の多国籍企業がグローバル企業として強大化したこと——さらに情報産業におけるアメリカ企業の競争力が復活したこと——が挙げられる。もちろん，グローバル企業として成長したのはアメリカ企業だけではなかったものの，アメリカ企業の相対的な成長性は否定し難いように見える。それとも関連して，1990年代を通じて，一方でのアメリカの長期好況，他方での西ヨーロッパ経済および日本経済の——とくに後者の——相対的停滞という事態が現出した。ヨーロッパと日本はアメリカにいわば押されたのである。

21世紀に入るや，アメリカ経済もバブル崩壊を迎えることになったが，当面，アメリカ化の圧力は弱まりこそすれ，なくなりはしないだろう。こうして，アメリカの覇権の弱体化と企業体制におけるアメリカ化の進展との並存という逆説的な事態が続いているのである。

2　グローバル化としてのアメリカ化

今日における企業体制のアメリカ化は，企業の自由を保証するための企業法制，とくに証券市場法制の整備をその主たる内容としている。

アメリカ資本主義は歴史的に投機的な性格を強く有していた。そのうえ，アメリカでは異例に証券市場が発展していた。「アメリカでは，州ごとに異なる銀行法があり，最近まで支店による地理的拡大も制限されていたから，分断された銀行制度のモザイクができあがり，金融システムの全国的編成が銀行業によっては十分に果たされず，全体を統合するシステムの編成は，英・独・日など他の主要資本主義国には例を見ない証券市場の発達で，いわば表層的に達成されたのであった。銀行業が"発育不全"で証券業が"肥大化"したのである。」[9] 要するに，アメリカは州ごとに分断された銀行制度を持っており，これを全国的に統合する役割は証券市場に委ねられてきた。これにたいしてドイツでは，日本におけると同様に，伝統的に証券市場は比較的未発達であった。その一方で，銀行制度は全国的に統合されていた。そのため企業金融は間接金融が中心であった。

今日における企業体制のアメリカ化は，証券市場の世界的な普及，そしてそのための法制の整備をその内実としている。「クロスボーダー取引が急拡大している現代世界の金融秩序がいわばアメリカと同型なのである。」[10] こうして，「証券化」(securitization) が合言葉となっているのである[11]。

　これに対応して，「企業統治」(corporate governance) という言葉も世界的に普及した。この言葉は，1970年代にアメリカの会社法関係の文献・資料で盛んに用いられ始めた。その背景には，ヴェトナム戦争に反対する市民運動による化学企業経営者への非難，あるいは消費者運動の GM 攻撃，さらには GM の社会的責任を追及した一株株主運動などがあった。そして1990年代初頭，アメリカ企業における最高経営責任者 (CEO) の解任・辞任の頻発によって，企業統治という言葉が広く認知されるようになった[12]。すなわち，企業統治はアメリカ生まれの言葉であり，反大企業的・ポピュリズム的な伝統を背後に持ち，個人としての株主の価値を重視するアメリカ・イデオロギーの一種であった。この観念が，アメリカ的証券市場の普及すなわち証券化とともに世界的に普及した。「株主価値」(shareholder value) という言葉も同様にアメリカ製であり，証券化とともに拡がったものである。

　こうして，1990年代に入ってから，企業統治や株主価値といったアメリカ・イデオロギーが世界的に普及したが，それは発達した証券市場を持つアメリカの特殊な制度の世界的な普及すなわち証券化を前提としているのである。

　このように，今日のグローバル化のスローガンは企業統治であり，株主価値であるが，それらのスローガンはアメリカ製であり，かつ証券市場の発達とその国際的普及・融合すなわち証券化にともなう現象であった。これらの事実は，グローバル化の内実がアメリカ化にほかならないことの証左であるといってよい[13]。

　歴史的に，企業体制のアメリカ化の主要な導管ないし経路は，過去においては技術および経営手法の移転であり，企業次元でのアメリカ化を媒介とするものであった。さらに第2次世界大戦後の占領期には，これに加えて，占領政策とそれによる制度の移転が，ドイツや日本の企業体制のアメリカ化にたいして直接的に大きな役割を果たした。これにたいして，1990年代以降のアメリカ化ないし再アメリカ化にあっては，アメリカ出自の多国籍企業による技術・経営

手法の移転はもちろんであるが，それ以上にアメリカ製イデオロギーが大きな役割を果たしている。それが顕著に現れているのは，例えば経営者教育の理念・技法の普及であり，経営者採用市場の再構築を促す経営者像の普及であろう。その背景には，アメリカ出自の多国籍企業の技術的・経営的優位はいまや必ずしも顕著ではなく，またアメリカ政府の圧力すなわち覇権の威光にも衰えが目立つようになったという事情がある。

　このこととも関連して，アメリカ化はしばしば，それを受容する側での企業体制改革のための大義名分として意識的に利用されるという面があった。他方，アメリカの企業体制自体はさほどアメリカ化されていないという現実もあったが，これはアメリカ化を促す潮流のなかではあえて無視されてきたといってよい。

　このように，今回のアメリカ化はイデオロギー主導という性格を強く帯びている。アメリカ化を内実とする現象がグローバル化と呼ばれること自体，イデオロギー主導たることの証左であるといってよいかもしれない。したがってまた，アメリカニズムがグローバリズムとして現れることにもなるのであるが，そのグローバリズムの強さに比例して，アメリカ化がグローバル化として現れる度合いも増しているのである。

　たしかに，イデオロギー主導という今回のアメリカ化に現れた性格が，アメリカ系多国籍企業やアメリカ政府の影響力の弱化を裏面に持っているとすれば，そのようなアメリカ化——あるいはグローバル化として現れるアメリカ化——の影響は限定されると見ることができるかもしれない。だが，アメリカ化がグローバル化として現れ，しかもそれに並行してグローバリズムが世界を覆うことによって，アメリカ化の威力が増したと見たほうがよい。思想や言説の波及を伴うものであるだけに，それは強靭であると思われるのである。

　歴史を振り返ると，覇権国はたえずグローバリズムを主張してきた。しかも，その主張は覇権が衰退にさしかかってきたときに一段と強くなったことに気づかされる。今回のアメリカ化には，このような覇権衰退期の特徴が現れていると説明することも可能であろう[14]。

第2節　企業体制のヨーロッパ化

1　覇権の衰退と地域化の進展

　現在の世界経済において，グローバル化ないしグローバル化としてのアメリカ化と並ぶ潮流となっているのは「地域化」(regionalization) である。この地域化の基底にあるものは地域であるが，複数の主権国家にまたがり——覇権国も主権国家の一種ゆえ潜在的には覇権国をも含む——，あるいはそれを超えるものを指して地域と呼んでおけば[15]，地域化とは，このような地域の自己主張の積極化ないし顕在化であるといいうる。

　地域と同様に，地域化もけっして新しい現象ではない。事実，地域化は長い歴史を有する。15世紀までの諸世界帝国も諸地域の包摂ないし連携を目指したが，その後の近代資本主義の興隆と次々に交替する覇権の力によって，比較的分立していた各地域がそれまで以上に緊密に関係づけられ，世界が一体となった。それがグローバル化である。しかしそれによって地域が消滅したわけではない。むしろ地域は執拗に自己主張を続けてきたというべきである。

　覇権国の側からすれば，地域を消滅させることは不可能であったが，それと同時に，必要でもなかった。覇権国は覇権の確立のためには，複数の地域のあいだにある種の安定的な関係を成立させればよかったのである。それが形となったのが重商主義であり，自由主義であり，また帝国主義であった。実際，19世紀の覇権国イギリスは世界規模で複数の地域の存在を前提にし——もちろんその一部については自己の利益に沿って思うがままに改造したが——，それらのあいだの関係を，海軍と商船隊と工業製品によって形成した。20世紀の覇権国アメリカは，一時はかつてのイギリスに勝るとも劣らない富と軍事力における卓越さを実現したが，それでも地域を消滅させることはなかった。むしろその存在を許容したのである。

　覇権が優勢な時期とそれが衰退過程にある時期とでは，地域化の進展度に違いがあろう。歴史の観察からは，地域化は覇権の衰退期に進展するという仮説が立てられうるように思われる。イギリスの覇権が衰退過程に入った19世紀末以降は，近代の相互競争的な帝国主義の時代であり，一種の地域化が進展した

時期であった。1930年代における世界経済のブロック化は地域化の極致であったが，それはイギリスの覇権からアメリカの覇権への交替にともなう覇権空白期に当たっていたと見ることができよう。

　20世紀最後の四半世紀はアメリカの覇権の衰退期に当たっており，この時期に，地域化はアメリカの覇権の衰退とほぼ歩調をあわせて進展した。規模や性格，その意義において相違はあるものの，全世界的に地域化が進展した。地域化の経済的側面に注目すれば，それは自由貿易地域の形成，さらには共同市場の形成，経済政策での協調や共同経済政策の遂行を通じて，より巨大な経済領域の形成を目指すものといってよいであろう。西ヨーロッパでは欧州共同体（EC）とその発展形態である欧州同盟（ないし欧州連合：EU）がこれに当たる。北米では北米自由貿易協定（NAFTA）が形成されたが，これはかつてのイギリスにとっての英帝国圏に相当するといってよいであろう。南米では南米南部共同市場（MERCOSUR：メルコスール）が姿を現し，アジア地域では東南アジア諸国連合（ASEAN）が拡大強化されてきた。環太平洋レベルでのアジア太平洋経済協力（APEC）のような連携の動きもあった。

　このように，20世紀最後の四半世紀において，グローバル化のみならず，地域化が同時並行的に全世界的規模で進行した。さらに，地域化組織それ自体が，主権国家と並んで世界体制を構成する主体に成長した。

　そこからまず，地域化は主権国家を取り巻く状況にたいして大きく影響するとともに，地域化組織間の関係――いわば域際関係――が国際関係の一環として重要な意義を持つに至った。他面において，地域化は多国籍企業にたいしても，会社法や競争政策，あるいは労働政策などを通じて規制力を発揮した。それは場合によっては，多国籍企業にたいする国家連合の抵抗・逆襲という形をとった。このような企業への影響にも関連して，地域化は企業体制にたいしても影響を及ぼした。

　地域化は衰退するアメリカの覇権との緊張関係の下で進展した。すなわち，一方では，地域化はアメリカ化にたいする対抗軸としての意義を有しうる。したがって，地域化の主体の動機とともに，アメリカ化との関連におけるその客観的意義に注目する必要がある。他方で地域化は，アメリカ化，したがってまたグローバル化と相互補完的な性格を持つと捉えることも可能である。こうし

て，地域化はアメリカ化への対抗と同調という視角から観察されなければならない[16]。しかも，前述したように，アメリカの覇権が衰退するなかでアメリカの影響が増大するという逆説的な事態が生まれているのであるから，地域化とアメリカ化との関係はいっそう慎重な観察を必要としているのである。

2 対抗的グローバル化としてのヨーロッパ化

　地域化については，一般に，主権国家との関係で地域化組織の超国家性が問われてきた。高い超国家性を有する地域化は地域統合と呼ばれるが，地域統合としては現在までヨーロッパ統合がほぼ唯一の事例となっている。

　ヨーロッパにおける地域化は，第2次世界大戦後最も早く開始され，深化と拡大の交替の過程を経てきた。1990年代初頭，マーストリヒト条約によってECからEUへの移行を果たして深化を遂げるとともに，通貨同盟への歩みを開始した。このような深化の実績を背景に，EUは統合の拡大へと向かい，1995年にはオーストリア・スウェーデン・フィンランドの3ヵ国が加盟して15ヵ国体制となった。さらに1998年以降，旧東欧諸国などとの加盟交渉が開始され，2004年には10ヵ国の加盟が実現し（「東方への拡大」），25ヵ国体制となった。さらに2008年にはブルガリアおよびルーマニアが加盟を果たした。この間にも深化への努力は継続された。とくに焦点となったのは，ひとつは単一通貨ユーロの導入とその価値安定のための努力であり，いまひとつは参加国の増加すなわち拡大に対応し，かつそれに備えるための意思決定機構の効率化であった[17]。

　このような深化と拡大の交替の歴史を経て，今日達成された地域統合の成果には目覚ましいものがある。まず，面積や人口，そしてGDPに表されるEUの経済規模の大きさがある。また，統合水準において，貿易，資本，通貨，技術，人，情報のいずれの基準をとっても，北米自由貿易協定（NAFTA）やその他の経済圏をはるかに凌ぐ高度の統合水準を達成している。さらにEUは，地中海諸国やアフリカ・カリブ海・太平洋（ACP）諸国と連携するとともに，他の地域化組織との関係構築などを通じてそれらの地域化組織に多大なインパクトを与え，またそのモデルともなって，世界的な地域化の波を主導している。

　統合が進展した分野は，初期の農業や工業製品の市場から始まって，単一通

貨ユーロの導入に至る通貨まで，いわば経済の基底から表層までのすべての分野に及んでいる。また，通貨統合と連動した各国の収斂基準の達成努力を経て，財政再建における各国の足並みがそろった。それ以外の経済分野でも，この間に統合が進んだ。金融市場における制度的統合や企業会計制度の統合はいうまでもないが，さらには欧州経営協議会法の制定，そして EU 会社法の制定への動きなど，労使関係や企業経営という資本主義の中枢部分にも，端緒的ながら統合が及び始めたことが注目される[18]。なぜ地域化において西ヨーロッパが突出して高い達成水準を実現しているのかについては，あらためて追究しなければならないが，統合ブームとその沈滞という循環や紆余曲折は避け難いにせよ，長期的には統合への趨勢は不可逆的であると見るべきであろう。

さて，このようなヨーロッパ統合の成果は，統合に参加する各国資本主義にたいして，さらには世界経済にたいしても，さまざまな影響を及ぼす。それをヨーロッパ化と呼べば，それがグローバル化ないしアメリカ化と地域化との関係についての最も重要な事例をなすことはいうまでもない。両者の関係については，前述のグローバル化と地域化との関係についての一般論と同様に，両者を対立的なものと捉えるか，あるいは同調するものと理解するかという問題が存在する。従来の研究史においては，これを同調的ないし相互補完的なものと見る見解が主流をなしているように思われる。すなわち，グローバル化としてのヨーロッパ化という見方である[19]。アメリカ化の逆説という状況の下では，このような同調関係は，いうまでもなくアメリカ化を促進する方向に作用するであろう。しかしながら，両者の対抗的な側面を無視するわけにはいかない。

世界経済にたいするヨーロッパ化の作用に関しては，例えば市場統合について，それが開放的であるのか閉鎖的であるのかが論じられてきた。EC の1992年市場統合について，それは当面，1930年代型の閉鎖的な地域化すなわちブロックの形成へ向かうものではなく，開放型地域化を目指していると評価しうる。だが，当時「フォートレス・ヨーロッパ」の脅威が叫ばれたことを想起すれば，対抗的な側面を無視するわけにはいかない。あるいはまた，単一通貨として導入されたユーロについても，たしかにそれが基軸通貨ドルを支える側面は無視しえないとしても，やはりドルとの対抗関係，またドルから相対的に独立した通貨圏の形成を狙う当事者の動機を慎重に評価する必要があろう。いう

までもなく，この問題は地域化と覇権との関係についての一般的理解の問題に連なる[20]。

同様の問題は，ここで主題としている企業体制をめぐっても提起されなければならない。すなわち，企業体制のヨーロッパ化はそのグローバル化ないしアメリカ化とどのような関係にあるのかという問題である。

ヨーロッパ化がグローバル化ないしアメリカ化と同調し，相互補完的な関係にある側面を代表するのは，ヨーロッパ統合の深化の一環としての金融制度の改革であろう。ここでは金融自由化ないし規制撤廃 (deregulation)，そして金融市場の活性化が図られたが，その焦点は証券市場の活性化であった[21]。それはすなわち証券化の促進であり，ヨーロッパ化はその核心においてアメリカ化に通じていた。その成果は，合併・取得 (M&A)，とりわけ敵対的買収についての規制緩和を通じて，企業間関係の規制ないしは競争政策の分野にも及んだ。グローバル化ないしアメリカ化と同調ないし相互補完の関係にあるものとしては，これ以外にも，電気通信や電力，流通などの分野での規制撤廃・緩和や自由化が挙げられよう。それは公企業の民営化や公共調達の開放と踵を接して進められた。

だが，企業体制をめぐっても，ヨーロッパ化はアメリカ化ないしグローバル化と同調しあうばかりではなく，しばしばアメリカ化と――そして場合によってはグローバル化とも――対抗する。その側面を最もよく代表するのは，「ヨーロッパ・チャンピオン」企業の育成を狙う産業政策・競争政策や「社会的ヨーロッパ」(Social Europe) の建設を目指す労働政策・社会政策であろう。さらに，グローバル化ないしアメリカ化との同調関係を代表すると見える金融制度改革にも，アメリカ化に対抗する側面を見出しうる。それはアメリカ化に対抗しながら進められるグローバル化と見ることができるのである。そしてそれは，EUの主導する金融制度改革がその産業政策・競争政策や労働政策・社会政策との関連で進められる以上，むしろ当然のことといえよう。

このように，ヨーロッパ化が対抗的な――アメリカ化に対抗的な――グローバル化として進められることになると，アメリカ化とグローバル化の位相もより明瞭となる。ドイツを含むEU諸国の企業体制にとって，グローバル化はアメリカ化とヨーロッパ化の総合として現れることになるのである。

ちなみに，このようなアメリカ化に対抗的なグローバル化としてのヨーロッパ化を背後から支えるイデオロギーとして，「ヨーロッパの競争力」(European competitiveness) という観念が挙げられる[22]。そこでいわれるヨーロッパは両義的であり，ある場合にはヨーロッパ企業を意味し，ある場合にはヨーロッパ経済を意味する。「立地としてのヨーロッパ」(Standort Europa) というスローガンにいうヨーロッパは，後者を意味する。

 本来，「ヨーロッパの競争力」とはヨーロッパの人々の雇用と生活水準にほかならず，それはヨーロッパ企業の競争力とは別のことである。非ヨーロッパ企業もヨーロッパの人々の雇用と生活水準に寄与しうるからである[23]。だが多くの場合，それは意図的にあいまいに語られる。そこには，ヨーロッパ化——とくに対抗的グローバル化としてのそれ——を推進する主体としてのヨーロッパ大企業の存在が投影されている[24]。ヨーロッパ大企業はヨーロッパ規模で業界団体や財界団体を形成している。欧州産業連盟 (Union of Industrial and Employers' Confederations of Europe. UNICE) は公式の財界団体の代表的事例であり，欧州産業人ラウンドテーブル (European Round Table of Industrialists. ERT) は非公式の組織の代表的事例である。このような団体はブリュッセルにおける EU 機関へのロビーイングを通じて，ヨーロッパ化のための政策——とくに産業政策および競争政策，さらに通商政策，そしておそらくは証券化のための政策——の立案・実施に影響を及ぼしているといわれている[25]。

 さらに，このような「ヨーロッパの競争力」とは別に，対抗的グローバル化としてのヨーロッパ化を促すイデオロギーとして機能していると思われるものに，「社会的ヨーロッパ」の構築をめぐる言説がある。それはヨーロッパの人々の雇用と生活水準を正面から問題にしている。このような言説が活発におこなわれている背景には，冷戦終結後のヨーロッパにおける社会民主主義の活性化があろう。しかし，議論が盛んなわりには，そして言説が強く政策を指向しているわりには，その実績は乏しい。EU 労働政策・社会政策の弱さは，経済面での統合の実績との「非対称性」としてしばしば指摘されるところである[26]。

 いずれにせよ，ヨーロッパ統合の深化と拡大にともなって，アメリカ化に対抗的なグローバル化としてのヨーロッパ化が力を増した。その焦点は金融制度改革とそれによる証券化であったが，「ヨーロッパの競争力」を動機とする産

業・競争・通商政策や「社会的ヨーロッパ」を動機とする労働政策・社会政策の拡充も促されることになった。これらが全体として，ドイツを含む EU 域内諸国の企業体制に影響を及ぼすことになったのである。

第3節　ドイツ企業体制のグローバル化

1　ヨーロッパ企業体制の未形成

　EU 域内諸国の企業体制は，一方でグローバル化としてのアメリカ化の作用を受けるとともに，他方では対抗的グローバル化としてのヨーロッパ化の作用をも受けることになった。それでは，はたしてそこから域内諸国の企業体制に共通のヨーロッパ的性格が生まれてきているのであろうか。言い換えれば，ヨーロッパ企業体制というべきものが形成されているのであろうか。

　EU による政策は，まず EU がさまざまな指令などを作成し，それが域内諸国の政府によって法令として具体化されるという過程を経て実施される。したがって，EU 規模での共通性が保証されるとともに，各国ごとの差異も許容される。そして，ヨーロッパ統合の現段階にあってもなお存在する域内各国の独自の政策権限により，国ごとの差異は強まる。

　対抗的グローバル化としてのヨーロッパ化の核心をなす金融制度改革とそれによる証券化について見れば，前述のような EU の指令は，例えばドイツでは，EU の会社法指令に沿って国内法令が作成され，施行されていった。1995年，EU の情報開示指令に沿って国内法が改正され，5％を超える議決権を有する株主に公表が義務づけられたこと，1998年には，企業の監査と透明性に関する法律が施行されたことなどがその例である[27]。だがこの場合も，証券化は――ここでは立ち入る余裕がないが――「立地としてのドイツ」(Standort Deutschland)という「ドイツの競争力」を標榜するイデオロギーの下で進められたと見てよい。何よりもドイツ企業とドイツ経済の利害が優先されたのである。産業政策や競争政策，さらに労働政策・社会政策にあっても同様である。

　たしかに，すぐ後に見るように，企業次元ではヨーロッパ域内の国境を越えて，ヨーロッパ規模での合併・取得 (M&A) が盛んになったし，それにともなって，いわば所有や経営のヨーロッパ化も進んだ。しかしながら，上記のよ

うなヨーロッパ化における各国ごとの差異もあって，企業のヨーロッパ化ないしヨーロッパ企業の形成はさほど進んでいない。

ふつう，ヨーロッパ企業――あるいは EU 企業――という言葉は，ヨーロッパ地域出自の企業，あるいはそこを拠点とする企業といった程度の意味で使われている[28]。しかし，出自あるいは拠点という企業の活動領域で規定することにはあいまいさが付きまとう。戦略や組織などを判断基準としても，やはり同じであろう。結局，企業の国籍――ないしは域籍――を問うことになるが，企業の真のグローバル化あるいは脱国籍・無国籍化を想定するのでなければ，企業の国籍は残り，そしてそれは詰まるところ商法や会社法などの，企業に直接関わる法律による規定に求めるしかない。ドイツ企業といい，あるいは日本企業という場合がそうであり，ヨーロッパ企業という場合も同様である。

ところが，ヨーロッパ規模でのこのような法制はなお整備されていない。たしかに，ヨーロッパではすでに1970年に欧州会社法案が作成されていたが，その法制化は難航した。ようやく1994年になって欧州経営協議会指令が欧州理事会で採択された後，2001年に欧州会社法が「欧州会社」(Societas Europaea) に関する規則とそこにおける従業員参加に関する指令との二本立て形式で成立した（前者の規則の施行は2004年）。ただし，前者は「欧州会社」という新たな会社形態を当該国の会社制度に加えたにすぎず，後者は企業経営者の抵抗が大きいことから，従業員への情報提供という機能に限られている[29]。

こうして，ヨーロッパの市場統合が進み，域内での，あるいはそれを超えたクロスボーダーの企業の合併・取得が進んでも，ヨーロッパ企業はなお萌芽的な段階にとどまっているのである[30]。

これはとりもなおさず，ヨーロッパ企業体制がいまだに形成されていないことを物語っている。欧州会社法の成立が，主として「社会的ヨーロッパ」の構築を動機としており，「ヨーロッパの競争力」――あるいはヨーロッパ企業の競争力――を動機とする立法意思がほとんど認められないところに，ヨーロッパ企業体制の未形成の原因があるように思われる[31]。

このようにヨーロッパ企業体制がなお形成されていないことは，それだけに，域内各国の企業体制のヨーロッパ化の過程において，それぞれの自己主張の余地が大きいことを意味している。そのような自己主張は，とくに合併・取得に

関わる競争政策——これは「ヨーロッパの競争力」に関わる——や労使関係に関わる政策——これは「社会的ヨーロッパ」に関わる——において顕著であろう。この点をドイツの事例に即して見よう。

2 ドイツ企業体制の変容

1990年代以降，ドイツ企業体制にとってのグローバル化は，アメリカ化とヨーロッパ化——対抗的グローバル化としてのそれ——というふたつのヴェクトルの合成物として現れた。

(1) 大型合併ブームとその帰結——企業間関係

アメリカ化と同じく，ヨーロッパ化——ヨーロッパ統合による平準化——についても，前述のようにその核心は証券化であった。そのための証券市場制度改革を一因として，1996年頃から2000年春まで，ドイツでは株式ブームが生じた。それはもちろんアメリカをはじめとする世界的な株式ブームと連動していた。このブームによって，逆に証券化に拍車がかかった[32]。

この株式ブームを背景に，そしてそれを促進する形で，大型合併ブームが生じた。株価の上昇と売買高の増大を背景に，自社株式と相手企業株式を交換するという手法での合併・取得 (M&A) が増加した。自社株の高価格という条件さえあれば，小が大を呑み込むことも難しいことではなかった。

企業の合併・取得は，とくに1999年から2000年にかけてドイツ経済史上未曾有の規模に達した。非金融機関企業の代表的事例としては，鉄鋼・機械企業どうしの合併によるティッセン・クルップの誕生，自動車のダイムラー・ベンツによるアメリカ企業クライスラーの取得（ダイムラークライスラーの成立）がある。エネルギー分野ではヴァイマル期以来の歴史を持つフェーバとフィアークが合併してエーオンとなった。化学産業では3大企業の一角をなすヘキストがフランス企業ローヌ・プーランに合併され，アヴェンティスとなった。情報通信の分野ではマンネスマンがイギリスのヴォーダフォンによって取得され，19世紀末以来の伝統を持つマンネスマンは消滅した。金融・保険の分野での合併・取得も盛んであった。ドイツ銀行（ドイチェ・バンク）は，貸付けと証券業務を兼営する伝統的なユニヴァーサル・バンクから債券引受け・投資顧問・M&A仲

介などに利益機会を見出すアメリカ型投資銀行への転換を図る戦略のもと，アメリカのバンカーズ・トラストを買収した。ドイツ銀行はまた，同じドイツ大銀行の一角を占めるドレスナー銀行との合併を計画したが，これは挫折した。その後，ドレスナー銀行は保険大手のアリアンツの傘下に入った[33]。

　総じて，異種産業にまたがる合併よりも，鉄鋼・機械，化学，情報通信などの同一産業内でのそれが目立った。また，地域的にはドイツ企業どうしの合併も，ティッセン・クルップやエーオンの設立などのように注目されるが，それと並んで，あるいはそれ以上に，国境を越える合併が印象的であった。EU域内のものとしてはヘキストが合併されて成立したアヴェンティスやマンネスマンのヴォーダフォンによる買収の事例があり，グローバル企業の誕生の例としては，いうまでもなくダイムラークライスラーがあった。

　株式ブームが2000年春に終わりを告げるとともに，合併ブームもまた終焉に向かった。しかし未曾有の合併ブームはドイツ企業のヨーロッパ企業化，さらにグローバル企業化を促進した。それにより，企業間関係という側面から見たドイツ企業体制は，ますますドイツ独自の性格を薄めることになった。

(2) 所有の優位，新たな意匠——所有・経営関係

　株式ブームとそれに並行した大型合併ブームの進展にともなって，資本市場の性格にも変化が生じた。資金調達のための市場という性格と並んで，あるいはそれ以上に，企業支配のための場という性格が強まった。しかも，合併・取得には株式交換という手法が多用された。このことは所有・経営関係に新たな特徴を付与することになった。

　変化はさしあたり，企業経営の手法と経営者のあり方に顕著に現れた。自社株式の価格を高め，高位に維持することは，合併・取得を進めるためにも，また自社を敵対的買収から守るためにも至上命令となった。自社株式の価格は企業経営と経営者を評価する最も重要な基準となった。「株主価値」が経営者たちの合言葉となり，「企業統治」が社会のスローガンとなったのである。

　そのため，経営者は競って，株価を高め，高位に維持するための経営手法を採用した。社外取締役制度の導入などによるドイツの伝統的な二層型役員会制度の改革，ストック・オプションなどの業績連動型役員報酬体系の導入，ある

いは会計基準の変更などがそれである。それらのほとんどはアメリカで普及していた手法であったため，個別企業の経営のアメリカ化が進んだ。それにともなって，期待される経営者像もアメリカ化した。アメリカのビジネス・スクールで学位を取得し，アメリカ・イデオロギーを信奉する経営者が増えたし，賞賛されもした[34]。

　個別企業の次元でのこのような経営手法および経営者のアメリカ化は，企業体制における変容を伴っていた。株価の高位維持が重視され，「株主価値」が重視されることは，企業所有における構造変化と相即していた。すなわち，機関投資家と呼ばれる保険会社・投資信託・年金基金などの比重が増大したことである[35]。もともとドイツでは――そしてヨーロッパでは――所有の優位が伝統となっていたから，これは金融制度改革と証券化を核心とするアメリカ化によってもたらされた，所有の優位の新たな意匠と見ることができる。所有・経営関係から見るかぎり，ドイツの企業体制はヨーロッパ化されるよりもはるかに大幅にアメリカ化されたと見ることができるのである。

(3) 企業買収法をめぐる企業・政府間関係

　このように，ドイツの企業体制が企業間関係および所有・経営関係の面でヨーロッパ化ないしアメリカ化されるなかで，ドイツ政府はこれにたいしてドイツの自己主張を盛り込んだ政策を展開しようとした。その最大の契機となったのは，外国企業によるドイツ企業の合併・取得である。

　大型合併ブームのなかで目立ったのは敵対的買収の増加であった。その際，ドイツ企業どうしのティッセンとクルップの合併に際しても，雇用の削減を懸念する労働側からの反発があった。批判がそれ以上に強かったのは，外国企業によるドイツ企業の合併・取得の場合である。この場合には労働者のみならず国民全体の反発があり，政府もこれを無視しえなかった。ヘキストがローヌ・プーランに買収された場合もそうであったが，とくに批判が強かったのはマンネスマンがヴォーダフォンに買収された事例である。

　この頃，EUはまだ企業買収に関する指令をまとめることができないでいた。この間隙を突いて，マンネスマンが買収される事態を見ながら，ドイツ政府は2000年5月，企業買収法案を閣議決定した。その狙いは外国企業によるドイツ

企業の合併・取得を規制するところにあった。だが同時に，EU の指令策定の動きが早まった。EU は2001年6月，国境を越えた企業買収に関する統一ルールを定めた企業買収法案につき合意した。その目的は，ドイツ政府の立法意図とは異なり，国境を越えた企業買収を促進するところにあった。ところが，7月の欧州議会の同法案の採決で賛否同数となり，議会規則に従って同法案は廃案となってしまった。

またもやこの間隙を捉え，ドイツ政府は7月，新たな企業買収法案を閣議決定した。それは，敵対的買収の対象となった企業の経営者が，一定の条件を満たせば防衛策をとることを認めており，依然として外国企業によるドイツ企業の買収にたいして規制的であった。この法案は議会で一部修正された後可決され，2002年初頭に発効した。

この間，EU はあらためて企業買収法案を作成し，最終的には2004年になって同法は発効した。それは引き続き国境を越えた企業買収の促進を意図するものであった[36]。

このように，国境を越えた企業買収に関する制度の構築は，EU とドイツ政府との双方で試みられた。その過程が紆余曲折をたどることになったのは，欧州議会での賛否同数の結果としての廃案という偶発的な事情にもよるが，基本的には，そのような買収を促進する立場に立つ EU とそれを規制する立場に立つドイツ政府とのあいだの対立によるものであった。自国企業が外国企業によって買収されることを規制しようという意図を有したのは，ドイツに限られなかった。ヨーロッパ企業体制がなお形成されていないなか，域内各国は自国の企業体制について自己主張を続けたのである。

しかし，EU の法令が各国のそれに優先する以上，ドイツ政府も——そして他の域内諸国政府も—— EU の企業買収法の規定には従わざるをえない。企業の合併・取得に関するかぎりでは，企業体制のヨーロッパ化がある程度進んだのである。それは，国境を越えた企業買収を促進するという点で，グローバル化あるいはアメリカ化に同調するものであった。

とはいえ，ドイツ政府が——そして他の域内諸国政府も——自己主張を止めたわけではない。ドイツ政府は，先端技術の保護や軍事技術の流出防止を名目として，外国企業によるドイツ企業の合併・取得を規制する法案を作成するな

ど，さまざまな試みを続けている。

(4) 集団的・協調的労使関係の「柔軟化」

　上記のような1990年代以降の企業間関係，所有・経営関係，そして企業・政府間関係におけるドイツ企業体制の変容は，その労使関係の側面にたいして多大の影響を及ぼした。

　ドイツにおける労使関係は協約自治と共同決定を2本の柱としている。「協約自治」(Tarifautonomie)は使用者団体と労働組合との集団的な関係を前提とし，そこにおいて賃金や労働時間をはじめとする労働条件が決定され，その内容を政府が認めるというものである。「共同決定」(Mitbestimmung)は大企業の監査役会および事業所というふたつの次元での従業員の経営参加を立法によって保証するものである。このような2本の柱によって，ドイツの労使関係は法令によって——さらには司法(労働裁判所)および行政(中央・地方労働委員会)を通じても——守られた，集団的・協調的なものとして機能してきた。

　その制度は比較的安定的であったが，もちろん変容を伴っており，その変容は労使関係の緊張・対立，そして妥協と裏腹の関係にあった。1990年以前にも労使関係は緊張と対立をはらんでいたが，それが先鋭化したのは1990年以降のことである。とくに目立つのは，労働にたいする資本の攻撃である。

　資本の攻撃対象は端的に，賃金率の高さと労働時間の長さであり，その硬直性であったが，それらの集団的決定は協約自治の核心をなしていた。したがって，これは協約自治の一方の担い手による，内部からの重大な攻撃であった。これにたいして労働側は，一方ではストライキを含む伝統的な対抗手段に訴えつつ，しばしば抵抗した。他方では，雇用の確保を代償として妥協することも稀ではなかった。しかしこの間にも，資本の攻撃は昂進し，協約自治という制度そのものにも向けられることになった。それは端的に，協約体制からの企業の離脱となって現れた。そのひとつの経路は使用者団体の組織率の低下，つまり同団体からの個別企業の脱退である。この傾向はとくに東ドイツ地域における，民営化された旧国営企業で顕著であった。労使関係の「柔軟化」は，ドイツ企業体制の東への拡張に並行して進んだ。経済発展の遅れた旧東ドイツ地域が，労使関係の柔軟化では最先端に立つことになったのである。

他方，労働組合でも組織率の低下が続いた。それは労働組合の力の低下の結果でもあり，また原因でもある。この間にも，世界最大の産業別（公務員・サービス）労働組合が誕生するなどの動きもあったが，大勢を変えるには至らなかった。そのため，使用者団体の攻勢と労働組合の守勢・妥協という構図がより鮮明になった。郵便の民営化と株式上場にたいする労働側の態度は，妥協を超えて同調というべきものであった。

その結果は，協約の締結・改定を通じての労働条件の「柔軟化」であった。それにもいくつかの形態があるが，ひとつは協約の適用範囲をこれまでの広域・産業全体から狭い地域・企業に限定するというものである。とくに柔軟化の対象となったのは労働時間であり，さまざまな手法が採用された。主なものは労働時間に関する規制の緩和・撤廃であり，ある場合には労働時間の延長となって現れ，ある場合にはその短縮となって現れる。労働市場全体で見られるいわゆる非正規労働の増大も，この柔軟化と密接に関係している。ドイツ政府はこのような労使の合意による柔軟化に基本的には介入していない[37]。

資本の攻撃は，協約自治とともに2本柱をなす共同決定制度にたいしても向けられた。共同決定制度にたいする資本の側からの批判は制度の発足以来のものであるが，1990年代以降昂進した。ドイツ工業連盟（Bundesverband der Deutschen Industrie. BDI）会長のロゴフスキー（Michael Rogowski）は，2004年，ドイツの共同決定制度は「歴史の誤り」であると言い放った[38]。

ドイツの労使関係は法令などによって制度化されており，その点で法制度化が弱い日本のそれよりもグローバル化・アメリカ化にたいする抵抗力を強く持つと考えられてきた[39]。それにもかかわらず，それは1990年代以降変容を迫られているのである。

資本の攻勢を起点とする労使関係のこのような変容について，その背景にある要因として最も大きなものは，激化する国際競争のなかでドイツの労働条件およびその硬直性がドイツ企業にとって受け入れ難くなっていることであろう。詰まるところ，グローバル化（アメリカ化）・ヨーロッパ化する企業にとって，ドイツの労使関係が魅力あるものではなくなってきているのである。これにたいするドイツ政府の政策は，企業買収法の場合とは異なって微弱である。それは企業体制のヨーロッパ化の弱さおよび「社会的ヨーロッパ」構築への動きの

弱さとも関わっている。

3　ドイツ企業体制の危機

　1990年以降のドイツの企業体制は，一方での証券化を核心とするグローバル化としてのアメリカ化の，他方でのアメリカ化への対抗という意味を持つグローバル化としてのヨーロッパ化の影響を受けながら，変容を遂げてきた。ひとつは株式ブームを背景とした大型合併ブーム，とくに国境を越えた合併・取得の増大であり，またそれにもよる機関投資家の台頭などに示される所有の優位の変型がそれであった。さらに，このような変容にたいしてドイツ政府は，外国企業によるドイツ企業の買収を契機とし，かつ EU の立法との絡み合いのなかで，企業買収法の制定をもって対応した。それは，ヨーロッパ企業体制の未形成という間隙を縫う形での，アメリカ化とヨーロッパ化にたいするドイツの自己主張を意味していた。

　だが，アメリカ化とヨーロッパ化の和としてのグローバル化は，ドイツの企業体制の諸側面である企業間関係や所有・経営関係を変容させ，ついに，資本主義の根幹をなす労使関係にまで及んだ。法制度化された伝統的なドイツの労使関係は，いまや柔軟化という名の下に大きく変容しつつある。ドイツの企業体制は，その表層からその基底に至るまで，大きく揺らいでいる。

　1990年代後半の株式ブームは2000年春に終わり，それとともに大型合併ブームは去った。株価は景気下降に連動して下落し，そのなかで不動産価格の下落と不良債権問題の発生をみ，一転して大型倒産や大量人員整理の連鎖が始まった。その後，2003年を境に景気は回復に向かい——景気は2008年央現在，転換点を迎えている——，株価も反転したが，かつてのブームの再現は見られない。他方，労使関係をめぐる資本の攻勢はその勢いを失っていない。1990年代後半に見られたドイツ企業体制をめぐる上記の変容の構図には，変化が見られない。

　その構図の一方の極に位置するのはグローバル企業である。ドイツ企業はヨーロッパ統合の進展にともなって，とくに単一通貨ユーロの導入を契機に，ヨーロッパ企業に姿を変えつつある。それとともに，そのグローバル企業への成長も続いている。こうしてドイツ企業はますますドイツの企業体制という基盤から離れつつある。いわば，ドイツ企業のドイツ企業体制からの離床である。

このようなドイツ企業と並んで，EU 域内の他の諸国出自の企業，EU 域外のアメリカ企業や日本その他のアジア企業もまたグローバル化しつつある。そのような企業にとって，ドイツの企業体制は数多くの進出先候補のひとつである。それらはドイツの企業体制のグローバル化（アメリカ化）やヨーロッパ化を促す要因のひとつとなっている。逆に，ドイツの企業体制がそのようなグローバル企業をどれだけ誘致できるのか，どのようにすれば誘致できるのかは，長くドイツでの議論の主題となってきた。「立地論争」(Standortdebatte) と呼ばれるものがそれである。そこでは，「立地としてのドイツ」(Standort Deutschland)，あるいは「金融センターとしてのドイツ」(Finanzplatz Deutschland) が叫ばれ，その魅力を増すための提言がなされるとともに，他面，「改革の停滞」(Reformstau) がしばしば指摘されてきた。それと並行して，外国企業によるドイツ企業の合併・取得を規制するための立法も試みられた。それは誘致と対をなす規制である。

　現況では，ドイツの企業体制はグローバル化した企業を十分に誘致しえていない。失業率がなお10％前後の高い水準にとどまっている状況は，しばしばその結果であると解釈されているが，この解釈は妥当だと思われる。それと同時に，グローバル企業の世界戦略再構築のなかで立地としてのドイツが捨てられる事例がしばしば見られるが，それはドイツ企業体制によるグローバル企業の規制が成果を挙げていない証左と解釈することができる。このような意味で，ドイツ企業体制は危機にあると見ることができる。福祉国家のドイツ版である「社会国家」(Sozialstaat) の危機をめぐる言説，あるいはドイツの伝統的な秩序理念である「社会的市場経済」(Soziale Marktwirtschaft) の危機をめぐる言説も，このような企業体制の危機を根拠としている。

　グローバル化した企業と一国の企業体制との関係に示されるこのような構図は，しかしながら，ドイツに限られず，世界的に見られるものである。グローバル化した企業は――それはますます「脱国籍」(denationalized) 企業という性格を濃くしていくのかもしれない――，その世界戦略の再構築と世界的事業展開の再編を通じて，不断に各国・各地域の企業体制を立地として選択し（進出・拡張・縮小・撤退），また各種政府（各国政府，国際機関，EU などの地域化組織，地方政府など）にたいして要望を出し，圧力を行使する。他方，各種政府はその

企業体制を改革することによりグローバル企業を誘致しようとし，そのために他の企業体制とのあいだで競争を強める。あるいはまた，各種政府はそれらの企業体制を規制しようともする。そこにも，競争が働く。企業体制をめぐるこのようなグローバル企業ないし脱国籍企業と各種の政府とのあいだの関係は，世界経済の景気動向如何にかかわらず，さらにしばらく展開されるであろう。

1) Harm G. Schröter, Von der Teilung zur Wiedervereinigung (1945-2000), in: Michael North (Hrsg.), *Deutsche Wirtschaftsgeschichte. Ein Jahrtausend im Überblick*, München: C. H. Beck 2000, S. 416.
2) 工藤章『20世紀ドイツ資本主義——国際定位と大企業体制』東京大学出版会，1999年，6-7ページ。
3) グローバル化についての文献はきわめて多数にのぼるが，さしあたり，工藤章「グローバル化と地域統合についての覚書」東京大学『社会科学研究』51巻6号，2000年〔本書第12章〕，Akira Kudo, Americanization or Europeanization? The globalization of the Japanese economy, in: Glenn D. Hook and Harukiyo Hasegawa (eds.), *The Political Economy of Japanese Globalization*, London: Routledge, 2001, 参照。
4) ドイツの事例は EU の今後を占う鍵である。アンドルー・ギャンブル「グローバリゼーションとヨーロッパ統合」高柳先男編『ヨーロッパ統合と日欧関係』中央大学出版部，1998年，40ページ。
5) Susan Strange, The Future of Global Capitalism: Or will divergence persist forever?, in: Colin Crouch and Wolfgang Streeck (eds.), *The Political Economy of Modern Capitalism: Mapping convergence and diversity*, London: Sage, 1997 (山田鋭夫訳「グローバル資本主義の将来——分岐は永久につづくか」同訳『現代の資本主義制度——グローバリズムと多様性』NTT出版，2001年)。
6) 覇権について，馬場宏二「世界体制論と段階論」工藤章編『20世紀資本主義 II 覇権の変容と福祉国家』東京大学出版会，1995年，とくに16-18ページ，参照。
7) 19世紀末-20世紀初頭から戦後高度成長期までのドイツおよび日本におけるアメリカ化の歴史について，Akira Kudo, Matthias Kipping and Harm G. Schröter (eds.), *German and Japanese Business in the Boom Years: Transforming American management and technology models*, London: Routledge, 2004, とくにその Introduction (by Kudo, Kipping and Schröter) における概観を参照。
8) アメリカの覇権について，館山豊「パクス・アメリカーナの構造」工藤編，前掲，および小沢健二「日米経済関係の逆転」同，参照。
9) 山口重克・小野英祐・吉田暁・佐々木隆雄・春田素夫『現代の金融システ

ム——理論と構造』東洋経済新報社, 2001年, 243ページ（春田稿）。
10) 同。
11) 「……欧米では貸付債権や一般債権（最近では不動産すらも）の『証券化』や『流動化』とならんで, 貸付と証券の『混合化』（ハイブリッド化）が起こっているのであるが, こうした一連の現象が総称して『セキュリタイゼーション』（証券化）といわれているのである。／だが, 『証券化』という言葉はもっと広い意味でも使われている。たとえば, 1960年代中頃から米国では, 大企業による CP の発行が銀行の短期融資に一部代替するという現象が広くみられるようになるが, この現象も……『証券化』の動きとして捉えられることもある。／……金融機関, とりわけ商業銀行がますます証券市場に依拠した行動様式をとるようになり, 投資銀行業やマーチャント・バンキングの領域に関与するようになるとか, 金融市場と証券市場の混合化ないし統一化がすすむとか, 商業銀行業務と投資銀行業務の混合や境界の不明瞭化がすすむとか, 総じていえば『金融・資本市場の総合化』が進展することまでも『セキュリタイゼーション』という言葉のなかに含めることもある。」松井和夫『セキュリタイゼーション』東洋経済新報社, 1986年, 2-3 ページ。この文献は証券化という言葉を最も早い時期に論じたもののひとつである。
12) 高浦忠彦および土屋守章による。Akira Kudo, An Introduction: Approaches to corporate governance, in: do. (ed.), *Approaches to Corporate Governance*, Tokyo: Institute of Social Science, University of Tokyo, Research Series, No. 3, 2002, pp. 10-11.
13) この点についてさしあたり, 工藤章「現代日本の企業と企業体制——問題提起」工藤章／橘川武郎／グレン・D・フック編『現代日本企業 1 企業体制（上）内部構造と組織間関係』有斐閣, 2005年, 1-2 ページ〔本書第 8 章〕, 参照。
14) この点をめぐる考察について, さしあたり, Kudo, Americanization or Europeanization, *op. cit.*, pp. 125-126, 参照。
15) 地域という用語は多義的である。地域一般について, 山影進『対立と共存の国際理論——国民国家体系のゆくえ』東京大学出版会, 1994年, 第III部第 3 章, 参照。
16) 例えば, Peter J. Katzenstein, Regionalism and Asia, in: *New Political Economy*, Vol. 5, No. 3, 2000; Peter J. Katzenstein and Takashi Shiraishi, Conclusion: Regions in world politics: Japan and Asia — Germany in Europe, in: Peter J. Katzenstein and Takashi Shiraishi (eds.), *Network Power: Japan and Asia*, Ithaca and London: Cornell University Press, 1997, 参照。
17) この間の経緯を概観したものとして, 森井裕一「拡大 EU の概要——歴史と制

度」同編『国際関係の中の拡大EU』信山社,2005年,参照。
18) 工藤章「概観——経済統合・ヨーロッパ統合・グローバル化」戸原四郎・加藤榮一・工藤章編『ドイツ経済——統一後の10年』有斐閣,2003年,17-27ページ〔本書第5章〕,参照。
19) Helen Wallace, Europeanization and Globalization: Complementary or contradictory trends?, in: *New Political Economy*, Vol. 5, No. 3, 2000; ギャンブル,前掲は,ヨーロッパ統合をグローバル化と相互補完的なものと解釈している。
20) この問題についてはさしあたり,単一通貨ユーロの導入に即して考察した工藤章「ヨーロッパ統合の射程——覇権代替の可能性」東京大学社会科学研究所編『20世紀システム6 機能と変容』東京大学出版会,1998年〔本書第11章〕,参照。
21) その概要について,相沢幸悦「解題——金融システムと証券市場改革」日本証券経済研究所編『新外国証券関係法令集——EU (欧州連合)』日本証券経済研究所,2007年,参照。
22) 「ヨーロッパの競争力」をめぐる文献は多数にのぼるが,さしあたり,Ben Rosamond, Imagining the European Economy: 'Competitiveness' and the social construction of 'Europe' as an economic space, in: *New Political Economy*, Vol. 7, No. 2, 2002, 参照。
23) Susan Strange, Who are EU? Ambiguities in the concept of competitiveness, in: *Journal of Common Market Studies*, Vol. 36, No. 1, 1998.
24) 「ヨーロッパの競争力」とヨーロッパ企業との関連について,パトリック・フリダンソン,廣田愛理訳「ヨーロッパ統合におけるフランス——政治家のヨーロッパか,企業のヨーロッパか (1920～90年)」木畑洋一編『ヨーロッパ統合と国際関係』日本経済評論社,2005年,参照。
25) 包括的な紹介として,Justin Greenwood (ed.), *The Effectiveness of EU Business Associations*, Basingstoke: Palgrave, 2002; do., *Inside the EU Business Associations*, Basingstoke: Palgrave, 2002; do. (ed.), *The Challenge of Change in EU Business Associations*, Basingstoke: Palgrave Macmillan, 2003 がある。そのほかに注目すべき論考として,Andrew M. McLaughlin, Grant Jordan and William A. Maloney, Corporate Lobbying in the European Community, in: *Journal of Common Market Studies*, Vol. 31, No. 2, 1993; Sonia P. Mazey and Jeremy J. Richardson, Interest Groups in the European Community, in: Jeremy J. Richardson (ed.), *Pressure Groups*, Oxford: Oxford University Press, 1993 がある。とくに欧州産業人ラウンドテーブルについての論考として,Maria Green Cowles, Setting the Agenda for a New Europe: The ERT and EC 1992, in: *Journal of Common Market Studies*, Vol. 33, No. 4, 1995; Bastiaan van Apeldoorn, Transnational Class Agency and European

Governance: The case of the European Round Table of Industrialists, in: *New Political Economy*, Vol. 5, No. 2, 2000; do., *Transnational Capitalism and the Struggle over European Integration*, London: Routledge, 2002 を挙げておく。
26) ヨーロッパ社会モデルに関する文献は多数にのぼるが,最近の注目すべきものとして,Fritz W. Scharpf, The European Social Model: Coping with the challenges of diversity, in: *Journal of Common Market Studies*, Vol. 40, No. 4, 2002 がある。邦語文献では,星野郁「欧州の社会モデルの現状と行方」『日本 EU 学会年報』23号,2003年,堀林巧「欧州建設・拡大の社会的次元——社会的欧州をめぐる動向」野村真理・弁納才一編『地域統合と人的移動——ヨーロッパと東アジアの歴史・現状・展望』御茶の水書房,2006年をさしあたり参照。
27) 星野郁「岐路に立つドイツの企業統治」『証券経済研究』38号,2002年,87-88ページ。
28) 原輝史編『EU 経営史』税務経理協会,2001年,22-26ページ。
29) 中野聡『EU 社会政策と市場経済——域内企業における情報・協議制度の形成』創土社,2002年,180-207ページ,上田廣美「ヨーロッパ会社法の成立と EU における従業員参加」『日本 EU 学会年報』23号,2003年,231,233ページ。
30) ヨーロッパ企業を主題とした Harm G. Schröter (ed.), *The European Enterprise: Historical investigation into a future species*, Berlin: Springer, 2008 も,ヨーロッパ企業の形成についてどちらかといえば否定的である。
31) この点はヨーロッパ資本主義についても同様である。ヨーロッパ資本主義をめぐる文献として,Liesbet Hooghe, EU Cohesion Policy and Competing Models of European Capitalism, in: *Journal of Common Market Studies*, Vol. 36, No. 4, 1998, 参照。
32) 飯野由美子「金融——競争・再編下の金融市場」戸原・加藤・工藤編,前掲,130-134ページ。
33) 工藤「産業と企業——『サービス社会』化の進展と大型合併ブーム」戸原・加藤・工藤編,前掲,58-61ページ,飯野,前掲,124-125ページ。
34) 工藤,前掲,69-72ページ,飯野,前掲,141ページ。
35) 飯野,前掲,146-149ページ。
36) 工藤,前掲,63-65ページ。
37) 田中洋子「労使関係——雇用・労働システムの構造転換」戸原・加藤・工藤編,前掲,93-111ページ。
38) Werner Buehrer, German Business, Industrial Relations, and the European Social Model before and after Unification, paper presented at the EUIJ International Conference on 'Globalisation and the European Integration: Business and social dimen-

sions in the history and today', held at Tsuda College, January 2007.

39) Ronald Dore, *Stock Market Capitalism, Welfare Capitalism: Japan and Germany versus the Anglo-Saxons*, Oxford: Oxford University Press, 2000（藤井眞人訳『日本型資本主義と市場主義の衝突——日・独対アングロサクソン』東洋経済新報社, 2001年）.

第7章　日本企業の戦後——石油化学[*]

はじめに——技術導入の射程

　日本の石油化学企業は1950年代の半ばに発足した。それ以降30年あまりの歴史を振り返ってみるとき、最も目を惹く事実のひとつは、前半の15年と後半の15年とのきわだったコントラストであろう。日本石油化学の片山寛は、「前半は順風満帆で快適に疾走した時代であり、後半は疾風怒濤、逆巻く荒波のなかを漂い懸命に激動苦難に立ち向かった時代であった」と回想しているが[1]、これはひとり同社のみの経験ではなかった。どの企業も多かれ少なかれ同様の軌跡をたどってきたのである。

　1950年代に新産業として発足してから1960年代末まで、石油化学工業においては、市場の拡大と設備拡張、そして高利潤率が好循環を形成し、企業は急成長を遂げた。各地にコンビナートが形成され、石油化学工業は新産業でありながら早くも基軸産業の一角を形成するに至る。しかし、1970年代初頭にはようやく設備の過剰が顕在化し、第1次石油危機の勃発後は一転して構造不況業種のひとつに数えられることになった。そして1970年代から80年代初頭にかけて、石油化学企業は不況圧力に呻吟しながら、政策の支持を得て構造改善のための努力を重ねるとともに、高付加価値化を目指したのである。

　このコントラストを技術開発に即して見れば、次のようになろう。

　前半の15年は、技術導入の高度化、さらには国産技術の開発と設備の大型化における成功の歴史であった。急速な技術進歩が石油化学企業の急成長をもたらした主要な要因のひとつであったということに、おそらく異論はないであろう。ことに外国技術の導入が果たした役割は決定的であった。日本の化学工業技術、とくに石油化学工業技術は、第2次世界大戦の前後、国際的な技術移転

---

[*]　初出は「石油化学」米川伸一・下川浩一・山崎広明編『戦後日本経営史Ⅱ』東洋経済新報社、1990年である。

から遮断され，長期の停滞を余儀なくされていたからである。実際，この時期において，化学工業は電気機械工業と並んで技術導入を最も活発におこなった産業であった。そしてそれは成功した。1970年前後には，日本の石油化学工業は少なくともその規模において欧米に伍するようになった。

これにたいし，後半の15年は一転して，プロセス合理化の徹底と高付加価値化の追求をもって特徴づけることができよう。もちろん，第1次石油危機以降も，技術導入と導入技術の高度化，さらには国産技術の開発に向けての努力は継続されたし，ファインケミカル化なども課題とされた。しかし，長期不況への対応としては，何といってもプロセス合理化の徹底が図られたのである。そして現在，日本の石油化学企業はようやく愁眉を開き，プロセス合理化の成功の上に立って，おのおの特色を発揮しながら高付加価値化を実現しつつあるといえよう。

本章はこのような石油化学企業の歩みを通観しようとするのであるが，その際，前半の「順風満帆で快適に疾走した時代」，ことに石油化学企業が発足した1950年代後半に焦点を当て，しかも企業の技術開発，当時のあり方に即していえば技術導入を中心に見ていくことにしたい。「疾風怒濤」の時代を理解するうえで，さらには日本の石油化学企業の将来を展望するためにも，前半15年における急成長の軌跡の検討は避けて通ることができないと思われるからである。

その際，この急成長を可能にした環境ないし条件がまず問題となろうし，またそれを実現した企業戦略と企業活動のあり方も問われなければならない。さらに，企業活動の成果ないし結果もあらためて検討の対象となろう。

このような問題を技術開発に即していえば，まず第1に，技術開発，あるいは当時の状況にあっては技術導入の環境が問題となろう。これには，例えば技術という商品の国際市場や技術に関する政府の政策が含まれる。第2に，それぞれの石油化学企業がいかなる認識と戦略に基づいて，どのように外国技術を導入したのかが明らかにされなければならない。そして第3に，その成果が問われなければならない。

その際さらに，この時代の急成長とその後の長期不況をもたらすことになった要因を明らかにする必要があることはいうまでもないが，問題はそれにとど

まらない。外国技術の導入過程に自発的ないし内発的な技術革新への契機が含まれていたのかどうか，もしそうであるとすれば，それはどのようなものであったのかという点をも明らかにしなければならない。つまり技術導入の射程を測るという課題である。

本論においてあらためて触れるつもりであるが，わが国の石油化学企業は技術導入から導入技術の高度化，さらには国産技術の開発へという発展局面を経て，1970年前後からは途上国に向けて，またやや遅れて先進国にたいしても技術輸出を開始した。現局面はさらにその延長上に，独創技術の開発が課題とされている。外国技術の導入は模倣の一種である。そしてすべての革新は模倣から始まり，模倣と革新は連続しているともいいうる。しかし，模倣は革新を保証しないこともたしかである。おそらく「外国技術か国産技術か」という発想自体が静態的なのであろう。革新的技術はたえざる技術移転の渦中においてのみ可能なのであって，外国技術か自主技術かという選択の底に流れるダイナミクスを捉えることこそが肝要なのであろう[2]。

以下，このような問題を念頭に置きつつ，個々の企業の技術導入の過程，とくにトップ・マネジメントの意思決定のプロセスを，主として各社の社史および社内史料，さらに当時石油化学企業の発足と初期の技術導入に関わった方々を中心とする経営者からのヒヤリングによりつつ明らかにしたい[3]。

1　石油化学工業企業化第1期計画（1955–59年）
(1)　総合石油化学企業の発足

戦後の混乱期を過ぎると，化学工業界においては石炭化学から石油化学への転換を目指す構想が打ち出され，そのいくつかは実現されもしたが，いずれも部分的なものであった。そのなかで唯一ある程度の総合性を持った日本曹達の計画は，実現されないままに終わった。政府もまた石油化学工業を振興する対策を立てたが，なお部分的なものにとどまっていた。ようやく1955年7月に通商産業省（通産省）が省議で決定した「石油化学工業の育成対策」が，わが国における石油化学工業の発足にとっての画期をなす。その目的は，石油化学の企業化によって，①合成繊維工業や合成樹脂工業の発展にともなって供給不足となってきたベンゾール，石炭酸やアセトンなどの原料を確保すること，②全量

輸入に依存しているエチレン系製品などの石油化学製品を国産化すること，③産業構造の高度化および化学工業と関連産業の国際競争力の増大を図ることにあった。この目的を達成するために，企業の石油化学工業化計画のうちから適当かつ重要と認められる計画を，いくつかの技術的・経理的な基準に基づいて認可し，育成するとした。そして育成のための具体的措置として，①日本開発銀行による設備資金の融資，②特別償却の認可，③所要の外国技術の導入の認可，④法人税の免税規定の適用，⑤所要機器の輸入についての外貨割当の確保と輸入関税の免除を挙げていた[4]。

　この「育成対策」に基づいて，まず1955年9月，三菱モンサントおよび旭ダウの2計画が認可された。いずれもスチレンモノマーを輸入してポリスチレンを生産するというものであった。次いで翌10月には丸善石油，日本石油化学，三菱石油，住友化学，三井石油化学，三菱油化の6社の計画が認可された。石油会社系が3社，化学会社系が同じく3社という構成である。さらに57年2月には昭和電工，古河電気工業，および三菱油化のポリエチレン計画の3計画，同年5月には日本石油化学のエチレン・ブタジエン計画が追加された。これらの計画がいわゆる「石油化学工業企業化第1期計画」の内容をなす。これは表7-1に見る通りである。

　このうち，エチレンセンターを有して製品展開が多様であり，したがってまた石油化学コンビナートを形成しうるという意味において総合的な性格を持つものは，岩国の三井石油化学を中心とした計画，四日市の三菱油化の計画，新居浜の住友化学の単独計画および川崎の日本石油化学を中心とした計画の4つであった。このなかで，住友の計画だけは当初エチレンからポリエチレンに展開するだけであって総合性を欠いていたが，すぐ後にはこの点が訂正されていく。これは当初からエチレンを含んでいたからにほかならない。またこれらのコンビナートの中心をなす4企業は，日本で最初の総合石油化学企業であった。本章で取り上げるのは，最初の総合石油化学企業としてのこの4社であり，とくにその発足の過程である。

(2) 中心技術の導入における共通性と差異性

　総合性を確立するうえで中心的な意義を持った製品は，エチレンおよびポリ

表7-1 石油化学企業化第1期計画

地区	企業	製品	設備能力 (年産トン)	生産開始年月
川崎地区	旭ダウ株式会社	スチレンモノマー ポリスチレン	18,000 10,200	1959年10月 1957年2月
	昭和油化株式会社	ポリエチレン	10,000	1959年12月
	日本石油化学株式会社	エチレン イソプロピルアルコール アセトン イソプロピルエーテル ブタジエン	25,000 4,000 4,500 500 6,000	1959年7月 1957年8月 1957年8月 1958年5月 1959年7月
	古河化学工業株式会社	ポリエチレン	9,000	1960年6月
	三菱石油株式会社	ベンゼン トルエン キシレン	4,440 9,360 7,800	1958年2月 1958年2月 1958年2月
	日本触媒化学工業株式会社	エチレンオキサイド エチレングリコール	1,800 3,840	1959年6月 1959年6月
	日本ゼオン株式会社	SBR NBR ハイスチレンラバー	2,400 2,400 3,600	1959年8月 1959年8月 1959年8月
四国地区 (新居浜)	住友化学工業株式会社	エチレン ポリエチレン	12,000 11,000	1958年3月 1958年4月
四国地区 (松山)	丸善石油株式会社	ベンゼン トルエン キシレン	3,000 9,600 9,600	1959年1月
近畿地区 (下津)	丸善石油株式会社	第2級ブタノール メチルエチルケトン	2,400 2,400	1957年4月 1957年11月
中国地区 (岩国)	三井石油化学工業株式会社	ベンゼン トルエン キシレン 芳香族溶剤 テレフタル酸 エチレン エチレンオキサイド エチレングリコール ポリエチレン フェノール アセトン	6,960 11,640 11,640 6,000 14,400 19,800 6,000 9,600 12,000 12,000 6,900	1958年2月 1958年9月 1958年12月 1958年2月 1958年3月 1958年4月 1958年3月 1958年8月 1958年8月
四日市地区	三菱油化株式会社	エチレン エチレンオキサイド エチレングリコール スチレンモノマー ポリエチレン	22,000 2,700 3,000 22,000 10,000	1959年5月 1960年4月 1960年4月 1959年5月 1959年7月
	三菱モンサント化成株式会社	ポリスチレン	7,200	1957年1月
	日本合成ゴム株式会社	ブタジエン SBR	33,500 45,000	1960年4月 1960年4月

資料:石油化学工業協会『石油化学工業10年史』1971年,90-91ページ,山崎広明「川崎複合石油化学コンビナートの成立と展開――昭和三十年代を中心に」『神奈川県史 各論編2 産業・経済』1983年,456ページ。

202　Ⅲ　戦後期：企業と企業体制

表 7-2　先発総合 4 社第 1 期の主要技術導入先

	三井石油化学	三菱油化	住友化学	日本石油化学
エチレン	SW	SW	SW	SW
ブタジエン	—	—	—	エッソ・リサーチ
ポリエチレン	チーグラー・三井化学	BASF	ICI	—
アセトン	ディスティラーズ〔技術〕SW〔装置〕	—	—	ディスティラーズ〔技術〕SW〔装置〕
酸化エチレン・エチレングリコール	SD	SD	—	—
芳香族	UOP・日本揮発油	UOP・日本揮発油	—	—
テレフタル酸・DMT	SD	—	—	—
スチレンモノマー	—	シェル	—	—

資料：各社社史。

　エチレンであった。いうまでもなく，エチレンは総合石油化学企業の根幹をなす製品である。それは，「エチレンプラントにたいして政府の認可が得られれば，石油化学コンプレックスが基本的に承認されたことを意味する」とさえいわれることからもわかる[5]。また，ポリエチレンは最も代表的な汎用樹脂であり続けてきただけでなく，以下に見るように，その製造技術の導入が総合石油化学企業の成立における最も重要な契機となった。このような意味において，エチレンおよびポリエチレンの生産技術は，総合石油化学企業の成立に当たって中心的な意義を持った。そこで，以下ではとくにこのふたつの技術の導入過程を見ていくことにしたい。

　表 7-2 は，先発総合石油化学企業 4 社の主な技術の導入先をまとめたものである。ここから明らかなように，まず第 1 に，この時期にあっては導入の相手は一般にいわれるほど多様性に富んでいたわけではない。むしろ意外にも横並びであったというべきであろう。何よりもエチレンについて，4 社ともそろってストーン・アンド・ウェブスター社の SW 法を採用しているのがその典型であるが，アセトン，酸化エチレン・エチレングリコール，芳香族についても同様である。「技術のデパート」的な様相を呈するのは後の時期になってからのことであった。その場合でも，エチレンはルーマス法などの比較的少数の技術に限られていた。

　他方，ポリエチレンはこれを当初から導入した 3 社三様であって，これは表

表 7-3 各社のポリエチレン技術

企業[1]	技術導入		当初の能力 (年産トン)	種別
	年　月	導入先		
住友化学	1955年12月	ICI	11,000	高圧法
三菱油化	1957年3月	BASF	10,000	高圧法
三井石油化学	1956年5月	チーグラー	12,000	低圧法
昭和電工	1957年2月	フィリップス	10,100	中圧法
古河化学	1957年2月	スタンダードN.J.	9,000	中圧法
三井ポリケミカル (三井石油化学)	1960年11月	デュポン	24,500	高圧法
日東ユニカー (日東化学)	1960年12月	UCC	27,000	高圧法
旭ダウ	1962年1月	AGFO	25,000	高圧法
宇部興産	1963年5月	レグゾール	20,000	高圧法
東洋曹達	1966年11月	ナショナルディスティラー	34,000	高圧法
三井ポリケミカル	1965年10月	デュポン	45,000	高圧法
住友千葉化学	1955年12月の住友化学分 を引き継ぐ	ICI	55,000	高圧法
日本石油化学	1965年8月	レグゾール	30,000	高圧法
三井石油化学(千葉)	1956年5月のものを継続	チーグラー	24,000	低圧法
化成水島		自社技術	20,000	低圧法

注：1) カッコ内の企業名は日本側親企業名を示す。なお企業名は導入当時のものを示す。
資料：渡辺徳二編『戦後日本化学工業史』化学工業日報社, 1973年, 365ページ。原資料は『石油化学工業年鑑』各年版。

7-3に見られるような，後の時期における実に多くの種類の技術導入に直接につながっている。

　このような導入技術の共通性と差異性はなぜ生まれたのか。それは4社に共通した特徴やそれぞれの個性とどのように関わっていたのか。以下で先発4社のケースをふたつの中心技術について分析する際，この点はひとつの手掛かりとなろう。

　さて，技術導入過程を分析する際，次のようなスキームを用いることにする。これは内田星美のスキームを参考にしつつ，契約締結までの過程に重点を置きながら改作したものである[6]。

(イ) 発端――日本側企業の最初の情報入手経路はどのようなものであったか。
　　人の移動によったのか，あるいは文書情報によったのか。また商社の介在

はあったか。
(ロ) 交渉——当事者は誰であったか。相手外国企業の戦略と戦術は，特許の独占などの制約条件との関連も含めて，どのようなものであったか。日本側企業の戦略と戦術は，導入技術選択の判断基準も含めて，どのようなものであったか。そして何が争点となったのか。
(ハ) 契約——契約に際して商社の役割はどうであったか。契約の内容，すなわち製造規模，製法，設計，機械設備の調達，副資材の調達，支払い金額，相手外国企業の人員派遣の有無などに関して注目すべき点があるか。
(ニ) 対価支払いのための資金はどのように調達されたか。
(ホ) 操業開始までに技術的，経営的な困難はなかったか。
(ヘ) 操業開始以降，技術的，経営的な困難はなかったか。さらに，新たな技術導入はなかったか。また逆に技術供与はなかったか。

2 三井石油化学——果敢な挑戦
(1) 総合石油化学企業としての発足

三井石油化学は日本における総合石油化学企業の成立に際して，その先頭を走った。

その契機となったのは，1955年1月のポリエチレン製造技術チーグラー法の導入であった。しかし同法の導入は，すぐ後にも触れるように，55年7月における総合石油化学企業としての三井石油化学の成立に直結したわけではない。当初はなお，原料エチレンを石炭ガスに仰ぐ構想が有力であった。すなわちチーグラー法の導入を石炭化学の発展として位置づける考え方が残っていたのである。結局，ナフサ分解によるエチレン製造という方針が採用され，それと同時に総合石油化学企業への道が始まる。そしてそこにはいくつかの伏線があった。

1952年，三井鉱山の子会社である三池合成工業は，旧陸軍岩国燃料廠跡地払下げを前提に，単独で石油化学事業計画を立案していた。これを推進した技術陣の中心には技術部長中島昇がいた。しかし通産省は，三池合成1社の計画にすぎないという理由からこれを相手にしなかった。それにもかかわらず同社では，54年に中島をアメリカ石油化学工業の視察に派遣するなど，石油化学企業

化への意欲を失わなかった。

　三井化学もまた石油化学への関心を高めていた。1953年，東京瓦斯がオイルガス中に含まれるエチレンを石炭ガスの混入によって分離する計画を立てたとき，三井化学はこれに関心を示した。ただしこの計画は，東京瓦斯が公益事業であるという理由から認可されず，実現しなかった。53年末から54年初めにかけて，除草剤製造技術の導入を目的にイギリスの巨大化学企業ICIを訪れた技術部長鳥居保治は，同社のポリエチレン製造設備を見学していた[7]。さらに1954年の夏，高圧法ポリエチレン技術の売込みに来日したICIの幹部は，住友化学新居浜工場と並んで三井化学大牟田工場を訪れている。

　1954年11月，三井鉱山副社長（ただし同月辞任）兼三井化学社長石田健が欧米視察に出発した。石田の眼目はフィッシャー法高級アルコールであった。しかし，その視察項目のなかにはフィッシャー法高級アルコールだけではなく，クメン法フェノールやICIのポリエチレンなども含まれていた。それは上のような伏線があったからである。

　石田はフィッシャー法高級アルコールを石炭化学の発展として注目していた。それにもかかわらず，これが石油化学への端緒となった。第2次世界大戦前の1937年，三井鉱山はフィッシャー法による石油合成技術を導入し，石炭液化の工業化を試みていたのだが，これが石油化学につながる契機となった。中島によれば，「例えば，ガス状の炭化水素からイソオレフィンを作る，油中のオレフィンを重合して潤滑油を作る，パラフィンを分解してアルファオレフィンにし，各種の誘導体をつくる，炭化水素を酸化して脂肪酸をつくることをやってい」たが，そのような戦前の試行が「現在の石油化学の手法に似て」いたのである[8]。

　すぐ後に見るような経緯でチーグラー法導入を決断した後も，石田自身は「安いコストで早く投下資本を回収しようという考えに徹していた」こともあり，なお原料となるエチレンを石炭ガスから製造する案に傾いていた[9]。しかし，鳥居や中島らの技術陣はナフサ分解法に確信を持っており，ついに石田もそれに説得された。1955年3月ないし4月頃のことである。「そして石油からエチレンを採るとなれば，装置だけでも巨額のカネがかかるし，リスクも大きいので，三井化学の単独事業とするよりは別会社を作って，三井の総力をあげてや

るほうがいいと判断した。そこへたまた，東洋レーヨンから，ナイロン66や ICI から技術導入していたテトロンの原料として，やはり石油化学をやってほしいとの強い要請もあり，それを含めて，石油化学会社を設立する構想が浮かび上がってきたのである。」[10]

実際，設備建設に要する資金は第1期計画だけでおよそ110億円と見積もられており，三井化学1社でこれだけの資金を調達するのは無理だと考えられた。三井化学はこの頃までに数回の合理化，人員整理を断行していた。また，同社は三井鉱山から石炭を「三拝九拝してわけてもらっていた。」だから「三井化学が石油を原料としてやるのはおかしい」との声も出るほどであった。さらに，国有財産払下げは企業グループとして申請すべしという政府の方針もあった。こうしたことから，三井グループとして事業化することとなったのである[11]。

こうして1955年7月，三井石油化学工業株式会社が設立された。資本金は2億5000万円であり，三井化学，三井鉱山，三池合成，三井金属鉱業，東洋高圧，東洋レーヨン，三井銀行の三井系7社がその87.5％を出資し，興亜石油が12.5％を出資した。建設所要資金は111億5000万円と予定され，資本金を差し引いた109億円は借入金でまかなうこととされた。これは三井銀行を幹事行とする日本長期信用銀行，日本興業銀行，三井信託銀行，日本勧業銀行，協和銀行の協調融資により，さらに日本開発銀行からの融資をも仰いだ。金融逼迫時にも資金調達は円滑におこなわれた[12]。

これを契機に，従来まとまりの悪かった三井グループの結集が始まった。社長には石田が就任した。石田は三井銀行社長佐藤喜一郎の意見に従って，三井石油化学の社業に専念することになった。新社の発足を受けて，旧陸軍岩国燃料廠の跡地および設備の払下げを正式に申請し，翌56年5月に正式に払下げが決定した。その後，6月に岩国工場の建設が開始され，58年4月に操業が開始された[13]。

(2) 低圧法ポリエチレン

低圧法ポリエチレン技術チーグラー法の導入は，わが国における最も初期の技術導入のひとつに属しているが，それだけではなく，最初の総合石油化学企業としての三井石油化学の出発点でもある。しかもある意味では，今日までの

同社の技術的歩みを決めたほどの意義を持っている。

(イ) 発端

　すでに触れたように、1954年11月、三井鉱山副社長（ただし同月辞任）兼三井化学社長であった石田は、フィッシャー法高級アルコール、クメン法フェノール、ICI のポリエチレンなどの調査を目的として欧米視察に出発した。彼は、三井鉱山と三井化学の両社の株主総会が月末に迫っているにもかかわらず、三井鉱山の体質改善のために緊急を要する調査だとして、株主総会をまたずに出発した[14]。この視察のひとつの契機となったのは、前年の53年、ドイツ石炭協会書記長レーリングが炭鉱合理化の指導のために来日し、大牟田を訪れていたことである。石田はこのレーリングを頼ってまずドイツへ飛んだ。その眼目はフィッシャー法高級アルコールであった。三井鉱山には前述のようにフィッシャー法石油合成技術を導入してその工業化を試みた戦前の経験があったし、戦後もその延長上で三池合成が高級アルコールの研究を試みていた。石田は同法こそが石炭化学の最先端にあると考え、同法の導入が三井鉱山と三井化学の体質改善に資すると確信していたのである。

　もちろん社内には、石炭化学から石油化学への転換を図るべきだという技術陣の意見があった。技術部長鳥居は ICI からの高圧法ポリエチレンの技術導入を望んでいた[15]。しかし、石田の石炭化学への固執には無理からぬところがある。石田自身、経理畑出身であって、石油化学への展望はなかなか立てにくかったであろうし、事実「当時ドイツの炭鉱各社では、石油を用いて石油化学を発展させるか、石炭を使って石炭化学を発展させるかで、議論百出の状態であり、大勢としては石炭化学が7乃至8に対して石油化学が3乃至2という割合」であった[16]。

　さて、石田にとっては意外にも、当のレーリングはフィッシャー法高級アルコールの将来性について否定的な見解を述べ、石田にマックス・プランク石炭研究所の研究者カール・チーグラーを紹介した。チーグラーは低圧ポリエチレン製造法であるチーグラー法を開発しており、前年の53年11月に特許を出願し、54年10月に学会で発表したばかりであった[17]。

(ロ) 交渉

　石田はチーグラーから直接チーグラー法についての説明を受けるとともに、

研究室での実験を見学した。石田は「モノになる」と確信した。ドイツではヘキストが導入し，アメリカでも数社がすでに導入していたから，技術的信頼性は高いと判断した。それと同時に，これらの各社もまだ導入した直後であるから，競争のスタートラインは同じだという判断もあった。チーグラー側の，「モンサントの社長を始め日本の三菱からチーグラーとの契約を結ぼうとして申し入れを受けている。したがって契約の優先期限は1月7日までとする。それを過ぎれば他に譲る」という発言も作用したであろう。1955年1月早々，中島らがチーグラーを訪問し，技術的説明を受けるとともに実験を見学した。そのうえで彼は技術的に検討し，その結果をロンドンにいた石田に「これは大丈夫である」と報告した。中島は低圧法と高圧法の両方を採用するよう進言したが，石田は資金的余裕がないからどちらか一方をとるしかないとした。中島は低圧法を選んだ。その根拠は，「チーグラーポリエチレンは分子量の高いポリエチレンをつくる場合に好都合である」というものであった。彼は「ポリエチレンの将来の需要は固いものが主になるだろうし，我々はチーグラー化学を発展させれば将来低分子のものもできるだろう，という夢をもってい」た[18]。

それまで「〔ヴァルター・〕レッペは『チーグラーをよしてバディッシュ〔BASF〕の高圧法を買え』とさかんに勧めた」が，この決定の後，これを断った。また，鳥居が電報で再度進言していたICI法の導入も断念した[19]。

このように，石田の決断は現地における中島の入念な検討に裏づけられていた。チーグラーとの出会いは偶然であったが，チーグラー法の採用はけっして偶然ではなかった。中島の選択自体，文書情報や人員派遣により情報を収集する努力が積み重ねられた結果であった。とくに，社内におけるICI法との比較考量というスクリーニングを経ていた。高圧法にたいして低圧法が選ばれたのは，戦前からフィッシャー法という低圧合成法に慣れ親しんでいたことやコスト計算上の配慮があったからでもある。

(ハ) 契約

1955年1月6日，石田はチーグラーとのあいだでライセンス契約を締結した。ライセンス料はオプション料15万ドルを含めて120万ドル，約4億3200万円であり，これにロイヤルティーが加わる。この契約は独占的ないし排他的な(エクスクルーシブ)，いわゆるジェネラル・ライセンスであったので，契約金は他

のヨーロッパ各社の倍額であった。また,「石田会長からあまりねぎるなといわれて」いたので,契約料の決定に際して「激しいネゴシエーション」はしなかった[20]。

「当時はまだオプションマネーを払っていなかったので,触媒も何かわからない。」「石田会長が帰国されて持参された少ない資料に基づいてめくら滅法やってみると,とにかくポリエチレンができることがわかり勉強すればものになるだろうと思った。」[21] そして「当時,我々は契約金を払う前でもあるし,うまくいかなければ政府に働きかけて不認可にしてもらえばいいという心づもりで」あった[22]。オプション契約は本契約と切り離して通産省に認可が申請された。それが55年4月に認可となり,これを受けてオプション料15万ドルが支払われた。

(ニ) 資金

このオプション料15万ドルは三井化学が支払った。当時,これは石田と三井化学にとってけっして容易な額ではなかったが,それにもかかわらず鉱山に頼らず自ら単独で支払ったのは,「三井化学の事業としてやろう」という決意の現れであった[23]。ただし,すでに見たように,ちょうどこの頃,三井化学単独による企業化方針が捨てられた。そして1955年7月,三井石油化学の設立を見た。その後も通産省はチーグラー法について工業化のノウハウがないことを理由に本契約の認可を躊躇していたが,55年11月になってようやく認可に踏み切った。これを受けて,三井化学はチーグラーとのあいだに正式契約を締結した。そして,同社はこれによって得たチーグラー法特許実施権を,56年5月にサブライセンス契約を通じて三井石油化学に供与したのである[24]。

(ホ) 操業開始まで

1955年1月,ドイツでの契約調印の報がわが国に伝えられたとき,それが石油化学企業化を計画中であった各企業に与えたショックは大きく,それらの計画を刺激した。だがそれと同時に,企業化の成功を危ぶむ声も強かった。「勿論三井化学も本件に関し非常に消極的であって,とんでもないものを買ってくれたと,私共一行は評判が悪かった。」[25] というのも,取得したチーグラー法はなお実験室段階にあって,工業化のノウハウはなかったからである。120万ドルを支払って得たのは,チーグラー特許の実施権とノート2冊分の実験室の

データだけであった。

　三井化学はかねて遂行中のレッペ化学の研究を中止し，チーグラー法の評価と工業化技術確立のための研究を開始した。工業化に際しては，触媒の残存により褐色になるなどの技術的困難があって，これを解決するのに時間がかかった[26]。そして，三井化学によって確立されたこの工業化ノウハウを，三井石油化学は3億円で購入し，岩国でのプラント建設に進んだ。

(ヘ) 操業開始以降

　チーグラーの低圧法によるポリエチレン製品は，「高圧ポリエチ〔レン〕とは性質が異なり，硬いけれど加工しにくく，用途開発に手間どり，当初，売れにくくて困った。」初めての製品はビールのプレートであり，三菱グループ系のキリンビールが最初の販売先であった。当初は「1000トンプラントで120トンしか売れなかった。」その結果，「所要資金は300億をこえ，月々2億5000万円の赤字が出る」状態であった[27]。このような製品化における困難を克服するに当たって，いち早くチーグラー法の工業化に着手し，成果を収めていた西ドイツのヘキスト社の技術援助は貴重であった[28]。その後も三井石油化学は数回にわたって技術者をヘキストに派遣して製品化技術の習得に当たらせ，また三井石油化学の要請により，ヘキストは技術者2名を1年間派遣している。その成果は製造ノウハウの向上，とくに溶剤の改良に反映された[29]。

(3) エチレン

(イ) 発端

　前述のように，鳥居，中島らの技術陣は原料をナフサ分解から得るという方針を固めていた。石田も1955年4月頃，これに説得されて意思決定した。技術陣はナフサを原料とするエチレン製造法およそ20種類について調査をおこない，その結果，軽いナフサを使うのが賢明であると判断した。最後に残ったのはケロッグ，ルーマス，ストーン・アンド・ウェブスター(SW)の3法であった。このうち実績のあるのはケロッグ法とSW法だけであった。ケロッグ法は欧州で実績があり，ICIも同法を採用していた。これにたいしてアメリカではほとんどがSW法を採用していた。

　これが1955年12月頃までの進捗状況である。この頃までに，彼らはエチレ

以外の製造品目についてもおよその技術選定作業を終えていた[30]。
(ロ) 交渉

　1956年2月には鳥居たちが渡米し，現地でナフサ分解の3製法を比較検討した。ケロッグ社は日本からの引合いに熱心ではなかった。これにたいしてストーン・アンド・ウェブスター社は熱心に応じ，しかもプラント建設の実績が最も多いことから，鳥居たちはSW法に決めた。たまたま住友化学も同法を採用する予定であったので，共同で交渉に当たることになった。その結果，技術料を引き下げることに成功した[31]。
(ハ) 契約

　契約における生産規模は年産2万トンであった。うち1万トンはポリエチレン用に，他の1万トンはエチレングリコール用に予定された。設備建設費は14億3000万円，技術指導料は2億円である。また，ストーン・アンド・ウェブスター社が技術者1名，オペレーター4名を日本に派遣する約束であった。通産省の認可については何ら困難はなかった[32]。なお，「育成方針」には揮発油の免税は挙げられていなかった。そこで三井石油化学は揮発油の免税を通産省と大蔵省に働きかけ，これを実現させた[33]。

3　三菱油化——体系的展開
(1) 総合石油化学企業としての発足

　旧三菱財閥系企業にあっても，石油化学工業への関心は，旧三井系企業の場合と同じように早くから芽生えていた。1951年には東海硫安工業，三菱石油，シェルの計画が生まれ，翌52年には，これがシェルと三菱化成工業の提携による計画へと変容を遂げていく。1954年6月，三菱化成とシェルはそれぞれ折半出資で合弁企業「三菱シェル石油化学」を設立し，イソプロピルアルコール，アセトン，同誘導品をつくる計画を立てた。しかし通産省はこれが単品計画であることに難色を示し，またプロピレン系よりもエチレン系を重視する意向を示した。そのため，この計画は足踏みし，しだいに立消えの状態になった[34]。

　ところが1955年に入ると，それまで紛糾していた燃料廠跡地払下げ問題が急転直下政治的解決をみ，三菱およびシェルのグループにたいしては四日市の旧海軍燃料廠が充てられることになった。こうして，総合石油化学の企業化が現

実性のあるものとなってきた。そこで三菱化成は急遽，単品計画を放棄して総合石油化学工業計画を立案することになった。それが同年5月の「総合計画」である。8月に四日市の跡地の昭和石油（シェルが50％支配）への払下げが正式に決定されたのを受け，三菱化成はシェルとの提携交渉に入った。ところが，シェルは日本で総合石油化学事業に踏み切ることを躊躇した。このため三菱化成は，1社単独ではなく三菱グループとしてこの事業に当たるとの方針を立てた。この年の7月に三井グループの結集により三井石油化学が設立されたことも，この方針の確定を促したであろう。そして5月の「総合計画」は12月の「三菱石油化学工業計画書」に衣替えする。この頃までに，元三菱化成社長で当時日本化学工業協会副会長であった池田亀三郎を新会社のトップにかつぎだすことも決まった。こうして三菱グループは，石油化学企業化の「バスに乗る」ことができたわけである[35]。

ところで，1955年12月の「三菱石油化学工業計画書」はすでに総合石油化学企業化の姿を整え，かつスチレンモノマー，酸化エチレン，エチレングリコールなどのエチレン系製品を重視する内容になっていた。そのかぎりで通産省の構想に適合するものとなっていた。しかし，それはなおポリエチレンを含んでいなかった。また原料は石油精製排ガスを予定していた。さらに，製造方式などの重要な点でなお技術的に具体性を欠いており，したがって当然のことながら，資金面での計画もきわめて暫定的であった。計画といっても，なお構想段階にとどまっていた[36]。

また資本関係についても，シェルとの調整の問題が残っていた。池田は「当初，シェルの持つ技術を十二分に駆使すべく，シェルにたいし三菱油化の株式を50％持つよう提案」した[37]。これにたいし，シェルは総合化には消極的であった。これはすでに触れたように，当時の外資系企業，とくに石油企業の多くがとった態度である。シェルはいったんは資本参加を見合わせる態度さえ示した[38]。シェルは三菱の企業化計画に懸念を覚え，リスク回避に動いたと見てよい。結局シェルとの提携条件は，1956年1月，シェル石油のA・W・プラットと三菱グループの代表としての元三菱銀行頭取加藤武男とのあいだに交わされた「加藤・プラット・メモランダム」によって基本的に合意された。このメモの内容は必ずしも明らかでないが，その骨子は，シェルが技術提供の対

価として株式の15％を取得し，かつ三菱側が昭和四日市石油に出資するのと引換えに，昭和石油がさらに10％出資するというものであった[39]。

　こうしてようやく1956年4月，三菱化成，三菱レイヨン，旭硝子，三菱商事，三菱金属鉱業，三菱銀行の三菱系6社（後に東京海上，明治生命，三菱鉱業が加わって9社となる）の共同出資により，資本金2億円で三菱油化株式会社の設立をみた。三井石油化学の設立に遅れることおよそ9ヵ月である。シェルの資本参加が正式に決定されたのはやや遅れ，エチレンおよびスチレンモノマーに関する技術導入契約が締結された翌57年2月以後，10月の第2次増資の際のことである[40]。

　新会社三菱油化の設立と同時に，企業化計画を具体化する動きが始まった。社長池田の方針により従来の計画を白紙還元し，諸装置の建設順位，製造方式，製造量，製品の需給関係，製造原価，収支予算などを根本的に再検討することになったのである。この目的を遂行するために，社内に池田を長とする「石油化学委員会」が設けられ，数ヵ月にわたって集中的な検討がおこなわれた。これと並行して，技術部長岡時次郎らを欧米に派遣して調査に当たらせた。彼らの報告は逐一検討され，それに基づいてさらに新しい調査項目が伝えられた。またシェルの技術陣との会合も頻繁におこなわれた。このような活動の結果が1956年8月の「三菱油化事業計画書」にまとめられ，通産省に提出された。ここでようやくポリエチレンが新たに製造品目に加えられ，またスチレンモノマーの生産規模も1万8000トンに上方修正された。これにともなって，エチレンも当初の計画の6000トンから2万2000トンへと拡大された。また，従来は石油精製排ガスのみを原料とする計画であったのが，ナフサを主たる原料とする計画に改められた[41]。

　ここにおいて，ポリエチレンが加えられたことにより，ようやく総合性が明らかとなった。三菱油化は三井石油化学や住友化学に遅れをとった分，当初からより体系的な展開を示した。エチレン生産規模2万2000トンも，先行する三井石油化学の2万トン，住友化学の1万2000トンを抜いた。

(2) 高圧法ポリエチレン

　三菱油化の技術導入も例にもれず，エチレンはストーン・アンド・ウェブス

ター社から，酸化エチレンおよびエチレングリコールはサイエンティフィック・デザイン社からというように多様であった。出資企業シェルからの技術導入は，第1期についてはスチレンモノマーに限られていた。そのなかで，西ドイツのBASF社からの高圧法ポリエチレン技術の導入は，三菱油化にとって最も重要な意義を持っていた。なぜならば，三菱油化は総合石油化学企業としての発足において出遅れ，とくにポリエチレンについてそうであったが，この技術導入こそが，その遅れを一挙に取り戻し，総合石油化学企業への道を開き，しかも当初から高収益を実現したからである。

(イ) 発端

三菱化成の社内でも，ポリエチレンの企業化を早くから主張する声はあったし，またとくに1955年初頭，三井化学によるチーグラー法技術導入の計画が公表された後になると，三菱化成内部の関心はさらに高まった。社内ではチーグラー法に関する情報をモンサント，三菱商事など多方面から収集し，分析していた。しかし55年末段階に至っても，前述のようにポリエチレンは事業化計画に入っていなかった。それが取り上げられるのは，三菱油化が設立されてから後のことである。すなわち，56年4月の三菱油化の発足とともに，前述のように社内に「石油化学委員会」が設置され，ここで計画が根本的に再検討されたが，その過程でポリエチレンが最も将来性に富むプラスチックとして新たに着目されるに至ったのである。

しかしすでにこの頃までに，多くの企業がこれを石油化学工業の主柱として取り上げ，優秀な外国技術の獲得のために激しい競争を展開していた。高圧法としてのICI法は住友化学が，低圧法としてのチーグラー法およびフィリップス法はそれぞれ三井化学および昭和電工が，というように，著名なものはすでに他社に先取りされ，目ぼしいものは残っていなかった。そこで三菱油化はやむなく，ICI法で住友化学と抵触しない低分子量のもの，あるいは低圧法のスタンダード・オブ・インディアナ法などを対象として考えていた。しかし後者も古河電気工業の取得するところとなった[42]。

そこで，1956年4月，欧米へ派遣された技術調査団は，ポリエチレン技術を調査項目のひとつとした。その際，西ドイツのBASFがシェルと合弁でライニッシェ・オレフィン・ヴェルケ (ROW) を設立し，ポリエチレンの工業化に

乗り出しているという情報が，その出発以前に雑誌記事から得られていた。ROW は ICI の特許により，BASF の技術で工業化に成功していた。したがって，調査団はこの技術にも着目していた。それは，BASF ないし ROW から導入すればシェルや ICI より安価になり，また技術的にも ROW は原料ガスや製造品目について参考になる点が多いと考えられたからであった[43]。

さらに三菱油化は，ポリエチレンの市場についても将来大きく伸びるものと予想し，すでに認可を受けていた三井石油化学と住友化学の2社以外に，もう1社が進出する余地は十分あると考えていた。ちょうどその頃，1956年4月，昭和電工がフィリップス法によるポリエチレン7500トン，硫安9万トンの生産計画を発表し，通産省もこれを認可するかもしれないといわれていた。三菱油化の社内では，昭和電工の計画が認可される以前に計画を具体化する必要がありはしないかと焦燥を募らせた[44]。

社長池田は ROW の親会社でもあるシェルにたいして，ポリエチレン企業化の意欲を伝えたが，これにたいするシェルの反応はきわめて消極的であった。BASF はノウハウの供与には慎重であって，シェルとの合弁である ROW にはノウハウを譲渡したものの，シェル単独には譲渡しなかったくらいであるというのが，その説明であった。シェルは第1期計画ではスチレンモノマーに集中することを三菱油化に勧めた[45]。

(ロ) 交渉

技術調査団の岡らはこのような情報と考慮に基づき，まず三菱商事を通じて ROW にたいして工場見学を希望したが，これは拒否された。しかし，BASF との接触には成功した。その仲介の労をとったのは，レッペ法技術の件でかねて三菱化成と交渉をもっていたヴァルター・レッペであり，BASF の窓口は特許部であった。BASF 特許部の懸念は，日本において ICI の特許が確立しているのではないかという点にあった。それは，BASF の高圧法自体が ICI 法の特許を実施したものだったからである。三菱油化側は，ICI の特許が日本ではまだ許可されていない事実を確認したうえで，技術供与を申し入れて帰国した。

その後，BASF は技術供与の意思ありと回答してきた。そこで岡らを再度西ドイツに派遣し，三菱商事の支援を得て交渉に入った。

他方，東京では1956年8月に前記の「事業計画書」を作成し，当局に提出し

た。このなかで初めてポリエチレンが製造品目に加えられた。製造法としてはBASFの名前こそ出されていないが，高圧法によると明記され，契約も間近いことが示唆されていた。

　この間，「事業計画書」にたいする通産省の意向を窺うなかで，三菱油化の計画は出遅れており，とくに昭和電工，古河化学と競合していること，またすでに認可を受けている三井石油化学，住友化学の2社も規模を倍増する意向を通産省に示し，後発の計画の実現を事実上阻止する動きに出ていることなどが明らかとなった。通産省内部での検討では，軽工業局はいったんは三菱油化の計画を優先的に認める線でまとまったが，省としての決定を見るには至らなかった。通産省が三菱油化などの新規計画の認可を躊躇した根拠は，その需要予測にあった。それは1960年度の需要を2万5000トンと推定し，それに基づいて三井石油化学と住友化学2社の年産各1万2000トン計画を認可していた。したがって，新規参入の余地はないと判断していたわけである。

　三菱油化は独自の需要調査に基づき，「事業計画書」のなかで60年度の需要を約5万トンと推定し，したがって新規参入の余地のあることを主張した。この種の割り算は戦前以来，許認可の申請や決定に際しての常套手段であったが，ともあれ三菱油化としては，ポリエチレンに関する正式な技術導入の申請を一刻も早くおこなう必要のあることがわかった。しかしそのためには，BASFとの契約を済ませておく必要がある。そこでBASFとの契約が急がれることになった[46]。

(ハ)契約

　1956年10月，三菱油化とBASFのあいだで，年産1万トン設備の建設および操業に関する技術援助契約が締結された。ただし，BASF側は，西ドイツの税法上の理由から，パナマ国籍のBASF子会社トランスアトランティカ社が契約者となった。また，ドイツではICIがすでに特許を取得していたから，BASF社はノウハウのみを三菱油化に供与しえた。いずれにせよ，これが三菱油化にとって実に初めての技術導入となった。

　11月，同社は外資法に基づく認可を申請した。しかし通産省は，すでに触れたように，将来の需要見通しを前提に，新規計画を認める余地はないとして認可を躊躇していたから，同社はあらためて独自の需要予測——通産省より強気

の予測——を基に折衝を続けた。結局，通産省もこれを了承して需要見通しを改定し，57年2月に三菱油化，昭和油化，古河化学3社の計画を同時に認可した[47]。

(ニ) 資金

第1期計画全体の所要資金は116億円であった。三菱油化は，このうち18億円 (16%) を自己資金でまかなったほか，シェルからの融資 (11%)，日本開発銀行からの融資 (13%)，および市中銀行などからの協調融資 (60%) によった。協調融資団を形成したのは，三菱銀行，日本興業銀行，日本長期信用銀行，三菱信託銀行などの13行であった[48]。

(ホ) 操業開始までは順調に推移した。

(ヘ) 操業開始以降

「同業他社の多くが，中低圧法ポリエチレンで技術的に苦労している間に，……日本では高圧法の方が予想以上に需要が伸びたことと相まって，操業開始早々にして相当の利益をあげることができ」た[49]。第2期計画の枠内で，その規模は1959年から60年にかけて2度にわたり拡張され，60年末には年産5万トン規模になった。

BASF側は，三菱油化のポリエチレンが予想外に伸びたのを見て技術料が安すぎたと感じたのか，技術援助契約を補うための研究契約の締結を持ちかけてきた。そこでBASFとのあいだで研究契約が結ばれた。これによって三菱油化はBASF法技術について3年間の独占権を得たが，それが1959年末で満了となり，その後空白期間が続いた。そこで新しいノウハウの入手と独占権の延長の途を講じるために，BASFと新たな研究契約を締結し，61年8月に認可を得た。当初の契約では，改良技術は無償で提供されることになっていた。しかし新しい研究契約では，生産高を基準としてロイヤルティーを支払うことになった。こうしたこともあり，またBASFの技術に不満も出てきたため，三菱油化はアメリカのレグゾール社の技術などを調べたが，これは結実しなかった[50]。

(3) エチレン

(イ) 発端

三菱化成とシェルの合弁会社による当初の企業化計画には，エチレンは含ま

れていなかった。1955年12月の計画ではエチレン系に重点が置かれるようになるが，エチレンの製造源としては石油精製排ガスが予定されていた。この点は，56年4月の三菱油化の設立に先立って発足した社内の「石油化学委員会」での検討の対象となった。56年3月末の第1回会合で，エチレン製造源について，社長池田は重油，軽灯油，FCC排ガスなどのうちどれが最も有利であるかを今後の調査対象としなければならないと発言した。調査項目は，建設費はいうまでもなく，スチレンなどの原料としての純度と量，またポリエチレンへの進出との関係など，多岐にわたった。シェルからも意見を聞いた。また5月の会合では，日本揮発油の常務渡辺伊三郎が日本の石油化学工業は米英の方式を真似することなく，原油分解をおこなうべしとの注目すべき意見を述べた。

　こうした検討を踏まえ，56年8月の「事業計画書」においては，エチレン製造源として主にナフサを予定することになった。ポリエチレン，スチレンモノマーの計画の拡大にともない，生産規模は当初計画の6000トンから2万2000トンに引き上げられた（計画書では2万2800トンとなっている）。[51]

　ただし，この計画書にあっても，製造法としてはスチレンモノマーなどと一括してシェルの技術が予定されていた。この間，三井石油化学および住友化学がストーン・アンド・ウェブスター社とSW法に関する技術援助契約を結び，政府に認可を申請したとの報が伝えられていた。

(ロ) 交渉

　三菱油化がナフサ分解法として当初注目したのはケロッグ法であった。それは，先行他社にたいして三菱油化としての特徴を出したほうが認可を得るうえで有利であるという配慮が働いたためであるが，またシェルの推薦もあった。ところが，ケロッグ社は欧州では実績を持っていたものの日本での経験がなかったために，日本の技術にたいする認識が浅かった。そのため，日本でのエンジニアリング会社の技術を過小評価し，基本設計はもちろん，詳細設計も大部分は本国で進めなければならないとし，外貨による高額の対価を提示してきた。三菱油化は，これでは通産省の認可を得ることは困難であると判断し，ケロッグ法を断念した。そしてやむなくストーン・アンド・ウェブスター社との交渉に移った。同社はケロッグ社とは対照的に日本のエンジニアリング会社の実力を評価し，詳細設計は日本側に委ねるとして，ケロッグ社を大幅に下回

額を提示した。

(ハ) 契約

1957年6月，三菱油化はストーン・アンド・ウェブスター社と契約し，同時に認可を申請し，9月に認可を得た。この結果，三井石油化学，住友化学，三菱油化，日本石油化学の4社とも，ナフサ分解に関しては同一の技術を導入することになった[52]。

4　住友化学——慎重な出発
(1) 総合石油化学企業への道

住友化学は戦時中から京都大学教授児玉信次郎の指導で高圧法ポリエチレンや合成ゴムの研究に着手し，戦後もこれを継続していた。

1954年12月，同社は通産省に事業計画を提出し，それと同時に出光興産と共同で徳山に進出するという計画を立てた。しかしこれは実現に至らなかった。

55年7月，住友化学はICIから高圧法ポリエチレン技術を導入し，次いで56年3月にはエチレンについてSW法を導入する。原料ナフサは出光興産徳山製油所から供給を受け，新居浜でエチレン，ポリエチレンを製造するという出発であった。これによって同社は総合石油化学企業としては三井石油化学に次ぐ先行企業となった。新規事業への進出にはおしなべて慎重な住友化学だが，この分野では早かった。その要因のひとつは戦前以来の研究の継続であり，もうひとつは，エチレン分離後の副生排ガスからアンモニアを製造することによって，確実にアンモニア生産の合理化に寄与しうるという読みであった[53]。

ただし，エチレンとポリエチレンの2製品のみでの出発であり，エチレン生産規模も1万2000トンと，同時期に認可された三井石油化学の半分でしかなかった。しかも誘導品企業のコンビナートへの参加を求めない「一社展開方式」をとった。後に東洋紡との共同出資で日本エクスランを設立するまで，三井の東洋レーヨンに当たる需要企業を持たなかったこともあるし，もともと利益指向性の強い慎重な経営体質が表現されているともいえよう。そのため，ポリエチレンの高収益からその増設に夢中になって，他の製品への進出において遅れをとる結果ともなった。

このような経営体質は，三井，三菱の両グループとは対照的に，石油化学企

業化に際して住友グループが企業を新設せず,住友化学自身が石油化学に進出したという点に端的に示されている。その背景には,戦前の住友財閥以来の「一業一社」という不文律があった。実際,石油化学企業化に際して,グループ内あるいは住友化学内において新会社設立案が検討されたという事実はない[54]。このことが,住友化学の企業化計画をエチレンとポリエチレンのみに狭く限定した小規模なものとする一要因となった。逆に,このように比較的小規模で出発するという意思決定が新企業の設立を不必要とした。その後も,外国企業との合弁などの形で住友化学の子会社が設立され,またアルミニウム分野で住友アルミニウム製錬が設立されたという事例はあるが,石油化学は基本的に住友化学1社による事業であるという体制は維持された。このことは,三井,三菱の両グループと異なって,グループ内における化学企業間の競合を生まず,銀行や商社との関係においても摩擦を少なくしたが,その反面,事業の発展力においてやや劣る結果をも生んだ。

(2) 高圧法ポリエチレン
(イ)発端

1954年夏,ICIの幹部がポリエチレンの日本市場の調査のために来日し,三井化学とともに住友化学にも接触した。彼は,住友化学が児玉の指導の下で進めていたエチルアルコールからエチレン,さらにポリエチレンを誘導する研究に関心を持ち,これを高く評価した[55]。

(ロ)交渉

1955年春,ICIの幹部が再度来日したが,このときは三井化学がすでにチーグラー法の導入を決めていたこともあり,彼は主として住友化学と接触した。住友化学はその後,常務正井省三,取締役長谷川周重,新居浜製造所副所長塩谷二郎をICIに派遣して交渉に当たらせた。

(ハ)契約

1955年7月,住友化学はICIと高圧法ポリエチレン技術の導入契約を結び,これは同年11月に認可された。規模は1万2000トンであった。ICIは2万5000トンが経済単位であるとしてこの規模を推薦したが,住友化学はここでも慎重であった。

(ホ) 操業開始まで

　1957年1月に工場建設が開始されたが，これと同時に住友化学はICIの製品を輸入して市場開拓に努めた．工場建設から操業開始まで，契約に基づきICIから技師が派遣され，指導に当たった．業績は好調であり，早くも59年下期の売上げが主力製品である化学肥料に匹敵するほどの急成長を遂げていた[56]．

(3) エチレン

(イ) 発端

　新任常務長谷川が兼任建設部長塩谷とともに渡米したが，そこでアメリカン・サイアナミッド・カンパニー(ACC)から「エチレン製造技術のキャデラックはS&Wだ」と教えられた[57]．住友化学はすでにACCからメラミン樹脂，アクリル繊維，アクリルニトリルモノマーなどの技術を導入していたので，このコネクションを利用して情報を入手したのである．

(ロ) 交渉

　渡米した長谷川が交渉に当たったが，折から同じSW法の導入を計画していた三井石油化学と歩調をあわせて交渉し，有利な条件を得た．

(ハ) 契約

　契約は1956年3月であり，5月には認可された．原料は当初軽灯油を考慮したが，後になってナフサに切り換えた．規模は年産1万2000トンであって，全量エチレン用に向けることが予定された．三井石油化学の2分の1である．長谷川は共同して交渉した三井石油化学の鳥居にたいし，「そんな大きなものをやって大丈夫ですか」といったという[58]．設備建設費は12億5000万円，技術指導料は1億5000万円とされた．ストーン・アンド・ウェブスター社が技術者1名，オペレーター4名を派遣するという条件は，三井石油化学の場合と同じであった[59]．

5　日本石油化学——異種資本との協調

(1) 総合石油化学企業ないしエチレンセンターとしての発足

　日本石油は1951年10月，カルテックスと折半出資で日本石油精製を設立したが，それと同時に社内に「石油化学技術委員会」を設け，石油化学の企業化に

向けての技術的な検討を開始した。その過程で，日本石油精製が建設する接触分解装置からの分解ガス中のプロピレンに着目し，これを原料にイソプロピルアルコール (IPA) およびアセトンを製造する計画を立てた。この計画は帝人，旭化成への酢酸繊維原料の供給を狙ったものである。当初は日本石油精製で手掛ける計画も出たが，カルテックスが独占禁止法上不可能であるという理由で難色を示したために，日本石油は単独での企業化を決意し，54年10月「石油化学工業起業計画書」を通産省に提出するとともに，全額出資の子会社として日本石油化学を設立することを決定した。

その後，丸善石油が IPA とアセトンを含む企業化計画を立てて通産省に申請したために，競合関係が生まれた。また三井化学の企業化計画にクメン法によるアセトン製造が含まれており，かつカルテックスがクメン法を推奨してきたために，IPA 法とクメン法の選択の技術的検討が必要となった。結局，日本石油は規模を縮小して従来の方針通り IPA 法を採用すること，さらに具体的にはディスティラーズ法を導入することに決した。そして1955年8月の日本石油化学の正式設立となった。前月設立の三井石油化学に次ぐ早さである。55年10月，技術導入契約が結ばれ，56年1月，通産省の認可が降りた。そして57年5月に操業開始となる[60]。

しかし，この時点では IPA とアセトンに限定された計画であり，総合性は持っていなかった。

総合石油化学企業への契機は通産省の方針から生まれた。「通産省は，関東地区にも……総合石油化学工場の出現を期待していた。一方，当社も IPA・アセトン第1製造装置の建設に着手するなかで，わが国最大の消費地である京浜地区に立地する利点を生かし，総合石油化学会社に脱皮する方策を模索していた。こうした状況のところへ古河グループからエチレン・ブタジエンを供給して欲しいとの申し出があり，これが契機となって当社の第2次計画が急速に具体化していった。」[61]

古河グループがポリエチレン製造を計画し，原料エチレンの供給を日本石油化学に求めてきた。また旭ダウとのあいだにもスチレンモノマー用のエチレンを供給する約束ができた。さらに，酸化エチレン，エチレングリコールの企業化を計画していた日本触媒化学へも原料を供給することになった。こうした事

態を踏まえ，1956年8月，エチレン年産2万5000トンの設備建設を内容とする計画書を通産省に提出した。その後，同じ川崎に立地してエチレンからポリエチレンへの展開を計画していた昭和電工との関係が，通産省の指導によって調整され，昭和電工は川崎でのエチレンプラントの建設を断念したために，同社へもエチレンを供給することとなった[62]。通産省軽工業局有機一課長宮沢鉄蔵は，「昭電が単独でエチレン計画を遂行するのは時期尚早と思われるので，日石化学が総合石油化学センターを計画するのであれば，昭電計画を一時抑える」との意向を日本石油化学に示した[63]。昭和電工の鈴木治雄が後に書いたように，「第1期石油化学計画において，旧財閥系3社が積極的な意欲を示し，それぞれのグループでナフサ分解設備をもち，石油化学事業を始めたのに対し，川崎においては政府の強い指導によって，異企業の計画が日本石油化学のナフサ分解を中心に一本にまとめられた。」[64]

ここにようやく，日本石油化学は総合石油化学企業としての姿を整えることになった。1956年11月にはエチレンに関するSW法の導入契約を締結し，57年5月に認可を得た。そして59年6月の操業開始を迎えた。日本石油化学は日本石油精製から原料ナフサの供給を受け，ナフサを分解し，製品を昭和油化，古河化学，日本触媒化学，旭ダウ，日本ゼオン，昭和電工の川崎コンビナート諸企業に供給するエチレンセンターとして発足したのである[65]。ただし製品展開には，資本系列を異にする企業によって形成されたコンビナートであるだけに，制約があった。

(2) エチレン
(イ) 発端

ストーン・アンド・ウェブスター社からはすでに1956年1月，IPAとアセトンの製造技術であるディスティラーズ法を導入しており，しかもこれが順調に進んだことから，同社への信頼感があった。また当時，同社のエチレン技術は世界的に最も実績があった。日本石油化学の社史は「当時全世界のエチレン装置の70％以上を設計した実績」と，数字を挙げて高く評価している[66]。もっとも，日本石油化学はケロッグ社，ルーマス社，バジャー社などにも接触したが，技術的，コスト的にSW法を上回る技術はなかった。このような技術評価の中

心となったのは，常務林茂，技術部長根岸良二たちであった。

(ハ) 契約

1956年11月に契約がなされ，翌57年5月に認可となった。規模は当時最大の2万5000トンであった。これは公称であって，実際の能力はその倍であった。三井石油化学，三菱油化，住友化学の3社が「自家消費を目的として年産2万t前後のエチレンプラントを計画しているのに対して，日石化学の計画はエチレン外販を前提にしているので，装置大型化によるコストダウンで販売利潤を生み出すよりほかに仕方がない。また……将来の需要増が見込まれる……そのような考えから，……実はその2倍の5万tまで増産可能なように設計配置されていた。」「設計にあたっては，分解炉，熱交換器などを追加すれば，容易に5万トン/年まで拡張できるように配慮を加えた。」[67]

(ホ) 操業開始まで

契約に従い，ストーン・アンド・ウェブスター社から技術者が派遣された。1959年6月，コンプレッサーが震動するというトラブルを克服して操業が開始された[68]。

6 総合石油化学企業の発足

石油化学工業企業化第1期計画の下での先発総合石油化学企業4社の発足，またその中心となった技術の導入過程について見てきた。

総合石油化学企業の発足のそれぞれのケースには，さまざまな特徴が見られる。例えば三井石油化学のケースでは，まずキーとなる技術（すなわちチーグラー法）の導入が先行したが，これにたいして三菱油化のケースでは，先に新会社が設立され，そこにおいて導入技術の検討が本格化した。あるいはまた，三井石油化学のケースでは石炭化学への執着が思わざる結果を生んだが，三菱油化のケースでは当初から石油化学への目標設定が明確であった。さらには，三井や三菱の場合に比べて，住友と日本石油化学の場合には当初の総合性という点で見劣りがする。他方，トップ・マネジメントのリーダーシップのあり方を見ると，三井と三菱では他のケースに比べて，社長の強烈な個性が少なからぬ役割を果たした，等々である。

中心技術のひとつであるポリエチレン製造技術の導入に際しては，こうした

各社の特徴がストレートに表現されたように見える。ポリエチレンではもともと高圧法と低圧法の違いがあり——その差の持つ意味は当時はまだ明確に認識されていなかったが——，それぞれにかなり多くの技術がオファーされた。そのなかで ICI 法のように複数の企業が注目する技術もあったが，4 社それぞれ異なった技術を導入する結果となった。そこには，独占的ないし排他的なライセンシング形式が採られたという要因のほかに，技術の難易度，製品展開の不確定性といった要因が働いていた。すぐ後に触れるような，各企業の技術的伝統や戦前以来の外国企業とのつながりといった要因も挙げられる。さらに，まだ導入されていない新規技術のほうが通産省の許認可を得やすいという計算もあったであろう。

　他方，もうひとつの中心技術であったエチレン製造技術では，4 社とも SW 法を選択する結果となったが，そこに至る各社の判断ないし戦略はそれぞれに異なっていた。後発企業は未導入技術を選択しようとしながら，結局 SW 法に落ち着いた。ここでは，特許のあり方やライセンシングの形式，技術の難易度，製品展開などが，ポリエチレンの場合とは異なっていたと見てよい。

　こうして，中心的な導入技術の共通性と差異性を超えて，各企業はそれぞれに特徴と個性を発揮していたと見たほうがよさそうである。各企業のこうした特徴ないし個性はその経営体質などとも関連しており，それ自体興味深いが，ここではこれ以上立ち入ることをせず，各項のサブタイトルに語らせるにとどめたい。すなわち，「三井石油化学——果敢な挑戦」，「三菱油化——体系的展開」，「住友化学——慎重な出発」，そして「日本石油化学——異種資本との協調」がそれである。

　ここではむしろ，各ケースに共通した面ないし石油化学企業化における同質性，とくに企業戦略における同質性に注目したい。独自の技術開発力に乏しく既存技術に依存し，外国からの技術導入による場合には，企業戦略の同質性ないし同質化傾向が強く，これとは対照的に，独自の技術開発力で新分野を開拓する場合には，多くの差異性ないし分化が見られる。そして，総合石油化学企業の成立期にあっては，企業戦略はおおむね同質的であった。これがここでの仮説である[69]。

(1) 環境

　総合石油化学企業の発足にとって，いくつかの環境要因が存在した。

　まず第1に，三井石油化学にたいする東洋レーヨンの関心に見られるように，合成繊維，合成樹脂，塩ビ，合成ゴム，さらに合成洗剤などの大量消費の時代に入り，石油化学製品市場が開かれた。事実，1950年代に入ると，石油化学製品の輸入が増大しつつあった。石油化学企業はこれらの産業にたいする原料供給者として発足したのである。第2に，他面では世界的に安価な原料の供給が確保されていた。原料ナフサは基本的には自由競争の下にあった。さらに第3に，資金的にも日本開発銀行や長期信用銀行による融資の途が保証されていたし，さらにグループの共同出資による新会社設立や系列金融機関による融資，外資導入という途もあった。装置産業としての石油化学工業への参入には膨大な資金が必要とされた。4社のうち3社が旧総合財閥系企業であり，1社が外資系企業の子会社であったのも，基本的にはそのためであろう。しかし，いったん通産省の「育成対策」によって選ばれた企業にとって，資金的な制約はほとんど存在しなかった。第4に，ちょうど石油化学工業への参入直前までに合理化を終えていた三井化学の例に見られるように，協調的労使関係の成立という要因も不可欠であった。

　そして，通産省による産業政策の果たした役割は，やはり巨大であった。合成繊維，合成樹脂，やや遅れて合成ゴムなどの産業の育成を通じて，石油化学工業にとっての市場が創出された。また旧陸海軍燃料廠跡地・設備の払下げによって，絶好の立地が与えられた。用地払下げを通じて，石油化学工業は原子力産業と並んで企業グループ形成の一契機となった。資金的バックアップや税制上の優遇もあった。

　本章で注目した技術導入との関連でいえば，1949年の「外国為替及び外国貿易管理法」(外為法)と1950年の「外資に関する法律」(外資法)に基礎を置く許認可権の果たした役割が重要である。外資法は，日本の企業が導入した技術について外貨による支払いを保証している。「国際収支の改善に寄与するか，重要産業または公益事業に寄与する」ことが認可の条件とされていたが，その運用は外資審議会に委ねられており，実際にはきわめて厳しく運用された。すなわち，「一方では産業の国際競争力に役立つ限りにおいてのみ，厳しい審査基準

の下で外資導入，技術導入が図られ，他方では，巨視的にみて日本経済の発展に貢献するであろうと考えられる場合でも，重要産業における民族系企業の擁護という狭い観点から，外資は基本的に排除されていたのである。」[70] 石油化学工業にたいしては例外的に輸入規制が設けられなかったが，それでもこのような外資政策のあり方は変わらなかった。許認可行政は，外資による経営支配の規制の下で，技術のみ導入することを可能にしたのである。

　しかしここでは，技術に関わるいまひとつの環境要因を強調したい。それは，当時の国際的な技術の市場のあり方である。

　技術導入の過程に関するこれまでの分析のうち，(イ)「発端」や(ロ)「交渉」の項目からわかるように，1950年代，日本の企業にたいして欧米の企業のあいだでの相当に激しい売込みがあった。欧米企業はしばしば自ら日本企業にアプローチしてきた。とくに，1930年代に簇生したアメリカのエンジニアリング企業は積極的であった。ストーン・アンド・ウェブスター社もそのひとつである。しかしこうした企業だけではなく，ICI のような大企業も住友や三井への売込みを活発におこなった。こうしたことから，結果的に見て，日本企業は比較的安価で良質の技術を文字通り自由に購入することができた。例えば，三菱油化の BASF からの高圧ポリエチレン技術の導入がそうであるといえよう。このような，当時の国際的技術市場のあり方は，勃興期にある日本の石油化学工業に幸いした。

　(ニ)の「資金調達」の項目に見られたように，設備費およびライセンス料はたしかにときには巨額であったが，その場合でさえ，買い手である日本企業はそれをさほど苦にしていなかった。三井のチーグラー法のケースで，石田は「あまりねぎるな」と指示していた。そして，BASF から導入した三菱油化のポリエチレン技術にも見られるように，それは往々にして結果的に安い買い物であった。

　高い技術料への懸念は石油化学工業の企業化当初から存在した。1955年2月に提出され，通産省の「育成対策」の前提となった石油化学技術懇談会の「石油化学の工業化技術について」という文書では，エチレンその他の主要技術について，「一時払い程度の技術導入を行うのがよい」と繰り返し述べられていた[71]。これは，高い技術料を払うことへの懸念ないし警告であろう。そして，

その当時もまたその後も，高すぎる技術料への非難はしばしば繰り返された[72]。しかし，買い手である日本企業の競争もあった反面，SW法購入における三井石油化学と住友化学の例のような協調もあったし[73]，通産省の許認可行政による下方誘導もあった[74]。そして何よりも，売り手である欧米企業間の競争が激しかったのである。

さらに，このように自由かつ安価に技術を購入しえた背景には，国際特許のあり方のほか，欧米企業による日本市場の拡張可能性に関する過小評価があった。三菱油化のケースにおけるシェルや，日本石油化学のケースにおけるカルテックスのように，外資は日本における総合石油化学の企業化におおむね消極的であり，日本にはエチレンセンターは不必要だと考えていた。それは，日本市場の将来を過小評価していたことを意味するであろう[75]。そこから，日本企業にとっての有利な参入機会が増大したのである。

(2) 戦略

繰り返すまでもなく，石油化学の企業化に当たって外国技術の導入は不可欠であったから，通産省の許認可権の威力は絶大であった。外資法に基づく外資審議会の個別審査の過程において，通産省はこの権限を行政介入の手段として活用した。導入技術の選定から価格や時期などの導入条件に個別に介入することにより，通産省は設備投資という企業活動の核心に介入していた。しかし，環境を認識し，技術を選定して設備投資を決定・実行する主体は，あくまでも企業であった。

企業による環境認識の焦点は，石炭化学から石油化学への転換が必至であることをどこまで認識しえたか，言い換えれば，石炭化学あるいは石炭への執着を振り切ることができたかどうかであり，そしていったん石油化学に転換した場合，技術合理性からして不可避的に総合化の道を歩まざるをえないことをいち早く見通しえたかどうかであった。この点において，先発総合石油化学企業となった4社は他社に先行していたといいうる。

一見したところそうした認識が欠如しており，まったくの偶然から石油化学に参入する契機をつかんだと見えるケースもある。その典型は三井石油化学によるチーグラー法導入のケースであろう。実験室段階にあった技術を社長の

「独断」によって,しかも高額の対価で購入したあたり,戦前の日本窒素の野口遵によるカザレー法導入のケースを想起させる。しかも当事者石田の認識では,この買い物は石炭化学での展開を意味していた。この石炭化学への執着は,三井鉱山および三井化学の利害を考慮したということのほかに,石油化学技術はむろんのこと,石炭化学技術も,ドイツと異なってなお十分に発展していなかったからでもあった[76]。しかしこのケースでは,すでに見たように,中島という技術者による技術評価が決断の前提にあったのであり,けっして社長石田の「独断」ではなかった。石炭化学への執着も早いうちに訂正された。そして,このような技術評価の背景には,戦前の三井鉱山によるフィッシャー法石油合成技術の導入以来の蓄積があったのである。

(イ)の「発端」の項において明らかになったように,情報収集のための努力はさまざまな形で積み重ねられていた。調査目的での欧米への人の派遣はすでに始まっていた。それはしばしば重役クラスによってなされた。また専門雑誌などによる文書情報の丹念な収集もあった。連合国によって押収され,日本でもGHQを通じて日比谷のCIE図書館において公開されたドイツ化学企業の技術情報文書,いわゆるPBレポートは,当時第一線にあった多くの技術者によって徹底的に解読された。商社による情報収集も見逃しえない。ただしその意義は,技術評価や技術選択にしばしば決定的な役割を果たした戦前に比べると,一般に低まったと見られる。

要するに,石炭化学から石油化学への転換が必至であることを洞察しえた技術者たちが存在したのである。彼らは認識のキー・パーソンであった。

キー・パーソンは(ロ)の「交渉」の過程においても存在した。彼らは認識のキー・パーソンと同一人物であることもあったが,異なることもあった。彼らは転換の必然性を洞察しうるだけでなく,個々の技術を評価しうる能力を備えていなければならなかったし,事実よく備えていたといってよい。交渉,さらに契約は,多くの場合重役クラスが直接担当し,社長自らが担当するという場合もあった。ちなみにこのことと表裏をなして,発足当初ゆえ当然でもあるが,新設企業の経営組織は発足後しばらくのあいだ比較的簡略であった。また,交渉から契約に至る過程での商社の役割は,戦前より低下したと見てよさそうである。

こうして，認識から意思決定に至る過程における連続性を確認しうるであろう。この連続性は戦前からの連続性とも関連している。ポリエチレン技術の導入の際，三井は低圧法であるチーグラー法を選び，三菱は高圧法である BASF 法を選んだが，そこには戦前からの連続性を読み取ることができる。戦前，三井鉱山は人造石油の開発において低圧合成のフィッシャー法を導入してこれに慣れ親しみ，三菱化成はアンモニア合成で高圧水素添加のハーバー・ボッシュ法を導入していた。またこれに付け加えれば，同じ三菱財閥系の三菱鉱業は人造石油でのIG（イーゲー）法にアプローチしていたし，三菱商事はこの導入に積極的であったが，このIG法は高圧下の反応を制御する方法だったのである。さらに，三井の場合は，戦前と同様にルール地方の鉄鋼資本とのつながりを頼ってアプローチしたのであるし，三菱の場合，BASFはIG（イーゲー）ファルベンの後身のひとつであるから，資本的にも戦前からの連続性を認めることができよう[77]。

しかし，環境の認識から参入の意思決定へ向けて，企業家精神の発揮と呼んでもよい一種の飛躍があったこともたしかである。ただ，そのような企業家精神は，どの技術を，いつ，いくらで買うかという場面で発揮された。同時代の西ドイツの企業がたえず直面したような，自主技術か導入技術かという選択は，日本ではほとんど問題にならなかった。

いったん石炭化学から石油化学への転換が開始されると，その後の展開は早かった。結果的には西ドイツと比べてもわずかの遅れしか見せていないし，世界的に見ても早い転換であった[78]。それは，自主技術への執着から技術導入に逡巡する余地がないことの結果であったともいえようが，それ以上に，旺盛な技術消化力の結果であった。もちろんここでも，技術導入だけでなく，その後の製造技術やノウハウの入手も比較的容易であったという好環境を見逃すことはできない。製造企業からの技術導入とエンジニアリング企業からのそれの違いのひとつは，前者の場合は製造技術・ノウハウも付随して入手しうるが，後者の場合はそれが必ずしも保証されていないという点にある。しかし後者の場合でも，当時は他のライセンシーから，見学や実習などの手段を通じて入手しえたのである[79]。

（ホ）の「操業開始まで」，および（ヘ）の「操業開始以降」の項で見たように，三井石油化学のチーグラー法のケースが例外的に困難に遭ったが，その他の

ケースは順調に展開した。チーグラー法も実験室段階の技術を購入したがための困難であり、しかも後に触れるように、その後三井石油化学はこの苦闘のなかから自主技術を開発していったのである。

(3) 成果

ポリエチレンの事例に見られるように、通産省は当初、その需要予測において一般に慎重であったと推測される。このような方針に加えて、通産省は許認可においてある種の平等主義をとっていた。その結果、国際的なスケールからして生産規模が過小な企業が過剰に誕生することになった。たしかに、当初から輸出競争力ないし国際競争力の強化が謳われていた。それは、石油化学工業にたいしては例外的に輸入規制が設けられていなかったから、とくに強調された。しかし実際には、例えば当時アメリカでのエチレンの生産規模が年産4万トンないし7万トンであったのにたいし、日本ではせいぜい2万5000トンであった[80]。こうして、国際的に見てやや小振りの、しかもほぼ同一規模の企業が、時期的にほぼ横一線に並んで活動を開始したのである。これは本来であれば、「過当競争」を、しかも許認可行政によってもたらされたという意味で「規制された過当競争」を生むか、あるいは促進するはずである[81]。ただ、現実には通産省の予測を上回るテンポで需要が拡大したから[82]、「規制」の側面が働いて、利潤率格差を含みながらも一般に高利潤率がもたらされた。そこから、この石油化学企業化第1期計画以降、先行企業を少しでも上回る規模の設備投資をおこなおうとするスケールアップ競争が展開されることになる。

1950年代の好環境の下で、各企業はこぞって同質的な戦略を採用し、エチレンとその誘導体の生産を展開した。1960年代には、エチレンセンターをはじめとするスケールアップ競争という形で、戦略における同質性はさらに継続することになったのである。

7 1960年代以降の展開

(1) 導入技術の高度化と国産技術の開発 (1959-64年)

1959年12月、通産省は「今後の石油化学工業企業化計画の処理方針」を定めた。これをもって、いわゆる石油化学工業企業化第2期計画が始まる。次いで

60年5月に，同省はエチレン4万トン以上という新規設備の認可基準を設定した。さらに62年10月，石油の輸入が自由化された。この時期の主な特徴は，市場拡大とスケールアップによる生産性の上昇，そしてコストダウンであり，副次的メカニズムとして，未利用オレフィンの総合利用，新製品の工業化，アセトアルデヒドなどの旧製法の代替があった。

1960年代のこの時期には，先発4社を追って，東燃石油化学，大協和石油化学，化成水島，丸善石油化学，出光石油化学の後発5エチレンセンターが成立した。

先発4社も設備を増強した[83]。三井石油化学は1959年8月に「岩国第2期計画書」を提出したが，59年12月の通産省の石油化学工業企業化計画「処理方針」が決定されたことを受けて，60年4月に計画を改定した。エチレンは当時最大の6万トンと計画され，エチレンを有効利用する新規プロジェクトとして，高圧法ポリエチレン，アセトアルデヒドおよびスチレンが選ばれた。さらに同社は，ポリプロピレンとアセトンの有効利用としてMIBKの企業化を図った。その後，フェノールの増設計画を追加した。これにともない，岩国に隣接した大竹地区に進出した[84]。

三菱油化はすでに1958年12月，通産省の第2期計画のちょうど1年前に，先発4社の先頭を切って「第2期事業計画書」を通産省に提出した。その特徴は，「未利用留分を有効活用してエチレンコストの引下げを実現すると同時に，総合石油化学企業としての事業体制の確立に本格的に挑戦したことである。」しかし，「需要の増大に対処すると同時に経営基盤の強化を図る」ため，同社は59年7月にこの計画を改定し，あらためて通産省に提出した。さらに59年12月の通産省の「処理方針」を受けてこれを再度改定し，60年6月，第2期計画を最終決定した。それまで第2エチレンプラントは第1期とまったく同一規模の2万2000トンを予定していたが，これを3万8000トンに引き上げるとともに，ポリエチレンとスチレンモノマーも増強することにした[85]。

こうして，表7-4に見られるような9センター体制の成立をみた。1964年に第2期計画が完了したが，このときまでにわが国のエチレン生産能力は合計73万トンになった。翌65年，エチレン生産高は80万トンに増大し，アメリカの400万トンに次いで世界第2位となった。企業単位では三井石油化学は第10位

表7-4　エチレンセンター9社

	センター企業	立地	エチレン生産能力 （年産1,000トン）	操業開始年月
先発	三井石油化学	岩国	20	1958年4月
	住友化学	新居浜	12	1958年4月
	三菱油化	四日市	22	1959年5月
	日本石油化学	川崎	25	1959年6月
後発	東燃石油化学	川崎	40	1962年3月
	大協和石油化学	四日市	41.3	1963年6月
	丸善石油化学	千葉	44	1964年7月
	化成水島	水島	45	1964年7月
	出光石油化学	徳山	73	1964年10月

資料：『日本石油化学三十年史』前掲，41ページ。

にランクされた。石油化学製品の生産額にたいする輸入額の比率は，1965年頃までに5％とネグリジブルとなり，輸入代替過程が終了した。

技術的には，機器の国産化と相まって，機器の大型化，スケールアップが続いた。1959年，政府の技術導入の認可基準がポジティブリストからネガティブリストに切り換えられ，これによって技術導入は原則として認可されることとなった。このことを背景に，技術導入がさらに積極的に継続された。この時期で記憶に新しいのは，ポリプロピレンの導入合戦，いわゆる「モンテ参り」である。このときモンテカチーニと接触した企業は，その後明らかになっただけでも，化学系企業12社，繊維系企業13社の合計25社にのぼっていた。しかしそれだけではなく，導入技術の高度化，国産技術の開発への努力が積み重ねられた。装置機器の国産化も進んだ。さらに外資との提携では，合弁企業の設立も増加した。石油化学における合弁は資本自由化に先行したから，50対50のラインが守られ，経営権を確保したうえでの技術導入が継続された。

このような導入技術の高度化，国産技術の開発，外資との提携などにおいて，先発4社は先行していた。それは後発企業の挑戦への対応であった。

導入技術の高度化では，機器の大型化が目立った。三菱油化の高圧法ポリエチレン設備の大型化技術はBASFのそれを上回ったといわれたし，住友化学の技術もやはり導入先のICIのそれを凌駕したといわれた[86]。この大型化技術の進展は機器の国産化と並行していた。三井石油化学では，第1期のエチレンプ

ラントでは計測機器もすべてハネウェル,フォクスボロなどの輸入機器に頼ったが,第2期では山武,横河などの国産品への代替が進んだ。三菱油化の機器はポリエチレン用のパイプを除いて国産化された[87]。

国産技術の開発の事例としては,三井石油化学ではチーグラー法重合技術,テレフタル酸における空気酸化技術,クメン法フェノールにおける自動酸化技術などの自社技術が挙げられる。後にはさらにポリプロピレン技術が加わった[88]。

同社はまた,ポリエチレン分野で合弁企業を設立した。この分野では低圧法を選択し,その企業化に全力を傾けてきたが,高圧法ポリエチレンにも進出することにした。残された技術として優れているのはデュポン社の技術だけであったから,その技術導入を図った。中島らがデュポン社を訪問したが,当時デュポンでは技術提携をおこなわない方針であったので,いったんは断られた。しかし,日本の他の2社との競合にせり勝って,1960年12月,三井ポリケミカル(現三井デュポンポリケミカル)が設立された。デュポンには,既存プロセスの提供に際して50％以上の資本参加を前提条件とするという不文律があったが,これを押し切っての設立であった。デュポンの海外投資で50対50というのは初めてであったし,デュポンが経営権を持たないのも初めてであった[89]。

三菱油化もスチロポール(発泡ポリスチレン)の分野でBASFとの合弁企業を設立した。同社はスチレンモノマーの消化策としてこれに着目し,BASFからの技術導入を図った。日本にこれを輸出していたBASFも,日本での生産に関心を持っていた。三菱油化は優先取得権が自らにあることから自社での生産を主張したが,BASFは合弁,しかも50対50を主張した。交渉の結果,合弁事業として工業化することになった。その後BASFが積水化学との特許係争に敗れたので,三菱油化は特許料を大幅に引き下げさせ,改定契約を締結した。この契約が1961年12月に認可された。ただし,50対50の出資比率は政府の認可が得られなかったので,油化51対BASF 49とし,62年1月,新会社油化バーディッシェを設立した[90]。

(2) 開放体制下の量的拡大(1964-73年)

1964年のIMF 8条国への移行,OECD(経済協力開発機構)への加盟にとも

なって，貿易および資本の自由化，開放体制への移行が日程にのぼってきた。石油化学工業の国際競争力の強化はすでに「育成対策」のときからいわれていたが，それがいっそう重要な課題となった。これを受けて，石油化学工業企業化第3期計画の時期に入る。1964年12月，通産省は「石油化学協調懇談会」を設置した。これは，特定産業振興臨時措置法（特振法）が廃案となったのを受け，官民協調方式による産業政策の遂行を目指したものである。石油化学工業界は特振法に賛成していただけに，石油化学工業に関するかぎり，企業と政府の関係に基本的に変化はなかった。65年1月，この協調懇談会はエチレン新規設備の認可基準を10万トンとし，さらに67年5月には30万トン基準を打ち出した。国際競争力の強化のためにはエチレン30万トン体制が不可欠の前提であり，この前提を作り出すためには企業の自己責任体制を確立し，一方では同一企業グループ内部での競合をも含む競争を促進すると同時に，他方では共同投資や輪番投資などの形で協調を進める——これが協調懇談会の処方箋であった。

　当時，エンジニアリング企業の試算では，30万トン規模まではコスト低下が顕著であるといわれていた。世界的には30万ないし45万トン・プラントが出現していた。大部分の企業にとって30万トン基準をクリアするのは困難と見られていたが，協調懇談会の予想に反し，9社がエチレンセンターとして名乗りを挙げた。

　先発総合石油化学企業4社はいずれも第2エチレンセンター建設を計画し，実行した。三井石油化学が千葉，住友化学が千葉，三菱油化が鹿島に建設したほか，日本石油化学は三井石油化学との共同投資により川崎に30万トン・プラントを建設した。三井グループでは1968年10月に三井化学と東洋高圧の合併により三井東圧化学が成立したが，同社はゼネラル石油と組んで大阪・堺泉北コンビナートを形成し，そのエチレンセンターとなる計画を進めた。こうして，すでに化成と油化がそれぞれエチレンセンターとなっていた三菱グループに続いて，三井グループ内部でも2社が競合することとなった[91]。

　結局，表7-5に見られるように，共同投資や輪番投資をまじえながら，9社の30万トン・エチレン設備が新たに建設された。この過程でこれまでの9コンビナートに新たに6コンビナートが加わり，合計15コンビナートの体制が成立した。

表7-5 エチレン30万トン計画

企業	実施形態	内容	立地	完成時期
丸善石油化学	単独	既存誘導品会社の増設が中心	千葉	1969年
浮島石油化学	共同投資	三井石油化学と日本石油化学との折半出資	川崎	1970年
住友千葉化学	輪番投資	最初は住友化学、次期増設は東燃石油化学	千葉	1970年
大阪石油化学	共同投資	三井東圧化学と宇部興産等の関西石油化学グループとの折半出資	泉北	1970年
水島エチレン	共同投資による輪番投資	山陽石油化学(旭化成、日本鉱業の共同投資会社)と三菱化成の折半出資、山陽エチレンとの輪番(先番)	水島	1970年
三菱油化	単独		鹿島	1971年
新大協和石油化学	輪番投資	最初は三菱油化(四日市)が20万トン/年設備を建設(1968年)、第2期として新大協和石油化学が建設	四日市	1972年
東燃石油化学	輪番投資	住友千葉化学に続いて建設	川崎	1971年
山陽エチレン	共同投資による輪番投資	山陽石油化学と三菱化成の折半出資、水島エチレンとの輪番(後番)	水島	1972年

資料:『日本石油化学三十年史』前掲、75、117ページ。

　エチレンに代表されるように、この時期には設備の大型化によるスケールメリットの追求がピークに達した。それとともに、前の時期から引き続いて、塩ビ、芳香族、アンモニア、酢酸などの旧製法の代替も進んだ。
　他方、1968年に技術導入が完全に自由化されたこともあり、依然として技術導入は続いた。例えばエチレン技術では、三菱油化がSW法からルーマス法に切り替えたほか[92]、住友化学や日本石油化学は改良された新SW法を導入するなどの動きがあった。しかし、画期的な新製品や新製法はほとんど登場しなくなった。また技術導入のプロセスもかなりルーティン化し、例えば、交渉や契約締結に際しての重役の派遣も稀となってきた。
　1965年あたりから日米間に、また1967年には日欧間に通商コンフリクトが発生し、拡大する傾向を示した。これは技術導入にとっての障壁の増大を意味した。さらに67年7月に第1次資本自由化が実施された。そのため、これまでのような一方向的な技術導入はしだいに困難となり、技術導入に際してもクロス

ライセンスや合弁などの要求がいちだんと強まることが予想された。このため，設備大型化とともに国産技術の開発が重要な課題となってきた。そればかりではなく，設備の大型化にともなって「四日市ぜんそく」などのいわゆるコンビナート公害が発生し，また工場災害が頻発したが，このような環境問題および保安問題への技術的対応も新たな課題として登場した。

こうした課題に対処すべく，各企業は研究組織の充実に努めた。この頃，先発企業も競って中央研究所ないし総合研究所を設立した。住友化学は1965年に中央研究所を，三井石油化学は1967年に総合研究所を，そして三菱油化は1968年に中央研究所を設立した[93]。

この時期の自社技術の開発の一事例としては，三井石油化学におけるポリプロピレンが挙げられよう。社長石田は三井化学との関係を配慮して，10年間はポリプロピレンを手掛けないよう社内で厳命していた。だが，プロピレンの有効利用というガスバランス上の考慮から，また低圧法ポリエチレンと補完的な製品であることから，同社はようやくこれを開発することにした。当初，東洋レーヨンとともにモンテカチーニ法の導入を考えたが失敗した。そこで次にアメリカのイーストマン・コダック社からの技術導入を予定し，1964年10月にコダック社とのあいだに技術導入契約を結んだ。しかしこの頃，自社開発に努力してきた技術の企業化に見通しがついたので，66年5月にこの契約を解消し，自社技術によることに決定した。66年12月，中間試験設備を建設した後，急遽千葉第1期計画に組み入れられ，68年2月に本格的プラントの完成を見た[94]。

1970年頃から活発になった技術輸出は，こうした自社技術開発の努力の成果である。三井石油化学の輸出第1号となった技術は，70年のルーマニア向けの低圧法ポリエチレン技術であった。次いで71年にはポーランド向けにポリプロピレン技術を輸出した。さらに71年にアメリカのハーキュリーズ社にたいして石油樹脂製造技術を輸出した。三菱油化も70年，ソ連にベンゼン技術を，73年には中国にエチレン・ポリエチレン技術を輸出した。住友化学はすでに塩ビ樹脂製造技術などを64年頃から欧米に向けて輸出していたが，69年にはデュポンにポリオレフィン技術を，72年にはオランダのDSM社にポリエチレン技術を供与した。さらに，日本石油化学は71年に西ドイツのラインホールド・アルバート・ヘミー社にたいして石油樹脂の製造技術を輸出した。こうして，技術

表 7-6　設備処理の概要　　　　　　　　　　　　　　　　　　　（単位：万トン，％）

	処理前能力	処理目標量	処理率	処理期限	処理量	達成率
エチレン	635	229	36	1985年3月末	202	88
ポリオレフィン	413	90	22	1985年6月末	85[1]	94
塩化ビニル樹脂	201	49	24	1985年3月末	45	92
エチレンオキサイド	74	20	27	1985年6月末	12	61
スチレンモノマー	180	47	26	1985年9月末	34	73

注：1) 低密度ポリエチレン処理量　59万トン（達成率93％）
　　　高密度ポリエチレン処理量　26万トン（達成率98％）
資料：『日本石油化学三十年史』前掲，207ページ．原資料は『石油化学工業年鑑』1986年版，石油化学新聞社など．

輸出は対途上国ばかりではなく，先進国企業にたいしてもしだいに増加していった[95]．

(3) プロセス合理化と高付加価値化（1973年以降）

　1971年の国際通貨危機と1973年の第1次石油危機，とくに後者は，石油多消費型産業の典型である石油化学工業を直撃した．ナフサ価格は第1次石油危機を境に6000-7000円／キロリットルから2万5000円前後に高騰し，第2次石油危機以降はさらに4万円ないし5万円台に上昇した．製品価格も高騰したが，マージンは減少し，需要減少と相まって利益率は低下した．エチレン生産は1973年まで幾何級数的に増大してきたが，第1次石油危機以降は年産400万トン水準を上下するという変容ぶりであった．技術導入の障壁は，技術格差の縮小だけではなく，日米通商コンフリクトの深刻化や日欧通商コンフリクトの拡大によっても高まった．まさに「疾風怒濤，逆巻く荒波のなかを漂い懸命に激動苦難に立ち向かった時代」の始まりである．

　第2次石油危機以降に限って見ると，消極的対応としては，不況カルテルの形成や設備の協調廃棄などが採用された．その成果については表7-6が概念を与えている．1982年から翌年にかけて不況カルテルが実施された．エチレン部門は83年5月に実施された産業構造改善法の対象となり，88年3月まで協調スクラップが実施された．その結果，最初の総合石油化学工場であった三井石油化学の岩国工場では，85年3月以降エチレンプラントはもはや稼働していないし，住友化学の新居浜でも同様である．またポリオレフィンの共販会社4社も

設立された.企業間組織の再編成も進捗した.さらに,異種資本系列間の提携も近年稀ではなくなってきた.87年9月には,ビスフェノールA (CD 基板などのハイテク製品に用いられる樹脂の中間原料) について,三井東圧化学と三菱油化が共同出資の生産会社を設立したと報じられた.

　これらの組織的な合理化と並行して,生産技術的な合理化も進められた.この時期には,とりわけプロセス合理化や排熱回収の強化に力が入れられた.たしかにその効果は目覚ましかった.石油原単位は10年間に70％以上も低減した.これは国内の主要産業のなかでは最も目覚ましい成果であったし,世界の石油化学工業と比べても遜色ない[96]。

　他方,積極的な対応としては,ファインケミカル化の追求,製品の特殊化ないしスペシャルティー製品の追求——狭義の高付加価値化——,Ｃ１化学などによるナフサからの原料転換,さらにはバイオテクノロジーや光ディスクなどへの多角化などが目指されている.そればかりではなく,事業転換や脱石油化学という戦略すら採用されている.要するに,広義の高付加価値化が課題となっているのが現状である[97]。1988年に入って,持続的な景気拡大のなかでエチレンの供給不足が懸念されるに至り,設備の新増設計画が相次いだが,高付加価値化の基本方向に変化が生じているとはいえないであろう.

　このような課題に応えるために,石油化学以外の分野の企業との技術提携はもちろん,石油化学内部での異種資本系列間の技術提携も稀ではなくなってきた.ファインセラミックやバイオテクノロジー,高分子などを対象とした研究開発組合の結成も見られる.海外直接投資では大型プロジェクトは影をひそめたものの,第三国における米欧企業との協調も含めて,海外生産拠点の設置は盛んであるし,1985年のＧ５サミット以降は著しく増加しつつある.技術導入は1973年を境に減少し,他方では,1970年頃に始まった技術輸出が年を追って増大している.地域別の内訳を見ると,依然として途上国向けが中心であることに変わりはないが,先進国向けも増大している.

　すでに第1次石油危機以前に,ファインケミカル化への動きは見られた.しかし1973年の石油危機以降,プロセス合理化の努力が前面に出た.その成果は目覚ましく,80年代後半に入って,ある程度の回復が記録された.日本の石油化学企業は2度の石油危機の激動を生き延びることに成功した.その反面,研

究開発,とくに基礎的研究の遅れがますます指摘されるようになってきた。化学工業は19世紀に近代産業として誕生して以来,つねに最も研究集約的な産業のひとつであった。それだけに,ある企業の研究所幹部の次のような述懐をたんなる杞憂といいきることはできないであろう。「日本でプロセス合理化にやっきとなっているあいだに,アメリカの石油化学企業はバイオテクノロジーをはじめとする新分野の開拓に着手していた。省石油戦略に成功した日本の企業が80年代に入ってこれらの新分野に手をつけ始めたとき,あらためてテクノロジー・ギャップを自覚せざるをえなかった。」

おわりに——独創技術への挑戦

　本章では,総合石油化学企業の発足とその時期における中心技術の導入を考察したあと,技術の展開を軸に,戦後石油化学工業の企業史を通観した。

　総合石油化学企業が成立する時期に見られた旺盛な技術導入は,その後も続けられた。冒頭で触れたように,技術導入も技術発展の一環であって,実際にも技術導入から導入技術の高度化,自社技術の開発は連続した過程であった。初期における技術導入にすでに革新的技術開発への芽を認めることができる。ひとつは,各企業とも自らの意図や判断基準を明確にしたうえで技術を主体的に選択していた。また,いったんある技術を選択したあとは,自主技術の開発努力を放棄してでも,導入技術を丸ごと学ぶ姿勢があった。そして欧米企業から与えられた技術より高いところを目指し,そのために技術的困難に遭うこともあった。そして自ら得意とする技術にこだわり,それを生かそうとした。

　導入期におけるこのような姿勢は,技術の連続的ないしインクリメンタルな開発を可能にしたし,さらには革新的開発にもつながりうるが,しかし必ずしも後者を保証するものではない。技術貿易の現状では,独創技術への挑戦は企業が世界市場で生き残るためにおそらく不可欠の戦略であろう。「6　総合石油化学企業の発足」で提示した仮説を持ち出せば,日本の石油化学企業に企業戦略の分化が見られるかどうかが,成否を分けることになろう。

　付記　ヒヤリングおよび史料収集に際して多くの方のお世話になった。厚く御礼申し

上げたい。とくに次の方々のお名前をここに記させていただく。鳥居保治氏（三井石油化学工業相談役），藤井茂氏（三菱油化顧問），徳久芳郎氏（三菱油化企画調査室長），土方武氏（住友化学工業会長），平川芳彦氏（元日本石油化学技術顧問）には快くヒヤリングに応じていただいた。またそのアレンジに際しては，笠間祐一郎氏（三井東圧化学会長），故黒川久氏（三菱油化会長）に御配慮を賜った。史料収集その他の点で，富永普經氏（三井石油化学工業岩国大竹工場長），濱谷健三氏（三井石油化学工業社史編纂室），増尾寿彦氏（日本石油化学社史編さん委員会），梅津政之輔氏（前石油化学新聞），鬼塚豊吉氏（法政大学教授）にお世話いただいた。なお肩書は1987-88年当時のものである。

1) 日本石油化学株式会社社史編さん委員会編『日本石油化学三十年史』日本石油化学株式会社，1987年，250ページ。
2) この問題について，Barbara Molony, Innovation and Business Strategy in the Prewar Japanese Chemical Industry, in: Kei'ichiro Nakagawa and Tsunehiko Yui (eds.), *Japanese Management in Historical Perspective: International Conference on Business History 15*, Tokyo: University of Tokyo Press, 1989; Akira Kudo, Comment, in: *ibid.*を参照。
3) 石油化学工業に関するこれまでの研究史を概観してみると，産業史および技術史の分野には多くの先行業績が蓄積されている。産業史としては，川手恒忠・坊野光男『石油化学工業 新訂版』東洋経済新報社，1970年，渡辺徳二編『戦後日本化学工業史』化学工業日報社，1973年が最も代表的である。山崎広明「川崎複合石油化学コンビナートの成立と展開——昭和三十年代を中心に」神奈川県県民部県史編集室編『神奈川県史 各論編2 産業・経済』神奈川県，1983年は日本石油化学などの川崎コンビナートのケーススタディーである。政策史を加味した産業史としては，石油化学工業10年史編集委員会『石油化学工業10年史』石油化学工業協会，1971年が水準が高い。これに比べると，経営史ないし企業史の蓄積は乏しい。もちろん産業史や技術史のなかでもこれに触れられている場合があるが，まとまった研究は限られている。技術史を絡ませた経営史ないし企業史として，一寸木俊昭「技術導入の二つの型——スケールメリット追求型と革新型」小林正彬・下川浩一・杉山和雄・栂井義雄・三島康雄・森川英正・安岡重明編『日本経営史を学ぶ3 戦後経営史』有斐閣，1976年，飯島孝『日本の化学技術——企業史にみるその構造』工業調査会，1981年がある。
4) 平川芳彦『石油化学の実際知識』東洋経済新報社，1961年，160ページ，通商産業省編『商工政策史 化学工業（下）』商工行政史刊行会，1969年，321-322ページ。
5) 三菱油化株式会社社史基礎資料および藤井茂氏からの聞取り（1988年3月8日，

22日）による。

6) 内田星美「大正・昭和初期の化学工業における技術導入と自主開発——国際技術移転過程としてみた技術活動」『経営史学』7巻1号，1972年，69-70ページ。なお筆者はこれまでにもほぼ同様の手法で，技術移転過程を企業の戦略が交錯する過程として分析することを試みたことがある。工藤章「IGファルベンの対日戦略——窒素のケース」東京大学『社会科学研究』39巻2号，1987年，同「IGファルベンの対日戦略——人造石油のケース」『経済史学』22巻1号，1987年，および Akira Kudo, I. G. Farben's Japan Strategy: The case of synthetic oil, in: *Japanese Yearbook on Business History*, Vol. 5, 1989 を参照。

7) 鳥居保治氏からの聞取り（1987年10月1日，16日，29日）。なお，鳥居保治「技術開発の系譜」『化学経済』1988年5月号，30-41ページをも参照。

8) 中島昇「座談会 会社創立をふりかえって」三井石油化学社内誌『銀塔』77号，1965年，15ページ。

9) 遠藤一男「座談会」前掲，13ページ。

10) 鳥居保治の回想，江戸英雄『私の三井昭和史』東洋経済新報社，1986年，181ページ。東洋レーヨンのナイロン原料フェノールへの関心については，さらに三井石油化学工業株式会社社史編纂室編『三井石油化学工業20年史』三井石油化学工業株式会社，1978年，13-14ページをも参照。

11) 鳥居氏からの聞取り。

12) 『三井石油化学工業20年史』前掲，33-34ページ。「資金調達は非常に楽でした。」遠藤「座談会」前掲，16-17ページ。

13) 以上については，全般に『三井石油化学工業20年史』前掲，10-14，19-27ページ，参照。

14) 遠藤「座談会」前掲，10ページ。

15) 鳥居の回想，江戸，前掲，177-178ページ。

16) 中島「座談会」前掲，9ページ。

17) 中島，平山威「座談会」前掲，13ページ，鳥居氏からの聞取り。なお，チーグラーはこの技術開発によって1963年にノーベル賞を受賞した。

18) 中島「座談会」前掲，9，11ページ。「その頃，頭の中にあったことは，1千気圧の高圧を使うこと，月産1千トンの工場をつくるのに40億もかかることだった。」平山，同，11ページ。ただし平山は事務系である。

19) 中島「座談会」前掲，11ページ，鳥居氏からの聞取り。

20) 平山「座談会」前掲，11-12ページ。

21) 鳥居，同，12ページ。

22) 平山，同，12ページ。

23) 遠藤, 同, 10ページ。
24) 『三井石油化学工業20年史』前掲, 32ページ。
25) 遠藤「座談会」前掲, 12ページ。
26) 飯島, 前掲, 274ページ。
27) 遠藤「座談会」17ページ, 鳥居の回想, 江戸, 前掲, 182ページ, 鳥居氏からの聞取り。
28) ヘキストは1955年末には月産2000トン規模の生産能力を持っていた。Karl Winnacker, *Nie den Mut verlieren. Erinnerungen an Schicksalsjahre der deutschen Chemie*, Düsseldorf und Wien: Econ-Verlag 1971 (2. Aufgabe, 1974), S. 243 (児玉信次郎・関英夫・向井幸雄訳『化学工業に生きる』鹿島出版会, 1974年, 194ページ)。
29) ヘキストとのあいだに1960年, 加工技術などに関する技術援助契約が結ばれた。『三井石油化学工業20年史』前掲, 48-49ページ, 鳥居氏からの聞取り。なお, 以上について全般に『三井石油化学工業20年史』前掲, 14-19ページ, 参照。
30) 鳥居氏からの聞取り。
31) 同。
32) 同。
33) 平山「座談会」前掲, 16ページ。
34) 三菱油化株式会社30周年記念事業委員会編『三菱油化三十年史』三菱油化株式会社, 1988年, 34-35, 40ページ。
35) 同, 68-73ページ。
36) 三菱油化株式会社「日本石油化学工業成立史考」1970年などの社史基礎資料および藤井茂氏からの聞取りによる。なお, 徳久芳郎氏には聞取り (1987年10月19日) のほか, 史料に関して便宜を図っていただいた。
37) 池田亀三郎追想録編集委員会編『池田亀三郎』日本経済新聞社, 1978年, 316ページ, A. R. G. レイバーンの回想。
38) 同, 230-231ページ, 田中完三の回想。
39) 『三菱油化三十年史』前掲, 74-75ページ。ただし, その後三菱油化の業績が好調であるのを見て, シェルは持株を50%まで引き上げるよう要求するに至る。その後の折衝の結果, 1960年の増資の際, シェル側の比率は32.5%に引き上げられた。社史基礎資料。
40) 『三菱油化三十年史』前掲, 77-78ページ。
41) 同, 78-79ページ, 社史基礎資料。
42) 社史基礎資料。
43) 社史基礎資料および藤井氏からの聞取り。

44) 社史基礎資料。
45) 同。
46) 以上，『三菱油化三十年史』前掲，80ページ，社史基礎資料，および藤井氏からの聞取りによる。
47) 以上，『三菱油化三十年史』前掲，81ページ，社史基礎資料，および藤井氏からの聞取りによる。
48) 『三菱油化三十年史』前掲，105ページ。
49) 『池田亀三郎』前掲，148ページ，大熊誠の回想。
50) 社史基礎資料および藤井氏からの聞取り。
51) 「エチレンの生産規模の決定は，当社にとって極めて重大な問題であった。1万5000トン，2万トン，2万5000トン，……4万5000トンまで，5000トン刻みに原料との組合せで24のケースにつき検討し，議論百出の後，3万トンに決めた。ところが翌日（休日）池田社長から電話で招集がかかり，池田社長宅に参集して論議を重ねた上で，漸く社長の断で2万2000トンと決定した。」社史基礎資料。
52) 以上，『三菱油化三十年史』前掲，83-84ページ，社史基礎資料，および藤井氏からの聞取りによる。
53) 土方武氏からの聞取り（1987年11月17日）。森川英正監修『戦後産業史への証言2 巨大化の時代』毎日新聞社，1977年，111ページの長谷川周重の証言をも参照。当時，住友にかぎらず三菱もアンモニア・硫安計画を持っていた。「アンモニアをつねに念頭におきつつ石油化学事業へ進出せざるをえなかったことは，当時の化学会社の宿命であったともいえるであろう。」鈴木治雄『化学産業論』東洋経済新報社，1968年，146ページ。
54) 土方氏からの聞取り。森川監修，前掲，109ページをも参照。
55) このときICIは住友化学との提携を決意した。土方氏からの聞取り。
56) 渡辺編，前掲，362-363ページ。なお以上について，住友化学工業株式会社編『住友化学工業株式会社史』住友化学工業株式会社，1981年，272-274ページ，参照。
57) 森川監修，前掲，110ページにおける長谷川の証言。
58) 『三井石油化学20年史』前掲，31ページ。
59) 以上について，『住友化学工業株式会社史』前掲，274-275ページをも参照。
60) 『日本石油化学三十年史』前掲，4-16，18-19ページ。
61) 同，23ページ。
62) 同，23-28ページ。
63) 平川芳彦『石油化学工業外史——わが半生の回想』石油経済ジャーナル社，1986年，18-19ページ。なお，平川氏からの聞取り（1988年3月23日）も参考にした。

64）　鈴木，前掲，146ページ．
65）　『日本石油化学三十年史』前掲，29-35ページ．
66）　同，29ページ．
67）　平川，前掲，47ページ，『日本石油化学三十年史』前掲，29-30ページ．
68）　『日本石油化学三十年史』前掲，34-35ページ．
69）　例えばドイツでは BASF，バイエル，ヘキストのビッグ・スリーのあいだで，いくつかの暗黙の分野協定があったといわれる．例えばポリエチレンの分野には，バイエルは1960年代末に至るまで参入しなかった．Winnacker, *op. cit.*, S. 456-457（訳，前掲，362ページ）．戦後日本経営史における企業戦略ないし経営戦略の分化と同質化という問題について，「第23回大会統一論題『戦後経営史をかえりみる』討議報告」『経営史学』23巻1号，1988年，102-103ページ，参照．
70）　鶴田俊正「『産業政策』と企業経営──『日本株式会社』の形成過程の分析」小林ほか編，前掲，136-137ページ．
71）　通商産業省編，前掲，317-320ページ．
72）　「戦前の提携では売上高の1％程度であったものが，戦後は3〜5％も普通で，あるいは頭金を10万ドル，100万ドル……と取られるような例もある．」同，224ページ．
73）　「相手のいい値の6割ぐらいに値切」ることができた．森川監修，前掲，111ページ．だいぶ後のことだが，同じ SW 法を導入した4社の技術者が集まってライセンス料の分析をしたという事実もある．平川，前掲，80-81ページ．
74）　技術導入の発端から交渉，契約に至る過程において，通産省はデータバンクとして，あるいはシンクタンクとして機能し，さらに省内の部局間ないし部局内部の議論を通じて各企業・産業の利害を調整した．さらにそれは，技術導入の厳格な個別審査を通じて特許料の基準設定・下方修正機能を持ち，導入条件の不利を防止する，最後の避難所としても機能したといってよいであろう．
75）　「当時アメリカでは石油化学はアメリカがやるべきで，日本はアメリカから製品を買えばよい，日本ではやるべきでない，というのが大多数の意見でした．しかし，かたや，エンジニアリング会社は，欲しい技術は何でも売ってやるといっておりました．」中島「座談会」前掲，15ページ．また，1953年に来日したシェルの副社長は講演のなかで，「日本はアメリカから半製品を輸入して加工すればよい，日本は時期尚早である．リファイナリーが10万バレルなければ国際的に成り立たない」と述べていた．平山，同，15ページ．
76）　ドイツとの比較でいえば，日本の化学工業技術は1945年の時点においてドイツに比して圧倒的に劣っていた．これは日独を同時に調査対象とした「アメリカ合衆国戦略爆撃調査団報告」（USSBS レポート）の化学工業の部分を通読すれば，

きわめて鮮明に了解しうる。Final Reports of the United States Strategic Bombing Survey, National Archives, Washington, D.C., 1945-1947, 参照。これは石炭化学における比較であるが、戦争終了時の日本では石油化学は存在しないも同然であった。当時、石油化学工業が発展していたのはアメリカだけであって、ドイツにおいても戦後になって新産業として登場したことは事実である。しかし、戦前のドイツではアウタルキー政策を背景に合成繊維や合成樹脂などの石油化学工業に直結する技術開発が目覚ましかった。1957年から1960年頃の技術のうち、戦前の日本に曲がりなりにも同系統の技術が存在していたのは、高圧ポリエチレン（日本窒素肥料）、エチレンオキサイドとエチレングリコール（日本触媒化学工業と日本曹達）の3つだけであった。しかもいずれも企業としては不連続ないし周辺的であり、合成ゴムやポリエチレンは工業化されないままに終わった。塩ビの自社技術も戦後になって進歩したものである。渡辺編、前掲、277-282ページ。

77) この点については、工藤「IG ファルベンの対日戦略——窒素のケース」前掲、同「IG ファルベンの対日戦略——人造石油のケース」前掲、参照。とくに、ハーバー・ボッシュ法の導入のために三菱化成の調査団長として IG ファルベンを訪ねたのが、戦後三菱油化の社長となった池田であったことは、興味深い。

78) ドイツのヘキスト社のケースを見ておこう。同社が石油化学に本格的に乗り出したのは1952年のことであった。同年、アメリカからエチレン技術を導入し、またチーグラー法の工業化に着手した。続いてペルロンやアクリルニトリルなどの合成繊維の研究開発を再開したが、結局は ICI からの技術導入に踏み切る。しかし注目すべきことは、自社技術の尊重を戦略として打ち出していたことである。1954年にアメリカの化学工業を視察した社長ウィンナッカーは、アメリカで急速に発展しつつある石油化学技術に素直に驚嘆し、「合成樹脂と合成繊維を基礎とする新しい化学工業の大量生産」、例えば合成繊維、合成樹脂、フィルム、洗剤への進出が急務であるとしながらも、「同時に我々の伝統的分野が軽視されるべきではない」し、技術について無条件の模倣は不可であるとして、医薬、染料などの有機化学分野における独自技術の尊重を強調したのである。Winnacker, *op. cit.*, S. 236-247（訳、前掲、189-197ページ）。

79) 藤井氏からの聞取りによる。技術の供与者が製造企業であれエンジニアリング企業であれ、化学プラントの購入では、市場取引であってもさまざまな組織原理の導入を通じて売り手と買い手の協同が追求される。石井淳蔵・奥村昭博・加護野忠男・野中郁次郎『経営戦略論』有斐閣、1985年、136-137ページ、参照。1950年代当時は、このような協同のための環境が今日以上にそろっていたといいうるであろう。

80) 『日本石油化学三十年史』前掲、29ページ。

81) 「外資法の運用が一面では新規参入に対して制限的な働きをしながらも,反面では総花的であり,企業群立体制を温存せしめる程度に制限的である。」『石油化学工業10年史』前掲,197ページ。
82) 川手・坊野,前掲,146ページ。
83) 詳しくは,『石油化学工業10年史』前掲,97-101ページを参照。
84) 『三井石油化学工業20年史』前掲,59ページ。
85) 『三菱油化三十年史』前掲,94-95,116-118,124-125ページ。
86) 『石油化学工業10年史』前掲,325-327ページ。
87) 鳥居氏および藤井氏からの聞取り。
88) 『三井石油化学工業20年史』前掲,97ページ,鳥居氏からの聞取り。
89) 『三井石油化学工業20年史』前掲,64-65ページ。
90) その後1967年12月になって,50対50が実現した。社史基礎資料,藤井氏からの聞取り。
91) 「極東石油に隣接して18万坪の土地を手配し,三井化学を待っていたがついに来なかった。」鳥居氏からの聞取り。「もしこのとき,三井化学が千葉コンビナートに参加していれば,三井大化学工業が誕生したかもしれない。」鳥居の回想,江戸,前掲,184-185ページ。ただし他面では,三井東圧化学の石油化学進出に際して同社が低圧法ポリエチレンを断念し,三井石油化学が酸化エチレンおよびエチレングリコールを中止するなどの分野調整,またフェノール製造技術に関する提携など,両社間の協調も見られた。『三井石油化学工業20年史』前掲,128-129,159ページ。
92) アメリカのエンジニアリング企業ルーマス社はBASFと共同でこの技術を開発しており,実績と経験もあった。そして三菱油化に積極的に売り込んだ。藤井たちが欧米で調査し,ルーマス法をすでに採用していたBASFやSW法を使っていたシェルを訪問した。その結果,ルーマス法は建設費は高いが,総体的に見て製造原価はSW法よりも安いと評価した。そこで同社はストーン・アンド・ウェブスター社との契約をあえて破棄し,また三井東圧がルーマス社の日本におけるエージェントであったにもかかわらず,ルーマス社と契約した。これがきっかけとなって,その後エチレン大型化にともない多くの会社がルーマス法を採用するに至った。三菱油化社史基礎資料および藤井氏からの聞取りによる。
93) 各社社史。三菱化成が1971年に設立した生命科学研究所はバイオサイエンス・ブームを先取りしていた。
94) 『三井石油化学工業20年史』前掲,97,109-110ページ,鳥居氏からの聞取り。「ハイゼックス〔低圧法ポリエチレン〕やポリプロピレンのプラントには数多くの改良が加えられ,フェノールプラントはまったく一新した姿で登場し,EPTも

またわが社の開発技術による企業化であった。さらに，アニリンはアメリカのハルコン社（Halcon International, Inc.）より製造技術を導入したが，わが社のノウハウによる世界初めての企業化であった。」同，130ページ。なお，三菱油化における自社技術の事例について，『三菱油化三十年史』前掲，259ページ，参照。

95) 『三井石油化学工業20年史』前掲，157-178ページ，『三菱油化三十年史』前掲，434ページ，『住友化学工業株式会社史』前掲，資料17，『日本石油化学三十年史』前掲，272ページ。

96) 橋本寿朗「産業構造」馬場宏二編『世界経済 IV 日本』御茶の水書房，1989年，34-35ページ，参照。

97) 最近における各石油化学企業の戦略と動向については，徳久芳郎『化学』日本経済新聞社，1986年，第4章を参照。

第8章　日本の企業と企業体制——問題提起[*]

はじめに

　この章は，本シリーズ『現代日本企業』全3巻中の第1巻および第2巻にたいする導入として，まず国際経済秩序の変容および日本経済の長期停滞基調という実態を確認したうえで，本シリーズにおいて企業と企業体制に注目する理由を明らかにし，さらに企業と企業体制にたいしてどのように接近するのか，どのような問題を明らかにすべきなのかを議論する。

第1節　国際経済秩序の変容と日本経済

1　グローバル化・アメリカ化・地域化の重層的ダイナミクス

　国際経済秩序は，20世紀最後の10年間以降，冷戦体制の終結にともなって大きく変容しつつある。そこには，アメリカ経済の復活，ヨーロッパにおける地域化の進展，ロシア・旧東欧経済の市場経済化，東アジア経済の成長と1997年通貨・経済危機など，さまざまな現象が同時に現れている。そのような現象を含む国際経済秩序の変容のダイナミクスは，しばしばグローバル化と呼ばれる。ここでも，さしあたりこの言葉を用いて議論を進めることにしよう。

　グローバル化は，国際金融市場において大量の資金が瞬時に移動するという現象に集約的に表現されている。世界規模での貿易・資本の自由化の進展，それによる開放体制の成立を前提とし，かつ巨額の資金を動員しうる投資家ないし投機家の集団の登場により，資金の国際的移動はかつてない規模と速度を示すに至った。もちろん，グローバル化は資本主義の歴史とともに古い現象と解

---

[*] 初出は「現代日本の企業と企業体制——問題提起」工藤章／橘川武郎／グレン・D・フック編『現代日本企業1　企業体制（上）内部構造と組織間関係』有斐閣，2005年である。全3巻中の最初の2巻への序章として書かれた。2巻の内容を紹介した部分は割愛した。

すべきであるし，そこまで歴史を遡らなくとも，1970-80年代におけるいわゆる国際化とのあいだにも連続性を認めうる。それでもたしかに，国際金融市場の動向，それと関連する世界規模での企業の買収や合併，グローバル企業を引き付けるための各国民経済間の競争など，要するに市場経済化への奔流という現象に，1990年代以降のグローバル化の新しさを認めうるであろう。

この間，グローバル化があたかも時代の精神であるかのごとくに喧しく唱えられてきた。グローバル化を唱道する言説をグローバリズムと呼べば，グローバリズムの主張する内容は著しく極端となり，収斂現象を通じて世界の単一性の到来が現実のものとなっているとか，あるいはそれが近未来の状態であると唱えられるまでになった。このように，グローバリズムの主張にかつてない勢いと極端さがあるのは，社会主義圏の崩壊によって70年ぶりに世界的な一体性を取り戻した資本主義を称揚する，ある種の陶酔によるものでもあろう。そしてこのようなグローバリズムの言説が，グローバル化の衝撃を強めることにもなった。

だが，グローバル化の過程のなかには，一種の立体的構造あるいはヒエラルヒー構造が見出される。そしてその立体的構造あるいはヒエラルヒー構造において最も目を惹くのは，アメリカの特異な位置である。その点は，貿易・資本の自由化，国際通貨体制，多国籍企業，新自由主義などの言説，技術や企業会計などの標準化など，国際経済秩序を構成するさまざまな側面において多かれ少なかれ認められるところである。そして，そのような立体的・ヒエラルヒー構造における特異な位置を根拠にして，アメリカは他の主権国家にたいして多大の影響を及ぼし，かつそのような立体的・ヒエラルヒー構造の頂点に立つことになった。アメリカの影響が他の主権国家あるいは地域に及ぶことをアメリカ化と呼ぶとすれば，グローバル化といわれるものの内実のかなりの部分は，より適切にはアメリカ化と呼ばれるべきであろう。このグローバル化とアメリカ化との関係には，アメリカの特殊性が世界的な普遍性として現れるという一種の倒錯が表現されることになる[1]。

このアメリカ化という現象もけっして新しいものではない。グローバル化ほど古くはないにせよ，アメリカの覇権の興隆にともなう1世紀以上にわたる歴史がある。ちなみに，ここで覇権というのは，中心国あるいは基軸国と呼びか

えてもかまわないが，経済のみならず政治・軍事からイデオロギーや規範までの広範な側面におけるアメリカの主導性に着目して，あえて覇権と呼ぶものである[2]。

アメリカ化の歴史は，日本との関係に限っても，19世紀末以降1世紀の長きに及ぶ。1920年代に最初のアメリカ化の大量現象が見られ，第2次世界大戦後の占領期に政治・経済・社会の根底に及ぶアメリカ化が生じた後，それに直接つらなって1950-60年代には企業レベルでのアメリカ化が進んだ。戦後再建を経てさらなる飛躍を試みる日本の企業にとって，アメリカはあらゆる側面においてモデルとなった。生産性向上運動はその端的な例である[3]。この時期がアメリカの覇権の最盛期に当たっていたことも，日本企業にたいするアメリカの影響力を強める要因となった。それ以降，1970-80年代には，アメリカの覇権の衰退と日本の経済的興隆にともなって，アメリカ化の衝撃はいったんは減衰した。

ところが，冷戦体制が終結した1990年代以降，アメリカ化が復活し，あるいは再アメリカ化が進展した。その背景には，アメリカがとくに軍事的に単独の超大国となったことのほかに，貿易・資本の自由化の進展，国際金融市場の拡大，アメリカ経済の好調などの事情があった。それと同時に注目すべきは，過去のアメリカ化に際しては，その主要な導管ないし経路が占領政策や技術・経営の移転であったのにたいして，今回のアメリカ化ないし再アメリカ化では思想が大きな役割を果たしていることである。言い換えれば，アメリカ化を唱道する言説としてのアメリカニズムの果たす役割が，いままで以上に大きくなっているのである。そうであるがゆえに，アメリカ化の影響は限定されていると見るべきなのか，あるいはむしろそれとは反対に，規範や思想，言説の波及であるだけに影響は根深いと見るべきなのかは，論点のひとつであろう。それはともかく，21世紀に入るや，アメリカ経済もいわゆる「ITバブル」の崩壊を経験してその好調にも陰りが見えたが，再アメリカ化の圧力は減衰していない。日本経済も依然長期の低迷を脱していないことがその原因のひとつである[4]。

ただし，ここで急いで付け加えなければならないのは，グローバル化およびアメリカ化と並んで，変容する国際経済秩序に見られるいまひとつの流れとして，地域化があることである。地域化の根底にある地域については，ここでは，

主権国家にまたがり,あるいはそれを超えて経済的諸関係が密であるものと考えておく。近代以前の諸帝国も諸地域の包摂ないし連携を目指したが,近代資本主義の勃興によって,比較的分立していた各地域がより深く関係づけられることとなった。しかし,それによって地域が消滅したわけではなく,むしろ地域は執拗に自己主張を続けてきたというべきである。地域化とは,このような地域の自己主張の傾向ないし運動の顕在化であるといいうる。

したがって,地域化の進展は長い歴史を有するが,1930年代の世界経済のいわゆるブロック化の時期に,地域化は極端化したといえよう。第2次世界大戦後は,アメリカの覇権が衰退を開始して以降,とくに冷戦体制の終結以降,この地域化はあらためて注目を集めるに至った。規模や性格,その意義においてそれぞれに相違はあるものの,地域化は全世界的に進展した。地域化の経済的側面に注目すれば,それは自由貿易地域,さらには共同市場の形成,経済政策での協調や共同経済政策の遂行を通じて,より巨大な経済領域の形成を目指すものといってよいであろう。西ヨーロッパでは欧州共同体(EC)とその発展形態であるEU(欧州同盟ないし欧州連合)がこれに当たり,北米では北米自由貿易協定(NAFTA)が,また南米では南部共同市場(MERCOSUR:メルコスール)が生まれた。アジア地域では東南アジア諸国連合(ASEAN)が生まれ,それを軸にASEANプラス3をはじめとするさまざまな地域化プロジェクトが遂行されてきた。地域化の影響は,その言説である地域主義の隆盛と相まって,とくにヨーロッパにおいて顕著であった。

こうして,冷戦体制の終結以降の国際経済秩序にあっては,グローバル化,アメリカ化,そして地域化によって構成される重層的ダイナミクスが顕著に進展した[5]。

2 日本経済——長期停滞基調

このようなグローバル化,アメリカ化,地域化の重層的な進展によって国際経済秩序が大きく変容するなかで,日本経済は長期停滞の基調を鮮明にした。1980年代後半に急騰した株式および不動産の価格が90-91年に崩壊した。いわゆる「バブル経済」の崩壊である。「バブル経済」それ自体が,「プラザ合意」後の円高,アメリカとのいわゆる構造協議(SII),そして金融自由化などのグロー

バル化ないしはアメリカ化の影響を受けていたのだが，日本経済はその後さらに国際経済秩序の変容による影響を受け続けることになった。この間，日本経済は停滞期に入った。何度か景気回復は見られたが，それは力強さに欠け，また短期に終焉した。好況が浅く短く部分的であったのにたいし，景気後退ないし不況は深く長く全般的であった。その結果，停滞基調が顕著になった。経済成長率は鈍化し，ときにマイナスにもなった。株価と地価は低迷した。大企業の破産が金融，流通，建設業から製造業に至るまで広範に生じ，失業率が上昇して高止まりした。新たな世紀に入っても，この停滞基調は続いた。それまでの「バブル」とその崩壊が空前の規模であったから，回復には時間がかかると予想されていたが，それにしても停滞は長引いた。

　この間，低迷していたアメリカ経済が復活を遂げた。景気後退なき繁栄という「ニュー・エコノミー」は幻想にすぎなかったが，それでも経済は好調を維持し，アメリカは世界経済の牽引車とみなされた。イギリス経済も1992年のポンド切下げ以降，長期の景気拡大を経験した。アングロ・アメリカン経済の好調は，市場経済重視の改革，「IT（情報技術）革命」などによるものとされ，グローバリズムとアメリカニズムの言説に拍車がかかった。他方，東アジア（ここでは東南アジアを含む意味で用いる）でも，社会主義圏を含めてやはり市場経済重視の傾向が強まり，とくに中国経済の高度成長はその成果とされた。東南アジア諸国も1997年の通貨・経済危機を乗り越えて発展した。

　長期停滞基調に喘ぐ日本経済にとって，太平洋を渡ってくるアメリカ化の風はいっそう強く感じられた。アメリカニズムの言説はいうまでもなく，実態におけるアメリカ化の圧力も，アメリカ経済の実態が太平洋上で純化されたかのごとく，アメリカの実態とは乖離していた。だが，日本の側に改革の大義名分としてアメリカ化を受け入れる議論があるかぎり，アメリカ化の風は吹き続けた。さらに，東アジアにおける地域化への動きが比較的不活発であり，少なくとも日本はその中心に位置していないかぎりにおいて，アメリカ化の風は直接日本に吹き付けることになった。翻って西ヨーロッパでは，地域化の進展に反比例してアメリカ化の風は比較的弱く，しかも反アメリカニズムの言説が強いため，大西洋上での純化作用は比較的弱かった。そこではむしろヨーロッパ統合という地域化がグローバル化作用を担う傾向が強かった[6]。

こうして，アメリカ化がグローバル化として立ち現れ，アメリカの特殊性が普遍性として現れるという倒錯した関係は，日本では西ヨーロッパにおけるよりも強かった。例えば，深田祐介／ロナルド・ドーア著『日本型資本主義なくしてなんの日本か』という反グローバリズム・反アメリカニズムの著作は，日本でほとんど話題にのぼらなかったが[7]，同じ頃出版されたほぼ同種の主張を盛ったミシェル・アルベール著『資本主義対資本主義』は西ヨーロッパでおおいに読まれた[8]。

第2節 焦点としての企業と企業体制

1 長期停滞基調の原因

いったいなぜ長期停滞基調が生じたのか，また続いているのか。この点をめぐっての議論は多岐にわたる。もちろん長期停滞は多かれ少なかれ先進資本主義諸国に共通する傾向であり——例えば大陸ヨーロッパ諸国を見よ——，この点は無視しえない。ただ，やはり停滞色はことに日本に顕著であるので，その原因をめぐる議論でも日本に特殊な要因を強調する見解が目立つのは当然であろう。

他方，長期停滞とはいってもそれは基調であって，好況期を含む景気循環が繰り返された。この点を重視して，景気循環過程のなかに停滞の原因を求める見解は少数ながら存在した。そのような議論は財政金融政策の不適切さないし失敗に原因を求める傾向にある。これにたいして，原因を日本経済の構造に求める見解は，はるかに多いように見受けられる。経済構造を企業体制の次元で捉えれば——企業体制についてはすぐ後に立ち返ることにする——，この種の議論では，所有・経営者関係については株主による経営者の監視の不適切さないし欠如を重視し，また労使関係においてはその硬直性を，企業間関係においては垂直的・水平的な企業集団ないし系列の閉鎖性を，企業・政府間関係においては政府の過剰介入を槍玉に挙げるのが普通である。

この種の構造要因説にも，要因の組合せしだいでさまざまな亜種があり，構造の硬直化を指摘する比較的穏和な見解から，アングロサクソン型資本主義との異質性を指摘し，指弾するもの——これはグローバリズム，アメリカニズム

の言説の好例である——，さらに日本経済は資本主義ではないと断ずる極論まで，枚挙にいとまがない。もちろん，ここで指摘されるような現象は——認識が正鵠を射ているかどうかはさておき——，1990年前後にいきなり現れたわけではないから，議論にもさまざまな工夫が施されている。世界経済の構造の変化，技術革新の変化などが付加される要因であり，日本経済はそのような変化に適切に対応しえなかったとする議論がその一例である。

　これらの議論はともあれ包括的であるか，少なくとも包括性を目指すものであるが，これにたいして特定の，しばしば単一の原因を指摘し，強調する見解も見られる。例えば，銀行の過大な不良債権の発生・累増を挙げ——その裏には企業の過大債務がある——，これが金融の面から経済活動を制約しているとする議論がそれである。あるいは，「バブル」崩壊とその後の株価・不動産価格の低迷による企業や家計の資産の減価，いわゆる資産デフレを指摘し，企業・家計が投資や消費を抑制して貯蓄に向かう傾向を長期停滞の基本的な原因とする議論もある。従来型の正統的な金融政策の無効を強調する見解も見られる。

　これらはいずれも金融面に着目した議論であるが，これにたいして経済実態に注目する議論もおこなわれている。そのひとつは，中国をはじめとする途上国からの産業的追上げに主たる原因を求める，いわゆる空洞化論である。ここには，さらに空洞化の原因として円の過大評価を強調するものもある。もちろん過少消費説も主張されている。

　このような原因探求とともに，あるべき政策がそれぞれに主張されている。経済構造主因説では，いうまでもなく各種の構造改革，民営化，規制緩和などがたえず主張されてきた。そして，改革が進まないから停滞しているのだという論調が強められた。これにたいして単独要因説では，それに見合った単独の政策が主張される。例えば不良債権主因説では不良債権処理先行論となり，資産デフレ説ではそれを解消するための資産価格引上げが主張される。空洞化論にたいしては生産性の引上げ策が対応しており，円高主因説には円安誘導政策が対応している。伝統的な過少消費説だと，財政支出・投資の拡大による消費拡大先行の必要が強調される，といった具合である。

　この間，政府は手をこまねいていたわけではなく，一方では，巨額の赤字を

計上して財政支出や公共投資を拡大した財政政策，超低金利政策を柱とする金融政策など，景気回復を目指して多種多様の政策を次々に実施してきた。これに加えて，金融機関への公的資金の注入や株価維持対策など，非正統的な手段をとることも躊躇しなかった。他方では，規制緩和や民営化などの構造改革につながる政策をも推進し，これらの政策も景気対策の意味をもたされた。それにもかかわらず，長期停滞の暗雲はいっこうに晴れなかった。むしろ，財政赤字の累積，金融政策の麻痺などの現象が長期停滞の様相に付加された。そのため，政府，そして有権者の焦燥が募った。

2　企業と企業体制

　長期停滞基調の原因をめぐる議論については，さまざまな要因の組合せがあり，以上のような整理以外にも，国際要因重視か国内要因重視か，あるいは供給重視か需要重視かなど，さまざまな切り口があろう。ここでそれらを批判的に整理・検討する余裕はないし，またその必要もなかろう。むしろこのような議論のなかで注目すべきは，経済構造が議論される場合でも，その中核をなすと見られる企業体制，そして企業体制の構成要素をなす企業に関わる議論が十分なされているようには見受けられないことである。

　長期停滞の十数年のあいだに，企業と企業体制にどのような変化が生じたのか，また変化が継続しているのか。「バブル」の崩壊の後，商法の相次ぐ改正，企業会計制度の改正などの企業関連立法，大型合併や外資の進出，企業のリストラクチャリング――実際にはその名分の下での従業員の解雇であることが多かった――などの変化が見られ，また長期雇用慣行や年功賃金制の再検討など，企業と企業体制の変革を求める議論が盛んであった。その反面，日本の企業と企業体制は，その変革が叫ばれるほどには変わっていないとも指摘されている。はたして実態はどうなのであろうか。

　財政拡張が繰り返された結果，財政赤字の対 GDP 比率は，EU における単一通貨ユーロへの参加基準をはるかに上回っている。もちろんこの基準に確たる学問的な根拠があるわけではないが，財政は破綻状態にあるといっても過言ではない。そして，このような事態にたいする有権者の恐怖はあっても，それが明確な政治的表現をとっていないところに問題の深刻さがあると思われる。

また金融政策も，超低金利あるいはゼロ金利という歴史的に稀有の異常状態が続いてきた。そして財政拡張と財政再建が政権交替のたびごとに交互に繰り返されるという歴史的経緯が，財政金融政策の失敗を如実に証明しているようにも思われる。

　それ以上に，現在の議論があまりにも財政金融政策に集中し，あたかも財政金融政策によって景気調整が可能であるかのような錯覚が蔓延している。さらに，政府は景気回復を国際公約とするというおめでたさである。それがはたして自らの主張する市場経済主義と矛盾しないかどうかなど，考える余裕もないようである。自由放任・市場主義と介入主義の奇妙な並存といってよいかもしれない。このような状況が，景気回復への関心の集中と相まって，かえって景気回復や長期停滞からの脱出を困難にしているという逆説が成立しているのかもしれない。

　このような現状にあって，いかに迂遠に感じられるとしても，企業と企業体制がもっと議論されなければならない。その理由は，いうまでもなく企業が資本主義の最も主要な主体をなし，また，企業体制が資本主義の最も主要な側面を構成しているからである。日本経済の戦後史に即して見ても，高度成長が主として企業活動と企業体制の帰結であったとすれば，長期停滞基調も同様に，やはりまずは企業活動および企業体制の帰結として説明されなければならないであろう。

　ちなみに，ここで企業体制と呼ぶものは，企業とその活動に関わる制度，法令や慣行によって規定されたものであり，国際定位とともに資本主義の主要な側面をなすものである[9]。これを企業システムあるいは企業制度などと呼んでもかまわない。要は，主として国家によって規定された，資本主義の主要な側面に注目したいのである——ただし国家以外の，国際機関，地域統合組織，地方政府などによる規定も一般的にますます無視しえなくなっている。それは個々の企業とは区別されたものである。本シリーズ第1巻および第2巻の各章では，もちろん時として個別企業次元に立ち入ることになるが，全体としては，企業をも企業体制の次元で論じることに主眼が置かれる。

第3節　企業と企業体制への接近

　それでは，企業と企業体制をどのように問題にすべきなのか。ここで企業・企業体制と長期停滞基調との関連の解明を目指す余裕はないが，この点に留意しつつ，長期停滞の十数年間に企業と企業体制はどのように変化したのか，何が起きたのか，何が起きつつあるのか，そしてどこに向かおうとしているのかを明らかにする際の接近方法について考察しておきたい。

1　3つの要請

　その際，少なくとも次の3つの要請が満たされる必要があるように思われる。

　第1の要請は，企業および企業体制の主要な4つの側面，すなわち所有・経営関係，労使関係，企業間関係，企業・政府間関係の各側面について立ち入って考察するとともに，そうした分析の統合を目指すべきだというものである。

　一般に企業と企業体制は，所有・経営関係，労使関係，企業間関係，企業・政府間関係という4つの側面から構成されている。日本の企業体制の特徴を挙げる場合――この場合には企業よりも企業体制が想定されなければならないと思われる――，4つの側面のそれぞれについて次のように指摘することができよう。

　経営と所有との関係については，経営の優位を指摘しうる。この場合，旧財閥系の企業の場合には資本自由化に備えての株式の相互持合いが，非財閥系の戦後派企業の場合には――その多くは資本家企業であったが――急激な企業成長にともなう所有の分散化が，それぞれ経営の優位を確保するための組織的な基盤となった。

　労使関係については，擬似共同体の形成による一体感・連帯意識の形成を指摘しうるであろう。これは，内部昇進という慣習や，トップ・マネジメントは従業員の代表であるという表象となって現れた。また，協調的労使関係は対所有の共同戦線の基盤ともなった。さらに，この擬似的な一体感・連帯意識によって，従業員の高い労働密度を達成しうる仕組みができあがった。この場合，戦後の大争議の収拾過程における労使協調の形成が，そのための組織的基盤と

なった。

　企業間関係については，企業集団や企業系列の形成を通じての協調関係を指摘しうる。企業・政府間関係については，産業政策，競争政策，外資政策などに即して日本の特徴が指摘されなければならないであろう。

　問題は，個々の側面における特徴の指摘と分析にとどまらず，それらを踏まえて諸特徴を関連させ，企業体制の全体像を明らかにすることが要請されるという点である。要するに，構造理解における一貫性が要請されるのである。

　第2の要請は，歴史的理解における一貫性に関わる。すなわち，現代日本の企業と企業体制に何が起きたのか，また起きつつあるのかについて，歴史的な変遷を踏まえたうえで明らかにすることが要請されるのである。

　1973年の第1次石油危機以降の時期，日本の企業と企業体制は，①1970年代半ばから80年代半ばにかけての「成功」，②80年代後半から90年代初頭にかけての「バブル経済」，③90年代初頭以降の「失敗」という3つの局面を経験した。ここでは，「バブル経済」期を独立した時期とすることが肝要である。1990年前後の「バブル」崩壊までを一括して高成長あるいは「成功」の時期とすることは，「バブル」期を事実上無視してしまうことになり，おおいに疑問である。かといって，「バブル」期とその後の長期停滞の時期を一括して日本経済の「失敗」の時期としてしまうことも，同様に疑問であろう。

　このような変遷は，世界の動向とは相当に異なっていた。すなわち，①の時期における日本企業の「成功」は，多くの欧米企業が2度の石油危機によってその成長力と競争力を失ったのとは対照的であった。②の時期の「バブル」は，その規模においてもその内実においても世界に類を見ないものであった。③第3の時期における長期停滞も，世界に類を見ないものであった。とくにIT革命を先導して長期の繁栄を謳歌したアメリカとの対照は著しかった。

　したがって，その3つのいずれの局面においても，日本の企業と企業体制は国際的に多大の関心を集めた。さらに，日本の企業と企業体制に関する通念は，日本国内のみならず世界的に，高い評価，賞賛——あるいは嫉妬や非難——から，「バブル」崩壊以降の低評価，落胆や無視——それは日本株の所有者，競争企業など，立場により異なった——へと劇的に変化した。

　日本の企業体制に関わる定式化は——ここではとくに企業体制が問題とされ

る——，1990年前後，ちょうど「バブル」がはじけた頃に頂点に達した。1985年頃までの「成功」を見ながらの定式化の多くは，その肯定的な側面を強調するものであった。1990年以降におこなわれた定式化の多くは，肯定的な理解から否定的な理解へと，評価をほとんど180度転換させた。

日本の企業体制にたいする批判は，社会主義圏崩壊以後の資本主義ユーフォリアのなかで，市場経済への回帰あるいはその導入の主張と相まって，強められた。それは構造改革や規制緩和，民営化などのさまざまな意匠をまとっているが，その要点は，第1に，経営にたいする所有の優位の主張であり，第2に，労使協調の否定と労使関係の市場原理による統御であり，企業間関係の切断であり，そして政府の介入の否定である。要するに，日本の企業体制の特徴の全否定に通ずるものといってよい。

こうして，問題は，1990年以前とそれ以後の時期における企業体制について，同一の定式化を与え，それによって高度成長期，「バブル」期および長期停滞期という日本経済の3つの局面を通じての企業体制の変容を整合的に説明することである[10]。

企業と企業体制への接近に際して要請される第3点は，グローバル化，アメリカ化，地域化という，国際経済秩序の変容をもたらしつつある重層的ダイナミクスとの関連で対象を観察することである。

このうち，地域化の達成水準は，すでに触れたように東アジアでは低位にあり，とくに日本の参加水準は低位のままであったから，問題は，地域化の低位が企業と企業体制をどのように規定したのかという，逆転した形で提出される。これとは対照的に，グローバル化およびアメリカ化は，戦後占領改革期，高度成長期のそれを受けて大きな流れとなった[11]。したがって，日本の企業体制の特徴づけとその変遷の観察に際しても，グローバル化およびアメリカ化は当然重視された。だが，日本型資本主義とアングロサクソン型資本主義との対抗といった定式化に代表されるように，議論は表面上は華やかに展開されたものの——その華やかさもヨーロッパでの議論に比べればもの足りないのだが——，その内実は意外に乏しい。ロナルド・ドーアの業績はむしろ例外的に豊かな成果のひとつといわなければならない[12]。

議論を先へ進めるためには，グローバル化ないしアメリカ化と企業体制との

関わりについて，企業体制こそがグローバル化ないしアメリカ化の焦点をなしているという点が十分に確認されなければならない。そして，グローバル化という名前で唱道されるアメリカ化の核心は，証券化であり，「株主価値」であり，企業統治なのである[13]。

この点を多少とも敷衍しておきたい。アメリカの資本主義は歴史的に投機的な性格を強く有していた。そのうえ，そこでは異例に証券市場が発展していた。春田素夫によれば，「アメリカでは，州ごとに異なる銀行法があり，最近まで支店による地理的拡大も制限されていたから，分断された銀行制度のモザイクができあがり，金融システムの全国的編成が銀行業によっては十分に果たされず，全体を統合するシステムの編成は，英・独・日など他の主要資本主義国には例をみない証券市場の発達で，いわば表層的に達成されたのであった。銀行業が"発育不全"で証券業が"肥大化"したのである。クロスボーダー取引が急拡大している現代世界の金融秩序がいわばアメリカと同型なのである。」[14] 要するに，アメリカは州ごとに分断された銀行制度を持っており，これを全国的に統合する役割は証券市場に委ねられた。これにたいして，日本やドイツでは伝統的に証券市場は比較的未発達であった。その一方，銀行制度は全国的に統合されていた。そのため企業金融は間接金融が中心であった。1990年代に至って，資本主義のアメリカ型が企業統治の名の下に世界的に普及した。それは発達した証券市場を持つアメリカの特殊な制度の普及を前提としており，したがって証券化という形をとり，「株主価値」がスローガンとなった。

上記の点を，今度は企業統治に即して再確認しておこう。企業統治とは何か。この言葉の普遍的な意味を一応認めたうえで，その言葉の特殊アメリカ的な含意を確認すれば，企業統治はアメリカで生まれた言葉であり，その生誕の場の反大企業的，ポピュリズム的な伝統を背後に持ち，個人としての株主の価値を重視するものである。このように，企業統治はその起源からアメリカ的な発想であった。

それでは，アメリカとは異なった制度的前提を持つ日本やドイツで，なぜ企業統治というアメリカ的発想が普及し始めたのか。日本における企業統治論の大きなきっかけとなったのは「不祥事」であった。これは1997年の通貨・経済危機を経験したアジアの資本主義についても同様であり，そしてドイツ資本主

義についても同様であったといえよう。もちろん，エンロン事件以降，アメリカもこの仲間に入ったのではあるが。だが，企業統治が問題となったのはたしかに「不祥事」をきっかけとするものであったとしても，もしこの議論に依拠するとすれば，「不祥事」からさらに時期を遡って，1980年代後半の「バブル経済」にもこの議論を適用しなければならないであろう。金融機関のみならず多くの製造企業がなぜこの時期に「財テク」に奔走し，その後の「不祥事」の原因を作り出すことになったのか。この点に切り込むことによって初めて，企業統治論は迫力を持ちうるであろう。

2　グローバル化・アメリカ化・地域化と企業体制

以下，上記の3つの要請を念頭に置きつつ，議論を喚起することを目指して，試論を展開しておきたい。

(1) 企業体制とその変容

前に触れたように，企業体制は，所有・経済関係，労使関係，企業間関係，企業・政府間関係という4つの側面から構成されており，日本の企業体制の特徴もこれらの4つの側面のそれぞれについて指摘しうる。ここでは，とくに所有・経営関係と労使関係に絞り，経営・所有関係においては経営の優位を，労使関係においては擬似共同体の形成による一体感・連帯意識の形成を，それぞれの特徴と見たい。そして後者における擬似的な一体感が，経営層，とくに「中間管理職」──それはアルフレッド・チャンドラーのいうロワー・マネジメントよりも下位の層であり，経営と労使関係の重複した部分をなす──にも浸透し，所有にたいする経営の優位によって，このような仮象が強まったと見たい。

このような特徴は，第1次石油危機が起きた1973年までの高度成長期にすでに現れていた。それは，この時期における平等主義的な社会の形成と相即していた。「従業員」層の形成は，労働者と職員の平準化という戦前以来の労働運動の成果でもあった[15]。この企業体制の威力は，とくに1973年以降になって遺憾なく発揮されたが，型はすでにこの時期に形成されていた。

1970年前後に，日本の企業体制は転換点を迎えていた。その背後には，IMF

固定相場制の崩壊と変動相場制への移行，石油危機の発生，貿易自由化の完成と資本自由化の本格化，東アジア経済の台頭などに現れた，世界経済の構造転換があった。企業体制そのものにも問題が生じていた。しかし，資本自由化への対応としての株式持合いの強化によって高められた，所有にたいする経営の優位を基盤に，経営者は旺盛な新規設備投資，積極的な合理化投資を敢行した。擬似的な一体感・連帯意識を保証する協調的な労使関係がこれを支えた。その結果，世界最強の製造業セットが形成された。それがまた年平均4％ないし5％の高成長——日本経済の軌跡からすれば低成長であったが，国際的には高成長であった——の継続を可能にした。日本企業の技術と企業経営は世界的に認知されるに至り，それらは東アジア，アメリカ，ヨーロッパへと伝播した。アメリカ覇権の衰退が始まり，戦後国際体制が動揺するなかでのこの達成により，日本の企業と企業体制は国際的に高く評価されるに至った。

　しかし，その過程は同時に，日本の企業体制の難点が顕在化する過程でもあった。難点のひとつは，経営者の暴走となって現れた。所有による経営への牽制の弱化という前提の下で，企業の成果が長期的に良好であった結果，優位に立つ経営者の一部が暴走した。所有によるチェック機能は喪失されたままであった。所有が分散された公益事業の企業における社長の世襲というグロテスクな事例が，この事態を象徴的に示す[16]。メインバンクによるモニタリングという神話も崩壊した[17]。

　いまひとつの難点の発現は従業員の疲弊である。労使関係における擬似的な一体感・連帯感の下で，従業員による企業への全人格的な自己の投入が続いた。その結果，高い労働密度が達成され続けた。だが，その裏面において従業員は疲弊した。その例証となりうるのは，労働時間の長さ——これは近年のILOの調査で再確認されたが，日本の政府と有権者の多くは，ILOにほとんど権威を認めていないようである——，労働密度の高さ，極限現象としての過労死であろう。他面，この一体感・連帯感は世代間で全面的に継承されることにはならなかった。このふたつの経路から，従業員による経営権にたいするチェック機能は大幅に失われた。

　軌道の転換は果たされず，日本の企業と企業体制は従来からの高成長軌道をひた走った。当然ながら，経営者の独走と従業員の疲弊の進行を可能にした条

件が問われなければならない。おそらくそれは，企業にたいする社会の本来的な統制力あるいは統治力の弱さの表現であろう。それでは，なぜこの社会の力が弱かったのか，それは日本に特有であったのか，こうした論点の解明は今後に残されている。

さて，日本の企業体制の問題性が端的に示されたのは，1980年代後半に発生した「バブル」であったといってよい。この時期には，円高の進行，競争力の日米逆転などのさまざまな現象が見られたが，この時期を端的に特徴づけるものは，いうまでもなく空前の株式・不動産投機であった。

「バブル経済」が出現した原因については，通説があるのかどうかも判然としないが，政府による容積率緩和などの規制緩和や通貨供給をコントロールしえぬ通貨金融政策は，その原因群の一角を占めるものであろう。すべての企業が「バブル」に巻き込まれ，またそのなかで踊ったというわけではない。少数ながら，「財テク」などに走らなかった企業も存在した。だが，製造業企業を含む大多数の企業は，「バブル」の主役となった。その結果，経営者の多くは株式・不動産投機へと向かって暴走した。またいわゆるエクイティ・ファイナンスの土台のうえでの設備投資も，結果的には錯誤投資となった。それまでの成功体験ゆえに，軌道修正はもはや不可能となった。むしろ，さらなる経営の暴走に向かって進んだ。アメリカに見られた「株主反革命」はヨーロッパにも波及したが，日本ではそれは出現しなかった[18]。それに代わって出現したのが「バブル経済」であったといえよう[19]。

このような日本の企業体制の特徴づけおよびその難点の指摘は，筆者の知るかぎり馬場宏二によって最も的確になされた[20]。馬場はそれを「会社主義」と呼び，それを資本主義の発展史において「金融資本」(ルドルフ・ヒルファディング)，「経営者資本主義」(アルフレッド・チャンドラー) に続く最先端・最高の発展形態と位置づけた。橘川武郎は，馬場の「会社主義」論を日本の企業体制を理解するうえで有益な仮説のひとつとして位置づけた。橘川はさらに，歴史への視点という点で，いくつかの仮説のなかでは会社主義論が最も優れているとした[21]。筆者の理解では，馬場の説は対象の「肯定的理解のうちに否定的理解を含む」，日本企業体制の最も包括的な理解であった。

もちろん，馬場説においても，「会社主義」ははたして企業経営次元で理解

すべきなのか，あるいは企業体制の次元で理解すべきなのかが必ずしも明らかではない。この点は，企業および企業体制の4側面を総合的に理解する必要をあらためて示していると見てよい。馬場自身，その後，支配的資本形態としての金融資本の次元を最も重視する議論に移行するとともに，福祉国家論をさらに進めた「大衆資本主義」論を展開するようになった。そして「会社主義」を日本における「大衆資本主義」を支えるものとして位置づけるに至った[22]。馬場の「会社主義」論はもともと世界経済論的な視角から提出されたものであったが，馬場自身それを徹底したわけである。

ここでも，これまでの立論からも明らかなように，一国的な視角にとどまるわけにはいかない。グローバル化・アメリカ化・地域化の重層的ダイナミクスと企業体制のそれへの対応という観点から，引き続き試論を展開することにしたい。

(2) グローバル化・アメリカ化・地域化への対応

グローバル化・アメリカ化・地域化と企業体制との関連に接近するために，ここでは，現在の日本における政策路線をめぐる対立を手掛かりとしてみたい。その対立は，大まかに括ってしまえば，グローバリズム・アメリカニズム対反グローバリズム・反アメリカニズムという，言説における対立となっている。グローバリズム・アメリカニズムが台頭すると同時に，それにたいするナショナリスティックな反発が強まったのである。

他方，地域主義の言説も盛んになった。とはいえ，東アジアにおける実態としての地域化の水準はなお比較的低位にある。さらに，東アジアにおいては冷戦体制が継続している面があるし，また中国の経済的興隆と政治的・軍事的存在感の増大，それへの日本での反応としてのいわゆる中国脅威論の台頭という要因もある。このために，地域主義をめぐる言説にはグローバリズム・アメリカニズムとそれへの反発ほどの勢いはない。こうして，政策路線をめぐる対立は，グローバリズム・アメリカニズムとそれへのナショナリスティックな反発という形をとってきた。

この対立の構図は企業体制をめぐる言説にも及んだ。グローバリズム・アメリカニズムの言説が日本の既存の企業体制の改革を主張するのにたいし，これ

に反発する言説がその堅持を主張するものであることはいうまでもない。経済成長に自己同一性を求めてきた国民の危機意識が高まり，そのなかで国家主義的再編による企業体制の補強が開始されていると見ることができるかもしれない。前者は外来思想に依拠するがゆえの伝統的な説得力を持ったが，それゆえにまた後者の強い抵抗を喚起したと見ることもできよう。

　だが，いずれの言説によっても企業体制の構造的・歴史的に一貫した理解がとうてい望みえないことは，これまでの議論からも明らかであろう。ここには，一方では，対象をグローバル化・アメリカ化・地域化という重層的ダイナミクスとの関連において観察するという作業，とくに地域としての東アジアにおける日本の企業体制の位置を明らかにするという作業が要請されるであろう。それはもちろん，言説としての地域主義を展開する——ある種のアジア主義を標榜する——ということではない。東アジア域内における貿易・直接投資・通貨・移民・知的所有権などの経済関係との関連において，またASEANを軸とする地域化の進展との関連において，日本の企業体制を捉え直すことが要請されるのである。

　他方では，企業体制を日本の国内社会との関連において捉え返すことが必要となる。企業体制が主として国家によって規定された法律や制度，慣習によって形づくられている以上，それは国内社会に深く根を下ろしているからである。そこでは，企業体制が自己の姿にあわせて国内社会をどのように形成してきたのかが問われると同時に，逆に国内社会の論理によってどのように規定されてきたのかもまた問われなければならない。しかもその作業は，東アジア地域における日本の企業体制の位置を測りつつ，さらには重層的ダイナミクスの全体をも視野に入れつつなされなければならないであろう。

　このように，日本の国内社会との関連をも視野に入れたとき，日本の企業体制に接近するためには，グローバル企業の日本社会における位置，そしてグローバル企業の統治という視角を導入することが必要になってくるかもしれない。グローバル企業は多国籍企業と規定すべきかもしれないし，あるいはスーザン・ストレンジのように，企業の国籍がしだいにその意義を失ってきたことに着目して「脱国籍企業」(denationalized enterprise) と規定すべきかもしれない[23]。

　ともあれ，グローバル企業の日本におけるプレゼンスは，1990年代を通じて

格段に増大した。当面，アメリカ系企業がグローバル化に最も適合的であることも手伝って，対日直接投資においてもアメリカ系企業の進出が目立った。ただし，1990年代の後半になると，ルノーによる日産の取得，ダイムラークライスラーによる三菱自動車工業の取得など，ヨーロッパ系企業の進出も顕著になった。ちなみに，日本で日産や三菱自動車工業を日本企業と呼び続けているのは，ナショナリズムによる一種の自己欺瞞であるといいうるかもしれない。他面において，日本企業もトヨタやソニーを先頭に，グローバル化への道を歩んだ。近い将来，それらの日系企業にとって，日本はもはや立地決定上の選択肢のひとつにすぎないということになっているかもしれない。いわばトヨタやソニーの「外資化」である。

　このような構図を念頭に置いたとき，グローバル企業の対極に置かれるべきは，国家であるよりもむしろ個人，市民あるいは住民ではないかと考えられる。ローカルな立地としての日本におけるグローバル企業のプレゼンスの増大を見るとき，その日本社会に住む人々にとって，グローバル企業にたいするコントロールないし統治の可能性が重大な関心事となるのである。

　日本社会に住む人々の流動性が低いことも，このような関心を高める方向に作用するであろう。近年，若年層や高齢者を中心とした海外移住が見られるようになった。これは日本移民史における新たな局面となるかもしれない。だが，大多数の人々は日本列島に住み続けるであろう。他方，そこに流入する人々がいるが，それはいまのところ限られている。そして，日本社会は世界的にも突出した高齢社会となりつつある。これらの人々の経済・社会的な生活の水準と質を維持するために，日系企業を含むグローバル企業の活動をそれらに適合的なものとする必要がある。そのためにグローバル企業をコントロールないし統治しなければならない。また，それを可能にするような企業体制が構築されなければならないであろう。

　それでは，グローバル企業をどのようにコントロールないし統治しうるのか，それを可能にする対抗力はどこにあるのであろうか。狭義の企業統治論で観察の対象とされる株主にそれを見出すだけでは不十分であろう。それはとくに，日本企業の株主も急速にグローバル化し，日本の株式時価総額に占める外国人（法人および個人）による所有の比率は，1990年代を通じて急速に上昇し，20％

に達したという状況があるからである。したがって,株主だけではなく,広義の企業統治論のように,従業員をも視野に入れ,さらには消費者,そして広く住民にも対抗力の源泉を求めなければならないであろう。例えば,地方政府がそのようなコントロールないし統治のための権限を持つことが求められるであろう。あるいはそのような権限を持ちうることが,地方政府の存立にとっての必要条件とされるべきかもしれない。

　さらに,グローバル企業の活動規模を考えれば,国際経済秩序の重層的ダイナミクスのなかにも対抗力の可能性を求めるべきであろう。覇権としてのアメリカにそれを求めることは忌避すべきであるとしても,国際連合をはじめとする国際機関に期待することはできる。いくつかの国際機関はすでに良かれ悪しかれそのような役割を果たしつつある。また,ヨーロッパ統合の進展を見るとき,地域化がグローバル企業のコントロールのための重要な手段を提供することはほぼ明らかであろう。こうして,企業体制を国際経済秩序の重層的ダイナミクスとの関連において観察することの意義を,あらためて確認できるのである。

1) 山影進『対立と共存の国際理論――国民国家体系のゆくえ』東京大学出版会,1994年,309,318-319ページ。
2) 馬場宏二「世界体制論と段階論」工藤章編『20世紀資本主義 II 覇権の変容と福祉国家』東京大学出版会,1995年,16-18ページ。
3) 壽永欣三郎・野中いずみ「アメリカ経営管理技法の日本への導入と変容」山崎広明・橘川武郎編『日本経営史4 「日本的」経営の連続と断絶』岩波書店,1995年。
4) Akira Kudo, Matthias Kipping and Harm G. Schröter (eds.), *German and Japanese Business in the Boom Years: Transforming American management and technology models*, London: Routledge, 2004.
5) 以上,工藤章「グローバル化と地域統合についての覚書」東京大学『社会科学研究』51巻6号,2000年〔本書第12章〕,Akira Kudo, A Note on Globalization and Regional Integration, in: Sung-Jo Park and Seigo Hirowatari (eds.), *Strategies Towards Globalization: European and Japanese perspectives*, Berlin: Institute for East Asia Studies, Freie Universität Berlin, 2002; do., The Response of Japanese Capitalism to Globalization: A comparison with the German case, in: Glenn D. Hook and Harukiyo Hasegawa (eds.), *Japanese Responses to Globalization: Politics, security,*

economics and business, Basingstoke: Palgrave Macmillan, forthcoming [2006] でいま少し立ち入って展開した。

6) 工藤章「概観——経済統合・ヨーロッパ統合・グローバル化」戸原四郎・加藤榮一・工藤章編『ドイツ経済——統一後の10年』有斐閣，2003年，17-38ページ〔本書第5章〕。

7) 深田祐介／ロナルド・ドーア『日本型資本主義なくしてなんの日本か』光文社，1993年。

8) Michel Albert, *Capitalisme contre capitalisme*, Paris: Seuil, 1991 (小池はるひ訳・久水宏之監修『資本主義対資本主義』竹内書店新社，1992年).

9) 工藤章『20世紀ドイツ資本主義——国際定位と大企業体制』東京大学出版会，1999年，3-7ページ。

10) Takeo Kikkawa, Explanatory Models on Successes and Failures of the Japanese Economy and Firms, in: Akira Kudo (ed.), *Approaches to Corporate Governance*, Tokyo: Institute of Social Science, University of Tokyo, Research Series, No. 3, 2002, p. 21.

11) Kudo, Kipping and Schröter (eds.), *op. cit.*

12) Ronald Dore, *Stock Market Capitalism, Welfare Capitalism: Japan and Germany versus the Anglo-Saxons*, Oxford: Oxford University Press, 2000 (藤井眞人訳『日本型資本主義と市場主義の衝突——日・独対アングロサクソン』東洋経済新報社，2001年).

13) Akira Kudo, An Introduction: Approaches to corporate governance, in: Kudo (ed.), *op. cit.*

14) 山口重克・小野英祐・吉田暁・佐々木隆雄・春田素夫『現代の金融システム——理論と構造』東洋経済新報社，2001年，243ページ (春田稿)。

15) 菅山真次「日本的雇用関係の形成——就業規則・賃金・〈従業員〉」山崎・橘川編，前掲。

16) 森川英正『トップ・マネジメントの経営史——経営者企業と家族企業』有斐閣，1996年，141-142ページ (*A History of Top Management in Japan: Managerial enterprises and family enterprises*, New York: Oxford University Press, 2001, p. 93)。

17) 日髙千景・橘川武郎「戦後日本のメインバンク・システムとコーポレート・ガバナンス」東京大学『社会科学研究』49巻6号，1998年，26-27ページ。

18) 湯沢威・谷口明丈・福應健・橘川武郎『エレメンタル経営史』英創社，2000年，302ページ (橘川稿)。

19) Akira Kudo, Americanization or Europeanization? The globalization of the Japanese economy, in: Glenn D. Hook and Harukiyo Hasegawa (eds.), *The Political*

Economy of Japanese Globalization, London: Routledge, 2001, pp. 121-124.
20) 馬場宏二「現代世界と日本会社主義」東京大学社会科学研究所編『現代日本社会 1 課題と視角』東京大学出版会，1991年。
21) 橘川武郎「日本の企業システムと高度成長」橋本寿朗編『20世紀資本主義 I 技術革新と生産システム』東京大学出版会，1995年，151ページ。
22) 馬場宏二『新資本主義論——視角転換の経済学』名古屋大学出版会，1997年，168，172，284ページ。
23) Susan Strange, *The Retreat of the State: The diffusion of power in the world economy*, Cambridge: Cambridge University Press, 1996 (櫻井公人訳『国家の退場——グローバル経済の新しい主役たち』岩波書店，1998年).

第9章　日本企業研究への視座[*]

はじめに

　日本企業の研究は現在どのような状況にあるのであろうか。ここでは，近年における日本企業研究の動向について，国際比較と国際関係という視角を重視しつつ一瞥し，さらに研究の今後を展望することにしたい。

1　焦点としての企業体制

　このような作業に取りかかるに際して，1980年代以降の日本の企業体制の動向を念頭に置くことにする。そのことはとりもなおさず，1980年代後半に「バブル経済」と呼ばれる景気過熱現象が生じた原因，また「バブル経済」の崩壊以降の長期停滞の原因を，企業体制のあり方と関連づけて明らかにするという問題意識に関わる。さらに，1980年代以降の企業体制をどのように特徴づけるべきかという問題をも念頭に置くことになる。

　たしかに，「バブル経済」は日本にのみ見られた現象ではなく，同種の過熱状態は同時代の資本主義諸国にも見られたから，その発生をすべて，「日本的」企業体制と呼びうるような日本固有の要因から説明しようとするのには無理がある。そうだとしても，日本の「バブル」の程度は際立っていたから，かなりの程度は企業体制の日本的特徴によって説明できるように思われる。

　さらに，「バブル」の発生は，日本の個々の企業の行動以上に，その企業体制と関わっているように思われる。また1990年代以降の長期停滞も，同様の理由から，個別企業の行動以上に企業体制との関連において考察すべきように思われる。もちろんここでは，この問題に明確な解答を与えることはできないが，

---

[*]　初出は「日本研究のグローバルな再検討」（グレン・D・フックと共著）工藤章／橘川武郎／グレン・D・フック編『現代日本企業3　グローバル・レビュー』有斐閣，2006年である。全3巻中の第3巻への序章として書かれた。ただし，「日本研究から日本企業研究へ」を論じたその前半を割愛し，後半のみを収めた。また，同書の内容を紹介した部分も割愛した。

この論点を念頭に置きつつ論を進めることにしたい。

　ここで，個別の企業と企業体制というふたつの異なる次元を区別する点について，最小限の確認をしておきたい。まず，「日本的」という形容詞を冠して特徴づける対象として，個々の企業を選ぶことは妥当であろうか，そもそも日本にある多くの企業を日本企業と一括しうるであろうかという問いを発してみたい。トヨタと日産は違っている。松下とソニーは違う。松下はソニーよりもドイツのジーメンスに似ているかもしれない。また，個々の企業に広く認められるような「日本型」経営などというものはあったのであろうか，またありうるのであろうかという問いも生まれる。日本の企業の業績が顕著であった頃，優良な企業は国籍を問わず似ているという主張は，しばしばなされるところであった。

　さらに，そもそも「日本」企業という特徴づけは何によっておこなうのか。所有あるいは企業の国籍によって特徴づけられるのであろうか。とくに大企業の所有と国籍はますます国際化・グローバル化してきたから，国籍で特徴づけるのはいっそう難しくなった。企業を特徴づけるものは所有あるいは国籍以上の何ものかではないのだろうか。

　個々の企業次元では，日本にある企業の特徴は千差万別たりうる。せめてグループ分けかタイプ分けを施したうえでなければ，「日本的」という形容詞を軽々にかぶせるのは粗雑にすぎるであろう。言い換えれば，「日本的」という特徴づけは，もしそれが可能であるとすれば，個々の企業についてよりも，むしろ企業体制についてなされなければならないのではなかろうか。

　企業体制は資本主義の最も重要な一側面をなしている。資本主義は個々の企業を包摂しているが，それよりも広く，市場や制度，不文律，慣行などをも包摂している。それらは詰まるところ，社会という存在に行き着く。社会は企業に自らの特徴を刻印し，企業体制を成立させる。しかし他方で，社会は個々の企業の活動，そして企業体制の動きによっても変容を受ける。社会はさしあたり国境で囲われているから，企業体制は国家によって規定されて一定の特徴を示すことになる。そこで，例えば「日本的」という特徴づけが可能になる。その対象は企業体制であり，ひいては資本主義である。企業体制あるいは資本主義の比較が国際比較になる所以でもある。

ただし，急いで付け加えておかなければならないが，近年進展している事態のひとつとして，個々の企業にとってその国境あるいは国家なるものの輪郭がますます不鮮明になってきたという現象がある。したがって，企業体制あるいは資本主義を規定し特徴づけるものとしては，依然として国家ないし国境によって囲われた社会が最も重要であるとしても，もはやそれには限られないという面がますます顕著になってきた。そのかぎりにおいて，企業体制ないし資本主義の国際比較を試みる際にも，国際比較の相対化を意識せざるをえないのである[1]。

2 比較と関係

以上，企業体制の次元での観察がここでの焦点であることを確認した。そのうえで次に，企業体制に接近するに際して，次の3つの視角があることを指摘したい。第1の視角は，ある国の企業体制をそれ自体として観察するものである。第2の視角は，比較，とりわけ国際比較であって，ある国の企業体制を他の国のそれと比較するものである。そして第3の視角は，ある国の企業体制を国際関係という文脈において観察する，あるいは企業体制間の国際関係それ自体を観察するものである。

われわれが最も重視するのは関係という第3の視角であり，次いで第2の比較という視角なのだが[2]，ここでは，比較という視角を取り上げたい。それは，関係という視点からの業績にはなお見るべきものがないように思われる反面，比較という視角からの業績には近年注目すべきものが現れているからである。

ここで，比較という認識の方法について，比較の根拠および意義に関連させて一言しておきたい。比較による区別や同定，特徴づけなどは，認識の方法としては有用である。とくに，比較のための基準を厳密に設定したうえで比較がなされる場合はそうである。だが，日本の企業体制は，いうまでもなく国際的ないし世界的な関係のなかでのみ存在している。したがって，比較という方法を通じた認識は，関係そのものの総体に関わる認識の一部をなすものと見るべきである。言い換えれば，比較による認識は，関係総体の認識にたいして，部分的な抽象という性格を持つ。あるいは，比較も実は関係を踏まえて初めて十全な比較となると思われるのである。付け加えれば，それ自体の観察という上

記の第1の視角も，潜在的には関係を前提にしなければ成立しえないというのが，われわれが仮説的に理解するところである。それはともかく，認識の方法としては，比較よりも関係認識のほうが重要であることを強調しておきたい。

比較は関係を踏まえた比較であるべきだとすると，関係を踏まえた比較はおのずと同時代の比較とならざるをえない。また逆に，同時代の比較は，関係を踏まえた比較にならざるをえない。これとは反対に，時代を異にした比較は，先験的な，場合によっては恣意的な規範の措定や段階の設定を前提していることが多い。もちろん，関係を踏まえた比較の意義を強調するとしても，それは従来試みられることが少なかっただけに，同時代なるものをどう定義するか，そしてそもそも関係なるものをどのように把握するのかといった，方法上のさまざまな問題が残されている。

さて，関係，とくに国際関係という場合，ここでの関心からすればとくに直接投資が注目されるが，もちろん貿易やライセンシング（技術移転）も重要性を失うものではない。企業体制を念頭に置けば，さらに競争政策，産業政策やマクロ経済政策などをめぐる関係をも視野に入れる必要がある。また，技術者や経営者の教育制度，経済や経営の思想・理念などにも目を向けるべきであろう。

さらに，関係を踏まえた比較という場合，踏まえるべき関係としては直接的な関係と間接的な関係とがある。例えば日本とドイツとを比較しようとする場合，両国間の貿易，ライセンシング，直接投資といった直接的な経済関係を踏まえた比較がありうる。いまひとつの，間接的な関係を踏まえた比較としては，例えば日独それぞれの対途上国関係の比較などもあるが，それぞれのアメリカとの関係を比較することの意義も大きい。Kudo, Kipping and Schröter (eds.), *German and Japanese Business in the Boom Years* は，日独それぞれのアメリカとの関係を踏まえた日独比較の試みのひとつである[3]。

3　注目すべき研究とそれが指し示す方向

(1) 関係を踏まえた比較の試み

関係を踏まえた比較を試みた近年の業績として最も注目すべきものは，ロナルド・ドーアの著作 *Stock Market Capitalism, Welfare Capitalism*（『日本型資本主義と市場主義の衝突』）であろう[4]。これは米英資本主義と日独資本主義との比較

という議論をも含むが——そこでは関係に基づく比較という色彩は弱い——，日独資本主義の比較はまさに関係に基づく比較となっている。上記の分類に基づけば，日本とドイツのそれぞれの対アメリカ関係を比較した，間接的な関係を踏まえた比較と見ることができる。

日独両国の対アメリカ関係の核心は，著者自身の言葉では「株式市場資本主義」の圧力であり，あるいはアングロサクソン資本主義の影響力ということになる。すなわち，日本とドイツの資本主義がアングロサクソン資本主義の影響を被りつつ，しかもそれに対抗するものとされる。アングロサクソン資本主義の影響は「市場化」(marketization) および「金融化」(financialization) として語られる。そして，日本とドイツの資本主義の成績が芳しくないにもかかわらず，あらためてそれらが賞賛に値し，そして維持するに値すると主張されているというのである。このようなドーアの認識はけっして短期的な動向に左右されるものではない。アメリカのバブルがはじけ，「ニュー・エコノミー」が挫折したいま，あらためて日本とドイツの資本主義の優秀さが証明され，同時に自らの認識の正しさが証明されたといった類の言説ではないのである。ドーアの目はより長期の動向に向けられている。彼は「市場化」と「金融化」の潮流を背景にした，より長期の日独資本主義の体質を問うているのである。

この著作の貢献は次の点にあると考えられる。第1に，グローバル化ないしアメリカ化を，株式市場を中心にしたアメリカ型の金融市場あるいは「株式市場資本主義」の世界的普及として把握した点である。第2に，日独それぞれの対アメリカ関係を踏まえて比較した点である。しかもそれをアメリカ化の比較として試み，このような形で関係に基づく比較を試みた点である。第3に，その比較の目が企業体制のみならず，資本主義のいまひとつの側面である国際定位にも及んでいる点である。そして何よりも，多くの実証的な知見に依拠しながら，比較——それも関係に基づく比較——という方法の豊かな可能性を示している。方法意識という点からも，またその実証的な成果という点からも，その達成は高く評価されるべきである[5]。

だが，ドーアのこの著作にも問題がないわけではない。ひとつは，先に触れたところだが，「米英資本主義対日独資本主義」という図式が，必ずしも関係を踏まえた比較とはなっていない点である。彼はこの図式から日本の資本主義

を特徴づけるのであるが,あえて極言すれば,その特徴づけは先験的 (a priori) に想定されたものである。おそらくこのこととも関連して,ドーアの議論には,よき日独システムを擁護すべきであるとの当為の意識が過剰と思われる箇所が散見される。

　いまひとつの問題と考えられる点は日独比較に関わる。ドーアは「米英資本主義対日独資本主義」から日独資本主義相互の比較へと考察を進めるなかで,両者の類似点とともにその相違点をも指摘している。この試み自体は高く評価すべきである。その比較のうち,企業体制についての彼の比較を要約すれば,ドイツの企業体制が法によって規制されているのにたいして,日本のそれは慣習による規制を受けているというものである。そこから,ドイツの企業体制はアングロサクソンの圧力にたいして柔軟に対応し難いが,一方,日本のそれは柔軟な対応が可能であるとされる。だが,それは言い換えれば,日本の企業体制は圧力にたいする抵抗力が弱いということになるのではなかろうか。他方で,ドーアはアングロサクソンへの抵抗においてドイツよりも日本に展望があるとするが,その主張には必ずしも理論的な裏づけが与えられていないように思われるのである。

　ドーアの著作に含まれるこのような問題点は,われわれが今後取り組むべき新たな課題ともなっている。まず後者の日独比較については,近年,Streeck and Yamamura (eds.), *The Origins of Nonliberal Capitalism* および Yamamura and Streeck (eds.), *The End of Diversity?* という注目すべき2冊の論文集が現れた[6]。われわれは,日本資本主義のグローバル化への対応を考察するに当たって,なぜドイツとの比較をおこなうべきなのか,その根拠および意義は何かという問題にまで遡って考察を加える必要があろう。

　また,前者の,日本的なるものを先験的に想定するという難点を回避するためには,まず何よりも観察に徹しなければならないことはいうまでもないが,その際のひとつの有力な方法が,まさに関係を踏まえた比較であると思われる。その場合われわれは,企業体制を観察するためにも,個別企業の次元にまで降りなければならない。たしかに企業体制どうしの国際関係にあっても,国家による企業体制への規定のあり方の相違から通商,技術,資本などをめぐる対立が惹起され,政府間交渉やさらには国際組織を巻き込んだ交渉にまで発展する。

したがって，このような紛争の観察と分析が重要な課題となる．しかし，そのような企業体制どうしの関係の前提にあるのは，個別企業間の貿易，ライセンシング（技術移転），直接投資などの関係なのである．

そこで，個別企業の国際関係を観察し，そこから比較を進めようとする際――日本に目を向けるとして――，次の3つの場合を分けておくことが便宜であろう．

1）国際市場における企業間の競争と協調という関係を踏まえた比較
2）日本企業の対外進出（とくに直接投資）という関係を踏まえた比較
3）外国企業の対日進出（とくに直接投資）という関係を踏まえた比較

そして，それぞれについて，われわれはすでに少数ながら豊かな成果を有している．そこで，次にそれらの著作を取り上げ，個別企業次元での観察を企業体制次元で総括し，「日本的」なるものについて確かな知見を得る途を探ってみることにしたい．

(2) 国際市場における関係を踏まえた比較

第1の，国際市場における競争と協調という関係を踏まえた比較を試みた代表的な業績は，塩見・堀編『日米関係経営史』である[7]．これは日米の「12の主要個別産業のグローバル企業」を取り上げて，関係に基づく比較を試みた論文集であって，他の国際関係，例えば日本とヨーロッパ，あるいは日本とアジアについては，これに匹敵する試みはまだ現れていないように思われる．

この著作は国際関係認識の方法論的な重要性を強調している．すなわち，経営史における「20世紀型大企業のチャンドラー・モデル」が1980年代の「局面転換」に遭ってその有効性に疑問符が付けられるに至ったが，このような研究状況にたいして，「市場から組織へ」というチャンドラーの視座を維持しながらも，企業の国際関係を明示的に視野に取り込む試みが有効であると主張しているのである．そのうえで，日米企業のグローバル競争戦略の分析に進む．その際，執筆者に共通する認識として，「『グローバル多層ネットワーク』を内包した新しいグローバル寡占市場」の成立，日系グローバル企業の台頭，日本企

業のアメリカ化とアメリカ企業の日本化という3点が挙げられている。

そのうえで,「12の主要個別産業のグローバル企業」である日米それぞれの代表的企業の相互関係が観察されている。鉄鋼業における US スチール社と新日鉄,自動車産業における GM 社とトヨタ,電機産業における GE 社と東芝,石油産業におけるエクソン社・モービル社と東燃・出光興産,化学産業におけるデュポン社と三菱化学,航空宇宙産業におけるボーイング社と三菱重工業,コンピューター産業における IBM 社と富士通,半導体産業におけるインテル社と日本電気,情報通信産業における AT&T と NTT,自動車フランチャイズ・システムに関わるビッグ・スリーとトヨタなどの日本企業,日用品小売業における日米のセブン-イレブン,金融・証券業におけるメリルリンチ証券と野村證券がそれである。

同書によって,日米企業間関係のみならず日米のグローバル大企業の姿が鮮やかに示された。ただし,批判すべき点がないわけではない。そのひとつは,分析の対象とされる企業間関係の外延あるいは形態が章によってかなり異なっている点である。もちろん,企業間関係の外延ないし形態は,貿易,技術提携,戦略的提携,直接投資などと多様であり,競争企業としての認識や競争戦略の適用あるいは学習対象としての選択などをも加えれば,ますます多彩となる。そして,産業によって日米企業間の関係のあり方は異なるし,執筆者それぞれの関心や視角,課題設定も異なる。さらに資料・史料の保存・公開状況もまちまちであるから,それに応じて対象とされる側面が異なるのも当然であろう。ただ,もう少し統一的な視角が与えられていれば,同書全体の主張が衝撃力を増したのではなかろうか。

もうひとつ,あえて注文をつけるとすれば,それは1990年代における日米企業間関係の位置づけについてである。同書は1970年代から80年代にかけての「局面転換」に焦点を絞ろうとしている。それでは,1980年代から90年代への移り行きについて,著者たちはどのように捉えるのであろうか。「経営史が固有に持つべき中期的視座」から,「ほぼ5年刻み,10年以内の動向を捉えようとしてきた」同書の立場からすれば[8],1990年代はどのように特徴づけられるのであろうか。「日米再逆転」と「『強いアメリカ』の持続」という視角を前面に出すのであろうか。それとも「情報技術革新」および「サービス革新」という視

角を強調するのであろうか。これが著者たちにあえて問うてみたい点である。

(3) 日本企業の対外進出という関係を踏まえた比較

　第2の，日本企業の対外進出（とくに直接投資）という関係を踏まえた比較では，とくに1990年代以降，比較的多数の業績が現れた。そのなかで安保哲夫とその協働者の業績が代表的なものと見られよう。対アメリカ進出については，安保編『日本企業のアメリカ現地生産』，安保・板垣・上山・河村・公文『アメリカに生きる日本的生産システム』，安保編『日本的経営・生産システムとアメリカ』，Abo (ed.), *Hybrid Factory*；河村編『グローバル経済下のアメリカ日系工場』があり，対アジア進出を踏まえたものとしては，板垣編『日本的経営・生産システムと東アジア』，Itagaki (ed.), *The Japanese Production System* がある。また，対ヨーロッパ進出を踏まえた比較としては，公文・安保編『日本型経営・生産システムとEU』，Kumon and Abo (eds.), *The Hybrid Factory in Europe*；和田・安保編『中東欧の日本型経営生産システム』がある[9]。このように，アメリカ，アジア，そしてヨーロッパの3地域への進出についての研究が出そろったことにより，その研究成果の意義はさらに高まった。

　ここでは，塩見・堀編『日米関係経営史』を取り上げて日米関係を見た後でもあるので，多様化を図って，対アジア進出における日本企業を観察した板垣編『日本的経営・生産システムと東アジア』，Itagaki (ed.), *The Japanese Production System* を取り上げよう[10]。

　編者たちは，長年にわたって日系多国籍企業による技術・経営の国際的移転の実態を追い続けており，とくに自動車・電機産業を中心とする製造企業による「日本的経営・生産システム」の移転に光を当ててきた。編者たちが問題にしてきたのは，「日本的経営・生産システム」のどのような側面が，どの程度移転されているのか，あるいは移転されていないのか，そしてその移転の程度を規定する要因は何なのかということであった。言い換えれば，「日本的システム」の直接「適用」と，現地の環境に応じた柔軟な「適応」という二側面の緊張関係を問題としたのである。このような視角からの研究を実証的に深めるために，編者たちは「適用・適応モデル」と呼ばれる詳細な調査スキームを作成し，それに基づいて多数の在外日系企業の現地工場の調査を精力的に実施して

きた。その成果は，堅固な実証的な基礎を有するものとして，すでに学界において評価が定まっているといってよいであろう。ただし，それらは主として在米日系企業を対象とするものであった。これにたいして同書は，東アジアにおける日系企業を集中的に取り上げている。同書がとくに注目されるのはこのためである。

　同書での事実発見は多数にのぼる。そして，それらをめぐる編者たちの考察にも注目すべきものが多い。ここでは，われわれの観点からして最も重要だと思われる一点に絞りたい。編者たちが繰り返し指摘しているのは，「台湾と韓国の日系工場では，ヒトの管理面では日本方式の浸透度が高い一方，現地経営における日本人出向者への依存度は質量ともに低い」という点であり[11]，しかもその「日本方式」の「制度面での高い適用度とその運営実態との落差」が存在するという点である[12]。そして，ここからおのずと浮かんでくる疑問は，「経営実態」において「日本方式」が必ずしも適用されていないとすれば，実際に用いられている現地の方式とはいかなるものなのかというものである。編者たちもこの点を繰り返し問うている。そして，台湾および韓国では，アメリカの場合と異なって，それが判然としないというのである。

　この点について，同書では確定的な説明は与えられていない。これは，同書に示されたデータから離れて恣意的な解釈に走ることを抑制するという編者たちの態度の結果であり，それは実証研究の際には当然の態度であろう。これによって，実証研究としての本書の価値が維持されたといってよい。ただし，そこに物足りなさが残ることも事実である。この空隙を「台湾および韓国の方式」に関する通念的な認識によって埋めるのは，同書に提示された豊かな成果を十分に生かす道ではないであろう。編者たちもこの手法は採っていない。この点はむしろ調査の成果を生かして，あるいは調査をさらに継続して明らかにすべきであるし，また編者たちには可能であるように思われる。さらにいえば，このような日系企業の活動の観察を通じてこそ，日本と台湾・韓国の経営・生産システムの比較が十分な実証的な根拠を持っておこないうるのではなかろうか。

　それでは，そのためにはどのような方法と調査が必要なのであろうか。おそらく，「日本方式」の「適用」——あるいはより広く移転——について，時間の

要素を明示的に取り入れて過程の分析をおこなうことが重要であろう。あるいは，継続的・累積的な移転という視角の導入といってよいかもしれない。同書でもすでに部分的には，このような視角からする考察が散見される。その本格化が強く期待される。その場合，比較的少数のケースについて深い分析が必要になるとすれば，そのようなケースの代表性をどのように担保するのかという問題が生じよう。また同書に散見される社会「体質」論を，実証の場でどのように扱うかという問題もあろう。

このように考えると，韓国のケースが重要な鍵となるかもしれない。よく知られているように，韓国政府が最近まで対内直接投資を厳しく制限してきたこともあって，在韓日系企業の数はなお多くない。このためもあって，同書でも対象企業数は，台湾に比べて少なくなっている。とくに自動車組立産業では皆無であり，取り上げられているのは韓国企業である。この点は，共著者の一人である安保が的確に指摘しているように，これまでの編者たちの方法が突き当たらざるをえなかった限界であるとともに，新たな研究の出発点でもありうる。編者たちのチームによる新たな調査スキームの開発とそれによる調査の継続が期待される。

同書に盛り込まれた事実発見と考察は，主題に関する専門家ではないがそれに関心を抱く者にとって，これ以外の点でも多くの示唆を与えてくれる。同書の刊行後に発生したアジアの通貨・金融・経済危機は，同書の意義を減殺するよりもむしろ高めたことはたしかである。

(4) 企業体制研究の今後の課題

第3の，外国企業の対日進出（とくに直接投資）という関係を踏まえた比較については，本格的な研究はなお乏しい。実務者の経験をまとめたものは少なくないが，だがそれらの経験をも参考にしながらさらに先へ進んだ研究はなお少ないのが現状である。これは，日本企業の対外直接投資と外国企業の対日投資とのあいだの量的不均衡という実態を反映しているのかもしれない。そのなかでは，吉原・和田・石田・古川・高木・鈴木『グローバル企業の日本戦略』，さらに吉原編『外資系企業』が先駆的な業績として挙げられよう[13]。それらの目指すところは外資系企業の対日戦略，組織，事業の解明であり，そこからさ

らに外資と日本企業の比較,そして日本の企業体制の特徴づけに進むことが望まれる。

ここで見た比較をめぐる諸研究によって切り開かれた研究分野は,今後さらに豊かな成果を生み出すことが期待される。それらの個別企業の次元での,国際関係に基づいた国際比較の試みは,ここで焦点と定めた企業体制に関する研究にとっても不可欠な前提あるいは迂回路となっている。それらの研究の成果を踏まえ,それをドーアによって達成された水準の企業体制研究と結合させることによって,比較と関係という視角からの企業体制に関する研究の展望が開かれるであろう。それはとくに,国境を越える企業の観察であるだけに,企業体制への国家による規定性を相対化する途をも切り開きうるものであろう。

1) Akira Kudo, The Response of Japanese Capitalism to Globalization: A comparison with the German case, in: Glenn D. Hook and Harukiyo Hasegawa (eds.), *Japanese Responses to Globalization: Politics, security, economics and business*, Basingstoke: Palgrave Macmillan, forthcoming [2006].
2) Akira Kudo, The State of Business History in Japan: Cross-national comparisons and international relations, in: Franco Amatori and Geoffrey Jones (eds.), *Business History around the World at the Turn of the Twenty-first Century*, Cambridge: Cambridge University Press, 2003.
3) Akira Kudo, Matthias Kipping and Harm G. Schröter (eds.), *German and Japanese Business in the Boom Years: Transforming American management and technology models*, London: Routledge, 2004.
4) Ronald Dore, *Stock Market Capitalism, Welfare Capitalism: Japan and Germany versus the Anglo-Saxons*, Oxford: Oxford University Press, 2000(藤井眞人訳『日本型資本主義と市場主義の衝突――日・独対アングロサクソン』東洋経済新報社,2001年).
5) Kudo, The Response of Japanese Capitalism to Globalization, *op. cit.*
6) Wolfgang Streeck and Kozo Yamamura (eds.), *The Origins of Nonliberal Capitalism: Germany and Japan in comparison*, Ithaca and London: Cornell University Press, 2001; Kozo Yamamura and Wolfgang Streeck (eds.), *The End of Diversity? Prospects for German and Japanese capitalism*, Ithaca and London: Cornell University Press, 2003.
7) 塩見治人・堀一郎編『日米関係経営史――高度成長から現在まで』名古屋大学

出版会，1998年。
8) 同「あとがき」。
9) 安保哲夫編『日本企業のアメリカ現地生産——自動車・電機：日本的経営の「適用」と「適応」』東洋経済新報社，1988年，安保哲夫・板垣博・上山邦雄・河村哲二・公文溥『アメリカに生きる日本的生産システム——現地工場の「適用」と「適応」』東洋経済新報社，1991年，安保哲夫編『日本的経営・生産システムとアメリカ——システムの国際移転とハイブリッド化』ミネルヴァ書房，1994年，Tetsuo Abo (ed.), *Hybrid Factory: The Japanese production system in the United States*, Oxford: Oxford University Press, 1994; 河村哲二編『グローバル経済下のアメリカ日系工場』東洋経済新報社，2005年，板垣博編『日本的経営・生産システムと東アジア——台湾・韓国・中国におけるハイブリッド工場』ミネルヴァ書房，1997年，Hiroshi Itagaki (ed.), *The Japanese Production System: Hybrid factories in East Asia*, London: Macmillan, 1997; 公文溥・安保哲夫編『日本型経営・生産システムとEU——ハイブリッド工場の比較分析』ミネルヴァ書房，2005年，Hiroshi Kumon and Tetsuo Abo (eds.), *The Hybrid Factory in Europe: The Japanese management and production system transferred*, Basingstoke: Palgrave Macmillan, 2004; 和田正武・安保哲夫編『中東欧の日本型経営生産システム——ポーランド・スロバキアでの受容』文眞堂，2005年。
10) 板垣編『日本的経営・生産システムと東アジア』前掲，Itagaki (ed.), *The Japanese Production System, op. cit.*
11) 板垣編，前掲，80ページ。
12) 同，99ページ。
13) 吉原英樹・和田充夫・石田英夫・古川公成・高木晴夫・鈴木貞彦『グローバル企業の日本戦略』講談社，1990年，さらに，吉原英樹編『外資系企業』同文舘出版，1994年，参照。

IV
戦後期：国際定位

第10章　日欧経済関係の変貌[*]

はじめに

　1980年代後半以降，とくに1989年秋に東西ドイツ国境が崩壊するに及び，全ヨーロッパは体制変動の時期を迎えた。その衝撃は全世界に波及したが，日本もその局外ではありえなかった。2大政党体制を軸とするいわゆる1955年政治体制の崩壊も，衝撃の波及の一環をなすものと見ることができよう。このようなヨーロッパからの衝撃は，かつて経験したところである。すなわち，1939年夏の独ソ不可侵条約の締結が平沼内閣の総辞職をもたらし，その直後の欧州大戦の勃発，その2年後の独ソ戦の開始が日本の進路を誤らせる一因となったという歴史的経験がそれである[1]。

　ただし，かつての経験と今回の事態とのあいだには，いうまでもなくいくつかの差異が存在する。そのひとつは，いまヨーロッパで進行しつつあるのは全ヨーロッパ的な地域統合を目指す運動だという点である。これは，17世紀のヨーロッパに生まれた近代国民国家を否定するという，歴史的に見て画期的な性格を持っていると考えることができる。それは，かつてのナチス・ドイツによる強権的・暴力的なヨーロッパ制覇とはまったく異なった意義を持つ。しかも今日では，同時に，国民国家の内部における，あるいは複数の国民国家にまたがる，地域ないしはエスニシティーの自己主張が強まっている。国民国家のいわば上からの蚕食が，下からの蚕食と同時並行的に起きているわけである。この点でも1930年代との相違は明白であろう[2]。

　いまひとつの違いは，ヨーロッパと日本とのあいだの相互規定関係の存在である。かつては，日本はヨーロッパの衝撃を一方的に受容し，規定される存在

---

[*] 初出は「日欧経済関係の変貌」工藤章編『20世紀資本主義 II 覇権の変容と福祉国家』東京大学出版会，1995年である。

であって，ヨーロッパの事態は日本を視野に入れずとも説明することが——適切ではないにせよ——不可能ではなかった。今日，日本をそのようにたんなる受動的存在として扱うことはとうてい不可能であろう。なぜならば，日本の経済力こそがヨーロッパの体制変動を促す重要な一因であったからである。後にあらためて触れるが，1992年末を目標期限とする EC 市場統合は，日本の経済的挑戦にたいするヨーロッパの対応であったと見てよい。さらに，旧ソ連・東欧地域の体制変革も，日本の企業・経済と密接に結び付いた東・東南アジア経済の成長による衝撃が同地域の経済の衰弱を促進したことと無関係ではないであろう。こうして，今日の日本とヨーロッパとの関係は，かつてとは異なり，相互に規定しあう関係となっているといってよい。

　本章では，このような日欧の相互規定関係に着目しながら，そうした視角から，ヨーロッパで展開しつつある事態を観察してみたい。すなわち，日欧関係を観察し，そのうえで日本との関係を通して見たヨーロッパ像を提示しようと試みるのである。これをめぐっては，日本においてもヨーロッパにおいても，時論が盛んなわりには本格的な歴史研究が乏しい[3]。最近ではこのような事態に多少とも改善の兆しが見えるとはいえ，まだまだ不十分である。それは日欧間の相互理解の不足にもつながっている。したがって，ここでの試みにもいささかなりとも意義があろう。

　その際，さらにいくつかの視角の限定を施しておきたい。ひとつは，ここでは西ヨーロッパ地域を中心に，とくに欧州共同体 (EC) を中心に説くという点である[4]。次に，西ヨーロッパ，さらに EC に絞るとしても，日欧関係はいうまでもなく多面的であるが，ここでは経済関係に限定する。その主たる理由は何よりも，両者の関係がこれまで良くも悪くも経済関係を中心とするものであったところにある。さらに，経済関係といっても，貿易および直接投資といった主要な側面に限り，しかも私なりの論点を提出しながら観察し，長期的視点に立って全体像の提示に努めることにしたい。

第1節　ヨーロッパ統合と日本——挑戦と対応

1　日本の挑戦とEC市場統合

　1970年代から80年代前半にかけて，ヨーロッパは日本の経済的挑戦を受けた。日本経済は2次にわたる石油危機にたいして迅速に対応し，危機を比較的早期に克服しえた。その根底には「マイクロ・エレクトロニクス(ME)革命」の進行と，それによるメカトロニクス工業(機械工業と電子工業の融合)と情報産業の発展があった。それは「第3次産業革命」とも位置づけられる変化である[5]。これとは対照的に，西ヨーロッパの経済はME革命ないし第3次産業革命において遅れをとった。先端産業における競争力の衰退も顕著であった。その原因としては，産業構成の変化の遅れ，協調的寡占体制の確立，制度化された「硬直的な」集団的労使関係の存続，さらには企業経営における問題点——同族企業の優位，公有企業・労働組合所有企業の存在，企業経営の形態上の問題，企業家精神の衰退など——，そして政府の政策の問題点などが指摘されよう[6]。いずれにせよ，ヨーロッパは日本からの強烈な挑戦を受けることになったのである。

　1980年前半はヨーロッパが経済不況に呻吟した時期である。そのなかで経済活性化の試みがなされた。各国レベルでは，米・日企業からの技術や経営方式の導入が盛んに試みられた。「モデル・ジャパン」が合言葉になるとともに，それへの反発が見られたのもこの頃である。各国政府は公有企業の民営化を進めるとともに，産業政策を模索した。ヨーロッパ規模でもさまざまな活性化への模索があった。いわゆる市場統合もそのひとつである。

　1985年6月，EC委員会は「域内市場白書」を発表し，物，サービス，人，資本の単一市場を1992年までにつくることを目標として掲げた。これがいわゆる1992年市場統合の出発点となった。これを受けて，翌86年2月，EC加盟国は単一欧州議定書(Single European Act)に調印した。これは，各国での批准を経て翌87年7月に発効した[7]。

　1992年市場統合の内容は，およそ次のようなものであった。それまで，EC 12ヵ国は域内関税の撤廃，対外共通関税の設定，そして対外通商政策などの政

策統合といった面で成果を挙げてきた。しかし EC 域内にはいまだに，①国境規制や税関といった物理的障壁，②製品規格・技術規制・会社法などの各国ごとの差異，あるいは政府調達ルールなどの技術的障壁，③税障壁，とくに付加価値税 (VAT) と内国消費税の税率の差などの種々の障壁が残されていた。これらの障壁の撤廃が，市場統合の目指す主な内容であった。このような内容は，基本的には，それまでの EC 形成の基底にあった論理の延長上にあるものといってよい。すなわち，需要サイドでは「大市場」の誕生に期待し，他方，供給サイドでは「大市場」の形成を背景とした企業間競争の促進とそれによる生産性の上昇に期待し，そして需給両面での効果が相まって経済の活性化が実現されるというものである。

このような統合によって期待される経済効果は，市場が分裂していることによる個々の損失，したがって市場が統合されることによって得られる個々の利益を集計することによって試算された。それをおこなった「チェッキーニ報告」(*The European Challenge 1992*) によれば，その経済的効果はおよそ2000億エキュー (ECU) (約30兆円) に達する。市場統合は，数年のうちに EC 全体の GDP (国内総生産) を 4 ないし 7 ％押し上げる効果を持つとされたのである[8]。

このような「チェッキーニ報告」の論旨の背景には，EC の産業・経済に関する EC 当局者の危機意識が伏在していると見てよい。そのこととも関連して，同報告には次のような特徴が認められる。まず，目標設定を明確にするために，過去の実績，すなわち EC 設立以来の統合の実績を過小に評価する傾向がある。第 2 に，米・日企業のヨーロッパ市場での競争力を強く意識し，これに対抗しうる EC 企業の発展を促そうとしており，かつ EC 企業の勝利を期待している。その場合，非 EC 企業も EC 企業と同様に「非共同市場」のコストを負担しており，したがって同様に1992年市場統合のメリットを享受しうるはずであるから，期待通りに EC 企業が競争力をつけるかどうかは保証のかぎりではないはずである。しかし，この点に関して同報告は，EC 市場への依存度は EC 企業のほうが高いゆえに，EC 統合のメリットをより多く享受しうると推論しているようである。第 3 に，第 2 点とも関連するが，技術の規格や規制において EC の独自性を強く出そうという意欲が強い。これは実際にも，高品位テレビにおけるヨーロッパ独自の規格の設定などに見られるところである。第 4 に，

全体を貫いて「相互主義」という考え方が強く打ち出されている。これは端的にいえば、ヨーロッパ市場は開放されているとして、相手にもそれと同程度の開放を求めるという発想である。実際にも、この考え方は金融市場をめぐる対日要求などに示されている。

このような市場統合を推進したのは、欧州議会のイニシアティヴであり、またレーゾン・デートルを求める EC 委員会の活動であったことは間違いないが、それと同時にヨーロッパ大企業の意向を無視することもできない。事実、1983年には電機企業フィリップスのデッカー会長ら、ヨーロッパを代表する企業17社の代表がパリで会合を持ち、欧州経済の活性化のための非公式グループを結成しており、これが翌84年には「欧州産業人円卓会議」に発展した。この組織が同年11月に「欧州1990年行動計画」を作成した。この行動計画が、EC 市場統合の具体化に結び付いていったといわれている。

ここで注意しておきたいのは、市場統合のプロセスにおける日本企業にたいする扱いである。非 EC 企業、とくに米・日企業の EC 現地法人は、直ちには EC 企業とはみなされていない。ただしそのなかでも、一部のアメリカ企業——IBM、ITT など——は例外的な扱いを受けており、EC の共同研究プロジェクトや業界組織の一員として認められている。日本企業の現地法人については、このような扱いはきわめて例外的である。この相違は、ひとつにはヨーロッパへの進出の歴史の深浅によるものと思われるが、なお今後の推移を見守る必要があろう[9]。

市場統合への動きは、その後、EC 財政のなかで最大の支出項目をなす共通農業政策 (CAP) の改革が進んだために、財政面から弾みがついた。さらに、1985年に登場したソ連のゴルバチョフ政権による改革、それに端を発する東欧地域の政治的流動化など、EC を取り巻く国際政治環境の激変があったが、これも市場統合への動きを加速する側面を持っていた。EC はこのような変化に即応して統合計画の調整を図った。EC 委員会のドロール委員長は、EC の周辺に欧州自由貿易連合 (EFTA) 諸国、さらにその外縁にコメコン (COMECON：経済相互援助会議) 諸国を配する「同心円構想」を打ち上げた[10]。

こうして、1957年のローマ条約調印による欧州経済共同体 (EEC) の設立以降の EC の歴史のなかで、新たな昂揚局面が訪れた。1960年代は、関税同盟の

完成および農業共同市場の成立を見、EEC は欧州石炭鉄鋼共同体 (ECSC) および欧州原子力共同体 (EURATOM) とともに欧州共同体 (EC) を形成した。1960年代は順調な発展の10年であった。EC はそれまでの統合の成果を踏まえて経済・通貨同盟の実現に向かった。しかるに1970年代は、拡大はあったものの——イギリス、アイルランド、デンマークの EC 加盟——、深化に関しては一転して停滞の10年となった。1980年代に入ってからも、拡大は継続されたものの——ギリシアの加盟、またスペイン、ポルトガルの加盟——、その前半期において EC 経済は不況とそれからの回復の遅れに呻吟し、統合への動きも停滞した。それが、1980年代後半には一転して統合へのうねりが高まり、「統合の過熱」といってもよいほどの昂揚が生まれたのである。1980年代後半の市場統合のうねりは、景気回復と並行していた。西ヨーロッパ経済は「カジノ資本主義」と形容される株式市場の活況や合併・取得 (M&A) を伴う、著しい活況を呈した。「統合の過熱」もこのような活況を背景としていた[11]。

2　ECの挑戦

このような市場統合への動きは、日本との関係においては、日本の経済的挑戦にたいする EC の対応を意味していた。そればかりかさらに、EC の側からの日本にたいする経済的挑戦ともなった。EC の市場統合の出発点となった1985年6月のミラノでの欧州理事会 (EC 首脳会議) では、その共同声明のなかで初めて対日問題に1項目を充てて詳しく言及した。すなわち、EC 1992年市場統合の出発年である85年は、同時に EC の対日戦略の元年でもあった。市場統合は対日戦略としての意義を持ったのである[12]。

だが1990年代に入ると、日本・EC 関係はその様相を一変させた。ヨーロッパでは、経済の不況への転換を背景にして「統合ブーム」が終焉し、統合の期待と現実とのギャップが拡大した。他方、日本でも景気過熱ないしは「バブル経済」が、株式投機・土地投機の崩壊を契機に、1991年春には不況へと転換した。個人消費の低迷、設備投資の減退が続き、世界同時不況に加えて円高の進行や1993年の冷夏の影響があり、不況が長引いた。

こうして、西ヨーロッパと日本の両面から、日本・EC 関係は転機を迎えることになった。「統合ブーム」が去り、ヨーロッパ「要塞」化の懸念が去ったこ

ともあって，日本の対 EC 直接投資の増加も止まり，停滞からむしろ減少へ向かった。西ヨーロッパは旧ソ連・東欧地域の体制転換とそれにともなう政治的不安定性および経済的混乱への対応に追われた。日本は1955年体制の崩壊と動揺のなかで政治的に内向し，経済面では「バブル」崩壊後の後始末に専心することになった。しかも，ともにアメリカとの経済関係の調整に力点を置くことになった。

それでは，ヨーロッパの統合への動きは挫折したのであろうか。それとともに，日本にたいする EC の経済的挑戦もまた挫折を余儀なくされたということなのであろうか。

(1) マーストリヒト条約批准過程における混乱

西ヨーロッパでは，1990年代に入ってからもしばらくのあいだは統合ブームが継続した。市場統合が進行する過程で，イギリスが欧州通貨制度 (EMS) の為替相場メカニズム (ERM) に加盟した。また，社会労働憲章が，イギリスの不参加はあったものの採択された。市場統合の波にオーバーラップする形で，政治・通貨統合への新たな昂揚が開始された。1990年12月の欧州理事会で，欧州経済通貨同盟 (EMU) 設立のためのローマ条約改定案が検討された。その際，政治統合および経済通貨同盟のための第1回政府間会議が開催された。翌91年12月の欧州理事会で，ローマ条約の改定および欧州同盟 (連合) 条約 (マーストリヒト条約) の締結に関する合意が成り，後者は翌92年2月に調印された。

ところが，マーストリヒト条約が各国で批准される過程において，一連の波乱が生じた。まず1992年6月のデンマークの国民投票で批准が否決された。これによって，政治・通貨統合のプロセスに赤信号がついた。9月のフランス国民投票では批准案が可決されたもののごく僅差によるものであったため，いったんデンマークの国民投票で暗雲の立ちこめたプロセスには展望が開かれなかった。統合の危機が現実となった。イギリスでは「ウェストミンスターは遠い。ブラッセル (ブリュッセル) はさらに遠い」という声が高まった。直接選挙で選ばれることのないブリュッセルの官僚にたいする，草の根レベルでの抵抗である。その後，デンマークでは93年5月に再度の国民投票を実施してようやくマーストリヒト条約が批准された。ただし，同国にたいして通貨統合や共通

防衛政策への参加を免除するという特例をつけたものであった。8月にはイギリスが批准を終え——ただし社会労働憲章の適用は免除される——，10月にはドイツの連邦憲法裁判所が同条約にたいして合憲判決を下したことにより，ドイツもようやく批准を終えた。こうして同93年11月，マーストリヒト条約は発効することとなった。

　この批准過程での波乱は，通貨の波乱と絡み合っていた。1992年9月，欧州通貨制度 (EMS) が動揺し，イギリス・ポンドおよびイタリア・リラが EMS の根幹をなす制度である為替相場メカニズム (ERM) を離脱した。その1年後の93年7月，フランの対マルク相場が下落し，EMS はまたも動揺した。8月初め，ERM の変動幅をそれまでの上下2.25％（一部は6％）から15％へと拡大することが決定された。これによって，EMS は事実上，変動相場制あるいは「管理変動相場制」に移行ないし後退することになった。それとともに，通貨統合への展望も後退した。欧州統合そのものが危機に陥り，統合の基軸たる独仏関係にも摩擦が生じた。

　そこには，旧ソ連・東欧地域の政治・経済危機が影を落としていた。東西ドイツ国境の壁ないし「ベルリンの壁」の崩壊は，同時に「鉄のカーテン」の最終的崩壊すなわち東西冷戦構造の崩壊，ないしは少なくともその始まりを意味した。東ヨーロッパ諸国の民主化，自由化が進み，東西両ドイツの統一も大方の予想をはるかに超えるスピードで実現された。ソ連でも共産党保守派によるクーデターの失敗を契機に共産党支配が終焉し，連邦体制も崩壊した。だが，このような東西ドイツの統一および旧ソ連・東欧地域の体制変革によって，EC 市場統合が後景に退いたわけではなかった。ドイツ統一はむしろヨーロッパ統合を促進した。ソ連・東欧の体制変革の結果，むしろ EC の存在意義が増大した。EC は，このような国際状勢の激変に即応して統合計画の調整を図った。北大西洋条約機構 (NATO) およびワルシャワ条約機構の対立の構図に代わる，拡大 EC による政治協調の構図さえ見え始めた。EC はもともと独仏の政治的融和と諸国の経済的協力を内容としているが，それに加えて新たな政治的，さらには軍事的な意味さえ帯びてきた。

　しかるに，事態は単線的には進行しなかった。東西冷戦体制の崩壊の間隙をついた政治・軍事紛争の頻発にたいして，EC はその限界を露呈した。1990年

夏の湾岸危機，そして翌年初頭の湾岸戦争の勃発により，ヨーロッパの統合熱は冷水を浴びせられた。旧ユーゴスラビアでの内戦の勃発にたいして，ECは期待通りの解決能力を発揮することができないまま，ヨーロッパ域内の諸組織の秩序維持能力が限界を露呈した。ドイツは統一後の経済的困難に直面し，旧ソ連・東欧諸国は政治的には議会制民主主義への移行，経済的には「ショック・セラピー」という名の新自由主義政策による市場経済への移行を目指したが，転換は容易に進んでいない。こうして，歓喜（ユーフォリア）とユーロ・オプティミズムは消え，ユーロ・ペシミズムが再燃した。

　ヨーロッパの景気も1990年代に入って下方に転換した。景気拡大を主導してきたドイツは，90年夏を境に不況に向かった。失業率は増加に転じ，インフレ懸念が強まった。統一コストの増大から財政赤字が拡大し，マルクは為替相場メカニズムで最弱の通貨となった。不況は連年深化し，1993年には75年以来18年ぶりに実質成長率のマイナスが確実視された。失業率も増加し，92年には10％水準を超え，93年には11％に達した。経常収支の赤字も91年から93年まで連年100億ドルにのぼった。ドイツ経済はそれまでとは逆にヨーロッパの景気後退を主導した。こうして，為替相場メカニズムを脱退したイギリスがいち早く景気回復に向かったのを例外とすれば，西ヨーロッパ経済は長引く不況に直面した。

　しだいに，政治統合や通貨統合よりも成長や雇用を重視する政策への転換を求める声が強まった。ECでも，欧州理事会，閣僚理事会，EC委員会などが景気対策にやっきとなり，さまざまな方策の立案・実施の動きが活発化した。例えば，欧州投資基金を設立し，域内での設備投資にたいして融資保証をする案が登場した。また欧州投資銀行（EIB）内に緊急貸出し枠を設置することになった。情報基盤整備のための投資や研究開発投資の促進が決定された。さらに，労働コスト削減を目的として，社会保障水準の切下げや労働者保護規制の緩和も議題として登場した。1993年6月には，EC委員会のドロール委員長が「ヨーロッパ経済再建の指針」を発表し，研究開発分野での協調の強化，通信・運輸基盤の整備強化，共通の情報領域の創設，教育制度改革，労働市場への積極策の立案を提案した。同年12月には，委員会は欧州理事会にたいして「成長・競争力・雇用白書」を提出し，理事会は行動計画を定めた。

(2) 統合の遅延と進展

　この間にも，1992年市場統合に向けての措置は，遅れはあったものの着実に進められた。各種障壁の撤廃のために，EC 委員会がイニシアティヴをとり，欧州理事会や閣僚理事会を経て各国の合意が形成され，EC 委員会の法令 (EC 法令) や各国の法令が，次々に出された。このプロセスは，税制関係のものを除いておおむね順調に進んだ。1992年10月現在，「域内市場白書」に示されている282の法律のうち，EC 委員会が提案済みの法律が282，閣僚理事会で採択済みの法律が235，閣僚理事会で未採択の法律が47，そして発効済みの法律が214であった。92年12月末現在，つまり市場統合発足の前夜，95％の指令・規則案が採択済みであった。そして93年1月1日から3億4000万人を抱える市場統合がスタートした。当然のことながら，この日をもって劇的な変化が起きたわけではない。むしろ，上に見たような環境の激変の下では，「目覚めよ，ヨーロッパ」の声が強く響いた。

　政治統合および通貨統合は進められた。1993年11月には，マーストリヒト条約に基づいて欧州共同体 (EC) は欧州同盟 (EU：欧州連合とも訳される) へと衣替えした。しかし，政治統合および通貨統合の展望が当面明るくない点で衆目は一致している。そして EC ないし EU は内実的な深化よりも，加盟国および連携国の増大という外延的な拡大へ力点を移行したように見える。これは，1980年代後半に拡大よりも深化を目指したことと著しいコントラストをなしている。拡大を望む点では，ドイツもイギリスも同様である。

　欧州自由貿易連合 (EFTA) 諸国との連携を目指す欧州経済地域 (EEA) 形成のプロセスは紆余曲折を経た。とくにスイスが1992年12月の国民投票の結果EEA への参加を否決したことは，その歩みを遅らせた。それでも，94年1月にはスイスを除く EFTA 6 カ国とのあいだで EEA が発足した。これによって参加国18カ国，人口3億8000万人を擁し，国民総生産の合計が5兆ドルの巨大市場が出現した。

　EC ないし EU の拡大のヴェクトルはさらに延びた。オーストリア，スウェーデン，ノルウェー，フィンランドの EFTA 4 カ国とのあいだでは加盟交渉に入った。旧東欧諸国，バルト3国，さらにはキプロスやマルタの加盟も日程にのぼった。EC は旧東欧諸国とのあいだに欧州協定 (連合協定) を締結し，それ

らの諸国に EC 準加盟国の地位を与えた。1991年12月，ポーランド，チェコスロヴァキア，ハンガリーとのあいだで同協定を締結したのを皮切りに，その後ブルガリア，ルーマニアとも締結した。1994年夏現在，ポーランド，チェコ，スロヴァキア，ハンガリー，ブルガリア，ルーマニアの6ヵ国とのあいだで連合協定を結んでいた。ソ連の後継国家のひとつロシアとも，93年12月に関係の強化を謳った政治宣言に調印し，そのなかで近い将来締結すべき協力協定について，最恵国待遇の相互供与や自由貿易圏の創設などを内容とすることで合意し，また首脳会議を年2回開催することでも合意した。

(3) 挑戦の継続

このように，たしかに統合を取り巻く環境は変化し，統合への昂揚は去ったものの，それでもヨーロッパ統合はスケジュールからの遅れを伴いつつ，とくにその外延的拡大という形で継続されている。

この時点で，今後の変化の方向と程度を読みとるのは難しい。見解も，悲観論と楽観論の極端に分かれている[13]。ただし，市場統合から政治統合・通貨統合への動きが挫折してしまったと結論づけるのは短絡的であろう。ECないしEUの統合度は，経済，通貨，そして政治のいずれの分野においても，1970年前後と比べればはるかに高まっている。当事者たちの掲げる目標と現実の達成とのあいだには，明らかに乖離があるが，それに目を奪われて統合度の高まりという事実を見失ってはならない。また，楽観論と悲観論という両極端に振れがちな時論に左右されることにも注意すべきである。

長期的に見れば，現局面は統合の循環的変動のなかでは「統合の過熱」の後の低迷期にあると見ることが可能である。そして長期的趨勢としては，統合は今後さらに継続されると見ておいたほうがよい。ECないしEUの核は独仏の政治的な同盟と各国の経済的協調にあり，これは歴史的・道徳的な反省と戦略的な合意に裏づけられている。フランスの政治的リーダーシップとドイツの経済的リーダーシップは，多少の角逐はあっても長期的には堅固であろう。長期的な視点に立てば，今後紆余曲折は避けられないにせよ，ECないしEUを軸とするヨーロッパ統合への流れは不可逆的であるといってよい[14]。そしてそのかぎりにおいて，日本との関係では，「ヨーロッパの挑戦」は続くものと見

るべきであろう。

第2節　対立と協調——貿易

1　通商関係の形成

　明治初期以来，日本は西ヨーロッパから技術と経営方式を学び続けてきた。その意味で，両者の関係は長く「教師—生徒関係」であったが，やがて1930年代までに，日本は西ヨーロッパ諸国にたいする競争者の地位に立つようになっていた。そして戦後になると，「教師—生徒関係」が復活するとともに，すでに当初から競争関係にもあり，対立含みであった。

　戦後，日本は国際政治の舞台に復帰するのと相前後して，西ヨーロッパ諸国とのあいだで最恵国待遇の相互供与を軸とする二国間通商関係を再建した。それは，ブレトンウッズ体制といわれる自由・多角・無差別の原則を標榜する世界経済管理体制への参加の過程でもあり，具体的にはその中核機関たる国際通貨基金（IMF）および貿易・関税一般協定（GATT）への加盟であった。日本のIMFへの加盟は1952年であり，西ドイツと同時である。

　日本と西ヨーロッパ諸国との対立が初めて鮮明になったのは，日本のGATT加盟をめぐってのことである。西ドイツの加盟は同国がなお占領下にあった1951年のことであるが，日本がオブザーバー参加，次いで仮加盟を経て正式加盟を果たしたのは，ようやく55年になってからのことである。この遅れをもたらした重要な原因は，日本の加盟にたいする西ヨーロッパ諸国の牽制・阻止行動であり，最も強硬であったのはイギリスである。この牽制・阻止の動きに遭って，日本は譲歩を余儀なくされた。それがセーフガード条項の承認，センシティヴ品目の設定，輸出自主規制，そして特定商品買付けの約束などであった。その結果，GATT加盟14ヵ国がGATT35条を援用して対日差別を継続した。これにはイギリス，フランス，ベネルクス3ヵ国が含まれていた。この対日差別を撤回したのは，イギリスが1963年の日英通商航海条約の発効の際であり，フランス，ベネルクス3ヵ国も同年のことである。この年，日本はGATT 11条国に移行してフルメンバーとなった。日本がIMF 8条国への移行，OECD（経済協力開発機構）への加盟を果たして先進国クラブ入りを実現したのは，翌

64年である[15]。

　この間，西ヨーロッパでは1957年にローマ条約が調印され，欧州経済共同体（EEC）が設立された。だが，60年代の日本と西ヨーロッパ諸国の経済関係は，依然として二国間ベースでおこなわれた。ところが，EEC が69年末をもって過渡期間を終了し，共通政策における統合へ踏み出し，その一環としてローマ条約113条に基づく共通通商政策（CCP）の策定に向かったとき，その相手とされた10カ国のうち最大のターゲットとされたのが日本であった。

　EEC（以下煩雑さを避けるために EC とする）の対日基本方針は，通商条約の一本化，貿易の自由化，EC 共通の双務的・包括的セーフガードの導入であった。これにたいして，日本の対 EC 基本方針は貿易の自由化であり，セーフガードは GATT 19条（エスケープ・クローズ）によるもののみ緊急避難として認めるというものであった。したがって，日本としては，EC の主張するような性格を持ったセーフガードを受け入れるわけにはいかなかった。

　交渉は1970年から73年にかけておこなわれた。EC 側では理事会が EC 委員会に交渉権限を委任したものの，理事会は既存の二国間レベルでの政策・条約などを残す──更新・延長──と決定し，差別・数量制限の残存も認めた。したがって，日本側には EC 委員会が受託した権限の範囲が曖昧であると映った。事実，交渉は日本・EC 間と二国間というふたつのレベルで進められた。双方は貿易自由化では原則的に一致したものの，セーフガード条項をめぐっては対立した。EC 側では，同条項の期限付き実施という譲歩案が考えられたが，これは西ドイツ以外の賛成が得られず，対日提出に至らずに終わった。日本側でも，経団連と通産省のあいだに姿勢の違いがあった。結局，セーフガードをめぐる対立を最大の原因として，交渉は失敗した。その対立の原因をさらに探れば，EC 側には1930年代における日本との通商角逐の記憶が鮮明に残っていたことのほかに，急速な経済成長によって対 EC 貿易収支の黒字を拡大し始めた日本にたいして（表10–1），EC 側が警戒を強めたという事情があろう。そして1971年8月の「ニクソン・ショック」を契機とする IMF 固定相場制の動揺と崩壊が挙げられよう。その後，セーフガードの問題は GATT の場に持ち込まれ，東京ラウンド（1973–79年）で扱われることになる[16]。

表10-1　ECの対日貿易（1）（単位：100万ECU）

	対日輸出	対日輸入	対日貿易収支
1958	211	258	－47
1960	313	397	－83
1965	531	798	－267
1970	1,426	2,090	－663
1975	2,345	5,599	－3,253
1983	7,710	21,940	－14,230
1984	9,364	25,668	－16,304
1985	10,475	25,586	－18,111
1986	11,399	33,215	－21,816
1987	13,618	34,757	－21,139
1988	17,020	41,618	－24,598
1989	21,130	46,337	－25,207
1990	22,721	46,224	－23,503
1991	22,155	51,818	－29,663
1992	20,507	51,511	－31,005

資料：*Eurostat, External Trade*, 1992, pp. 4-5, 7.

2　通商コンフリクトのサイクル

　1971年8月の「ニクソン・ショック」は，IMF固定相場制にピリオドを打っただけではなく，それは同時に自由・無差別・多角を旗印とする戦後世界経済体制の崩壊をも意味した。次いで1973年10月の第1次石油危機は，日本および西ヨーロッパ諸国の高度成長の資源的基礎を動揺させた。この石油危機を克服する過程において，日本経済のパフォーマンスはEC諸国のそれを凌駕した。そこに日本・EC間における通商コンフリクト（摩擦）の発生の根本的原因がある。ふつうこれを貿易摩擦というが，これはまぎれもなく対立である。摩擦という言葉はこの点を曖昧にするので，ここではあえて通商コンフリクトと呼ぶことにしたい。

　第1次石油危機からの回復過程にあった1976年から77年にかけて，日本・EC間の最初の通商コンフリクトが発生した。今までのコンフリクトは二国間ベースのものであったが，今回のそれは初めて日本・ECベースのものとなった。問題とされた商品は鉄鋼，造船，ベアリングなどである。ECの対日通商政策の目標は，通商協定が未締結の状態であることを考慮し，何らかのアド・ホックな解決を求めるところにあった。そして日本にたいしては秩序ある輸出

と輸出自主規制を求めるとともに，日本市場の開放を要求した。コンフリクトの解決は，1978年における日本・EC 共同宣言のなかで，ボン・サミットの「機関車論」を背景に，日本側が市場開放と有効需要の喚起を約束したことによってもたらされた。

その後，第2次石油危機のさなかの1980年には2回目のコンフリクトが発生した。この時の主たる対象商品は自動車とカラーテレビであった。日本の輸出の商品構成はダイナミックに変化した。通商コンフリクトはサイクルを描いて発生するようになった。そのたびごとに，問題とされる商品はかなり急速に変化した[17]。

日本・EC 間の通商コンフリクトは，日米欧3極間コンフリクトの一環をなしていた。それはさらに GATT の東京ラウンド (1973-79年) とそれに続くウルグアイ・ラウンド (1986-93年) での交渉とも関連していた。そのなかで日本が対米コンフリクトへの対応として，輸出自主規制などの何らかの譲歩をすると，EC は日本の対米偏重の姿勢に不満を持ち，場合によっては日本に対米と同じ措置を要求し，日本・EC 間のコンフリクトを発生させた。おおむね日米間のコンフリクトが本源的であり，日本・EC 間のコンフリクトは派生的であったといえよう。またふたつのコンフリクトに共通して，日本の受動的態度が明瞭である。さらに米・EC 間と日本・EC 間を比較すると，前者では激しい交渉になるものの早期の決着がもたらされるのにたいし，後者すなわち日本・EC 間では EC の攻勢と日本の受け身が目立ち，また進行性の傾きがある。また，EC はしだいに東・東南アジア諸国ともコンフリクトを抱えるようになり，日本・EC 間のコンフリクトは地域的な拡がりを示すようになった。

1986年，日本の対 EC 輸出が急増した。表10-1によれば，EC の対日貿易赤字は前年の181億エキュー (ECU) から218億 ECU に増加して200億 ECU の大台に乗せた。この貿易赤字急増の重要な原因は，85年の G5 によるプラザ合意以降の円高にたいして，日本企業が対米輸出を対欧に転換させ，それとともにヨーロッパ市場で激しい競争を展開したことである。このため通商コンフリクトが再発した。緊張は1989年頃まで継続した。

その頃から貿易収支「不均衡」がわずかながら「改善」し始めた。日本の景気上昇の過程で，成長にたいする対外部門の寄与率がマイナスとなり，景気は

「輸出主導型」から「内需主導型」に転換したといわれた。それは拡張的財政政策,市場開放措置,円高の結果でもあった。他方,EC の対日輸出も,ワインなどのアルコール飲料,自動車,医療機器,化粧品,医薬品などを中心に,1987年以降伸びを示した。EC 委員会はこれをセクター別行動の効果と評価した。「バブル」を背景に絵画などの美術品を高価格で購入することによる「ゴッホ効果」もあった。表10-1によれば,89年の EC の対日貿易収支赤字は前年比微増の252億 ECU であり,翌90年には235億 ECU に減少した。89年春頃,通商コンフリクトは沈静に向かった[18]。

1990年末,EC の対日貿易赤字は一転して急増し始めた(表10-1)。日本の対 EC 貿易黒字は,92年度には300億ドルの大台を突破して312億ドルに達した。ちなみに,日本の貿易収支黒字は1992年度1361億ドルであり,92年度の経常収支は1261億ドルであって,過去最大であった86年度の941億ドルを超えた。1993年にはこの「不均衡」はさらに拡大することが確実視された。イギリスを除く EC 諸国が長引く不況と失業率の上昇に呻吟するなかでのこのような対日貿易赤字の増加は,対日コンフリクトを再燃させるに十分である。「バブル」の崩壊とともに,日本政府の「不均衡」「改善」の努力も吹き飛んだ。EC 各国の政府や産業界は,このような対日貿易「不均衡」の急拡大にいらだちを強めた[19]。

3 通商コンフリクトの構造

日本・EC 間の通商コンフリクトの焦点は,日米間のそれと同様に,貿易収支の「不均衡」であり,その幅である。EC 側の表現によれば,EC の「重大かつ持続的な赤字」こそがコンフリクトの出発点である。二国間での貿易収支の「不均衡」は,IMF・GATT を中心とする多角決済機構の動揺という環境の下では,それ自身として問題とされる。何をもって均衡しているとみなすかという客観的な判断基準は存在しないのであるが,とくに不況期にあっては貿易収支の黒字は失業の輸出と観念され,貿易収支「不均衡」はたえず失業に翻訳されるのである。

表10-2によって日本の対 EC 輸出の品目別構成を見ると,一般機械,電気機器,輸送用機器がそれぞれ25％程度を占めており,この3部門で輸出全体の

表10-2 日本の対EC貿易：品目別構成（1992年）

	対EC輸出		対EC輸入	
	金額 （100万ドル）	対総額比 （％）	金額 （100万ドル）	対総額比 （％）
繊維・同製品	130	0.2	—	—
食料品	956	1.5	3,594	11.5
化学製品	3,491	5.6	844	2.7
非金属鉱物製品	484	0.8	120	0.4
金属・同製品	1,296	2.1	6,304	20.2
一般機械	15,581	24.9	2,426	7.8
電気機器	14,987	24.0	1,166	3.7
輸送用機器	15,413	24.7	1,065	3.4
精密機器	4,507	7.2	11,009	35.2
その他	5,631	9.0	4,752	15.2
総計	62,474	100.0	31,280	100.0

注：不突合は四捨五入のため。
資料：『通商白書』平成5年版，各論，4-7ページ。

約75％を占めている。そして対EC貿易収支の黒字を生み出しているのもこの3部門である。EC側の指摘では，自動車，データ処理機器，電気通信機器，電子部品の4セクターでECの対日貿易赤字のほぼ半分を説明するということになる。セクター別貿易収支赤字額は，1991年に自動車が88億ECU，データ処理機器が46億ECU，電気通信機器が12億ECU，そして電子部品が25億ECUであった。このような数値をたてに，EC側はいまや日本にたいしてセクターごとの貿易収支の均衡を要求するところまできている。

　他方，ECの対日輸出では精密機器が35％，金属・同製品が20％を占めている。EC側の指摘では，景気や所得の動向に敏感な消費財——自動車，繊維，アルコール飲料——に集中しており，それらの輸出が有機化学製品，医薬品，非鉄金属などの生産財輸出よりも急速に増加している。そしてEC側は，事務用機器や通信機器あるいは食品などのように，自ら国際競争力があると自負するいくつかのセクターで対日輸出が伸び悩んでいることを憂慮している。

　ECが対日貿易収支の赤字を問題とする度合いは，しだいに高まってきたと見てよい。それはひとつには，日本がECにとっての貿易相手としてしだいに重要性を増してきたからである。表10-3によれば，ECの域外貿易に占める対日貿易の比重は，輸出では1980年には2％程度であったのが，この10年のあい

表10-3 EC の対日貿易（2）

	対日輸出			対日輸入		
	金 額 (100万 ECU)	対総額比 (％)	順位	金 額 (100万 ECU)	対総額比 (％)	順位
1980	4,810	2.2	11	13,968	4.9	4
1988	17,020	4.7	5	41,618	10.7	2
1989	21,130	5.1	5	46,337	10.4	2
1990	22,721	5.4	5	46,224	10.0	2
1991	22,155	5.2	4	51,818	10.5	2
1992	20,507	4.7	5	51,511	10.6	2

注：EC の貿易総額は域内貿易を除く。
資料：*Eurostat, External Trade*, 1992, p. 8.

だに5％前後にまで高まった。日本はいまや EC にとって4位ないし5位の輸出市場となっている。また輸入相手国としての比重も，1980年代を通じて倍増し，10％程度にまでなっている。日本はアメリカに次いで2番目に大きい供給先なのである。こうして，貿易パートナーとしての日本はなかなかに重みのある存在となっている[20]。それだけに，対日貿易収支の赤字が気になる度合いも高まっているわけである。

また EC 側からすれば，対日貿易赤字は絶対額ばかりでなく，輸出入額にたいする比率で見た相対規模においても，我慢できないものとなっている。さらに，アメリカとの関係では黒字と赤字がときどき入れ替わるのにたいして，日本との関係では恒常的に赤字を計上している点も問題なのである。EC 側の不満が高まるいまひとつの理由は，図10-1 に見られるように，EC の工業製品貿易が日本にたいしてだけ大幅な輸入超過を記録しているという事実である。この図を眺めていれば，日本だけが何か EC の優秀な工業製品を拒む「異質」な市場と見えてくるのは，その当否は別として，自然であろう。

日本の対 EC 貿易の国別構成を見ると，別の側面が明らかになる。表10-4 によれば，日本はほとんどすべての EC 諸国にたいして黒字を計上していたが，黒字幅はドイツ，イギリス，オランダの3ヵ国だけで238億ドルに達し，対 EC 黒字の76％に相当する。そしてこの3ヵ国は輸出先としてもずば抜けて大きい。これら3ヵ国は EC 内部では自由貿易派とみなされている。これにたいして域内の保護貿易派に属するフランスやイタリア——この2ヵ国は自動車数

図10-1　ECの工業製品貿易：主要相手国別構成（1992年）

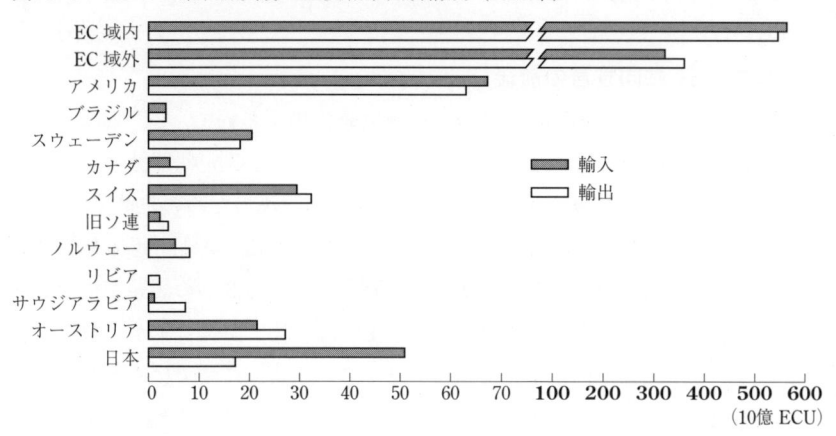

```
EC域内
EC域外
アメリカ
ブラジル
スウェーデン
カナダ　　　　　　　　　　　　■ 輸入
スイス　　　　　　　　　　　　□ 輸出
旧ソ連
ノルウェー
リビア
サウジアラビア
オーストリア
日本
    0  10  20  30  40  50  60  70  100  200  300  400  500  600
                                              （10億ECU）
```

注：工業製品は，SITC 5，6，7，8。
資料：*Eurostat, External Trade*, 1992, p. XXXIII.

表10-4　日本の対EC貿易：国別構成（1992年）　　（単位：100万ドル）

	対EC輸出	対EC輸入	対EC貿易収支
デンマーク	916	1,436	−520
イギリス	12,287	4.890	7,397
アイルランド	1,166	1,078	88
オランダ	8,098	1,316	6,782
ベルギー・ルクセンブルク	4,855	1,294	3,561
フランス	6,312	5,412	900
ドイツ	20,310	10,739	9,571
ポルトガル	805	188	617
スペイン	2,863	664	2,199
イタリア	3,899	4,157	−258
ギリシア	965	108	857
総計	62,474	31,280	31,194

注：貿易収支の総計に不突合がある。
資料：『通商白書』平成5年版，各論，427ページ。

量規制などに代表されるように保護主義的な姿勢を明らかにしている——にたいする貿易黒字はごくわずかであり，この表の対象年である1992年には，イタリアにたいしては赤字を記録しているほどである。このように，状況は自由貿易派と保護貿易派というふたつのグループで明瞭に異なっている。その姿勢と対日貿易収支とのあいだの因果関係はにわかにはつけ難いが，対日交渉では後

者の保護貿易派が前面に出てくることはたしかである[21]。

4　日本・EC共同宣言の前後

　1989年11月，日本・EC高級事務レベル協議の場において，EC側は両者間に横たわる構造問題を指摘した。翌90年5月の日本・EC定期閣僚会議では，通商問題をめぐって応酬があったが，貿易問題の解決のための定期協議（作業部会）を設置することで合意した。同年7月，日本・EC貿易問題作業部会の第1回会合がもたれた。この場でECから18，日本から3つの課題が提出された。この数に端的に示されているように，ECが攻勢に出，日本が守勢にまわるという，日米関係と同じような構図となった。事実，ここでは主として日本の市場開放について協議された。ECはとりわけ皮革製品・革靴，加工食品，海産物を重視した。同年10月には第2回会合が開催され，その成果は直ちに高級事務レベル協議で評価の対象とされた。EC側はその成果に不満の意を表明した。

　1991年7月，海部俊樹首相が訪欧し，オランダのハーグで第1回の日本・EC首脳会議が開催された。その終了に際しての共同宣言では，自由・民主主義・人権・自由貿易などの双方が共有する基本的価値，および政治・経済分野での共通目的を確認するとともに，政治・経済・科学・文化などの各分野での対話の活発化および協力・パートナーシップの強化が謳われた。さらに今後とも年1回の首脳会議を開催することが決められた。

　共同宣言は，経済関係のみが突出してきた日本・EC関係に新たな局面を拓く画期的な宣言であった，というより画期的たりうるものであった。しかし，この会議で実際に最も問題となったのは経済問題であった。共同宣言の案文作成の過程でも，フランスが「利益の均衡」という，「結果における平等」を示唆する文言を入れることを主張したのにたいし，「機会における平等」を主張する日本はこれに難色を示し，結局「衡平なアクセス」という文言に落ち着いた。言葉をめぐる折衝そのものが，共同宣言の理念と日本・EC関係の現実とのあいだのギャップをはしなくも物語っている。

　翌1992年7月の第2回首脳会議では，ECの対日輸出の拡大および産業協力の推進が合意された。さらに93年7月，東京サミットの機会に第3回首脳会議

が開催された(日本側は宮沢喜一首相)。ここでも最大のテーマは貿易問題であった。折から,日本の経常収支黒字が増大するとともに,その対 EC 貿易収支黒字も拡大して史上最高を記録しており,日本の景気政策への EC の批判が高まった。

これより以前,1993年1月の定期閣僚会議で,日本・EC 貿易統計分析専門家会合を設置し,共同で貿易データの収集や分析をおこない,貿易収支「不均衡」の拡大の原因を探ることで合意が成った。これが貿易評価メカニズム(TAM)といわれるものである。EC 側はその目的を,EC の対日輸出を阻害する「構造的障壁」が存在する製品を特定することと位置づけ,その線に沿って,6月にはこの会議で個別品目ごとの EC の対日輸出拡大策を検討することで合意が成立した[22]

5 通商手段

(1) EC の手段

この間,日本からの輸入にたいして EC が採用した手段は多様であったが,主要なものは対日差別輸入数量規制(QR),ダンピング防止規則,工業製品原産地規制などである[23]。EC の対日差別輸入数量規制の対象とされたのは,1993年1月現在で20品目にのぼった。ダンピング防止規則の適用も多用された。80年代に,EC 委員会が日本製品についてダンピング調査をおこなった品目は,完成品では電子タイプライター,ベアリング,電子はかり,複写機,船外機,油圧式ショベル,可鍛鋳鉄管用継手,半導体(EPROM 紫外線で消去・再書込みが可能な読出し専用メモリー,DRAM 記憶保持動作が必要な随時書込み読出しメモリー),プリンター(デイジー・ホイール型,ドット・マトリックス型),VTR,自動車電話,電子レンジ,CD プレイヤー,小型油圧式ショベル,ホイール・ローダー,オーディオ・カセットおよびテープ,ハロゲンランプであり,また現地生産品目では電子タイプライター,電子はかり,油圧式ショベル,ベアリング,プリンター(ドット・マトリックス型),VTR,複写機であった。

この間,日本はこの問題につき1988年に GATT の紛争処理小委員会(パネル)に提訴したが,90年3月,パネルは EC の日本製品への部品ダンピング課税にたいして GATT ルール違反との裁定を下した。しかし,EC はその後もこ

の手段を採用し続けた。例えば半導体では，1990年以降の景気後退の下でヨーロッパ半導体企業各社の業績が悪化した。90年度にはフランスのブル，トムソン，オランダのフィリップスが軒並み赤字となった。このため各社は日本製品の輸入にたいする高率関税の適用，反ダンピング課税の強化などを主張した。また複写機については，92年8月，反ダンピング課税が実施された。

　1993年11月にEC委員会が発表した反ダンピング政策に関する年次報告書によれば，92年末の時点でECが域外からの製品輸入にたいして反ダンピング課税を実施するか最低価格を設定している品目は158であったが，そのうち日本製品については27品目であり，最も多かった。その内訳は，半導体，DRAM，EPROM，プリンター，オーディオ・カセット・テープなどである。金額ベースでは反ダンピング課税対象額の70％を占めた。日本がEC反ダンピング政策の最大のターゲットであることがあらためて確認される。ただし，1992年にECが新たにダンピング調査を開始した品目は，日本についてはゼロであった（前年は5品目）。ちなみに，日本に続いて，中国が20品目，韓国が13品目などであり，東アジアからの輸入製品が圧倒的であった。

　1993年に入ると，新たな調査対象となる品目が現れた。上記の報告書が発表されたのと同じ時期，EC委員会は日本製の放送用テレビカメラにたいして最高97％の反ダンピング税を暫定課税することを発表した。これにたいして日本企業はいわば自主規制をおこなった。テレビでは，アジアの生産拠点からEC向けに輸出していた三洋電機やシャープなどの企業は——三洋はシンガポール工場，シャープはマレーシア工場——，反ダンピング税を課せられることは必至と見て，対EC輸出を全面的に停止する計画を立てた——中止規模はほぼ100万台という——。そして一部はヨーロッパでの現地生産に切り替えることとした。松下電器産業やソニーはすでにEC域内での現地生産に切り替えていたから，これで主要メーカーすべての足並みがそろうことになった。

　反ダンピング課税はGATTのウルグアイ・ラウンドでのイシューのひとつであったが，1993年12月のラウンドの決着に際して，これについては適用開始を一定年数以降限定的に見直すこととなった。これを受け，ECはウルグアイ・ラウンドの決着による輸入増大を懸念して，反ダンピング措置の強化に向かった。当然，日本は主たるターゲットのひとつとなろう。EC外相理事会で

は，これまで反ダンピング課税の決定に際して全投票数の70％の賛成が必要であったのを，単純過半数でよいことにした。この変更によって，反ダンピング課税の決定はそれまでよりもはるかに容易になったわけである。

(2) 日本の手段

日本・EC 通商コンフリクトを解決するために日本側が採った手段のうち，その代表的なものは輸出監視（モニタリング）という名の輸出自主規制である。この手段は，1986年以降，自動車，VTR，カラーテレビ，数値制御（NC）旋盤などの工作機械について，通産省が EC 委員会の要請に基づき実施した。その手続きは，通産省が業界団体の輸出統計などで毎月の対 EC 輸出量を調べるという形で輸出量を監視するというものであり，輸出が急激に増加した場合には各社から事情を聴くことにより，輸出の急増を抑えるのが狙いである。

代表的なものは自動車のケースである。1980年，ヨーロッパ市場，とくにドイツ市場に日本車が大量に流入したが——「日本車元年」——，それ以降日本の対 EC 輸出は急増し，通商コンフリクトの最大の争点となった。これにたいして，日本企業は直接投資へ向かうとともに，EC 規模での輸出監視という事実上の自主規制が，86年に開始されることになったのである。

1992年市場統合を控え，EC 委員会は89年12月に共通自動車政策の基本方針を打ち出し，その一環として対日自動車統一規制の設定に動き出した。つまり域内各国ごとの規制を撤廃し，統一規制を設けようというのである。そして翌年秋には，通産省とのあいだでの交渉が本格化した。交渉の過程は紆余曲折をたどり，新聞報道でも必ずしも明らかではない。結局，まず1993年から数年間「移行期間」を設け，この間は現行の数量監視を継続することで合意した。ただし「移行期間」の長さについては，6年を主張する EC 委員会とその短縮を主張する通産省で対立があった。より大きな争点は，監視の基準——市場シェアか，台数か——，また現地生産車を監視対象に含むか否かであった。EC 委員会は市場シェアの規制，また現地生産車を含む方式を主張したが，これにたいして通産省はシェア方式を受け入れず，台数の伸びを監視する方式を主張し，また現地生産車を含むことにも同意しなかった。

1990年9月末の報道によれば，EC 側からの情報として，1992年市場統合後

も輸出監視を継続することで大筋合意し，継続期間は97年ないしは98年末まで，そして期限末の日本車のEC市場でのシェアの上限を18％に抑えることとなった。このうち9％は日本からの輸出分であり，9％は現地生産を充てることとされた——1989年当時，日本車のEC市場での販売台数は現地生産を除き123万台であり，市場シェアはおよそ9％であった。ただし，その後の経緯からすれば，この報道は基本的な点で正確ではなかった。

EC側では，内部に意見の対立があった。域内メーカーは自由貿易・対日宥和派と保護貿易・対日強硬派とに分かれていた。EC委員会はその中間にあった。ECの主要自動車メーカー12社で組織する業界団体，欧州共同体製造者委員会 (CCMC) が分裂し，保護貿易・対日強硬派の雄フランスのシトロエン・プジョー社を除く11社が脱退して新組織を結成するなどの動きもあった。

1991年9月，1992年市場統合以降の新たな監視枠に関してようやく合意が成った。その内容は次のごとくであった。まず，フランス，イタリア，スペイン，ポルトガルが日本車の輸入数量規制を撤廃すること，および現地生産車にたいして規制をおこなわないことを確認する。そのうえで，1993年から99年までの7年間，EC域内の需要予測に基づき，日本の対EC自動車輸出台数の監視枠を設定する。通産省は輸出実績がこの監視枠を超えることのないように業界を指導する。したがって，監視枠は事実上の輸出上限という意味を持つことになる。これにともなって，日本とフランス，イタリア，スペイン，ポルトガル，イギリスとのあいだの二国間の輸出枠を定める。監視枠の水準は通産省とEC委員会とのあいだの交渉で決める。そして「移行期間」における輸出監視は，EC側の位置づけによれば，規制撤廃がECメーカーの進めている再編努力を阻害しないためのものであった。以上のような内容は，1990年9月に報道されたものといくつかの点で異なっていた。まずシェアではなく台数の規制となっており，また現地生産車は含まれていない。この点は通産省の主張通り，というより現行措置通りである。他面，「移行期間」の長さについては，EC委員会の主張よりさらに長期になっている。

監視枠に関する具体的な数字は，1992年分 (暦年) は前年比6％減の118万5000台で合意した。新たなルールを適用する最初の年である93年分については，前年比8.1％減の108万9000台で決着した。2年連続の削減となった[24]。これは

不況の深化による，ドイツをはじめとするヨーロッパ自動車市場の縮小，各社の業績悪化にともない，ECメーカーが日本車の市場シェアの上昇を懸念し，日本・EC合意にたいしても不満を強めたことを反映している。ヨーロッパでは小型車メーカーだけではなく，ダイムラー・ベンツのような高級車メーカーも業績を悪化させ，大規模なレイオフに踏み切らざるをえなくなった。欧州フォードはイギリスのダゲナム工場やサウザンプトン工場を閉鎖し，ヨーロッパ全域での事業再構築（リストラクチャリング）に着手した。

監視枠に関する最初の合意の直後に，EC側はEC域内における自動車販売台数の減少が当初の予測を大幅に上回ることを理由に，日本側にたいして再協議を申し入れた。再協議の結果，当初の枠を10万9000台削減して98万台に下方修正することになった（前年比17.3％減）。再協議は1986年の監視枠の発足以来初めてのことであった。さらに，今後市場の実勢が当初の需要予測から一定幅以上に乖離した場合には再協議をおこなうことで合意した。このことの含意は，ヨーロッパ市場での日本車の市場シェアをほぼ一定にするという合意が成ったということである。すなわち，シェアか台数かという争点は，事実上EC側の主張に沿って決着をみたのである。

すでに1980年代半ば以降，日本企業の一部は対EC直接投資に踏み切っていたが，このような監視枠の設定とその数値目標の下方修正に対応して，さらに現地生産の拡大に向かいつつある。日産，トヨタ，本田技研工業などがそうである。これにたいして現地生産のないマツダや三菱自動車工業は対応に苦慮している。

このような現地生産の拡大にたいして，ヨーロッパの多くのメーカーはなお不満を募らせており，フランスなどのメーカーを中心に「日本車総量規制論」が繰り返されている。すなわち，日本車のシェアは現地生産車を加えれば実際には上昇しており，域内輸出分つまり現地生産分を監視枠に算入すべきだとするのである。これにたいしてドイツなどのメーカーを中心に反対論があるが，対立は続いている。いずれにせよ，自動車をめぐる通商コンフリクトは，直接投資と現地生産の拡大を媒介として，直接投資コンフリクトという様相を呈しつつあると見てよい。

表10-5　日本の対外直接投資：主要地域別構成

	1990年度			1991年度			1992年度	
	件数（件）	金　額（100万ドル）	構成比（％）	件数（件）	金　額（100万ドル）	構成比（％）	件数（件）	金　額（100万ドル）
欧州	956	14,294	25.1	803	9,371	22.5	617	7,061
北アメリカ	2,426	27,192	47.8	1,714	18,823	45.3	1,258	14,572
中南米	339	3,628	6.4	290	3,337	8.0	307	2,726
アジア	1,499	7,054	12.4	1,277	5,936	14.3	1,269	6,425
中近東	1	27	0.0	10	90	0.2	16	709
アフリカ	70	551	1.0	76	748	1.8	23	238
大洋州	572	4,166	7.3	394	3,278	7.9	251	2,406
合計	5,863	56,911	100.0	4,564	41,584	100.0	3,741	34,138

資料：大蔵省資料。

第3節　期待と批判――直接投資

1　日本の投資大国化

1950-60年代の日本と西ヨーロッパ諸国は，貿易だけでなく直接投資，さらに技術提携やその他の多様な経済関係を展開した。そして当初は，戦前からの延長線上に，西ヨーロッパ諸国が直接投資においても技術輸出においても出超であった[25]。ところが1970年代に入ると，日本は資本輸出国に転じ，西ヨーロッパにたいしても直接投資を活発化するに至った。さらに80年代に日本の直接投資および証券投資は急成長を遂げ，80年代末には世界最大の資本輸出国・債権国の地位に就いた。すでに85年には，対外純資産が1298億ドルとなってイギリスを抜いて第1位となり，88年には対外総資産が1兆4693億ドルとなって，やはりイギリスを抜いて第1位となった。その規模は，日本経済のみならず世界経済にとって，かつてのアメリカのピーク時の残高に匹敵するほどの重要性を持つものと評価されるに至った[26]。

日本の対外直接投資は，国際収支ベース（新規投資額−投資回収分）で1985年度に75億ドルであったが，それ以降急増し，87年度にはアメリカ，イギリスに次いで第3位となり，88年には第2位となった。そして89年度には前年度比29.0％増加して441億ドルとなり，初めて世界一の座に就いた。また1989年度の残高は1544億ドルであり，世界の12.2％のシェアを占めてアメリカ，イギリ

構成比 (%)	件数 (件)	金額 (100万ドル)	構成比 (%)
	1951-92年度累計		
20.7	8,845	75,697	19.6
42.7	27,197	169,580	43.9
8.0	7,794	46,547	12.0
18.8	21,180	59,880	15.5
2.1	366	4,231	1.1
0.7	1,557	6,813	1.8
7.0	4,602	23,782	6.2
100.0	71,541	386,530	100.0

スに次いだ。投資先としてはヨーロッパ向けが急増した。生産拠点への投資もあったが，イギリスなどを中心に不動産投資の急増が目立った。「バブル景気」による国内の余剰資産が海外に向かったわけである。

だが，このような直接投資にも，1990年前後を境に変化が生じた。世界の直接投資は90年の2340億ドルをピークに減少に転じたが，それに歩調を合わせるように，日本の直接投資も減少に転じた。大蔵省による届出実績の数値は，89年度の675億ドルをピークに，それ以降92年度に至るまで連年減少し，92年度の実績は341億ドルと，89年度水準の2分の1にとどまった。業種的には製造業，非製造業を問わず全般に減少した。形態別動向では証券取得，金銭貸付，支店設置・拡張のすべての項目で，1989年ないし90年をピークとして，それ以降減少が続いた。国・地域別内訳では，表10-5から知られるように，中心をなす対米投資の減少が目立った。アメリカの景気低迷や日本企業の業績悪化に加えて，日本企業の在米子会社の業績悪化が影を落としている。日系企業は平均で連年の損失を計上したのである。また対欧投資も，在欧日系企業の業績悪化はアメリカにおけるほどではなかったものの，大幅に減少した。そしてこれとは対照的に，アジアのシェアが急激に上昇している[27]。純増額を示す国際収支ベースでは，1992年度は172億ドルであり，89年度のピーク水準491億ドルの3分の1にとどまった。80年代半ばの水準に後戻りしたのである。新規の投資が減少したばかりではなく，製造業の現地生産からの撤退，建設業・不動産業の不動産投資からの撤退，海外子会社への出資金・中長期融資の引揚げなどを反映して，回収が大幅に増加した。

それでも，日本は資本輸出・債権大国の地位を降りたわけではない。順位は1992年には直接投資で第4位であった。直接投資のみならず間接投資も含め，さらに民間部門だけではなく政府部門をも加えた対外純資産（対外資産－対外負債）は，1990年代に入ってからもさらに増え続け，92年度には5136億ドルと

なった[28]。1990年に，旧東欧諸国への直接投資や借款，他の EC 諸国への直接投資を増加させた統一ドイツにいったんは抜かれたが，この年を別とすれば，85年以降連続して世界一の座を確保している。これは，86年に純資産がマイナスとなって債務国に転じ，その後も債務を累積させているアメリカとは対照的である。

2　日本の対欧直接投資の動向

　日本の対欧投資についていま少し立ち入ってみよう。1980年代後半，日本の対欧直接投資は激増した。80年度には6億ドル，日本の直接投資総額の12％のシェアであったのが，88年度には80億ドルに達し，シェアも18％にまで上昇した。翌89年度には前年度比62％の増加を見せて148億ドルに達し，シェアも22％となった。この年のヨーロッパでの日本企業による合併・取得 (M&A) は101件を数え，前年度比で倍増した。これが対欧 M&A のピークであった。欧州統括会社や欧州本社の設立ブームが生じ，とくにオランダへの立地が目立った[29]。不動産投資も，89年度には前年度比75％と著増した。製造業・商業などの対欧投資の活発化にともなうものが多かったが，それだけではなく「財テク」の一環としての不動産取得も活発であった。そして日本の諸銀行の積極的な融資がこれを促進した。国別ではイギリスが最大であり，次いでフランス，西ドイツの順であった。

　1980年代，とくにその後半に対欧直接投資が急増したのは，「バブル経済」による面もあったが，その基礎には，日本企業がヨーロッパ企業にたいして技術力および資金力で競争上優位に立ったという事実がある。さらに，EC の対日通商政策が直接の契機となった。反ダンピング課税や輸出監視がその典型的なケースである。85年9月のプラザ合意以降は円高の追い風もあった。ただし，欧州通貨にたいする円の切上がり幅は小さかった。1980年代末には，1992年市場統合という要因が加わった。市場拡大と競争激化を予想した投資決定以上に，市場統合によって EC が「要塞」化するのではないかという懸念が，折からの「バブル」および日本企業の横並び意識と相まって，対欧投資ブームを引き起こした面は否定し難いであろう。この頃は大企業のみならず中堅・中小企業も，輸入関税引上げ，規格統一，現地調達率，部品ダンピング関税などへの対応か

ら，また大手企業の要請もあって，投資に積極的であった。

　こうして，1980年代後半に日本企業の対欧直接投資はブーム状態を呈したが，90年代に入ると様相は一変し，投資は停滞から減少に向かった。円高基調が再現したが，対アジア投資とは異なって，対欧投資に関しては促進要因とはなっていないようである。届出実績は1990年度は横這いであったが，91年度は減少し，92年度は前年度比24.7％減の70.6億ドルであった（表10-5）。その減少のテンポは対米投資のそれに匹敵する。同じ表10-5によれば，1992年度の地域別シェアは，アメリカとヨーロッパが大幅にシェアダウンしてそれぞれ42.7％，20.7％となった。これにたいしてアジア向けは，市場の拡大や安価な労働力が誘因となり，また急激な円高の進行も追い風となって活発化し，シェアアップして18.8％となった。もしこの傾向が続けば，近いうちにヨーロッパは単年度においても累計においても，アメリカに次ぐ第2位の地位をアジアに明け渡すことになるであろう。当面，日本企業の対欧直接投資をめぐる環境は明るくない。進出企業の生産・販売拠点づくりはすでに一巡しており，むしろ市場統合と不況の下では，既存拠点の再編成・再構築が課題となっている。

　このように，急増から横這い，さらには減少に向かったものの，日本の対欧投資はなお未成熟である。以下に単純な計算を示そう。表10-5によれば，1992年度末の届出・許可累計額は，北米の1696億ドルにたいして757億ドルと半分以下にすぎず，製造業のみの数字でも，1988年度までの届出累計額は，北米の225億ドルにたいして欧州45億ドルであった。1989年のGNPが，アメリカの5兆1760億ドルにたいしてECは4兆8110億ドルとほぼ拮抗していることを考えれば，対EC直接投資累計はなお小規模であり，なお拡大の余地を残していると考えることができる。また1989年の西ヨーロッパの製品輸入に占める日本製品のシェアは，アメリカ製品のそれの55％にまで拡大したが，EC向け直接投資ではアメリカのそれの4分の1にすぎない[30]。ここにも，拡大の余地のあることが示唆されている。

3　日本の対欧直接投資の構成

　日本の対欧直接投資について，その国別構成を表10-6によって見よう。累計額で大きいのは何といってもイギリスであり，日本の直接投資総額の7.5％

表10-6 日本の対欧直接投資：主要国別構成

	1990年度			1991年度			1992年度	
	件数(件)	金額(100万ドル)	構成比(%)	件数(件)	金額(100万ドル)	構成比(%)	件数(件)	金額(100万ドル)
イギリス	270	6,806	12.0	222	3,588	8.6	197	2,948
オランダ	138	2,744	4.8	118	1,960	4.7	84	1,446
ドイツ	134	1,242	2.2	119	1,115	2.7	65	769
ルクセンブルク	7	224	0.4	6	266	0.6	3	68
フランス	171	1,257	2.2	132	817	2.0	82	456
スイス	16	666	1.2	5	62	0.1	14	144
スペイン	43	320	0.6	34	378	0.9	27	332
ベルギー	39	367	0.6	17	222	0.5	19	281
イタリア	52	217	0.4	45	322	0.8	34	216
ノルウェー	19	138	0.2	29	169	0.4	12	86
アイルランド	10	49	0.1	8	102	0.2	10	113
欧州計	956	14,294	25.1	803	9,371	22.5	617	7,061
合計	5,863	56,911	100.0	4,564	41,584	100.0	3,741	34,138

資料：大蔵省資料。

のシェアを占めている。次いでオランダが4.2％、そしてあとはドイツ、ルクセンブルク、フランスと続くが、いずれもシェアは1％台である。1990年代初頭の動向を見れば、92年度の届出実績は、イギリスが29.5億ドル、オランダが14.5億ドル、ドイツが7.7億ドル、フランスが4.6億ドル、スペインが3.3億ドルとなっている。イギリスの地位は不動である。また、クレッソン首相の「日本の次の標的は間違いなく欧州だ」という日本非難の発言にもかかわらず、フランスの台頭が目覚ましく、件数ではドイツを抜いた。外資歓迎政策やフラン維持政策が評価され、またECにおける主導国としての地位が再評価されたということであろう。ECに加盟したスペインも実績を伸ばしている。総じて、オランダやルクセンブルクなどの小国の地位が低下する反面、「大国」の地位が上昇し、また南欧の比重が増大した。

次に、製造業に限定した数値を見ておこう。1989年の時点で、日系製造企業（出資比率10％以上）は西ヨーロッパ全域に403社存在したが、立地ではイギリスが最多である。この数字は1993年で713社となり、イギリスが198社、フランスが121社、ドイツが107社である[31]。イギリスの地位は変化していない。イギ

	1951-92年度累計		
構成比(%)	件数(件)	金額(100万ドル)	構成比(%)
8.6	2,553	29,134	7.5
4.2	982	16,222	4.2
2.3	1,371	6,574	1.7
0.2	159	5,941	1.5
1.3	1,542	5,429	1.4
0.4	323	2,701	0.7
1.0	381	2,577	0.7
0.8	372	2,222	0.6
0.6	386	1,438	0.4
0.3	112	903	0.2
0.3	118	829	0.2
20.7	8,845	75,697	19.6
100.0	71,541	386,530	100.0

リスは依然として多くの日本企業を引き付けている。そして総額におけると同様に，製造業投資でもフランスは1989年にドイツを抜いた。

予想された座標軸の東への移動，すなわちイギリスから大陸へ，とくにドイツへの移動は進んでいない。これは，1992年市場統合への期待や，体制変革後の旧ソ連・東欧市場にたいする残された最大のフロンティアとしての期待が，これまでのところはずれたということである。ただし，企業レベルに降りて観察すれば，拠点の再編成との関連で，立地選択上の変化も見られる。

長期的に見れば，軸の東漸が進行するという予測はなお捨てられない。

次に業種別構成を見ると，1992年度の届出実績は，製造業では機械5.0億ドル，電気機械4.3億ドル，輸送機械3.9億ドル，化学3.7億ドルが最大4業種であった。非製造業では金融・保険業13.9億ドル，不動産業12.5億ドル，商業9.7億ドルであった[32]。表10-7は累計額についての業種別構成を見たものであるが，製造業，非製造業とも，順序に入れ替わりはあるものの，中心業種は変わっていない。北アメリカとの比較では，金融・保険業が突出して大きいなどの違いはあるが，構成そのものは似通っており，比較的製造業の多い対アジア向けとは対照をなしているといってよい。

製造業の対欧直接投資について素描しておこう。1980年代前半までの時期は日本の対欧直接投資の草創期であって，現地市場および周辺の欧州市場への製品輸出の拡大ないし確保が主要な動機であった。80年代半ばが本格化の時期であって，通商コンフリクトにともなうECの対日通商政策の発動が直接の契機となった。輸出代替が動機であり，世界戦略の一環として欧州市場に着目する企業が増えた。1980年代末に，市場統合への対応を意識して投資が急増した。

表10-7 日本の対外直接投資：業種別・地域別構成（1951-92年度累計）

(単位：件, 100万ドル)

		ヨーロッパ		北アメリカ		アジア		合計	
		件数	金額	件数	金額	件数	金額	件数	金額
製造業	食料	122	597	704	2,587	853	1,396	1,983	5,234
	繊維	362	1,130	232	1,058	1,553	2,312	2,387	5,043
	木材・パルプ	30	124	207	2,508	526	611	941	3,711
	化学	256	2,006	558	5,923	1,258	4,282	2,285	14,558
	鉄・非鉄	400	734	446	5,027	1,147	3,310	2,268	12,040
	機械	373	2,858	840	4,723	1,156	2,117	2,565	10,320
	電機	369	5,257	1,050	12,707	1,973	5,587	3,582	24,473
	輸送業	125	3,003	440	6,312	502	2,061	1,201	14,065
	その他	385	1,623	1,082	9,524	2,282	3,016	3,975	14,537
	小計	2,422	17,331	5,559	50,367	11,250	24,691	21,187	103,981
非製造業	農・林業	21	34	254	510	485	372	1,376	1,773
	漁・水産業	24	33	105	189	339	285	849	900
	鉱業	102	1,811	420	2,484	313	7,980	1,460	18,812
	建設業	51	285	342	1,556	596	1,001	1,194	3,353
	商業	3,040	9,296	7,817	21,074	3,430	5,259	15,867	40,268
	金融・保険業	905	28,598	584	22,661	573	5,711	2,748	74,869
	サービス業	928	5,039	3,273	27,801	1,603	6,731	6,926	46,610
	運輸業	140	365	340	769	384	1,530	4,839	21,652
	不動産業	545	9,457	5,104	38,326	850	3,608	7,916	59,895
	その他	234	1,056	957	2,225	532	1,639	3,146	7,533
	小計	5,990	55,974	19,196	117,595	9,105	34,115	46,321	275,666
支店設置・拡張		253	2,354	437	1,133	663	1,038	1,495	6,289
不動産		180	38	2,005	485	162	37	2,538	595
合計		8,845	75,697	27,197	169,580	21,180	59,880	71,541	386,530

資料：大蔵省資料。

企業数も83年の117社，87年の282社から91年の630社へと激増した[33]。

電子・電機産業は比較的早く進出した産業のひとつである。現時点で投資の中心をなす品目はカラーテレビ，VTR，複写機，半導体，コンピューターの5品目である。半導体セクターでは，対 EC 輸出の急増にたいして EC は反ダンピング課税で対抗し，また日米半導体協定への反発を強めた。これにたいして，日本電気や富士通をはじめとする日本企業は直接投資に向かった。これにも EC メーカーの反発が強まった。欧州各国政府の補助金も槍玉に挙げられた。

このような背景の下で，EC委員会はダンピング関税から部品ダンピング関税の設定へと進んだ。それに対応して，日本企業の多くは前工程（ウエハー処理）も現地生産する方向をとろうとした。1990年3月にGATTパネルがECの日本製品部品ダンピング関税にクロの裁定を下したものの，直接投資の拡大基調は不変であった。またEC委員会は域外製半導体ボード（前工程製品）にたいして，92年から45％の現地調達比率（ローカル・コンテンツ）の設定を企てた。日本企業はこれを機に前工程の現地化を進めた。すでに生産を開始した日本電気を筆頭に，富士通，三菱電機，日立製作所がプラント建設に着工し，東芝，沖電気工業，ソニー，松下電子工業が検討を開始した。ただ，この比率設定は，ECが米企業・政府の反発に折れて撤回したために，進出計画は見直された。

　自動車セクターでは，前述のように1980年以降日本車の対EC輸出が急増し，EC規模で輸出監視体制が敷かれるようになった。そのあたりから，日本企業は直接投資に向かった。それ以前からイギリス進出を検討していた日産が嚆矢となり，86年にイギリス・サンダーランド工場で乗用車の現地生産を開始した。これにたいしては，イギリス国内で賛否両論が激しくたたかわされたほか，フランスが異議を申し立て，ローカル・コンテンツを要求した。結局，フランスは日産の現地生産車をEC製品と認定したが，70％というローカル・コンテンツを要求した。日産を追って，市場統合によって形成される大市場を睨みつつ，1992年にはトヨタおよび本田技研工業が，日産と同じくイギリス——それぞれダービーおよびスウィンドン——での現地生産を開始した。それにたいしてEC委員会が異議申し立てをおこなう一幕もあった。このほかにも，マツダがフォードと組んでドイツへ進出する計画を有しているが，これは現在のところ頓挫している。また三菱自動車工業もボルボと組んでオランダで現地生産する計画であるが，これも現在まで実現を見ていない。さらに旧東欧地域では，いすゞが旧チェコスロヴァキアに，スズキがハンガリーに進出した。

　1991年以降，欧州経済の停滞，日本の「バブル」崩壊の下で，進出企業数は頭打ちとなった。1993年，西ヨーロッパ全域に立地する日系製造企業は713社であった。ヨーロッパの景気低迷の影響については全体の76.4％の企業がこれを認めており，再投資や雇用計画などを見直す必要があるとしている。91年度収益については，小幅赤字が21.9％，大幅赤字が25.2％であり，計47.1％，す

なわち半数近くの企業が赤字を計上した。前年比で収益が悪化した企業は44.1％であった[34]。

生産縮小や撤退のニュースも相次いだ。自動車では，欧州自動車不況の深刻化に対応し，日産がイギリス・サンダーランドで1993年夏から生産ラインの速度を落とすなどの手段により生産調整を実施した。さらに秋に入って本格的な減産を実施し，昼夜2交替制を停止して昼間だけの生産となった。93年の乗用車生産計画は27万台から9％減の24万6000台となる予定とされた。これまで増産に継ぐ増産を記録してきた日産にとって，さらにはヨーロッパの日系自動車メーカーとしても，初めての経験となった。電機の分野でも，ヨーロッパでのAV（音響・映像）機器不況の長期化，欧州通貨にたいするマルク高による収益悪化のため，日立製作所がドイツ・バイエルンのVTR工場の閉鎖を発表した。家電大手企業で海外でのVTR工場の閉鎖を実施するのは初めてであった。

もちろん縮小や撤退の面ばかりではなく，他方では現地生産の拡大，新規の進出も見られる。縮小・撤退と拡大・新規投資の両面を抱えながら，日本企業はヨーロッパ規模で生産・販売・研究開発拠点の再編成を遂行しつつあると見ることができる。それは産業の競争力の変化，市場の変化，そしてヨーロッパ統合への本格的対応という意義を持つことになろう[35]。

4 日欧投資コンフリクトの可能性

すでに見たように，日本の対EC直接投資の増加は，通商コンフリクトにより媒介される面があり，そのかぎりで輸出代替動機が強かった。また通商交渉の当事者のレベルでは，コンフリクトについて相互に譲歩し，妥協する余地が縮小するにともなって，直接投資への期待が増した。とくにEC側は，通商コンフリクトを解決する手段としての直接投資に期待を寄せ，歓迎した。もちろん歓迎一色ではなく，例えば日産のイギリス進出計画をめぐって見られたように，警戒感も強かった。ECの批判は，日本企業が日本から部品を輸入し，現地では組み立てるだけという「スクリュー・ドライバー方式」に向けられた。そこから，部品ダンピング関税，原産地規制，現地調達比率（ローカル・コンテンツ）の設定など，種々の投資，現地生産規制が実施された。

1980年代後半，日本企業の対欧直接投資がブームとなると，期待の高さの揺

れ戻しから、軋轢の高まりが懸念された。日本の直接投資はもはや通商コンフリクトの解決の手段ではなく、新たなコンフリクトすなわち投資コンフリクトを引き起こしかねない状態となった。

　1990年代に入って様相は一変した。直接投資は横這いからさらに減少へ向かった。91年時点で、摩擦増大の懸念を持つ日本企業は全体の3.1％にとどまった。業種別では運輸機械、一般機械などの組立加工業種に懸念が強く、その内容は、現地同業競合企業の反発、日系企業のオーバープレゼンスにたいする反発、環境保護・消費者保護などの市民運動の高まり、経営・生産の現地化の不足による摩擦などであった。「日本的経営」への労働組織・従業員の反発およびハイテク分野での技術摩擦は、前年調査に比べて大きく減少した。こうして「投資摩擦」は潜在化したと評価された[36]。

　しかし、投資「不均衡」が存在するかぎり、すなわち日本の対EC投資とECの対日投資とのあいだに圧倒的な量的格差が存在するかぎり、投資コンフリクトは潜在化するだけであって、解消されることにはならないであろう。

　ここで、投資「不均衡」の一面をなすヨーロッパから日本への直接投資を一瞥しておこう。

　ヨーロッパ企業の対日直接投資は、日本企業の対欧投資と並行して、1980年代後半以降活発化した。外国からの直接投資総額は、91年度には届出実績総額で前年度比56％増の43億ドルと、過去最大を記録した。生産拠点、販売拠点、研究開発拠点の設置など、広く分布しているが、とくに流通企業、倉庫、卸売・小売施設の買収が活発であった。折からの地価・株価の下落がまたとない買収の好機となった。ヨーロッパ勢もイギリス、ドイツ、スイスなどを筆頭に活発であった。代表的なケースは、ドイツの高級車メーカー BMW によるディーラー網の整備であろう。同社は直販体制を敷くことによってその製品の優位性を十分に発揮させることに成功し、販売台数を飛躍的に増大させた[37]。92年度には、外国企業による日本企業の買収・資本参加は、前年度比2.4倍の43件に達した。業種的にも医薬、化学、コンピューター、電機・エレクトロニクスと幅広い。M&Aはヨーロッパ企業の日本進出に際して広く選好される手段となりつつある。

　このようなヨーロッパ企業の対日投資の活発化にもかかわらず、それは日本

企業の対欧投資と比較すれば，フロー値でなおせいぜい10分の1程度のものでしかない。なぜヨーロッパ企業の対日投資はこのように相対的に少ないのかをめぐっては，さまざまの議論がある。ふつう，日本企業による株式相互持合い，地価などの制度的障壁，さらに文化的障壁の存在が指摘される。これとは別に，対日直接投資を阻害する5つの条件として，高い地価，比較的低い期待収益率，高い法人税，優秀な日本人スタッフを採用することの難しさ，そして日本企業を買収することの難しさが挙げられたこともある。後者の議論については，日本人スタッフの件を除けば，日本企業にとっても事態は同じであるから，これをそのまま了解することはできない。それらは——とくに文化的障壁の指摘は——，日本における不成功のエクスキューズであるかもしれない。こうした障壁の分析は，ヨーロッパ企業の対日戦略の分析と絡めておこなわれなければならない。だがいずれにせよ，対日投資が相対的に小規模のままにとどまっていることは間違いない。

　ここに，EC側が問題とするいまひとつの「不均衡」が存在する。もちろん貿易の場合と同様，ここでも「不均衡」か否かを判断する客観的な基準は存在しない。しかし，一方の当事者がこれを問題とする以上，その「均衡化」は不可避の課題であろう。しかも，日本の対EC投資の拡大が通商コンフリクト回避のためにも不可避であり，これを縮小する途は採りえないとすれば，ECの対日投資が増えるしかない。そしてEC側は，そのために障壁の撤廃を要求している。

　仮に直接投資における日本・EC間にある程度の「均衡」が存在しているのであれば，通商コンフリクトの激しさも，現実に起きているほどではなかったであろう。EC側は，日本の対EC出超の一部はEC企業の輸出の結果と見て，さほど不満を持たなかったであろう。このことは日米関係についても同様に妥当する。アメリカはアメリカ企業の対日直接投資が満足できるほどに増大すれば，日本の対米出超を許容するであろう。このような意味で，長期的に見てより重大な「摩擦」は，貿易よりも投資であるかもしれない。

　逆に，投資における「均衡化」が今後とも進まなければ，場合によっては日本の対EC投資への規制の強化という事態すら想定されうる。その意味でも，投資コンフリクトは解消したわけではなく，潜在化したにすぎない。したがっ

て，いわば意識の深層における摩擦の認識とそれへの対応が必要である。日本・EC 間の交渉の焦点は，通商問題から投資問題へ，あるいは貿易での市場開放から投資での市場開放へと移行しつつあるといってよい。

おわりに

　本章では，1980年代後半以降の日本と西ヨーロッパないし EC (現 EU) の経済関係を貿易と直接投資の面から観察し，またそれを通して見た西ヨーロッパないし EC の像を提示しようと試みた。その結果をごく簡単に概括しておこう。
　第 1 次石油危機の発生以降，1980年代前半にかけて，ヨーロッパは ME 革命ないしは第 3 次産業革命において遅れをとり，その面で先行する日本の経済的挑戦を受けた。その結果生じた貿易収支の恒常的不均衡を背景とし，両者間に通商コンフリクトが発生した。コンフリクトはその後サイクルを描いて発生した。1980年代半ば以降，貿易不均衡が拡大してコンフリクトが再燃した後，80年代末にかけて一時小康状態が訪れた。その間，日欧間の競争力格差などのいくつかの要因が重なって，日本の対欧直接投資が急増した。通商コンフリクトの継続的発生と EC の対日通商政策もその一因であった。ヨーロッパ側は日本からの直接投資にたいする期待を高めた。しかしそれと同時に，投資の急増にたいする危機感も強まり，投資コンフリクトの発生が懸念された。
　1990年代に入って，日本・EC 関係はその様相を一変させた。両サイドにおいて不況が続き，さらにヨーロッパでは統合ブームが終焉した。通商コンフリクトが再燃した。他方，日本の対 EC 直接投資の増勢は止み，停滞から減少へ向かった。投資コンフリクトの懸念は当面薄れた。しかし，ヨーロッパの対日直接投資はなお低水準であって，投資における「不均衡」は継続している。そのかぎりで，投資コンフリクトは潜在化したにとどまる。長期的に見れば，自動車のケースに見られるように，通商コンフリクトは，直接投資と現地生産の拡大を媒介として，直接投資コンフリクトに傾斜する危険をはらんでいると見てよい。
　1980年代半ば以降の西ヨーロッパを特徴づけるものは，対日戦略ないし日本への挑戦という意味も込められた市場統合へのうねりであり，さらにそこから

通貨・政治統合へと向かう統合ブームであった。たしかに，このブームは1990年代に入ってしばらくすると沈静した。それでも，ヨーロッパ統合はとくにその外延的拡大という形で継続されている。長期的な視点に立てば，今後，紆余曲折は避けられないにせよ，ECないしEUを軸とするヨーロッパ統合への流れは不可逆的であるといってよい。そしてそのかぎりにおいて，日本との関係では「ヨーロッパの挑戦」は続くものと見るべきであろう。

さて，以上のような観察が妥当であるとすれば，このようなヨーロッパ統合の継続，そして日本への挑戦の継続という文脈のなかで，通商コンフリクトから投資コンフリクトへのシフトは，どのように展開していくのであろうか。この点に関して明確な展望を得るには，本章では触れる余裕のなかった日欧間の政治関係，とくにEC・EUの対日政策，さらには対東アジア政策などの側面を視野に入れなければならない。また，日本の対EC・EU政策，対ヨーロッパ政策の吟味も必要である。さらに，ヨーロッパ統合の地域主義としての側面や，それが東アジアにおける経済統合にたいして持つインパクトも考慮しなければならない。1993年11月にECはEUへと変貌を遂げ，外延的拡大への歩みが続けられている。日欧関係はますます総体としての観察を必要としている。

1) 次の指摘を参照。「1989年以降，われわれはまさに激動の只中にある。東欧に始まった変化は冷戦時代を終わらせ，その余波は日本の国内政治にも及んで，さしもの1955年体制をも解体に導いた……ところで，実はその半世紀前にも，世界的規模で似たような変化が生じていたことをわれわれは思い起こしたい。もちろん，似ていると言っても，歴史的に見て変化の性質や規模が同じものだというわけではない。そうではなくて，ヨーロッパで生じた国際政治上の急激な変化が日本の外交・内政に様々の問題を投げかけ，日本をいわば岐路に立たしめた，という点がきわめてよく似ているのである。」三輪公忠・戸部良一編『日本の岐路と松岡外交——1940-41年』南窓社，1993年，「まえがき」1ページ。

2) 地域や民族あるいはエスニシティーといった問題，さらには文化的な側面を，ここでの主題である日本・ECないし日欧経済関係の分析にどう取り込むかは，今後の課題としたい。さしあたり，宮島喬『ひとつのヨーロッパ いくつものヨーロッパ』東京大学出版会，1992年，梶田孝道『統合と分裂のヨーロッパ——EC・国家・民族』岩波書店，1993年，参照。

3) 数少ない業績のうち，まとまったものとしては，Masamichi Hanabusa, *Trade*

Problems between Japan and Western Europe, London: Royal Institute of International Affairs, 1979; Albrecht Rothacher, *Economic Diplomacy between the European Community and Japan 1959-1981*, Aldershot: Edward Elgar, 1983; Kenjiro Ishikawa, *Japan and the Challenge of Europe 1992*, London: Pinter, 1990; 石川謙次郎『ECの挑戦 日本の選択——1992年の展望』中央公論社, 1990年, 同『EC統合と日本——もうひとつの経済摩擦』清文社, 1991年などがある.

4) 欧州共同体 (EC) は, マーストリヒト条約の発効にともない, 1993年11月に欧州同盟ないし欧州連合 (EU) へと名称を変更した. ただし, 本章では1993年末までを扱うので, 欧州共同体 (EC) という名前で通すことにする.

5) 「第3次産業革命」について, 増田祐司「世界経済システムの変容と第3次産業革命」『国際政治』93号, 1990年, 参照.

6) ここでこれらの論点に立ち入る紙幅はない. さしあたり, 内田勝敏・清水貞俊編『EC経済論——欧州統合と世界経済』ミネルヴァ書房, 1993年, 第3章 (前田啓一稿), 第5章 (棚池康信稿), 参照.

7) The Commission of the European Communities, *Completing the Internal Market: Current status 31 December 1989*, Brussels, Luxembourg: ECSC-EEC-EAEC, 1990 (太田昭和監査法人国際部訳『EC統合白書』日本経済新聞社, 1991年).

8) Paolo Cecchini et al., *The European Challenge 1992: The benefits of a single market*, Aldershot: Gower, 1988 (田中素香訳『EC市場統合・1992年』東洋経済新報社, 1988年).

9) 同訳, 19, 25, 31, 56, 70, 151-152ページ.

10) EC市場統合がペレストロイカに刺激を与え, また逆にソ連の体制変革と崩壊がECに与えた反作用について, さしあたり, 石川『EC統合と日本』前掲, 3, 5, 8ページ, 諫山正・工藤章「対外関係」戸原四郎・加藤榮一編『現代のドイツ経済——統一への経済過程』有斐閣, 1992年, 272-276ページ, 参照.

11) EC市場統合に関しては, ヨーロッパにおいてはもちろん, わが国でも驚くほど多数の文献が現れた. とくに1988年以降になると, 単行本も多数発刊されている. そのうち筆者の目に触れたかぎりで, そのときどきでバランスのとれた全体像を提示しているものとして, 岸上慎太郎・田中友義編『[EC 1992年] ハンドブック』ジャパンタイムズ, 1989年, 田中素香『EC統合の新展開と欧州再編成』東洋経済新報社, 1991年, 藤原豊司・田中俊郎『基本ゼミナール EC統合・欧州連合入門』東洋経済新報社, 1992年, 内田・清水編, 前掲を挙げておく. ジャーナリズムからの現地報告としては, 日本経済新聞社編『欧州の憂鬱——ドキュメント EC統合』日本経済新聞社, 1993年がある. 対日関係を強調したものとして, 石川, 前掲がある.

12) 工藤章「『日本の挑戦』と EC」平和経済計画会議編『国民の独占白書』10号, 御茶の水書房, 1987年, 197-198ページ, 参照.
13) 悲観論の代表的なサンプルとして, 浜矩子『分裂する欧州経済——EU 崩壊の構図』日本経済新聞社, 1994年がある. 他方, 楽観論の例としては, Lester C. Thurow, *Head to Head: The coming economic battle among Japan, Europe, and America*, New York: Morrow, 1992 (土屋尚彦訳『大接戦——日米欧どこが勝つか』講談社, 1992年) がある.
14) 石川, 前掲, 3, 14ページ, 参照.
15) 日本の GATT 加盟をめぐる日欧の交渉について, 赤根谷達雄「最恵国待遇を求めて」渡辺昭夫編『戦後日本の対外政策——国際関係の変容と日本の役割』有斐閣, 1985年, 117-118, 124-126ページ, 参照. さらに, 赤根谷達雄『日本のガット加入問題——《レジーム理論》の分析視角による事例研究』東京大学出版会, 1992年, 参照.
16) 1970年代初頭の日欧通商交渉について, 安藤研一「欧州共同体の共通通商政策の政治経済学——1970-1973年の対日共通通商政策の展開を中心にして」北海道大学『経済学研究』40巻1号, 1990年, 参照. 1970-73年の交渉の経緯については不明のところが大きい. Hanabusa, *op. cit.*; Rothacher, *op. cit.*; Ishikawa, *op. cit.* など, ほとんどの文献は, 1976年から記述を始めている.
17) コンフリクトの契機, 対象とされた製品・産業, そして交渉の経緯と帰結について, 室井義雄「欧州共同体」柴垣和夫編『世界のなかの日本資本主義』東洋経済新報社, 1980年, 工藤, 前掲, 内田・清水編, 前掲, 223-224, 231, 234-236, 241ページ (内田稿), 参照.
18) 田中素香, 前掲, 136-138ページ, 石川, 前掲, 17ページ, 参照.
19) 石川, 前掲, 第7章, 参照.
20) 域内貿易が EC の総貿易に占める比重は輸出, 輸入とも60％程度であるから, 域内貿易を含めれば日本の比重は上記の数値の半分以下に低下してしまう. 1991年には輸出で2.0％, 輸入で4.5％であった. 他方, 日本にとっての EC は輸出市場としては18.4％を占め, 輸入相手地域としては13.4％を占めている. 通商産業省編『通商白書』平成5年版, 各論, 大蔵省印刷局, 1993年, 11, 443ページ, 参照.
21) 内田・清水編, 前掲, 333ページ, 参照.
22) EC 側の認識は, 例えば次のような指摘に端的に示されている.「EC 委員会は, 日本と EC の貿易統計の間に大きな食い違いがあることを憂慮している. これは軽視できない問題である. 顕著な例は1989年の統計である. 日本側の統計によれば, 同年, EC の対日貿易赤字は, ドルベースで13.3％ (197億ドル), 円ベースで7.3％ (2兆7千億円) それぞれ減少したことになっている. 一方, EC 側の

統計では，逆に対日貿易赤字が2％増加し，250億 ECU に達したことになっている。／いくつかの要素が貿易統計の食い違いの原因として挙げられている。例えば，通貨換算の際生じる差，絵画購入に関する考え方の相違（日本は購入した絵画を，それが描かれた国からの輸入品とみなしている），輸出 FOB（本船渡し）価格と輸入 CIF（本船渡し価格＋保険料，運賃）価格を基準にすることから生じる誤差，輸送で生じる時間的ギャップの影響などが挙げられる。統計上の誤差を完全になくすのは難しいだろうが，日本・EC 双方とも，状況の明確化に努める必要がある。問題の核心は，あくまでも EC が抱える膨大な対日貿易赤字だが，このような問題の明瞭化を怠れば，誤解を招き，真の状況把握が困難になるだろう。」駐日 EC 委員会代表部広報部『月刊 EC』（現『月刊ヨーロッパ』）1991年7・8月号，3ページ。なお，最近の動向に関しては，この『月刊 EC』のほか，『日本経済新聞』，*Financial Times* などの記事を広範に利用したが，いちいち出所を示すことはしていない。

23) EC の輸入規制について，島野卓爾「EC の対外通商政策の回顧と展望」『日本 EC 学会年報』8号，1988年，12-14ページ，石川，前掲，20-21ページ，第8章などを参照。

24) 対日自動車規制をめぐる EC 委員会の内部分裂，シトロエン・プジョー社カルベ会長の日本車排除論，フランス首相クレッソン女史の発言などについての立ち入った観察は，石川，前掲，第9，10章，参照。さらに，田中俊郎編『EC 統合と日本——ポスト1992年に向けて』日本貿易振興会，1991年，156-160，187-196ページをも参照。

25) 1970年代以降，そしてとくに1980年代以降の製造業直接投資の本格化という事態を歴史的に位置づけることは，今後の課題である。戦前の日本からヨーロッパへの直接投資の事例について，さしあたり，工藤章『日独企業関係史』有斐閣，1992年，第2章および第5章，参照。

26) その立ち入った分析は，日本経済調査協議会『先進国における投資摩擦と日本の対応』日本経済調査協議会，1991年，23-42ページ（安保哲夫稿），参照。

27) 「1. 先進国向けを中心に大型投資が一巡したことにより，投資案件が小型化している／2. 先進国の景気低迷が依然として続き，市場動向の先行きが不透明である／3. 日本国内ではバブル経済崩壊の後遺症等により，多くの親会社が業績不振であった。一方，欧米に展開している日系企業の投資採算が悪化しているケースが多いことから，特に先進国向け投資に対して慎重になっている／4. 1980年代後半に盛んであった株式関連債（転換社債，ワラント債）の大量発行による低コストでの資金調達は，困難になっている。一方，BIS 規制等により金融機関の慎重な貸出態度が続いているのに加えて，株式関連債の償還期日が92年度より本格化

したことから，企業の手元資金に余裕が無くなっている。」日本輸出入銀行『海外投資研究所報』1993年7月号，73-74ページ。
28) 大蔵省「対外貸借に関する報告書」。
29) 田中編，前掲，151ページ，参照。
30) 内田・清水編，前掲，347ページ，石川，前掲，256ページ，参照。
31) 日本貿易振興会『在欧日系企業（製造業）の経営実態——第9回実態調査報告』日本貿易振興会，1993年，5ページ。
32) 大蔵省資料。
33) 日本貿易振興会，前掲，5ページ。
34) 同，4-5，19，21ページ。
35) 高橋浩夫「地域統括会社の戦略と組織」日本在外企業協会『わが国企業の海外事業におけるマネジメント現地化の今日的課題——現状と問題点』日本在外企業協会，1992年，安室憲一「ヨーロッパの地域統括本社並びにR&Dセンターにおける人事と教育」同，清水邦男「花王のマネジメント現地化の現状と課題」同，安室憲一『グローバル経営論——日本企業の新しいパラダイム』千倉書房，1992年，214-222ページ，工藤章「日本企業の直接投資とヨーロッパの経営風土」国際金融情報センター『対欧州直接投資の現状』国際金融情報センター，1994年，参照。
36) 日本貿易振興会，前掲，73，76ページ。
37) 和田充夫「明確かつ強烈な企業哲学」吉原英樹・和田充夫・石川英夫・古川公成・高木晴夫・鈴木貞彦『グローバル企業の日本戦略』講談社，1990年，参照。

第11章 ヨーロッパ統合の射程――覇権代替の可能性*

はじめに

　20世紀後半期の世界における注目すべき現象のひとつとして，地域統合の進展がある。ここにいう地域統合とは，さしあたり，主権を有する国民国家がその主権の一部を共同の機関へ委譲するなどの行為によって，主権を共同で管理・行使することと考えることができる。その共同管理・行使の程度に応じて，共同の機関はその性格を異にし，主権の委譲が最も進んだ場合は超国家機関となる。いずれにせよ，地域統合はたんなる国家間の相互依存の増大ではない[1]。
　ところで，地域統合の経済的側面に注目すれば，それは自由貿易地域の形成，さらには共同市場の形成，経済政策での協調や共同経済政策の遂行を通じて，より巨大な経済領域の形成を目指すものといってよいであろう。西ヨーロッパでは欧州共同体（EC）とその発展形態である欧州同盟（ないし欧州連合：EU）がこれに当たり，北米自由貿易協定（NAFTA）や南米南部共同市場（MERCOSUR：メルコスール）も姿を現してきた。アジア地域では東南アジア諸国連合（ASEAN）が拡大強化されてきた。主権国家間の連携はなお緊密ではなく，地域統合というるかには疑問があるが，環太平洋レベルでの連携の動きも急である（アジア太平洋経済協力：APEC）。1980年代後半から90年代前半にかけて，規模や性格，その意義において相違はあるものの，全世界的に地域統合が進展した[2]。
　このような地域統合は，アメリカの覇権の衰退とほぼ歩調をあわせて進展した。ここで覇権というのは，中心国あるいは基軸国と呼び換えてもかまわないが，経済のみならず政治・軍事・イデオロギーなどの広範な側面におけるアメリカの主導性に着目して，あえて覇権と呼ぶものである。20世紀前半にはイギ

---

*　初出は「ヨーロッパ統合の射程――覇権代替の可能性」東京大学社会科学研究所編『20世紀システム 6 機能と変容』東京大学出版会，1998年である。

リスの覇権の衰退とアメリカのそれの興隆が摩擦を伴いながら進行し，ドイツと日本の挑戦を退けた後，その後半期にはアメリカの覇権が確立され，それはソ連との緊張関係のなかで強化された[3]。

だが，1970年代初頭，アメリカの覇権は確立後30年足らずで早くも衰退へ向かった。IMF 固定相場制の崩壊によりドル支配の終焉が開始され，第1次石油危機の発生により米系石油メジャーズの制覇に陰りが生じた。そしてヴェトナム戦争での敗北は，アメリカの軍事的影響力がピークを越えたことを意味した。

さらに，1990年代に入ると，経済成長・政治的影響・軍事拡張・生活様式をめぐる競争を通じてアメリカに挑戦してきたソ連が，この競争に敗北して挑戦者の地位を降り，解体され，冷戦体制が終結した。これによって，アメリカの覇権の衰退はさらに進んだ。アメリカの覇権はソ連という政治・軍事・イデオロギー的挑戦者の存在によって脅かされると同時に，それ以上に支えられてきた。冷戦体制はアメリカの覇権のひとつの側面であった。したがって，冷戦体制の終結によって，アメリカの覇権の政治的・軍事的・イデオロギー的統合力は弱まった。またこの間にも，アメリカの経済力の衰弱は進行した。それは1991年の湾岸戦争によって露呈された。アメリカはその戦費を同盟国からの拠出金に依存しなければ地域戦争すら戦えないことが明らかになったのである。

こうして，冷戦体制の崩壊を契機に，アメリカの覇権はさらに弱化した。アメリカは唯一の超大国となったのであるからその覇権は強化されたという見方もあるが，それは正しくないであろう。たしかに，軍事力や政治力，そして情報力において，なおこれに代替するものは登場していない。経済力にしてもその規模は依然として最大である。しかし，経済力，より正確には対外債務国化に示される経済的余剰の衰えは覆い難い。覇権の基盤は確実に掘り崩されたのである[4]。

それでは，覇権の確立と衰退，そして地域統合の進展というふたつの現象は，どのように関連づけられるのであろうか。アメリカの覇権衰退の下での地域統合の進展という現象を，どう解釈したらよいのであろうか。あるいは，地域統合の進展は，崩壊しつつあるアメリカ覇権システムにたいしてどのような意義を持っているのであろうか。さらに，地域統合の射程は覇権システムなき後に

まで届くのであろうか。このようないくつかの問いが浮かび上がってくる。

　ここでは，このような問題を，ヨーロッパにおける地域統合の事例に即して考察することを試みたい。ヨーロッパにおける地域統合は，第2次世界大戦後最も早く出発したという意味で，最も先進的である。また今日達成された成果を見ると，まずその規模の大きさがある。EU 15ヵ国は面積が324万平方キロメートルでアメリカの3分の1に相当し，人口は3億7000万，1995年の名目GDPは8兆4000億ドルあり，いずれもアメリカ一国を凌ぐ。その輸出入総額は1兆5000億ドルで世界の貿易の4割を占め，最大の貿易圏でもある。規模のみならず，統合水準においても図抜けている。貿易，資本，通貨，技術，人，情報のいずれの基準をとっても，北米自由貿易協定 (NAFTA) やその他の経済圏をはるかに凌ぐ高度の統合水準を達成している。この意味でも，最も先進的な事例である。さらにEUは，地中海諸協定により地中海諸国と，ロメ協定によりアフリカ・カリブ海・太平洋 (ACP) 諸国とも連携しているほか，全ヨーロッパ規模で加盟・準加盟・提携といった多様な形態で「拡大」しつつある。そして他の地域統合に多大のインパクトを与え，またそのモデルともなって，世界的な地域統合の波を主導している。したがって，上記の問題を考えるうえで格好の素材だといってよいであろう。

　このヨーロッパにおける地域統合，ヨーロッパ統合に即して，上記の問題を提出し直せば，次のようになろう。

　第1の問題は，ヨーロッパ統合の進展とアメリカの覇権の衰退との因果関係の有無である。アメリカの覇権の衰退はヨーロッパでの地域統合の進展の原因であったのか。また逆に，ヨーロッパ統合はアメリカ覇権の衰退を促進したのであろうか。

　第2に，ヨーロッパ統合は，アメリカの覇権の衰退との関連で，どのような狙いで遂行されたのか，またその実績はどのように評価すべきかという問題がある。これはとりわけ1980年代半ば以降の時期に関わる問題である。

　そして第3に，ヨーロッパ統合は，アメリカの覇権の衰退と冷戦体制の崩壊の下で，どのような意味を持っているのかという問題がある。それはたんなる冷戦思考の惰性の産物にすぎないのか。もしそうであれば，それはアナクロニズムにすぎず，失敗を運命づけられているというべきかもしれない。それとも，

国家主権間の新たな関係の構築に向けた，ポスト冷戦期の最初の実験とみなしうるのであろうか。この場合，「実験」は二重の意味を持ちうるであろう。ひとつは，現在がアメリカの覇権の衰退という一種のシステムの解体期にあるとして，それへの対応という消極的意味である。いまひとつは，アメリカが最後の覇権だとして，その後の世界での覇権システムに代替する新たなシステム形成への試行という積極的意味である。これは要するに，ヨーロッパ統合の射程距離を測るという問題である。

いずれも難問である。とくに第3の問題は，欧州統合の動きが急であるときに将来を展望するという難しさを伴う。欧州統合の観察は1997年夏までの時期に限定されている。したがって，とくにその最後の部分は試論ないし覚書の域を出ていないことを，あらかじめ断っておかなければならない。

第1節　欧州統合の意味転換

1　防衛組織から対抗組織へ

ヨーロッパ統合は，もともとアメリカの覇権の産物という面を持っていた。ヨーロッパは今世紀において2度，世界大戦の戦場となったが，第1次大戦が世界再分割をめぐるヨーロッパ列強の戦いであったのにたいし，第2次大戦はヨーロッパそれ自体の分割をめぐるものであった。この第2次大戦の結果，西ヨーロッパ諸国は植民地帝国であることをほぼやめ，競争する帝国主義の集団としての「拡大するヨーロッパ」から，明白に「縮小するヨーロッパ」へと転換した。そしてこれらの諸国は経済的に疲弊し，戦後の経済再建に際してはアメリカの援助に頼らざるをえなかった。冷戦体制の成立という背景の下で，覇権国アメリカは援助者としての役割を引き受けたが，その際援助の効率化，言い換えれば覇権コストの節約を図ろうという動機から，西ヨーロッパ規模での協調体制の成立を求めた。それがヨーロッパ支払同盟（EPU）やヨーロッパ経済協力機構（OEEC）の成立に結実する。

これは，いわばアメリカ主導の地域統合の流れであるが，もちろんそれが今日のヨーロッパ統合に直接つながったわけではない。西ヨーロッパ諸国は，覇権国アメリカの推奨する統合にたいし，独自の協調構想，さらには統合構想を

抱き，それを具体化していった。統合構想は，経済的には大市場の形成を目指し，政治的には西ドイツの「封じ込め」あるいは「ヨーロッパ化」を狙いとした。この流れが，1957年のローマ条約の調印，翌年の欧州経済共同体 (EEC) の発足に帰結する。アメリカは，冷戦体制という背景の下で，この存在をGATT体制の例外として許容した[5]。

こうして，覇権国アメリカの圧倒的な影響力の下で，地域統合は制度化された。そのような地域統合は，さしあたりは「縮小するヨーロッパ」の自己防衛のための組織であったということができよう。西ヨーロッパ経済はその後1960年代にも高度成長を継続し，経済成長とともに，あるいはそれに支えられて，EECは関税同盟としての内実を備えるに至った。そしてアメリカ大企業の直接投資による「アメリカの挑戦」に立ち向かうことができた。こうして，自己防衛組織として誕生したヨーロッパ統合は順調に発展した。

1970年代初頭，アメリカの覇権は明白に衰退へ向かった。IMF固定相場制の崩壊，第1次石油危機の発生，そしてヴェトナム戦争での敗北が，それぞれに衰退への転換点となった。その原因のひとつは，アメリカ経済との不均等発展を醸成した西ヨーロッパ経済の成長であったが，皮肉にも，ヨーロッパ統合は新たな経済通貨統合へ第一歩を踏み出そうとしたとたんに，IMF固定相場制の崩壊と変動相場制への移行によって足元をすくわれてしまった。そして，世界経済が高度成長から低成長へ転換するなかで，西ヨーロッパ経済も，循環的変動を含みながら低成長を基調とするに至った。

この転換は，その後の事態を踏まえて見れば，ひとつは貿易・資本の自由化と国際競争の激化をもたらした。いまひとつ，それは「第3次産業革命」の開始を告げることにもなった。これは「マイクロ・エレクトロニクス (ME) 革命」といってもよく，半導体・コンピューターが鉄鋼製品に代わる新たな「産業の米」となり，電子工業と機械工業の融合が進み，また情報・通信産業などによるソフトウェアが発展する過程である[6]。この「第3次産業革命」は，貿易・資本の自由化で枠を与えられた先進資本主義間の競争の主要な内実であった。そのなかで，西ヨーロッパ諸国はアメリカや日本にたいして遅れをとった。インフレーションの進行と高い失業率，そして投資率の低下から国際競争力が低下し，成長率の鈍化も目立った。先端産業における設備投資・技術革新の停

滞と競争力の衰退，省資源・省エネルギー型産業構造への転換における遅れが見られた。とくに1980年代前半には，停滞基調は歴然とし，「欧州動脈硬化症」という言葉も生まれた[7]。

この時期，西ヨーロッパは「アメリカの挑戦」に続いて，新興の「経済大国」たる日本の「挑戦」を受けた。それはまず輸出攻勢という形をとり，そのために通商コンフリクトが発生した。さらにしばらく時間をおいて，通商コンフリクトを解決するためにも直接投資が本格化した。

このような状況の下で，西ヨーロッパは経済活性化の試みを重ねた。各国レベルでは，米・日本企業からの技術や経営方式の導入が盛んに試みられた。また，公有企業の民営化や産業政策の導入も試みられた。ヨーロッパ規模でも，さまざまな活性化への模索があった。そのひとつが「1992年市場統合」であった。これは，1985年6月のミラノ欧州理事会 (EC 首脳会議) に提出された EC 委員会の「域内市場白書」に端を発する。これを受け，翌年2月，EC 加盟国は単一欧州議定書 (Single European Act) に調印した。これは，各国での批准を経て翌87年7月に発効した。国境規制や関税といった物理的障壁，製品規格・技術規制・会社法などの各国ごとの差異あるいは政府調達ルールなどの技術的障壁，税障壁，とくに付加価値税 (VAT) と内国消費税の税率の差といった障壁の撤廃が，1992年市場統合の目指す主な内容であった。

この市場統合の熱気は，すぐ後で触れるような経済通貨統合および政治統合への波を呼び起こすことになった。そのような統合の波と並行して，市場統合に向けての措置が次々ととられていった。各種障壁の撤廃のために，EC 委員会がイニシアティヴをとり，欧州理事会や閣僚理事会を経て各国の合意が形成され，EC 委員会の法令 (EC 法令) や各国の法令が出された。この過程は，税制関係のものを除いておおむね順調に進んだ。1992年12月末現在，つまり市場統合発足の前夜，指令・規則案のうちの95％までが採択済みであった。そして1993年1月1日に市場統合がスタートした。域内国境の壁は低くなり，企業はより自由に国境を越えて活動することができるようになった。貨物トラックと乗用車が全ヨーロッパを自由に疾駆し始めた[8]。

こうして，1980年代半ば以降，ヨーロッパ統合はアメリカの覇権が衰退を開始するなか，「第3次産業革命」と「日本の挑戦」という新たな条件の下で進展

した。それは，これまでの防衛組織から，アメリカおよび日本への対抗のための組織へと性格を変えていった。すなわち対抗組織としての地域統合という意味を付与されるに至った。それは，1992年市場統合の出発点となったミラノ欧州理事会が，日本への対抗を初めて明示的に宣言したことに象徴されている。

それでは，対抗組織としてのヨーロッパ統合はどれだけの成果を挙げることができたのか。西ヨーロッパ経済はどこまで活性化し，「第3次産業革命」におけるアメリカおよび日本にたいする格差をどの程度縮めることができたのか。また西ヨーロッパ企業はどの程度競争力を回復したのか。そして地域統合の進展は，それにどの程度寄与したのであろうか。

これにたいする答えは肯定的ではありえないであろう。対抗組織としての歴史は，1980年代半ば以降の10年あまりでしかないので，評価が困難な面はたしかにある。また，ドイツ統一や旧ソ連・東欧圏の激動，そして経済通貨統合および政治統合の進展といった要因が重なったために，ますます評価が難しい。だが，1990年代前半の西ヨーロッパ経済が活性化の実を挙げているとは見にくい。むしろ実態は皮肉にも裏目に出た。市場統合への準備過程にあった1980年代後半，西ヨーロッパ経済は，世界的好況と連動しつつ，「カジノ資本主義」と形容される株式市場の活況や合併・取得（M&A）を伴う活況を呈した。これにたいし，市場統合の完成前後から西ヨーロッパ経済は不況に転じ，その後の回復も力強さを欠いた[9]。

経済活性化の担い手として期待される西ヨーロッパ企業（あるいはEC・EU企業）の競争力にも，格段の改善は見出しにくい。そもそもEC・EU企業といっても，国家主権が厳として存在し，会社法や企業関連法規の統合がなお途上にある現状では，文字通りのヨーロッパ企業あるいはEC・EU企業というよりも，域内全域で活動する各国企業がその実態をなしている。そして市場統合によるチャンスは，域内外の企業にたいして原則として平等に与えられている。各国およびEUレベルで産業政策が導入されたが，その成果を確認しうるには至っていない。

こうして，市場統合への期待と現実とのギャップが拡大した。市場統合の成果は認め難い。低成長，そしてとくに高い失業率という現状では，各国の個別利害が噴出し，EC・EUレベルでの努力も，統合のみならず成長および雇用に

も向けられるようになった。1993年12月には、欧州委員会は欧州理事会にたいして「成長・競争力・雇用白書」を提出した。

2　対抗組織を超えて

ヨーロッパ統合は、対抗組織としての成果を確認しえない段階で、さらにそれを超えた展開を示し始めた。防衛組織から対抗組織へと意味転換を果たす途上で、さらに新たな意味が加わってきたのである。

すでに1980年代後半、1992年市場統合に覆いかぶさる形で、経済通貨統合および政治統合への歩みが開始されていた。1988年6月、ハノーファー欧州理事会で経済通貨同盟（EMU）への統合「深化」に関する合意が成った。翌89年4月、EC委員会による「EC経済通貨同盟に関する報告書」いわゆる「ドロール報告」が提出され、これは同年6月のマドリード欧州理事会で承認された。その頃、ソ連・東欧社会主義圏では体制の動揺が激しくなり、東西ドイツの統一、それからさらに進んでソ連圏の解体へと向かった。このような冷戦体制の崩壊への動きのなかで、ヨーロッパ地域統合はそれと密接に絡み合いながら、新たな展開を示すに至る。

1990年12月のローマでの欧州理事会で、経済通貨統合および政治統合のためのローマ条約改定案が検討され、あわせてその際、第1回政府間会議が開催された。翌91年12月のマーストリヒト欧州理事会で、ローマ条約の改定および欧州同盟（連合）条約（マーストリヒト条約）の締結に関する合意が成り、後者は翌92年2月に調印された。こうして、ヨーロッパ統合は、1970年代初頭以降の長い低迷を脱し、新たな昂揚局面を迎えた。ただしその昂揚は、マーストリヒト条約が各国で批准される過程において、冷水を浴びせられた。デンマークでは国民投票でいったんは批准が否決され、統合の主導国フランスの国民投票でも批准案は僅差で可決されるという有様であった。デンマークでは通貨統合や共通防衛政策への参加義務を免除するという特例を付し、再度の国民投票を実施してようやく条約が批准された。こうして、93年11月、マーストリヒト条約は発効することとなった。ここに、欧州共同体（EC）は欧州同盟（EU：欧州連合とも訳される）へと衣替えした[10]。

統合の進展は、経済通貨統合および政治統合に向かう内実的な「深化」と、

加盟国ないしはそれに準ずる諸国の増加という外延的な「拡大」という，相異なる二面を持っていた。

　このうち，「深化」はとくにドイツ統一と関わっている。マーストリヒト条約の調印と批准に際しての，ドイツを除く加盟国の側での明らかな動機のひとつは，地域的経済・政治・軍事大国たる統一ドイツの「封じ込め」あるいは「ヨーロッパ化」にあった。統一ドイツは1993年現在で8100万の人口を抱え，1兆9000億ドルのGDPを実現しており，人口でEUの20％，GDPで30％を占めていた。低位の投資と高い失業率に悩まされながらも，ヨーロッパにあって，それは輝ける大国である。そして旧ソ連が解体した後，旧東欧地域における統一ドイツの経済的影響力は強大である。事実上，すでに「マルク経済圏」が成立しているともいえよう。

　ただ，ドイツは20世紀前半における覇権への挑戦の挫折の歴史から学んでいるはずであり，地域的に限定された形でさえ，覇権を求める意図はないであろう。とはいえ，その経済・政治・軍事力は統合加盟諸国にとって脅威である。マーストリヒト条約は，このようなドイツをコントロールするシステムの形成を目指すものであった。「封じ込め」の動機は，とくに隣国フランスにおいて明瞭であった。

　他方，ドイツの側でも，単一通貨の導入を主な内容とする通貨同盟は，国家的・国民的アイデンティティーの表象ともいうべきドイツ・マルクを失うことを意味しており，統一ドイツのヨーロッパ統合にたいする忠誠度をテストするものとなった。そのテストに合格することは，ドイツが統一にたいする承認を取り付けるうえでの前提条件であった。政治統合もこれと同じ意味を持っていたといってよい。こうして，EUはドイツ「封じ込め」体制としての意味を持つことになり，またドイツ統一は統合の「深化」を促進する重要な一契機となった[11]。

　統合のいまひとつの側面である「拡大」は，とくに旧社会主義圏の崩壊と関わる。ソ連・東欧の体制動揺と転換は，統合の「拡大」をもたらした。1995年初頭，オーストリア，フィンランド，ノルウェーがEUに加盟し，EUは15カ国で構成されることになった。これは直接には，欧州自由貿易連合 (EFTA) の弱体化の帰結であるが，旧ソ連の解体とも無関係ではない。さらに，旧東欧諸

国は当初コメコン（COMECON：経済相互援助会議）の再建を企て，それが不可能とわかると，次はそれに代替すべき独自の国際経済機構を模索した．それも不可能となって，各国は競ってEC・EUへの加盟を申請した．即時加盟はEC・EUの側の認めるところとはならなかったが，ポーランド，チェコ，スロヴァキア，ハンガリーの準加盟が認められた．ソ連解体後のロシアがEUに加盟することは当面考え難いし，そもそもロシアが加盟を申請することはないであろうが，そのロシアにたいしても，EUは首脳会議への招待や経済協力などを通じて，外縁に位置づける努力を重ねている．ロシアにたいしては，経済関係と並んで，あるいはそれ以上に，政治・軍事関係が重要であることはいうまでもない．この面では，ワルシャワ条約機構の崩壊以降の北大西洋条約機構（NATO）の変質と東方への拡大，それにたいするロシアの合意，あるいはまた欧州安全保障・協力会議（CSCE）の実体化，その欧州安全保障・協力機構（OSCE）への改組，そして西欧同盟（WEU）の強化などの動きが見られる．このような動きと連動しつつ，アメリカ覇権の衰退という基調の下，ソ連圏の消滅という磁場の変動のなかで，旧東欧諸国がEUに吸引される形となった．EUはその受け皿として機能したのである[12]．

　このような「深化」と「拡大」という統合の二側面についていえば，1990年代前半，当初は「深化」が，次いで「拡大」が前面に出た．その「拡大」への動きは新加盟国候補たる旧東欧諸国などの政治経済状況から停滞し，またさらなる「拡大」のためには「深化」が必要だとの認識から，1995年以降，ふたたび「深化」の局面となった．EUは旧東欧諸国との加盟交渉を一時中断し，マーストリヒト条約の見直し作業を開始した．1996年3月，トリノで第1回政府間会議（IGC）が開催された．ここでは，マーストリヒト条約の完全実施および再検討に向けて，想定される課題を明確にすることに力点が置かれた．とくに，雇用，域内の競争，テロリズム，麻薬密輸，国際的犯罪，移民，環境などが課題とされた．さらに，EUの拡大に備え，機構や手続きの改革が課題として浮上した．また，より民主的かつ効率的な機構の構築，対外的な行動力の強化も今後の検討課題とされた．

　その後，政府間会議が重ねられ，また首脳会議でも交渉が継続された．意見が対立する点も多く，交渉が停滞する局面もあった．また1997年4月から5月

にかけて，イギリスでの労働党政権の誕生，フランスでの社会党内閣の誕生という，ふたつの政権交替があり，これが過程を複雑にした。前者は通貨統合についてこそ，前の保守党政権の方針を踏襲して当初からの参加はないとしたものの，社会憲章への参加を公約に掲げるなど，統合により積極化した。他方，通貨統合への参加のための財政赤字削減努力への不満を背景に誕生したフランスの社会党内閣は，通貨統合に留保を付そうとした。だが結局，当初のスケジュール通り，1997年6月のアムステルダム首脳会議で最終合意が成り，第2次同盟条約（アムステルダム条約）が採択された。統合運動は，マーストリヒト条約の批准過程での混乱以降の低迷をようやく脱し，新たな上昇局面を迎えたように見える。ただ，そこにはかつてのような自信と昂揚感が欠けていることもたしかである。

　この新条約は，意見の対立を措いて合意しうるところで合意した結果であるが，その主な内容は，すぐ後で触れる通貨統合のほか，市場統合の深化・人の自由移動，司法協力，雇用政策——統一戦略による高水準の雇用の確保——，共通外交・安全保障政策の確立，共通通商政策の拡大——サービス・知的所有権の包摂——であった。さらに意思決定方式については，効率化のために特定多数決方式の適用範囲を拡大し，また特定国が棄権しても，他の国が全会一致で決定すれば，その国は決定を妨げないという建設的棄権方式を導入した。統合推進方式については，特定国で統合を先行させる多段階統合方式を導入した。新条約の発効をまたず，EUは旧東欧諸国，バルト3国，マルタ，キプロスなどとの加盟交渉に着手するものと見られた。統合の「深化」を踏まえた「拡大」である。

　こうして，ドイツ統一を含む旧ソ連・東欧圏の体制変革によって，ヨーロッパ統合の「深化」および「拡大」が促された。逆に，ヨーロッパ統合は旧東欧諸国を引き付けることによって，その体制崩壊を加速する一因ともなった。

　この間，統合の核としての独仏関係に亀裂が走ることが再三にわたった。ドイツ統一にたいするフランスの危惧はいうまでもないが，ドイツのNATO域外派兵にたいしてもフランスは警戒したし，逆にフランス・シラク政権の「反統合」のスタンスはドイツの懸念するところとなった。だが，このような亀裂はそのつど修復された。ヨーロッパ統合の核をなす独仏関係は，フランスの政

治的リーダーシップとドイツの経済的リーダーシップの上に成り立っているが，これは長期戦略的な合意であって，しかも歴史的・道徳的な反省に裏づけられている。ブームと沈滞という「統合循環」や紆余曲折は避け難いにせよ，統合への流れは長期的には不可逆的であると見るべきであろう。

　このようなヨーロッパ統合は，対外的にも，各地域での統合への動きを促している。ヨーロッパでの地域統合は最も先行しており，また当事者の掲げる目標と現実の統合のあいだにはつねに乖離があるものの，その根底には図抜けて高い統合水準が達成されているという現実がある。そしてローマ帝国にまで遡らずとも，ウェストファリア条約からウィーン体制へというヨーロッパの歴史は，繁栄と民主主義を参加条件とした戦後の地域統合に厚みと重みを加えている。ひとつのヨーロッパは，かの地域の人々にとっては，歴史家でなくとも，必ずしも新規な目標ではないのである。それだけに，冷戦体制の崩壊にともなって，その基底にあった地域が浮上し，地域対地域の対立図式が持ち出される現在，ヨーロッパ統合が最先端のそれとしてインパクトを持っているのは不思議ではない。

　このように見てくれば，ここに，ヨーロッパ統合がアメリカ覇権への対抗のための組織というにとどまらず，それを超えた意味を持ち始めているのかもしれないという想いが生ずるのは自然である。はたして，ヨーロッパ統合は対抗組織あるいはまた自己防衛組織としての側面をなお残しながら，それを超えて，覇権に代替する組織として発展し始めたと見ることができるのであろうか。

　この場合，覇権代替組織としての可能性は，対内的および対外的という二側面から検討しうるであろう。対内的には，統合が当該地域の経済的繁栄と政治・軍事的な安定にたいして，どのような意味を持っているのかという問題になる。対外的には，それはアメリカの覇権を支えるのか，それともその衰退を加速させるものなのかという問題になる。さらに，アメリカの覇権に代わる，あるいは覇権一般に代替する繁栄・秩序安定システムとしての可能性も思弁の対象になろう。

　ここでは，覇権代替組織としての可能性を検討するために，通貨統合のケースを選び，考察を加えよう。通貨統合は政治統合と並び，あるいはそれ以上に，マーストリヒト条約の焦点となっているからである。考察の順序として，まず

通貨統合の歴史を簡単に振り返ってその現段階での到達点を確認し，次いでその性格につき，国家主権の共同管理・利用の範囲内にとどまっているのか，それとも超国家機関の創設への決定的な一歩となっているのかという問題を考える。そのうえで，代替組織としての可能性を対内，対外の両側面につき探ってみることにしたい。

第2節　覇権代替組織としての可能性——通貨統合のケース

1　通貨統合の意味転換

　通貨統合の発端をヨーロッパ支払同盟（EPU）に見出すとすれば，それは防衛組織として出発したということになる。ただし，今日の通貨統合に直接に結び付くのは支払同盟ではなく，1970年の経済通貨同盟計画である。だが，これは IMF 固定相場制の動揺・解体の余波を受けて早々に挫折した。1970年代，国際的に変動相場制がとられるなかで，EC は共同変動相場制（「スネーク」）を試みたが，これも乏しい成果しか挙げられなかった。この経験を踏まえ，EC は1979年，欧州通貨制度（European Monetary System: EMS）を開始した。それは，IMF 固定相場制の崩壊，変動相場制の動揺，そしてアメリカのドル減価を放置する「ビナイン・ネグレクト」にたいする，独仏の協調を中心とした EC の対抗措置であった。域内の為替相場の安定，貿易と投資の成長，経済の成長と安定を目指す，対抗組織としての通貨統合の開始である。

　だが，現在の，単一通貨の導入を目指す通貨統合の出発点は，1980年代末にある。この頃，通貨統合への歩みが市場統合の波にオーバーラップする形で開始された。1988年6月，ハノーファー欧州理事会での経済通貨同盟（EMU）への統合「深化」に関する合意を経て，1989年4月，EC 委員会による「EC 経済通貨同盟に関する報告書」いわゆる「ドロール報告」が提出された。この報告は，同年6月のマドリードでの欧州理事会で承認された（ただしイギリスは反対した）。これによって経済通貨同盟結成への動きが開始されたのである。経済同盟は，共同市場，共通競争政策，共通構造政策，マクロ経済政策の協調を柱とし，通貨同盟は域内資本移動の完全自由化と通貨政策の協調，欧州中央銀行制度の設立，単一通貨の導入という3段階での達成を内容としていた。

1990年10月，EC委員会は「単一EC通貨流通の利益」についての詳細な研究報告を発表した。「単一通貨流通の利益はEC 12カ国すべてが単一通貨圏に参加するという前提の下で計算されており，概略次のようになる。／(1)EC内部取引に要する両替コストの節約分が131～192億ECU (ECのGDPの0.5％)。……／(2)為替相場変動の不安定性が除去され金利が下がる(累積効果によりGDPの5％の経済成長)。／(3)インフレの低下と国家財政赤字の除去による高インフレ国での実質利子率の低下による経済成長 (GDPの2～5％)。／(4)石油ショックのような外的ショックに対する抵抗力が強まる。／(5)単一通貨ECUが国際通貨となるのでEC諸国の外貨準備は削減でき，また発行利益(ECUが外国で準備として保有されることからくる)が生じる。」[13] 考えられうるさまざまな利益が列挙されているが，主なものは，コスト(域内為替取引コスト，金利コスト，外貨準備)削減効果，およびこれと一部関連するが，域内為替相場の不安定性の除去ということになろう。

　ドロール報告にいう経済通貨同盟の第1段階は，1990年7月に開始された。域内の資本移動は，長期・短期ともに，また経常取引・資本取引を問わず，形式的には完全に自由化された。この時期，イギリスが欧州通貨制度(EMS)の為替相場メカニズム (Exchange Rate Mechanism: ERM) に加盟した。同年12月のローマ欧州理事会では，経済通貨同盟設立のためのローマ条約改定案が検討された。その際，政治統合および経済通貨同盟のための第1回政府間会議が開催された。そして翌91年12月のマーストリヒト欧州理事会で，ローマ条約の改定および欧州同盟(連合)条約(マーストリヒト条約)の締結に関する合意が成り，後者は翌92年2月に調印された。

　マーストリヒト条約の通貨統合に関する主な内容な次の通りであった。第1に，1994年初頭に通貨統合の第2段階に移行し，欧州中央銀行 (European Central Bank) の前身としての欧州通貨機構 (European Monetary Institute: EMI) を設立する。第2に，1996年末までに，欧州通貨機構は欧州中央銀行制度 (European System of Central Banks) の枠組みを具体化する——欧州中央銀行はEUの機関や各国政府などから独立した機関として設立され，欧州中央銀行制度はこの欧州中央銀行および各国中央銀行で構成される。また首脳会議で，加盟国の過半数が単一通貨の導入に必要な条件を満たしているかどうか，および第3段階に

移行することが適切であるかどうかを決定する。もし移行を決定した場合は，あわせて移行の時期を決定する。もし移行の決定がなされなければ，第3段階は1999年初頭に条件を満たしている加盟国だけで自動的に開始される——これは多段階統合方式ないしは可変翼方式と呼ばれるものである。第3に，第3段階の開始時点までに欧州中央銀行制度および欧州中央銀行を発足させ，欧州通貨機構を清算する。

単一通貨の導入に必要な条件，あるいは第3段階に参加するためにクリアしなければならない条件は，マーストリヒト条約の109j条および付属文書において次のように規定された。「(1)物価安定の達成——検討時点までの1年間について消費者物価上昇率がEUで最も低い3ヵ国の値から1.5%ポイント以上乖離していないこと。/(2)政府財政ポジション——年間財政赤字額の対GDP比が3%を超えないこと，政府債務残高がGDP比60%以内であること。/(3)為替相場の安定——当該国通貨がEMSのなかで，直近の2年間正常変動幅を維持し，しかも平価の切下げを行っていないこと。/(4)市場金利——検討の時点までの1年間，当該国の政府長期債の利回りが，EU構成国中物価が最も低い3ヵ国の政府長期債の利回りに対して，2%ポイント以内の範囲にあること。」[14] すなわち，価格の安定性，財政ポジション，為替相場の安定性，長期利子率の水準の4条件であり，これは収斂基準（convergence criteria）とも呼ばれた。

マーストリヒト条約が各国で批准される過程において，デンマークやフランスなどで一連の波乱が生じた。これは通貨の波乱と絡み合っていた。1992年9月，欧州通貨制度（EMS）が動揺し，イギリス・ポンドおよびイタリア・リラがEMSの根幹をなす制度である為替相場メカニズム（ERM）を離脱した。その1年後の93年7月，フランの対マルク相場が下落し，EMSはまたも動揺した。8月初め，ERMの変動幅はそれまでの上下2.25%（一部は6%）から上下15%へと拡大された。これによって，EMSは事実上，変動相場制あるいは「管理変動相場制」に移行ないし後退することになった。通貨統合への展望も後退した。欧州統合そのものが危機に陥り，統合の基軸たる独仏関係にも摩擦が生じた。このような波乱を経ながらも，93年11月，マーストリヒト条約は発効することとなった。欧州共同体（EC）は欧州同盟ないしは欧州連合（EU）へと衣

替えした。イギリスとデンマークは，通貨統合の第3段階への参加を留保する権利を得た。

　通貨統合の第2段階への移行は，マーストリヒト条約に従って，予定通り1994年初頭に果たされた。欧州通貨機構が，ドイツ連邦銀行の所在地フランクフルトに設立された。この機関の役割は，中央銀行間協力，通貨政策協調を促進しつつ，欧州中央銀行制度の制度的・運営上の枠組みを作り，その母体となることである。第3段階において，この欧州中央銀行制度の監督の下で，欧州中央銀行が単一通貨を発行する単一の主体となる。

　こうして，第3段階での単一通貨の導入を目指す努力が開始された。だが，景気回復が力強さに欠け，単一通貨導入のための4条件，とりわけ財政ポジションに関わる条件をクリアすることが困難であった。1995年に入ると，メキシコの通貨危機に端を発してドルが急落するとともに，EMSの枠外でイタリア・リラ，イギリス・ポンドが売られ，EMS自体も動揺した。フランも対マルクで弱化した。3月にはスペイン・ペセタ，ポルトガル・エスクードが切下げを余儀なくされた。同年12月のマドリード首脳会議では，97年初頭の第3段階への移行が断念された。これによって，1999年初頭に4条件をクリアした国のみでの第3段階への移行というスケジュールが確定された。そして，第3段階への参加国は，98年の早い時期に首脳会議を開催し，97年の公式統計を基に決定するという手順が確認された。

　マドリード首脳会議では，単一通貨の名称を変更することが決定された。マーストリヒト条約でエキュー(ECU)とされていたものを「ユーロ」とした。またこの時点でのシナリオないしはスケジュールは次のごとくであった。1999年初頭においては，単一通貨ユーロは非現金形態での導入に限定され，現金流通の開始は2002年初頭とされる。そして同年7月までに最終的にユーロのみが法貨とされる[15]。

　このように，単一通貨の導入を展望する段階に達した通貨統合は，1970年に目指したもの，あるいはそれ以上のものを実現しつつある。それでは，この通貨統合は，アメリカの通貨覇権に対抗する組織を超え，それに代替する可能性を得つつあるのであろうか。

2 超国家性の位置

(1) 前提と飛躍

1990年代に進展した通貨統合の前提のひとつは，1979年に発足した欧州通貨制度（EMS）である。これは域内では上下2.25％の幅に収める固定相場制をとり，対外的には変動相場制をとる，共同変動相場制であった。それでは，このEMSは現段階の通貨統合とどのような関連にあるのであろうか。

EMSの全歴史を詳細に跡づけた田中素香編『EMS：欧州通貨制度』は，一方で，1980年代における「EMSの成功」と通貨統合を関連させて次のようにいう。「『安定期』にかなり長期間為替平価変更を排除できたことが，少なくともコア諸国が通貨統合へ進むことができるという自信となって現れていた。為替相場が安定し経済パフォーマンスが収斂していたので，多くの国がEMSを一層発展させるかたちで通貨統合に着手できると感じていたのである。」[16] また，次のようにもいう。「EMSの第3の到達点は通貨統合である。EMSの安定が第2次経済・通貨同盟構想を引き出し，『安定期EMS』の延長上に通貨統合が計画されたからである。……ユーロについて語るのは時期尚早であるが，それは間違いなくEMSの成果の一つである。」[17]

だが，1990年代に92年，93年，95年と継起的に発生したEMSの危機は，もちろん無視しえない。そこで，同じ筆者は次のようにもいう。「……第1段階のEMSの強化に関する目標は達成されなかったのみか，後退が生じた。しかしその目標は努力目標にすぎないので，1994年から予定通り通貨統合の第2段階に進んで現在に至っている。」[18] ここでは，1980年代におけるEMSの「成功」から通貨統合へという関連づけが維持されている。

しかし，筆者は次のようにも記している。「……将来の国際通貨システム形成というわれわれの視角からは，……〈弾力的な固定制プラス資本移動自由〉型EMSがEC/EUの為替相場協力の実験の到達点といってよいであろう。なぜなら資本移動自由化の下で膨大な投機資金が跳梁する今日の世界では，狭い変動幅の固定制は投機の暴発に耐えられない（ただし物価上昇率など経済パフォーマンスに問題がなければ投機に負けない為替平価を守ることができる）というのが，1992～93年EMS危機の教訓であったからである。」[19] ここにいわれる「弾力的な固定制プラス資本移動自由型」とは，明らかに1992年および93年の危機を経

た後の EMS の体制を指している。共同変動幅が上下15％に拡大された「弾力的な固定制」とは，実は固定相場制の形骸化にほかならないと思われるが，この点を措くとして，ここでは1993年以降の EMS から通貨統合へという道筋がつけられている。言い換えれば，1980年代の EMS の「成功」は，直接には通貨統合の前提とはならなかったことが確認されているのである。

　ここには，ふたつの異なった関連のさせ方が提示されている。そしてそれらは直ちには両立し難い。単一通貨の導入を目指す通貨統合は，1980年代の EMS の経験の直接の延長上にあるのか。つまり，80年代の「成功」ゆえに，そして90年代の危機にもかかわらず，通貨統合なのか。それとも，通貨統合は90年代における危機の連続を踏まえたうえでのそれなのか。EMS と単一通貨を目標とする通貨統合との関連について，『EMS：欧州通貨制度』は明確な答えを出していないように思われる。

　実は，今日の通貨統合の出発点となった1989年のドロール報告は，域内資本移動の自由化，それにともなう大量の域内資本移動の下では，狭い変動幅での域内固定相場制の維持が困難であることを予測していた。そして，この困難を回避するためには単一通貨の導入が必要であるという理論を提示していた。そして現実にも，1990年からの域内資本移動の自由化によって，大量の資金の域内移動が生じ，それが継起的な通貨危機を引き起こした。その規模は，EMS 加盟国が相場安定のために市場に投入しうる資金の規模をはるかに超えていた。したがって，各国は域内固定制の変動幅を拡大する程度のことしかできず，基本的には相場が変動するにまかせたのである。もちろん，同報告が，現実に90年代に生じたような規模での EMS の危機を正確に予測していたかといえば，それは疑問である。だが，EMS の危機を踏まえた通貨統合という関連のつけ方をすでに提示してはいたのである。「域内市場計画の結果として為替管理が撤廃された場合，特に，大量の投機資金の流出入が外国為替市場に加える圧力に対する対応策としては，3つの選択肢が残されるのみである。即ち，第1に，為替相場の安定を追求しないで，これを変動するにまかせること，第2に，通貨当局が外国為替市場に積極的に介入して，これを安定させること，第3に，各国間で通貨価値安定のためのマクロ経済政策の協調を推進し，通貨統合にまで進むこと，以上である。……『ドロール報告』は，そうした懸念の延長上に

第３の選択肢，通貨統合を根本的な解決策として提示したのである。」[20]

 1970年代初頭の通貨統合計画は，世界的な変動相場制への移行ゆえに挫折したが，今回のそれは，域内固定相場制の弛緩あるいは形骸化のゆえに推進されることになった。1980年代の EMS の成果は1990年代における通貨統合の歴史的前提ではあるが，両者のあいだには明らかに飛躍がある。この飛躍が政治的な性格を帯びていることについては，後にまた立ち返ることになろう。

 通貨統合へのいまひとつの歴史的前提は，西ヨーロッパ規模での事実上のマルク圏の形成である。「西欧域内に関しては，すでにドイツ・マルクが為替媒介通貨として確固たる地位を占めており，為替媒介通貨ドルを駆逐している。西欧域内においては，西欧諸国通貨間だけでなく，米国ドルと西欧諸国通貨間のインターバンク取引においてさえも，また，円と西欧諸国通貨間のインターバンク取引においてさえも，ドイツ・マルクが為替媒介通貨として使用される事態にまで立ち至っている。……かつてのドル・ポンド枢軸のように，今や，国際通貨ドルと並んで国際通貨マルクが存在している。これらのことが生じ始めたのは1980年代後半と考えられる。」[21]「このようにマルクの為替媒介通貨化によって西欧諸国は域内の諸通貨の間の取引にドルを媒介に使うことなしに（スワップ取引を別にして），取引を遂行できるようになった。外為取引および証券取引の双方において『西欧通貨圏』のドルからの自立が明確になった。」[22]

 この事実上のマルク圏の形成と通貨統合との関連について，いま一度『EMS：欧州通貨制度』を見ると，次のように述べられている。「貿易取引と資本取引双方におけるドルの排除と多様な欧州諸通貨の利用，外国為替市場とりわけ銀行間外国為替市場におけるマルクへの為替媒介通貨の集中，さらにそれを支える通貨制度上の与件である EMS とそこでの介入・準備通貨としてのマルク——これら総体を『欧州金融・通貨圏』と呼ぶことができるだろう。1960年代半ば以降急速に進展し90年代初頭までに形成されたこの欧州金融・通貨圏は，1992〜93年の欧州通貨危機をもちこたえ，99年に予定されている通貨統合第３段階（単一通貨の導入）のための基礎的前提条件を形成している。……投資通貨面での域内通貨化や為替媒介通貨としてのマルクの使用という点だけをとっても，1970年代の第１次経済・通貨同盟計画との比較で，今次通貨統合計画のリアリティーは格段に高まっていると結論づけることができる。」[23]

たしかに，アメリカ覇権の衰退と「経済大国」としての西ドイツ・統一ドイツの興隆，そしてヨーロッパ統合の進展を背景に，事実上のマルク圏が形成され，そしてそれが，1970年代初頭にはいったん挫折した通貨統合に現実性を付与する歴史的前提となっている。しかし，マルク圏の成立が単一通貨の導入を必然化したり，あるいはその成功を保証したりするものでないこともまた明らかではなかろうか。すなわち，マルク圏の形成から単一通貨の導入にもまた飛躍があるといわなければならない。

マルク圏に包摂された諸国は，多かれ少なかれマルクの使用をほぼ強制されているが，その強制は経済的なものである。EMSのハードコア諸国の場合がそうであるように，政治的な決断という要素が皆無ではないにしても，主として経済的な強制の結果である。

これにたいして，単一通貨圏に参加するかどうかは，何よりも政治的な決断の問題である。参加4条件のクリアという課題も，政治的な決断の結果として，経済的な強制となって働いているというべきであろう。そして，いったん単一通貨による統合に参加してしまえば，そこからの脱出 (opt-out) は，不可能ではないにせよきわめて困難であろう。脱出はその国自体の通貨経済のみならず，経済通貨統合全体を危機に陥れるであろうから，政治的にほとんど選択し難いのである。ここには，国家主権の委譲という問題がある。したがってまた，イギリスやデンマークは国家主権を行使するなかでぎりぎりの選択を迫られているのである。

『EMS：欧州通貨制度』の著者は，単一通貨圏の形成を東西ドイツの通貨統一と比較して次のように述べている。「1990年西ドイツは，きわめて生産力の低い旧東ドイツを強引に吸収し，通貨統一を断行した。EUコア諸国の間では旧西ドイツと旧東ドイツとの生産力格差に比べて格差ははるかに小さく，単一通貨圏の形成は両ドイツの通貨統一よりはるかに容易であろう。」[24] たしかにこれは，「生産力格差」だけを問題にすれば，成り立つ論理であろう。だが，東西ドイツの通貨統一は，国家統一という意思決定を事実上前提としたうえでなされたのである。これにたいしてヨーロッパ統合においては，単一通貨の導入に際して，国家主権の委譲に関する政治的決断が問われているのであり，かつ単一通貨導入以後も当面，国家主権は消失しないのである。

(2) 国家主権と超国家性

　ヨーロッパ統合における国家主権の問題は，その出発の時点からたえず繰り返し提起されてきた。この問題の焦点は，国家主権の委譲の程度であり，逆にいえば超国家性の強さである。そして，統合運動は超国家性への志向と国家主権の保守との対立と妥協のなかで一定の成果を挙げてきた。この歴史のなかで，マーストリヒト条約がこれまでになく超国家性への志向を強く打ち出しており，そのひとつの焦点が通貨統合であるというのは，広く行きわたっている見方である。だが，まず，この点についてあらためて考察しなければならない。

　そもそも通貨統合，あるいはそれの目指す単一通貨の導入は，あくまで国家主権の共同管理・行使の範囲で理解しうるものなのであろうか。このような理解に立つものとして次の例がある。「ところで，統合の内部化を深める政治思想が何かといえば，それは『主権の共有』(sharing of sovereignty) ないし『主権の共同使用』の思想としてこれを特色づけることができよう。……『主権の共有』を政治の思想の骨格とする第２の分野は経済・通貨連合の構想とその政策の体系化である。」[25] ここにいう「統合の内部化」とは，本章での統合の「深化」に当たり，「経済・通貨連合」は経済通貨同盟を指している。通貨同盟あるいは単一通貨を内容とする通貨統合は，主権の共同管理・行使という概念で理解しうるという見方である。

　だが，この見方はこれまでの地域統合の単純な延長上では理解し難い通貨統合の性格を過小に評価しているきらいがある。単一通貨の導入は，通貨に関する伝統的な解釈からすれば，多かれ少なかれ国家主権に属する貨幣発行権（貨幣高権）の，欧州中央銀行への委譲を意味しているが，それは国家主権の共同管理・行使の全面化を可能性としては秘めている。言い換えれば，通貨が単一化された状態とは，理論的には単一国家主権の成立を含意していると見るべきであろう。そしてこの点では，外交・安全保障政策における統合ともまた異なっているのではなかろうか。

　通貨統合の現状を見れば，それは共同変動相場制であって，せいぜい国家主権の共同管理・行使というべきものである。それと単一通貨の導入とは決定的に異なる面がある。この面を超国家性といっておけば，単一通貨の超国家性は，これまでの経済や外交・安全保障などにおけるそれと比べて明白に高い達成水

準にあるといえよう。

問題はその超国家性の位置である。すなわち，単一通貨に現れた超国家性といえども，通貨統合の第3段階において想定されているかぎりでは，国家主権の共同管理・行使の広範な体系のなかの一部である。そこで，それは全体系のなかでどのような位置を占めているのか，他の分野における国家主権の残存との整合性はどうなるのかということが問題となるのである。

この点については，マーストリヒト条約の「内在的限界」に関する次のような適切な指摘がある。

「基本的にいえば，EU自体が上位国家としての機能を整備する程度に照応して，単一通貨は実効的に民間経済で流通する，つまり通貨になるであろう。しかるに，マーストリヒト条約はEUに上位国家の機能を積極的に譲渡しようとはしていない。財政自主権の他にも共通外交・安全保障などは，金融・資本市場にとって国家に対する信用度を表明する重要な要素である。現下のごとく不安定なヨーロッパ情勢は，ただちに構成国の財政，資本市場に反映する。この回路を遮断できない限り，構成国ごとに異なる金融・資本市場の展開は避けられない。とすれば，マーストリヒト条約において最も明確な経済・通貨同盟といえども，そのプログラムの実現を危うくする構想になっている。この点はマーストリヒト戦略の内在的な限界といわなければならない。」[26]

ここで指摘されているのは，単一通貨導入後の事態である。国家主権の残存の下で，通貨供給量，そして通貨価値の国家間でのばらつきの問題から，さらに単一通貨の民間・全面流通の可能性にたいしても疑問が提示されているのである。この問題は，すぐ後で触れるように，導入以前のこれまでの過程にも影を落としている。

これまでの議論とは対照的に，ヨーロッパ統合は各国の国家主権の再編強化を目指すものであり，通貨統合もそのための手段であるとする見方もある。これは最も醒めた見方といってよい。例えば次のごとくである。

「かれらの企てを無謀と呼ぶのは，やさしい。問題は，欧州のリーダーが，国家主権に触れる『無謀な』通貨統合の旗を，その実現に不可欠なERM（為替相場メカニズム）が形骸化にさらされてもなお，降ろそうとしない理由は何

か，である．リーダーたちの決意の陰では，以下のように国益をめぐるしたたかな計算が働いているに違いない．／まず第1にヨーロッパが，すでに実質マルク圏入りをしている事実にある．……とすれば，マルクを共同管理で押さえ込むしか，いいかえればマルクのデジュール（正式）な単一通貨化で，各国が多少とも発言権を手にいれるしか，対応の途はない．／第2に，経済通貨同盟の意志決定は，EC委員会の官僚機構を通してではなく，直接各国の首脳によって下されることになる．……／第3に，欧州中銀は，ドイツの要求により独連銀と同様に，政治権力から独立した権限を持つ旨合意された．……／要するに通貨統合とは，各国主権の喪失を，すなわち各国の通貨当局が『ユーロクラット金融マフィア』の軍門へ降りることを意味するのではなく，経済統合を現状に適応させるための国家主権の再編をすすめることに他ならないのである．」[27]

ここには，現実を説明している部分がある．単一通貨に向かう過程において，たしかに国家主権の再編強化を目指す動きがあり，そのための手段と解釈しうるような政策がとられてきた．しかし，国家主権の共同管理・行使はすでに部分的に現実となっており，かつその下で明白な超国家性の導入が目指されている．このように国家主権の大幅な委譲が日程に上っているからこそ，国家主権の主張も声高になされているのだと見るべきであろう．

3 単一通貨への政治過程

通貨統合の第2段階に入った1994年初頭以降，とくに96年に入ってから，ドイツおよびフランスの主導で第3段階への移行が最優先課題となった．それを象徴するのは，ドイツの中央銀行であるドイツ連邦銀行（ドイチェ・ブンデスバンク）が通貨統合を重要目標に掲げたことである．各国はいっせいに，マーストリヒト条約の4条件をクリアするための努力を開始した．4条件のうち，価格の安定性および長期利子率水準の達成は比較的容易であり，1996年には15ヵ国中9ないし11ヵ国がクリアした．ところが財政ポジションに関する条件は困難であり，これをクリアしたのはルクセンブルクだけであった[28]．

もっとも，参加の可否を判定する基礎となるのは1997年の数値であるから，各国とも97年度予算の編成に際して財政赤字の削減を図った．とくに，財政赤

字の対 GDP 比率が3％以内であることという条件の達成を目指した。赤字削減のために，社会保障費の削減，公務員数の削減，民営化の推進など，財政支出の削減が進められる一方，増税が提案された。またさまざまな「ウィンドウ・ドレッシング」(帳簿操作)もおこなわれた。イタリアの「ユーロ税」が最も有名であるが，これは単一通貨ユーロの導入後に納税者へ一部還付するという条件付きでの新税であった。条件の厳格な解釈と適用を主張し続けてきたドイツでさえ，1997年5月，大幅な税収不足が表面化すると，同種のウィンドウ・ドレッシングに訴えようとした。蔵相は財政赤字削減案の一環として，民営化の促進や予算執行の一部凍結などと並んで，ブンデスバンク保有の金準備を市場価格で再評価し，評価益を国庫に繰り入れることを提案した。この提案は内外から「帳簿操作」との批判を浴びせられ，とくにブンデスバンクがこれを拒否したために修正され，再評価は97年に実施するものの，評価益の国庫への繰入れは1年遅らせることで決着した。

　主としてこのような財政支出削減努力の結果，財政赤字の対 GDP 比率は各国とも急速に低下した。それでもなお，財政ポジションに関する条件を満たす国は少なかった。

　為替相場に関しては，為替相場メカニズム (ERM) への参加が前提条件となっているが，この点でも各国は努力した。ドイツとともに ERM のハードコアを形成するデンマーク，ベネルクス3ヵ国は ERM を堅持し，またフランスもフランクフルトに追随する高フラン政策「フラン・フォート」政策をとった。1992年9月以来 ERM を離脱していたイタリアは，高金利政策をとって ERM に復帰し，通貨統合への当初からの参加の意思を表明した。フィンランドも ERM に加わり，不参加国はイギリス，ギリシア，スウェーデンのみとなった。

　単一通貨の導入を目指す努力のなかで最も注目すべきものは，いわゆる安定協定の締結である。安定協定の目的は，導入後の単一通貨ユーロの価値を安定させるため，統合参加国に財政規律を義務づけることである。すなわち，これは各国の財政主権を部分的にせよ EU に委譲するものであって，すでに触れたマーストリヒト条約の「内在的限界」を克服するための試みのひとつであると見ることができる。それゆえにこそ注目に値するのである。

　これはもともと，ドイツの提案に端を発している。この提案を受けて欧州委

員会が案を作り，各国は通貨統合後に財政赤字の対 GDP 比が 3 ％を超えた国にたいして制裁金を課すことで合意した。その後，制裁の細目を定める作業が進められたが，蔵相理事会で制裁の例外規定をめぐり対立が生じた。ドイツは数値規定を主張したが，他の諸国は柔軟なルールとすべきだとしてこれに反対した。交渉は長びいたが，最終的に97年 6 月のアムステルダム首脳会議で正式な合意に達した。その直前に誕生したフランス社会党内閣が案の見直しを要求したが，協定は無修正で採択された。

　最終的に合意された制裁規定は次のごとくであった。(1)ある参加国の財政赤字が対 GDP 比 3 ％を超えた場合，GDP 比0.5％を限度として制裁金を課し，これを無利子で積み立てる。(2)赤字がその後 2 年以内に減少しない場合制裁金は没収され，これは EU 財源の一部として参加国のために支出する。(3)制裁の例外規定——実質成長率がマイナス 2 ％以下の不況の場合，制裁は適用されない。成長率がマイナス0.75％以上マイナス 2 ％未満の場合，蔵相理事会が制裁するかどうかを決定する。それ以外は原則として制裁が適用される。自然災害，戦争などの特別な理由があると蔵相理事会が認めた場合は，制裁は適用されない。

　1997年 6 月のアムステルダム首脳会議では，このほか単一通貨導入後の ERM に関しても正式に合意した。単一通貨ユーロと通貨統合不参加国通貨とのあいだの変動幅を一定範囲内に収めることを目標とし，そのために中心相場を設定するというものである。ただし，欧州中央銀行および各国中央銀行には，相場維持のための無限の市場介入義務はないものとされた。

　この間にも，単一通貨の紙幣や硬貨のデザインが発表された。あるいはまた，欧州委員会は参加条件の達成に関して，楽観的な見通しを発表した。それによれば，97年には15ヵ国中イタリアとギリシアを除く13ヵ国が，財政赤字に関する対 GDP 比 3 ％という条件をクリアするとされた。欧州委員会はまた，ユーロが外貨準備，貿易決済などでドルと並ぶシェアを占め，ドルと並ぶ国際通貨となるという予測を発表するなど，いわば統合への雰囲気作りにやっきとなった。

　だが，このような政策努力，とくにウィンドウ・ドレッシングや欧州委員会による楽観論は，通貨統合の不透明さの表現でもあった。EU 経済は1993年に

実質成長率マイナス0.6％を記録した後，回復に向かったものの，それは力強さを欠いていた。通貨統合への参加条件をクリアするための政策努力，とくに財政緊縮は，景気回復をそれだけ遅らせた。

　この間，雇用は回復せず，失業率は高い水準で推移した。1997年にはドイツ，フランスとも戦後最悪の失業率を記録するほどであった——ドイツでは1997年1-2月に12.2％，フランスでは97年5月に12.7％に達した。そのために，各国で政治的・社会的緊張が増大した。ドイツでは公務員ストや労働総同盟の大規模な抗議集会が起きた。国民的アイデンティティーの代替物としてのマルクへの固執は西ドイツから統一ドイツに引き継がれ，マルクを失う通貨統合への反発は，むしろ旧東ドイツで強いほどであった。フランスでも公務員などの長期ゼネストが再三繰り返された。通貨統合への参加の意欲を強めるイタリアやスペインも例外ではなかった。

　財政再建はもともと先進資本主義諸国に共通の課題であり，日米欧は競争的にこれを進めていた。ただし，通貨統合，あるいはそれへの参加条件のクリアというのは，アメリカや日本にはない大義名分であった。この名分があったればこそ，高い失業率の下で社会的緊張を高めながらも，各国政府は財政支出の削減，とくに福祉関連支出の削減，公的部門の縮小に邁進することができたのである。

　政治的・社会的緊張の増大は，フランスでは97年5月の国会選挙において，「ユーロをドル・円と対抗しうる通貨とする」ことを旗印としたシラク大統領陣営の敗北，そして社会党内閣の誕生となって現れた。新内閣は1999年のタイムスケジュールの変更は求めなかったものの，選挙公約の実現にいくらかでも近づくために，雇用重視のための参加条件の緩和ないし柔軟な解釈を要求した。その影響は直ちに現れた。単一通貨導入後の財政運営に関する安定協定については，原案通り合意されたものの，フランスの主張が容れられ，雇用政策に関する新たな決議が採択され，首脳会議最終宣言に明記された。また，欧州投資銀行などの基金を活用し，中小・ハイテク企業向けの低利融資を進めることも決められた。また，アムステルダム条約に雇用に関する章が新たに設けられた。雇用問題に関する臨時首脳会議の開催も決定された。このような措置にとくに新味はないし，手詰まり感は強い。また，雇用創出は各国の新規の財政支出に

は依存せず，構造改革によるという合意もなされた。ただそれでも，通貨統合の参加条件の達成努力に歯止めがかけられたことは否定し難い。

このような雇用重視の方針以上に注目すべき点は，単一通貨導入後の欧州中央銀行の運営に関する修正である。アムステルダム首脳会議の最終宣言には，フランスの主張を容れ，欧州中央銀行の独立性およびその第一義的な課題が価格の安定であることと矛盾しない範囲において，蔵相理事会および欧州委員会が同行の政策に発言権を有することとされた。これは，解釈がフランスとドイツとで分かれる玉虫色の規定であると報道されたが，きわめて重大な修正となる可能性がある。

単一通貨導入の延長は市場の混乱を招き，統合の死を意味するという認識から，各国政府は1999年に向けての準備を加速している。スケジュールを動かさないとすれば，参加条件の達成が困難な場合には，条件の緩和あるいはその柔軟な解釈，あるいはその双方の手段に出るしかない。

すでに触れたドイツの中央銀行保有金の再評価は，条件の厳格な解釈と遵守を唱えてきた統合のリーダー・ドイツといえども，参加条件の達成に大きな不安を抱えていることを示した。通貨統合が統合「深化」の焦点をなし，統合「深化」がすでに見たようにドイツ「封じ込め」のための手段であるかぎり，ドイツには道義的にこれに反対する理由がない。しかも，単一通貨圏はドイツ企業にとっての大市場となるという経済的な利点がある。だが，強いマルクの放棄に消極的な選挙民をつなぎ止めるためには，将来の欧州中央銀行がドイツ・ブンデスバンクをモデルとし，ユーロがマルクの後継者であるというだけでは十分ではない。政府は単一通貨ユーロがマルク並みかそれ以上に強い通貨となることを約束しなければならない。参加条件の厳格な解釈・適用を主張するのは，国内向けの姿勢でもある。そのドイツでさえ，あえて姑息な手段に訴えざるをえなかったのである。

すでにマーストリヒト条約の規定に，条件の緩和および柔軟な解釈を許容する規定が含まれている。第3段階への参加国を判定する際の材料となる報告を作成するのは，欧州通貨機構および欧州委員会である。当事者が報告を作成するのであるから，少なくとも条件の柔軟な解釈は可能である。この報告を基におこなわれる閣僚理事会での特定多数決による査定についても同様である。こ

の間，欧州議会でも審議し，意見を提出することとなっているから，その圧力も加わろう。そして最終的に参加国を決定するのは首脳会議である。

　その場合，議論を主導するドイツ政府が条件の厳格な解釈・適用という主張を貫き通すのかどうかは，必ずしも明らかではない。選挙民向けというだけでなく，ユーロの価値の維持は，経済的にも要請される。しかし他面では，条件の厳格化によって例えばイタリアを排除するとすれば，ユーロとリラとの為替相場の維持は重要かつ困難な課題となる。安いリラによるイタリアからの輸出ドライブは脅威となろう。したがって，当初からかどうかは別として，アルプス以南の諸国，イタリア，スペイン，ポルトガルの参加を図らざるをえないであろう。とすれば，どのような形にせよ，条件の緩和はむしろ必至かもしれない。ブンデスバンクでさえ，しだいに，財政赤字の3％基準を超えても赤字の減少傾向が明らかであれば参加可能という例外条項の存在を指摘するようになった。

　したがって，参加国の範囲は不確定である。イタリア，スペインの帰趨は明らかでないし，イギリス，デンマークがいつ参加するのかという問題もある。15カ国すべての参加でさえ当面見通し難いのであるから，「深化」を踏まえた「拡大」の結果としての新加盟国については，参加の道筋さえ見えない。また，単一通貨と通貨統合不参加国通貨との関係は，新ERMによって調整されるはずになっているが，当事国中央銀行の無限介入義務がないのであるから，その成功も保証されているわけではない。

　こうして，問題は参加条件の適用の厳格さ，およびそれと関連した参加国の範囲となってきた。それは要するに単一通貨ユーロの価値の問題となる。参加条件が影響するのは初発の価値水準であり，その後の水準は各国の財政運営，言い換えれば安定協定の実効によって左右されることになろう。導入以前の通貨危機の可能性，しかもマルク危機の可能性は消えていない。

　さらに，そもそも統合「深化」の焦点としての通貨統合は，「第3次産業革命」期におけるアメリカ・日本に対抗してのヨーロッパ経済の活性化，ヨーロッパ・EU企業の育成・競争力強化という課題を目指していたはずである。だが，これまで通貨統合が自己目的化したといいうるほどに当事者たちの視野が狭くなってきた。雇用重視への変化は見られたが，それは新味に欠け，新た

な展望を示しうるものではなかった。対抗組織としての市場統合の成果すら，なお確認されていない。市場統合と同じように，通貨統合においても，チャンスはヨーロッパ企業にとってのみならず，域外企業，とくに米日企業にも開かれている。その挑戦を制限する何らかの装置がないかぎり，単一通貨はヨーロッパ企業の競争力の強化を保証するものではない。

　単一通貨の導入以前も，そして導入後も，国家主権の衝突と妥協という古めかしい過程が，国家主権の共同管理・行使，さらに超国家性の飛躍的増大という新しい課題を求めつつ，しばらくは続くことになろう。

おわりに

　ヨーロッパ統合の焦点のひとつとしての通貨統合は進行途上にあって，その到達点はなお見通し難い。ただし，これまでの考察から次の点はほぼ明らかであろう。まず第1に，IMF固定相場制の崩壊，その下でのアメリカ・ドルの減価とそれを食い止めようとしなかったアメリカの通貨政策が，ヨーロッパの通貨統合，すなわちEMSおよびそれとも結びついた事実上のマルク圏の形成を促した。第2に，そのような通貨統合がしだいにドルの覇権に対抗するという性格を有するようになった。これは，単一通貨の導入を目指し始めたことによっていっそう明瞭になった。ユーロはドル（および円）に対抗する国際通貨たることを目指したのである。しかし第3に，通貨統合の進展によってそれがドルに代替するものになったかといえば，せいぜい部分的でしかない。国際通貨としてのドルが長期的にはアメリカ覇権とともに衰退に向かっていることはたしかであろうが，その国際通貨としての地位は依然として堅固である。

　単一通貨導入後については不透明な部分が大きい。参加国すら確定していないし，単一通貨を管理するために不可欠な，安定協定による財政運営の調整の成否もなお不明である。さらに，財政以外の分野での政策調整，さらには主権の委譲，そして政治統合となると，単線的に進行すると予想するわけにはいくまい。対内的には，域内貿易依存度の高さを前提として，単一通貨によって，ドルによる域内為替相場の攪乱が遮断されるであろう。対外的には，単一通貨によるドルの代替は部分的であり，ドルの優位は継続されるであろう。当事者

たる欧州委員会の楽観的な予測でさえ,単一通貨ユーロはせいぜいドルと肩を並べる程度なのである。ユーロの出現を契機に他の地域でも通貨統合の動きが進むといったことを考えないかぎり,ドルの没落という事態は見通しにくいであろう。

最後に残された問題は,アメリカ覇権の衰退後,そして覇権一般の衰退後の世界にたいして,ヨーロッパ通貨統合は何らかの積極的な意味を持っているだろうかというものである。残念ながら,これまでの考察から,この問題に答えるための材料はほとんど出てこない。ただ,次のような思弁は成り立つかもしれない。

そもそもの問題は,ヨーロッパの通貨統合がドルに代替する組織として成長していくために,国家主権の共同管理・行使によってこれまでに達成された成果では不十分なのか,単一通貨の導入とそこに現れた超国家性が必要なのかという点である。単一市場は単一通貨が導入されて初めて完成する。しかし,なぜ文字通りの単一市場でなければならないのか。ヨーロッパ経済の活性化は,単一市場でなくとも共同市場を通じて可能と考えられてきた。共同市場では達成しえないことが単一市場では達成されるのだろうか。この疑問を裏返しにすれば,これまでに達成された経済統合がすでに世界的に見て図抜けて高い水準にある点をもっと評価すべきだということである。たしかに,経済統合のより高次の目標として単一通貨の導入があり,それはすでに見たように,市場統合の達成のうえに域内資本移動の自由化をおこなったときから強制されていたという事情がある。だが,それ以前の EMS の歴史でさえ,失敗をも含めて,世界的には稀な実験だったのである。このように考えれば,ヨーロッパ域内でアメリカの覇権から相対的に自立した通貨圏を形成した経験,そして統合推進の過程で開発した国家主権の共同管理・行使のためのテクニックは,覇権後の通貨体制の構築にとって大きな資産となるかもしれない。

1) 地域統合については,例えば,次の定義を参照。「このような主権国家を中心とする国際政治システムは,ヨーロッパにその起源を求めることができる。逆にいえば,ヨーロッパで発達した主権国家システムが地球大に拡大したのが現在の世界の姿であるということができる。そのヨーロッパにおいて,国境を越えて国

家の主権を共同管理し，共同行使が行なわれている。これを統合と呼ぶ。」田中俊郎「ヨーロッパ統合」歴史学研究会編『講座世界史 11 岐路に立つ現代世界——混沌を恐れるな』東京大学出版会，1996年，77-78ページ。

2) 金丸輝男編『EUとは何か——欧州同盟の解説と条約』日本貿易振興会，1994年，さらに，細野昭雄『APECとNAFTA』有斐閣，1995年，山影進『ASEAN——シンボルからシステムへ』東京大学出版会，1991年，参照。

3) 覇権一般について，馬場宏二「世界体制論と段階論」工藤章編『20世紀資本主義II 覇権の変容と福祉国家』東京大学出版会，1995年，とくに16-18ページ，アメリカの覇権およびパクス・アメリカーナについて，館山豊「パクス・アメリカーナの構造」同，参照。

4) 館山，前掲，63-73ページ。なお，覇権・ポスト覇権，冷戦・ポスト冷戦をめぐる学説・論点の整理については，田中明彦『新しい「中世」——21世紀の世界システム』日本経済新聞社，1996年，第1-4章，参照。

5) より詳しくは，さしあたり，工藤章「第2次大戦後の経済成長と地域統合」原輝史・工藤章編『現代ヨーロッパ経済史』有斐閣，1996年，248-259ページ，およびそこに示した文献を参照。この論文は，20世紀後半の西ヨーロッパの経済統合の歩みを，経済成長との関連に注目しつつ概観したものである。

6) 「第3次産業革命」について，増田祐司「世界経済システムの変容と第3次産業革命」『国際政治』93号，1990年，参照。

7) 工藤章「統一ドイツと東欧の経済関係——『ナチス広域経済圏』の再現はあるか」坂井榮八郎・保坂一夫編『ヨーロッパ・ドイツへの道——統一ドイツの現状と課題』東京大学出版会，1996年，144-145ページ，さらに，内田勝敏・清水貞俊編『EC経済論——欧州統合と世界経済』ミネルヴァ書房，1993年，第3章（前田啓一稿），第5章（棚池康信稿），参照。

8) 工藤「第2次大戦後の経済成長と地域統合」前掲，259-266ページ。「拡大するヨーロッパ」「縮小するヨーロッパ」については，原輝史「ヨーロッパ経済の形成」原・工藤編，前掲，参照。最新の概観としては，田中俊郎，前掲があり，日本との経済関係について概観したものとして，工藤章「日欧経済関係の変貌」同編，前掲〔本書第10章〕，参照。

9) 西ヨーロッパおよび統一ドイツの景気動向について，簡単には，工藤「統一ドイツと東欧の経済関係」前掲，123，130-132，147-148ページ，参照。

10) 工藤「第2次大戦後の経済成長と地域統合」前掲，266-278ページ，工藤「日欧経済関係の変貌」前掲，120-125ページ，参照。

11) 「経済大国」ドイツについて，工藤「統一ドイツと東欧の経済関係」前掲，132，145-146ページ，参照。

12) 同，150-151ページ。さらに，同，148-152ページ，参照。ドイツ統一と旧東欧社会主義圏の変動を共通性と差異性に注目しつつ，同一の視角から分析した試みとして，住谷一彦・工藤章・山田誠編『ドイツ統一と東欧変革』ミネルヴァ書房，1992年，参照。
13) 田中素香編『EMS：欧州通貨制度――欧州通貨統合の焦点』有斐閣，1996年，346ページ（田中稿）。なお，通貨統合の歴史と現状については，Peter B. Kenen, *Economic and Monetary Union in Europe: Moving beyond Maastricht*, Cambridge (Mass.): Cambridge University Press, 1995 をも参照。
14) 田中編，前掲，322ページ（田中稿）。
15) タイムスケジュールの詳細については，同，334-336ページ（田中稿），参照。
16) 同，316-317ページ（田中稿）。
17) 同，361ページ（田中稿）。
18) 同，333ページ（田中稿）。
19) 同，360ページ（田中稿）。
20) 安藤研一「経済統合のダイナミックス」佐々木隆生・中村研一編『ヨーロッパ統合の脱神話化――ポスト・マーストリヒトの政治経済学』ミネルヴァ書房，1994年，132ページ。
21) 井上伊知郎『欧州の国際通貨とアジアの国際通貨』日本経済評論社，1994年，230-231ページ。
22) 田中編，前掲，251ページ（田中稿）。
23) 同，279ページ（岩田健治稿）。同，316-317ページ（田中稿）をも参照。
24) 同，355ページ（田中稿）。
25) 鴨武彦「EC統合と新世界秩序」電通総研編『EC統合とニューヨーロッパ』岩波書店，1993年，5-6ページ。
26) 山田誠『ドイツ型福祉国家の発展と変容――現代ドイツ地方財政研究』ミネルヴァ書房，1996年，324ページ。
27) 長部重康・田中友義編『拡大ヨーロッパの焦点――市場統合と新秩序の構図』日本貿易振興会，1994年，30-31ページ（長部稿）。
28) Martin Schulz, European Monetary Union: Risks and chances, unpublished lecture paper, 1996.

第12章　グローバル化と地域化[*]

1　グローバル化の潮流
(1)　グローバル化の極致

　1990年代を通じて，国の内外を問わず，経済のグローバル化があたかも時代の精神であるかのごとくに喧しく唱えられてきた。グローバル化を唱導する議論をグローバリズムと呼べば，グローバリズムの主張する内容は著しく極端となり，世界の単一性の到来が現実となっていること，あるいはそれが近未来の状態であることをさまざまに主張してきた。それとともに他方では，このようなグローバリズムにたいする反対論あるいは警戒論も，さまざまに展開されてきた。

　たしかに，20世紀最後の10年間，このようなグローバリズムの主張を裏づけるような経済のグローバル化が目覚ましく進展した。それは端的に，国際金融市場において大量の資金が瞬時に移動するという現実に集約的に表現されているといってよい。

　このようなグローバル化の傾向は，しかし，1990年代になってにわかに開始されたわけではない。すでに1970年代には，国際通貨体制が変動相場制に移行するとともに，他方ではこれと並行して先進資本主義諸国の貿易・資本の自由化が進み，資金の国際的な大量かつ迅速な移動のための前提が形成された。次いで1980年代に入ると，先進資本主義諸国に続き，経済成長の実績を挙げた中進資本主義諸国でも貿易・資本の自由化が進み，それによって世界規模の開放体制が成立した。これも国際的な資金の移動を加速することになった。この間，アメリカのみならず西欧および日本を出自とする大企業の世界規模での成長も著しく，その多国籍企業化が注目されるに至った。これもまた，国際的な資金

---

[*]　初出は「グローバル化と地域統合についての覚書」東京大学『社会科学研究』51巻5・6号，2000年である。この号では「国際コロキウム　グローバライゼーションと日本社会の変容」が特集された。

移動を根底において加速する要因となった。1980年代にはまた、レーガノミックスとサッチャー主義に代表される新自由主義（ネオリベラリズム）が台頭した。これは今日におけるグローバリズムの一種の先駆とみなすことができるかもしれない。

さらに歴史を遡れば、第2次世界大戦後のブレトンウッズ体制の成立、そして1950-60年代におけるその制度的完成に行き着くであろう。それは、両大戦間期における「世界経済の解体」を踏まえた、戦後におけるグローバル化の出発点であった。しかも、さらに第1次世界大戦前にまで歴史を遡れば、19世紀におけるイギリスの自由貿易主義ないし自由貿易帝国主義の主張は一種のグローバリズムであり、その時代はグローバル化の時代であったと見ることができる。翻ってみれば、そもそも資本主義は16-17世紀において、文字通り世界を一体化する形で世界体制として成立した。だからグローバル化は資本主義とともに古いといってよい。

だがそれにしても、1990年代におけるグローバル化はその頂点に達した感がある。グローバリズムの主張にかつてない勢いと極端さがあるのは、社会主義圏の崩壊、ソ連の解体、冷戦体制の崩壊という現実を反映したものであろうし、そこには、70年ぶりに一体性を取り戻した資本主義を称揚するある種の陶酔が含まれていよう。その点を割り引いて、現実におけるグローバル化を観察するとしても、そこにもかつてない勢いが感じられる。国際的な資金の大量かつ迅速な移動は、資本主義の歴史上も何回か見られた。最も近い過去の経験は1920年代のそれであるが、1990年代の事態は1920年代を彷彿させるというよりも、規模と速度においてそれを上回っていると見ることができる。

世界規模での貿易・資本の自由化とそれによる開放体制の成立を前提とし、かつ大規模に組織化された投資家ないし投機家の集団の登場により、資金の国際的移動はかつてない規模と速度を誇り、生産者の論理にたいする投資家・投機家の論理を支えた。その衝撃は甚大であった。西ヨーロッパの福祉国家はその存在基盤を脅かされ、日本の企業国家はその競争力を脅かされた。西ヨーロッパや日本の企業経営、労使関係、企業間関係は、その衝撃に対応する過程で急速な変容を迫られた。長期の経済成長を謳歌してきた東南アジア経済も、通貨・金融危機という冷水を浴びせられた。先進・中進を問わず、資本主義諸

国は，資金を引き付けるための競争に突入した。それに成功すれば至福の繁栄を謳歌することができるが，失敗すれば経済破綻という奈落がまっているとされる競争が始まった。グローバル化の勢いはいまや暴走ともいいうる程度に達し，グローバル化の旗手がグローバル資本主義の危機を説き——その背後には当然ながら彼ら自身の巨額の損失という現実が隠されていた——，反グローバリズムの旗手と和解し，グローバル化に歯止めをかける必要を説くという，倒錯性と喜劇性を帯びるに至った[1]。

(2) グローバル化という名のアメリカ化

1990年代の世界を覆うグローバル化という潮流は，けっして世界の各国・各地域を均質に覆うものではなかった。国際的な資金の移動の埒外にある極貧諸国は措くとしても，資金引付け競争に参加している先進・中進資本主義諸国にあっても，その規模と衝撃の程度は均質のものではなかった。そこからさらに進んで，グローバル化の過程のなかに，一種の立体的構造あるいはヒエラルヒー構造を見出すべきであろう。そしてその立体的構造あるいはヒエラルヒー構造において最も目を惹くのは，アメリカの特異な位置である。

この点を，グローバル化の焦点たる国際的な資金の大量かつ迅速な移動について確認すれば，それはアメリカへの吸引を中心に進展した。その背後にはアメリカの長期好況があったことはいうまでもない。そこでの好況は日本をはじめとする全世界からのアメリカへの資金流入を促し，それがまた株式市場の活況などを通じて好況の持続に資した。こうして，アメリカはグローバル化の立体的・ヒエラルヒー構造の頂点に立つことになった。もちろん，アメリカの国際収支の恒常的な赤字は継続され，その累積債務は増加し続けた。アメリカはいまや最大の借入国にして最大の債務国であり続けている。このような地位がいつまで続くのかはなお見通しにくい。ただ，国際的資金の吸引によって支えられた長期好況が終焉した後——それもまたいつまで続くかはわからないが，永遠に続くものでないことは確実である——，重大な転機が訪れることはたしかであろう。

そもそも，国際的な資金移動の契機となった資本主義諸国の貿易・資本の自由化，とくに資本の自由化は，アメリカの唱道と説得ないしは圧力行使による

ところが大きかった。また，工業製品や金融商品・制度に関わる国際標準――日本ではグローバル・スタンダードという和製英語がしばしば用いられるが――の実体は，しばしばアメリカン・スタンダードであった。

　このようなグローバル化における立体的・ヒエラルヒー構造とアメリカの特異な地位の含意するところは，皮肉にも，グローバル化の現在においても，主権国家は世界経済における主役の座を降りてはいないということであろう。

　主権国家を取り巻く環境は，この間大きく変化した。多国籍企業の台頭はそのような変化をもたらす一因であった。1960年代から70年代にかけて台頭した多国籍企業は，主権国家の存在を脅かした。だが，当時はなお，主権国家が抵抗・逆襲する余地があった。その後の多国籍企業のいっそうの発展とそのグローバル企業化により，主権国家はそれまで以上の挑戦に直面した。これにたいしても，主権国家は福祉国家体制の維持や市場の敗者ないし弱者の保護を目標として，頑強に抵抗を続けている。資金の大量移動という事態にたいして，緊縮的財政金融政策の堅持などによりそれを引き付けようとするのも，主権国家の自己主張の一表現と見ることが可能であろう。現在もなお，国家は死滅するのか否かという問題の立て方は正しくない。主権国家は世界経済のなかに埋め込まれているのである[2]。

　ただしここでは，このような一般論へ向かうのではなく，ひとつの主権国家であるアメリカとその影響力に着目したい。アメリカの影響が他の主権国家あるいは地域に及ぶことをアメリカ化（アメリカナイゼーション）と呼ぼう。そうすれば，グローバル化といわれるものの内実の多くは――けっしてそのすべてではないが――，より適切にはアメリカ化と呼ばれるべきであろう。ここには，アメリカの特殊性が普遍性として現れるという倒錯性とその進行が表現されている[3]。なお，アメリカ化の促進を主張する議論はアメリカニズムと呼ぶことができる。この両者の関係は，グローバル化とグローバリズムとの関係に対応している。

　このアメリカ化もけっして新しい現象ではない。グローバル化ほど古くはないにせよ，それでもアメリカの覇権の興隆とともに，1世紀以上にわたる歴史がある。ここで覇権というのは，中心国あるいは基軸国と呼びかえてもかまわないが，経済のみならず政治・軍事・イデオロギーなどの広範な側面における

アメリカの主導性に着目して，あえて覇権と呼ぶものである[4]。

(3) アメリカ化の逆説

　覇権を担うためには経済余剰が必要である。19世紀の覇権国イギリスは植民地を領有し，そこから経済余剰を抽出した。しかし，20世紀の覇権国たるアメリカは，そのような経済余剰の恒常的源泉を有しておらず，それを自前で調達せざるをえなかった。ここに，イギリスとの比較におけるアメリカの覇権の特質がある。そして，自前で調達した経済余剰を使い切ったとき，アメリカは衰退の道をたどらざるをえない[5]。

　20世紀前半には，イギリスの覇権の衰退の最終局面とアメリカの覇権の興隆が，摩擦を伴いながら進行し，ドイツと日本の挑戦を退けた後，その後半期にはアメリカの覇権が確立され，それはさらにソ連との緊張関係のなかで強化された。1950/60年代に最盛期を迎えたアメリカの覇権とともに，アメリカ化もその絶頂期を迎えた。

　だが，1970年代に入る頃から，アメリカの覇権は確立後30年足らずで早くも衰退へと向かい始めた。すなわち，IMF 固定相場制の崩壊によりドル支配の終焉が始まり，第1次石油危機の発生により米系石油メジャーズの制覇に陰りが生じた。そしてヴェトナム戦争での実質的な敗北は，アメリカの軍事的影響力がピークを越えたことを意味した。さらに，1990年代に入ると，経済成長・政治的影響・軍事拡張・生活様式をめぐる競争を通じてアメリカの覇権に挑戦し続けたソ連が，この競争に敗北して挑戦者の地位を降り，解体され，そして冷戦体制が終結した。これによって，アメリカの覇権の衰退はさらに進んだ。アメリカの覇権はソ連という政治・軍事・イデオロギー的挑戦者の存在によって脅かされると同時に，それ以上に支えられていた。冷戦体制はアメリカの覇権の一支柱であった。したがって，冷戦体制の終結によって，アメリカの覇権の政治的・軍事的・イデオロギー的統合力は弱まったのである。

　またこの間にも，アメリカの経済力の衰弱は進行し，その経済余剰はほぼ枯渇した。その事実は，1991年の湾岸戦争によって露呈された。アメリカは，戦費を同盟国からの拠出金に依存しなければ地域戦争すら戦えないことが明らかになったのである。

こうして，冷戦体制の崩壊を契機に，アメリカの覇権はさらに弱化した。アメリカは唯一の超大国となったのであるからその覇権は強化されたという復活説もあるが，それは正しくないであろう。たしかに，軍事力や政治力，そして情報力において，なおアメリカに代替するものは登場していない。経済力にしてもその規模は依然として最大である。しかし，対外債務国化に示される経済的余剰の枯渇という事実は覆い難い。覇権の基盤は確実に掘り崩されたのである[6]。

それにもかかわらず，アメリカの影響力が復活した——少なくとも復活したと見える——ということもまた否定し難い。それがグローバル化という名のアメリカ化である。ここに，アメリカ覇権の衰退にもかかわらず，アメリカ化が強まったという逆説が成立しているのである。その理由は，明らかにひとつはアメリカの長期好況にあるが，いまひとつは西ヨーロッパ経済と日本経済の——とくに後者の——停滞にあると見てよい。西ヨーロッパと日本はアメリカに押されたのである。さらに，歴史を振り返ると，覇権はたえずグローバリズムを主張してきたし，しかもその主張は覇権が衰退にさしかかってきたときに一段と強くなったことに気づかされる。このような覇権衰退期の特徴が現れているという説明も可能であろう[7]。

2　底流としての地域化
(1) 地域化の進展
　現在の世界において，グローバル化と並ぶ一大潮流となっているのは，「地域化」(regionalization) である。

　地域という用語は多義的である[8]。ここでは，主権国家にまたがり——覇権も主権国家の一種ゆえ潜在的には覇権をも含む——，あるいはそれを超えるものを指して地域といっている。世界帝国も諸地域の包摂ないし連携を目指したが，近代資本主義の興隆によって，比較的分立していた各地域がそれまで以上に深く関係づけられ，世界が一体となった。しかしそれによって地域が消滅したわけではない。地域は執拗に自己主張を続けてきたというべきである。地域化は，このような地域の自己主張の顕在化であるといいうる。そしてその促進を主張する言説が地域主義と呼ばれるのである。

地域化の進展は，とくにアメリカの覇権が衰退を開始して以降，注目を集めるに至った。1980年代後半から90年代前半にかけて，規模や性格，その意義において相違はあるものの，全世界的に地域化が進展した。地域化の経済的側面に注目すれば，それは自由貿易地域の形成，さらには共同市場の形成，経済政策での協調や共同経済政策の遂行を通じて，より巨大な経済領域の形成を目指すものといってよいであろう。西ヨーロッパでは欧州共同体（EC）とその発展形態である欧州同盟（ないし欧州連合：EU）がこれに当たり，北米では北米自由貿易協定（NAFTA）が，また南米では南部共同市場（MERCOSUR：メルコスール）が姿を現してきた。アジア地域では東南アジア諸国連合（ASEAN）が拡大強化されてきた。環太平洋レベルでの連携の動きもあった（アジア太平洋経済協力：APEC）[9]。

　グローバル化と並んで，地域化は主権国家を取り巻く環境にたいして大きく影響した。したがってまた，地域化は主権国家の一種である覇権にたいしても影響を及ぼしえた。この点はすぐ後で触れるところである。地域化は多国籍企業にたいしても，会社法や競争政策，あるいは労働政策などを通じて規制力を発揮した。それは場合によっては，多国籍企業にたいする国家連合の抵抗・逆襲という形をとった。他方，地域化組織間の関係——いわば域際関係——が，国際関係の一環として重要な意義を持つに至った。

(2) グローバル化ないしアメリカ化への対抗軸としての地域化

　地域化が有するに至った意義のなかで，ここでは，覇権にたいするその関係を問題にしたい。覇権——すなわちアメリカの覇権——にたいして，地域化の進展はどのような関係にあったのか。また，地域化とグローバル化，アメリカ化との関係は，どのように解釈すべきなのか。

　まず，繰り返し確認しておきたいのであるが，覇権は地域を消滅させたわけではない。それは不可能であったし，また必要でもなかった。覇権はその確立のためには複数の地域の存在を前提とし，それらのあいだにある種の安定的な関係を成立させればよかったのである。それが形となったのが重商主義であり，自由主義であり，また帝国主義であった。実際，19世紀の覇権国イギリスは世界規模で複数の地域の存在を前提にし——もちろんその一部については自己の

利益に沿って思うがままに改造したが——, それらのあいだの関係を, 海軍と商船隊と工業製品によって形成した。20世紀の覇権国アメリカは, 一時はかつてのイギリスに勝るとも劣らない富と軍事力における卓越さを実現したが, それでも地域を消滅させることはなかった。むしろその存在を許容したのである。

ただし, 覇権が優勢な時期とそれが衰退過程にある時期とでは, その地域との関係に違いがあろう。歴史の観察からは, 地域化は覇権の衰退期に進展するという仮説が立てられうるように思われる。イギリス覇権が衰退過程に入った19世紀後半以降は, 近代の相互競争的な帝国主義の時代であり, 一種の地域化が進展した時期であった。20世紀最後の四半世紀はアメリカ覇権の衰退期に当たっており, この時期に地域化はアメリカの覇権の衰退とほぼ歩調をあわせて進展した。当のアメリカ自身, NAFTA という名前の「アメキシカーナ」の形成へと向かった。それはかつてのイギリスにとっての英帝国圏に相当するといってよいであろう。

このように見れば, 地域化は衰退する覇権との緊張関係の下で進展したということができる。それは覇権に働きかけ, それを変えていく力を有している。そこから, 地域化を覇権にたいする対抗軸として位置づけることも可能となる。より具体的には, それはグローバル化ないしアメリカ化にたいする対抗軸としての意義を有しうるのである。

地域化のあり方については, この覇権との関係において観察することが肝要である。一般に, 地域化については, 主権国家との関係で地域化組織の超国家性が問われてきた。また, 地域化組織が主権国家と並んで世界体制を構成する主体へと成長してきたことから, 他の地域化組織との関係において, さらに世界の経済体制との関係において問題とされてきた。とくに, それが開放的であるのか閉鎖的であるのかが問われてきた。EC の1992年市場統合に際して「フォートレス・ヨーロッパ」の脅威が叫ばれたことは, なお記憶に新しい。開放性の評価は多国籍企業との関係でも問題とされる。ただし, これらの観察も, 地域化の覇権との関係に目を配ることなくしては, 現実の立体的・ヒエラルヒー構造に迫ることは困難であろう。例えば, EC の1992年市場統合については, 当面1930年代型の閉鎖的な地域化すなわちブロックの形成へ向かうものではなく, 開放型地域化を目指していると評価しうるが[10], この評価をさら

にアメリカの覇権との関係において再検討する必要がある。

次に，この点を再検討するために，EC・EU の事例についてさらに立ち入ってみることにしたい。

3 西ヨーロッパにおける地域化＝地域統合
(1) 高い達成水準

EC・EU は地域化の一事例であり，さらにその形態や内容に着目すれば，「地域統合」(regional integration) である。ここにいう地域統合とは，さしあたり主権国家との関係に注目しつつ，主権を有する国民国家がその主権の一部を共同の機関へ委譲するなどの行為によって，主権を共同で管理・行使することと考えることができる[11]。それは主権国家の上位に位置する組織体であり，あるいはさらにそのような位置を目指す運動をも意味するとしてよい。達成された共同管理・行使の程度に応じて，共同の機関はその性格を異にし，主権の委譲が最も進んだ場合にはそれは超国家機関となる。このように，地域統合はたんなる国家間の相互依存の増大ではない。それは地域化の先端的な形態であるということができる。

西ヨーロッパにおける地域統合は，第 2 次世界大戦後の地域化への動きのなかでも最も注目された現象である。EC・EU の超国家性ないしそれへの志向に見られるように，それは最も先進的であった。これだけでも，それは，地域化という現象をとくにアメリカの覇権との関係において観察しようとするここでの視角に最も適的な事例である。しかも，その進展がとくにアメリカ覇権の衰退の開始以降注目を集めるに至ったことからしても，格好の素材であるということができる[12]。

西ヨーロッパにおける地域統合の先進性は――地域統合は地域化の先端的な形態であるから，それは地域化においても当然先進的であった――，ごく簡単には次のように確認することができよう。

西ヨーロッパにおける地域統合は，第 2 次世界大戦後において最も早く開始され，最も突出して発展した。また，今日までに達成された成果も目覚ましい。その規模について見れば，EU 15ヵ国は面積が324万平方キロメートルであって，アメリカの 3 分の 1 に相当する。人口は 3 億7000万を数え，1995年の名目

GDPは8兆4000億ドルに達していた。いずれもアメリカ一国を凌ぐ規模である。また，その輸出入総額は1兆5000億ドルであって，世界の貿易の4割を占めている。規模のみならず，それが達成した統合水準においても図抜けている。貿易，資本，通貨，技術，人，情報のいずれの基準をとっても，EUはNAFTAやその他の経済圏をはるかに凌ぐ統合水準を誇っている。

　さらに，国際関係におけるプレイヤーとしてのEUの存在感も無視しえない。通貨統合はいうまでもないが，ほかの例を挙げれば，EUは技術規格の国際的な平準化において，域内調整の経験と達成を踏まえ，日本の通産官僚をして「技術帝国主義」といわしめるほどの影響力を世界的に行使しつつある。さらに開発援助でも，比較的少ない資金で注目される効果を挙げてきた。環境，人権，民主主義，安全保障などにおける主導性にも注目すべきものがある。

　EUがサミットのメンバーとなって久しいが，他方EUは，地中海諸国やアフリカ・カリブ海・太平洋（ACP）諸国とも先端的なさまざまな形態での協力網を構築しているほか，東ヨーロッパ諸国とも——ここにいう「東」は地理的な概念である——加盟・準加盟・提携といった多様な協力形態を展開しつつある。そして世界の他の地域における地域化への動きに多大のインパクトを与え，またそのモデルともなって，世界的な地域化の波を主導している。

　以上は，主として経済的な側面に注目した指摘であるが，政治的な側面における統合も無視しえない。もちろん，それは自らの経済統合に比べればなお低い水準にとどまっているが，それでも他の地域における動向との比較でいえば，良かれ悪しかれ先進的である。主権国家を中心とする国際政治体制が誕生した当の西ヨーロッパにおいて，その否定形態とも見ることのできる地域統合が，いまや最も発展を遂げているのである。

　なぜ地域化において西ヨーロッパが突出しているのか。この疑問にたいして，ここで即座に解答を与えることは難しい。研究史を振り返ってみると，西ヨーロッパにおける地域統合の現象を説明しようとした諸理論，とくに最も有力と見られた新機能主義の理論が，統合の一時的な退潮とともに——「一時的に」というのは今日から振り返ってみればの話だが——放棄されていったその後になって，皮肉にも，統合への新たな昂揚が開始されたことを確認できる[13]。それほど，先進性の原因を説明することは容易でないということであろう。

ただし，地域統合を推進した政治的および経済的な要因については，比較的よく知られている。筆者はかつて，西ヨーロッパにおける地域統合の歴史をアメリカの覇権との関係でたどり，それがアメリカの覇権にたいする自己防衛を目的とした組織からそれに対抗する組織へと変化を遂げ，さらにはそれに代替すべき組織への発展を窺っているとしたことがある[14]。このような形で，グローバル化ないしアメリカ化への対抗軸としての地域統合に注目するという視点を提出したのである。このような説明がどの程度成功しているかはともかく，地域化における西ヨーロッパの突出の要因として，第2次世界大戦後の政治的および経済的な要因が最も重視されるべきではなかろうか。

　ただ，社会的な要因をも加味すべきであろう。社会憲章をめぐる動きを想起すれば，社会的な統合は経済的なそれに比べればいうまでもなく，政治統合に比べてもなお低い水準にあるというべきかもしれない。だが，社会的な統合は無視しえないであろう。それは，経済統合および政治統合より遅れて進行しながら，それらの基底にあってそれらを下支えし，あるいはそれらの退行を防いできたと位置づけるべきかもしれない。一部の階層ないし党派のための統合であれば，早晩行き詰まっていたはずだと考えられるからである[15]。

　また，時間的には第2次世界大戦前にまで遡って，以下のようにおおまかな筋道をつけておく必要があろう。すなわち，大航海時代以来の「膨張するヨーロッパ」は，19世紀末に至り，相互に競争的な近代帝国主義という形をとって最盛期を迎えた。その後の2度にわたる帝国主義戦争を経て，社会経済的に疲弊した西ヨーロッパは，「膨張」から訣別して「縮小するヨーロッパ」としての自己を確認した。それが地域統合であって，域外にたいしては支配を放棄して「小ヨーロッパ主義」を標榜し，域内では対立を回避して協調を追求した。これが20世紀後半における西ヨーロッパの自己主張の形なのである。それは単純に，ナポレオン戦争後のウィーン体制や近代国民国家体制の成立を告げるウェストファリア体制，あるいは中世の神聖ローマ帝国への回帰と見るわけにはいかないにしても，その程度の時間の幅をとって見ることも無益ではなかろう[16]。

　いずれにせよここで確認しておきたいことは——先進性の原因をめぐる以上のごく簡単な考察からも示唆されるであろうが——，西ヨーロッパにおける地域化すなわち地域統合への動きについて，統合水準の上昇という長期的な趨勢

を否定しえないという点である。1957年のローマ条約を本格的なスタート地点として，統合への運動は発展と停滞のサイクルを描き，何度かの危機を経験しながら進んできた。市場統合を例にとっても，その歴史は直線的ではなかった。むしろ分裂と統合の繰り返しであったというべきかもしれない。しかし，もともと多様なヨーロッパ市場は，このような歴史を繰り返しながらも，長期的・趨勢的には統合に向かって進んできたのである。同様のことは，統合の他の側面についても多かれ少なかれ妥当しよう。統合の後退が見られるとしても，もとの統合水準にまでは低下せず，その意味で一種の転移効果が働き，その結果，統合への趨勢が実現されてきたのである。

とりわけこのような長期的・趨勢的な統合への動きのなかで，グローバル化あるいはアメリカ化への対抗軸としての西ヨーロッパ地域統合の意義を見出したい。それは，アメリカの覇権の衰退がすでに1世代の歴史を経験していながら，今後もおそらく比較的長期にわたる歴史を描くであろうことと照応している。市場や通貨・金融などの経済統合，あるいは政治統合，さらには労働市場や労使関係などの面での社会統合の進展は，このような視角から観察することによって，より立体的に見えてこよう。

(2) 多元的様相

だがもちろん，西ヨーロッパにおける地域統合は，上記のように単純な図柄——統合の循環と趨勢——で理解しきれるものではない。いま西ヨーロッパ——さらにはヨーロッパ全域——で生じている統合運動は，より複雑な様相を呈している。深化と拡大，そして統合に並行しての分化の過程がそれである。それがまた，対抗軸としての位置にもさまざまな陰影を与えている。

深化と拡大についてはよく知られている。深化については，ECからEUへの移行を想起すればここでは十分であろうし，拡大についても，ECの拡大の歴史を振り返らずとも，近年におけるEUの西ヨーロッパ規模での拡大の経緯——残存EFTA（欧州自由貿易連合）諸国の加盟——と今後に予想される全ヨーロッパ規模での拡大——東ヨーロッパ諸国の加盟——，さらには北大西洋条約機構（NATO）の変質を想起しておけばよいであろう。

統合に並行して進む分化の過程についても，政治学や社会学などの研究が進

んでおり，かなり周知の事柄に属する。経済学の分野においても，これに着目した研究が出始めている[17]。

これまで用いてきた地域という用語のもうひとつの意味は，主権国家の内部での，あるいは主権国家の一部どうしにまたがる自立的な運動ないし組織である。これを，主体としての住民により構成される地域という意味で「住域」と呼んでよい。あるいは主体により着目して，自立的なエスニシティーの運動ないし組織と捉えることもおこなわれている。このような動向は，亜地域化と呼ぶことができる。「亜地域主義」(sub-regionalism) という呼称はすでに用いられている。

この間の統合を推進する主体として，EC 委員会あるいは EU 委員会よりも，ストラスブールに立地する欧州議会が注目された。この事実は，ブリュッセルに象徴される集権にたいする分権のひとつの現れとして解釈することができ，さらには分化の潮流のなかに位置づけることができよう。またこのような分化の潮流は，ドイツの国家統一の際にも観察された。すなわち，統一に際して，旧東ドイツはそれまでの行政単位としての県を廃止し，州を新設――ないし復活――するという手続きを経たうえで，その新州が連邦に加入するという形式をとった。それはもちろん，西ドイツが連邦制を採っていることに規定されたのであるが，そこには，地域住民のアイデンティティーの覚醒――例えばザクセン人としてのそれ――があったと見てよい。

いずれにせよ，主権国家間の地域統合が進行する一方，それと並行して，主権国家としての国民国家の内部における，ないしは複数の国民国家の一部のあいだにまたがる，「住域」あるいはエスニシティーの独立志向が強まっているのである。西ヨーロッパにおいて資本主義対社会主義という対立がその重要な意義を失ったとき，住域やエスニシティーが国民に代わる統合のシンボルとして登場してきたといってもよい。主権国家のいわば下からの蚕食が，上からの蚕食と同時に生じているのである。

西ヨーロッパ規模ないし全ヨーロッパ規模で現在進行中の統合は，分化，そして多様化と拡散の要素をはらんだ，重層的な統合である。それは当面は，地域統合，主権国家，そして住域ないしエスニシティーという3層の構造をとるであろう。究極的には，細分化された住域ないしエスニシティーの統合として

のヨーロッパ統合が展望されえよう。それはともかく，当面は3層間の相互関連がいかに展開されてきたのか——ここでも相当の達成が見られる——，また今後いかに展開されるのかが注目される。この間の統合の過程において，理念として提示されたいわゆる補完性原理は，論者によってさまざまに解釈され，利用されているが，それもこのような3層構造の現実に関連しているのである。

　われわれが西ヨーロッパ統合の高い達成水準を確認するに際しては，このような多元的様相をも踏まえておかなければならない。

(3) 国家性・超国家性の枠組みを超えて

　ところで，これまで多くの論者は——筆者をも含めて——，西ヨーロッパにおける地域統合を国家主権と超国家機関との関係において，あるいは国家性と超国家性との関係において考察してきた。社会学などではこれとは異なった研究動向が有力であったが，少なくとも政治学や経済学の分野では，上記の認識枠組みが広く用いられてきた。

　この枠組みにとって，通貨統合は格好の素材を提供しているように見える。すなわち，単一通貨（ユーロ）はまさに超国家機関の産物であって，超国家性を全面的に体現している。したがって，問題は，EU はさらに超国家性へ向かうのか否かという形で立てられてきた。単一通貨を導入すれば，単一の金融・通貨政策が要請されることはもちろん，財政政策における調整，そして究極的には単一の財政政策が必要となる。それは構造政策，地域政策，産業政策などについても同様である。単一政策の導入の連鎖の延長上には，単一主権の成立が展望されなければならない。EU は本当にこの道を行こうとしているのであろうか。単一通貨の導入，そして EU の成立それ自体を規定したマーストリヒト条約は，財政政策についての調整さらには単一化については，何ら強い規定を含んでいない。ここに，マーストリヒト条約の内包する矛盾が認められ，その内在的限界が指摘されうる[18]。

　だが，単一通貨の導入という通貨統合を含む統合に，同時に上に触れたような分化の過程が並行するものであったとすれば，単一通貨の導入をめぐる解釈にも変更が加えられねばならないかもしれない。すなわち，「住域」ないしエスニシティーの自立的展開をも視野に入れつつ単一通貨の導入の過程を観察す

れば，マーストリヒト条約の内在的な矛盾ないし限界と見えたものも，異なった様相を提示するかもしれない。あるいはさらに，ここにはむしろ，そもそも国家性と超国家性という認識枠組みの前提にある，地域統合を国家主権の委譲として理解する方法の内在的矛盾ないしは限界が示されているのかもしれない。

　このような認識上のとまどいを経験すると，いくつかの新たな接近法を開発する試みが視野に入ってくる。そのうち，さしあたり最も有力と思われる試みのひとつとして，「新しい中世」論がある[19]。

　「新しい中世」論はヘドレイ・ブルによって打ち出された見方であり，現在の西ヨーロッパにおける主体の多様性に着目し，ヨーロッパ中世を隠喩として用いるものである。もちろんそれは新旧の中世のあいだにさまざまな違いのあることを認めてはいる。ただそれにしても，とくに西ヨーロッパに着目し，そしてEUの展開を試金石と見るのである[20]。

　このような発想は，それ自体としてまったく孤立しているというわけではない。私の知るかぎりでも，すでに山影進が，地域をめぐる考察のなかで地域の重複性——重層性ではなく——に着目する見解を提出している。この見解は，類似性としての地域という見方にたいして，関係性としての地域という見方を打ち出している。そこには「新しい中世」論への言及はないが，それにつながる発想が，異なった文脈と用語において提示されているといえよう[21]。

　ここであらためて指摘すべきは，「新しい中世」論は隠喩を用いるに際して対象を西ヨーロッパに限定している点である。これにたいして，この限定をはずしていく見解が現れた。それは田中明彦によるものであって，「新しい中世」という特徴が西欧諸国間の関係に最もよく現れていることを認める一方，西欧諸国だけではなく北米諸国および日本などをも「新しい中世」に突入した圏域とする。その理由はこれらの諸国が基本的な価値観を共有しているところに求められるとする。そしてこれ以外の圏域については，その一部を「近代」と，また他の一部を「混沌」と特徴づける[22]。これは当初の「新しい中世」論の解釈というよりも，むしろ改釈というべき見方である。その妥当性を全面的に否定するつもりはないが，ここでは，本来の「新しい中世」論の重要な論点にこだわりたい。すなわち，西ヨーロッパに限定した隠喩の利用という点である。その理由は，地域統合，したがってまた地域化における西ヨーロッパの先

進性という認識をとるからである。遺憾ながらここでこの点を敷衍する用意はないが，アンドルー・ギャンブルとともに隠喩の有効性に注目するという態度をとりたい。

4 東アジアにおける地域化
(1) 達成水準の低位

西ヨーロッパから東アジアに目を移すとき，そこには対照的な展開が見られる。

ここで東アジアという場合，それは東北アジアおよび東南アジアを含む広義の意味で用いている。東アジアといっても，さらにはアジアといっても，それは外部から与えられた名称であるから，そこに即自的に何かしらの同一性が保証されているわけではもちろんない。しかし，この点では西ヨーロッパあるいはヨーロッパも同様である。その点を忘れて，東アジアという領域を観察の単位とすることの意味ないし無意味を思弁しても仕方がない。いずれにせよ，地域化の考察に際して不可欠の視点は，一方で西ヨーロッパという拡がりのなかで観察するのであれば，他方でも東アジアという拡がりのなかで見るのが自然であろう。

さて，問題は東アジアにおける地域化の進展である。

東アジアにおける地域化の，経済面での最も目覚ましい事例は，もともと政治協力体として発足した東南アジア諸国連合 (ASEAN) であろう。それは経済協力体へと発展するとともに，拡大および深化をも進めた。そして，それ自身を核とするさまざまな地域協力組織を作り上げていった。ASEAN 工業化協力，ASEAN 自由貿易地域 (AFTA)，ASEAN 地域フォーラム (ARF) などがそれである。さらに，域外諸国とのあいだにも，域外対話関係 (後に ASEAN 拡大外相会議へと発展した)，対 EEC 協力協定 (後に失効した)，ASEAN プラス 3，アジア欧州会議 (ASEM) などを形成した[23]。

このように，ASEAN をめぐる地域化の動きには，一定の達成が確認できる。しかし，それでも，西ヨーロッパにおける達成とのあいだに格差があることも同時に確認しておかなければならない。山影によれば，ASEAN を EC・EU と比較した場合，成立の契機，テンポの並行性——1980年代における停滞と1990

年代における昂揚——，またその志向性という点において驚くべき類似性が指摘できるが，それと同時に，実績では見劣りがするという[24]。さらに遡って比較すれば，ASEAN には国家主権の委譲あるいは制限という事態は見られず，したがってそのような意味での超国家性は認められない[25]。そうだとすると，ASEAN はここでの定義に従えば地域統合とは呼べず，したがって当然ながら地域化における達成水準には限界があったということになる。

東北アジアには，東南アジアにおける ASEAN に相当するような地域化の動きは見られない。したがって，東アジアにおける地域化の達成水準は西ヨーロッパと比較して明らかに低い。

ただし，APEC について触れておく必要があろう。その理由は，それが東アジアにおける地域化のひとつとして注目を集めているからである。APEC について直ちに明らかなことは，その構成員からして EC・EU との比較にはそもそも無理があるという点である。しかもそれはごくゆるやかな協力体であって，地域化の一形態とすることはできるが，地域統合としての EC・EU との比較はもちろん可能であるとはいえ——従来からの国家性・超国家性という認識枠組みを前提するかぎり——，あまり得るところはないであろう[26]。そして，グローバル化およびアメリカ化への対抗軸としての可能性に着目するというここでの関心からすれば，APEC についていうべきことはない。

なお，西ヨーロッパで明瞭に観察される分化への潮流も，東アジアでは，もちろん台頭してきたとはいえ，それほど活発ではない。亜地域化および亜地域主義においても，彼我のあいだの格差を確認しなければならない。

地域化におけるこのような西ヨーロッパとの格差については，当然その原因が説明されるべきであるが，それはおそらく西ヨーロッパにおける統合の進展の場合以上に容易ではない。一般的に——ただし西ヨーロッパを念頭に置きつつ——，地域統合——地域化ではなく——のための前提条件を挙げれば，経済（1人当たり国民所得に示される繁栄の水準），政治（民主主義の成熟），そして——隠された条件としての——宗教（キリスト教の普及）に関する域内での共通性ということになる。とすれば，東北アジアおよび東南アジアには，そのような条件は長くほとんど存在していなかったように思われる。もう少し現実の歴史に即して見れば，戦後処理のあり方における相違が挙げられよう。東アジアをめ

ぐる戦後処理は，少なくとも東北アジアに関するかぎり，独仏和解に示される西ヨーロッパにおけるそれとはおおいに異なっていた。彼の地における地域統合が独仏和解を軸に進められたとすれば，東北アジアにおける地域統合は望むべくもなかった。あるいは，先に提出した，覇権からの自己防衛，そして覇権への対抗，さらに覇権への代替という，彼の地における地域統合を説明する図式からすれば，東北アジアでは——そして東南アジアでも——アメリカの覇権の存在は直接的であり，巨大であって，自己防衛にせよ対抗にせよ，そのような戦略の余地はほとんど存在しなかった。

(2) 西ヨーロッパ地域統合の日本への含意

　以上が，東アジアにおける地域化の進展状況である。これを前提にして，西ヨーロッパにおける地域統合の含意を，わが日本に即して考察しよう。

　東アジアにおける地域化の達成水準は，これまでに確認したように，西ヨーロッパにおけるそれとのあいだに明らかな格差を生んでいた。東南アジアにおける地域化は日本の加盟なく進んだ。東北アジアにおけるそれは未発達であって，地域化の先端的形態たる地域統合についてはその萌芽すら見出しえない。こうして，東アジアにおける日本の地域化への参加は，きわめて低い水準でしかない。

　このような現状あるいは現状認識にたいして，いくつかの対応がありうる。

　まず，このような現状認識を前提にしたうえで，単純に日本——および東アジア——の低い達成水準を嘆き，西ヨーロッパを羨望の眼差しで見つめるという類の対応が見られるが，これはあまりにも素朴であろう。日本では1998年から99年にかけて突如としてユーロ関係文献の洪水という現象を経験した。それは皮肉にも，それまでのわが国における彼の地での地域統合への関心の低さを証明するものであり，無関心から一転して理想化への飛躍がおこなわれたといっても過言ではない。それらの文献は，はたしてどこまでこのような素朴さを免れていただろうか。格差の背後にある原因についての省察なしに，西ヨーロッパをモデルとし，そこから学ぼうとしても，それは徒労に終わろう。

　これとは逆に，現状を是認する議論がありうる。そのひとつは，中国を EC・EU に比定するという極端な議論であろう。すなわち，EC・EU に相当する地

域化組織あるいは地域統合体を東アジアで探せば，それは中国になるというのである。すなわち，EU を連邦制的に解釈したうえで，中国をも一種の連邦国家と把握するものである。ただしこの議論は，その外見上の奇矯さとは裏腹に，日本をイギリスに比定する伝統的な地理観からすれば，むしろ素直な認識である。そしてここには，意外に鋭い認識が含まれている。多民族国家という実態と「大中国」(Greater China) という擬制を衝きうるという点が，その一例であろう。しかし，この議論は，やはり歴史離れが過ぎるという批判を免れえないのではないか。

　現状を是認するところから出発するいまひとつの議論で，これより穏和なものとしては，次のようなものがある。実態においては，日本ないし日本企業を軸とする経済交流が進んでいる。東アジアにおける貿易・ライセンシング・直接投資の発展を支えてきたのは，日本企業の資本財輸出・直接投資，そして企業経営と技術の移転であり，さらには政府による開発援助であった。そしてそれは成功裡に進められた。何よりも東アジアの経済成長がその証左である[27]。なぜ地域化が必要であるのか，また地域化を急がねばならないのか。このような議論である。

　本章で地域化という場合，とくに制度化が含意されている。他方，上記の議論では，制度化されない，実態面における地域化の進展が強調される。そこでは当然，両地域における地域化ないし地域統合のための前提条件の違いが強調されるわけである。

　このような議論には首肯しうる点が含まれている。地域化の形態として EU 方式が唯一無二のものであるわけではなく，またその模倣が不可欠であるともいいえない。EU 方式はこの地域では不可能かもしれないし，また不必要かもしれない。西ヨーロッパとは異なった歴史と前提条件を有する東アジアには，独自の地域化の形態がありうる。重要なことは，現実にどのように地域化が進行しているのかを，素朴な願望を排除して冷静に観察することであろう。

　だが，それにしても——そして東アジアにおける地域化の未発展は措くとしても——，日本の参加度の低さは難点をはらんでいないだろうか。企業が主たる担い手となる交流には，担い手の拡がりという点で限界があり，地域化が内包しているはずの多様な相互交流・認識・学習の機会が失われることになって

いはしないか。経済を別とすれば，交流の束は十分に太くなっていないのではないか。人間的交流さえ経済交流を通じてのみおこなわれているのではないか。また，制度化の不足ないし欠如は，安定的・不可逆的な地域化を阻害することになっていないか。東アジアにおける日本の孤立に不安を覚えるのは，私のたんなる錯覚なのであろうか。

　さらに，この地域化への参加度の低さが，日本におけるアメリカ化の高さ——西ヨーロッパとの比較における高さ——と表裏をなしているのではないか。もちろん，アメリカ化における彼我の比較は，それ自体大きな課題である。しかもここには，そもそもこのように西ヨーロッパと対置するに日本一国をもってする発想が，いまや疑問視されなければならないという問題がある——この点はすぐ後に立ち返る。日本では太平洋を渡ってくるアメリカからの風が強く，しかも太平洋上で現実のアメリカが純化されたうえで渡ってくるかのごとき印象がある。日本の側で改革の大義名分としてアメリカ化を掲げるという要因もあろう。翻って，西ヨーロッパではアメリカの影響力は比較的弱く，しかも大西洋上での純化作用は比較的弱いという印象がある。アメリカ化がグローバル化として立ち現れ，アメリカの特殊性が普遍性として現れるという倒錯した関係は，日本では西ヨーロッパにおけるよりも見通しにくい[28]。

　このようなアメリカ化における西ヨーロッパと日本の差は，何によるのか。ひとつの要因として考えうるのが，地域化の水準の違いである。それが，アメリカ化をして西ヨーロッパで比較的弱く，日本では比較的強くしているのではないか。日本ではアメリカへの対抗は，さまざまな意匠での国家の復権に結び付きがちである。そこでは，近隣諸国との国際関係のあり方には目が行きにくい[29]。

　さらに，東アジアにおける地域化の低位がはらむ日本にとっての難点として，対EC・EU関係における不均衡との関連を指摘したい。日本とEC・EUとの関係には，貿易や直接投資における不均衡が存在してきた。だが，それにも増して重大な不均衡は，統合の有無による当事者たる主権国家数の不均衡であったといえよう。しかもそれは1対6から1対15へと拡大してきたのである。この不均衡が問題であるのは，たんに関係をことさらに複雑化するというだけではない。そもそも西ヨーロッパにおける地域統合のうねりをもたらした要因の

ひとつが，日本およびその他の東アジア諸国の経済発展と西ヨーロッパ市場への進出であった。このような挑戦への対応として，地域統合が進められた。それは同時に，西ヨーロッパの東アジアにたいする挑戦でもあった。それにたいする日本の対応が問われているのである。日本は，自覚するとしないとにかかわらず，すでに西ヨーロッパとの関係にあってたんなる受動的な存在ではなく，それに影響を及ぼし変化させていく存在となっているのであり，その結果にたいする対応が問われているのである[30]。

(3) 日本の選択

これまでの，経済的側面から見た地域化の動向，そして地域化における西ヨーロッパと東アジアの比較を踏まえ，日本にとって提示されている選択肢を考察してみよう。

選択肢のひとつは，アメリカをも包摂した地域化の道である。すなわち，東アジアとの関係よりもアメリカとの関係をより重視し，アメリカに接近する道である。その最も極端な形態は「アメリッポン」経済の形成である。APECはこの方向での穏健な選択肢である。この場合，アメリカを構成員とする組織がアメリカ化への対抗軸となり，あるいは対EU交渉の主体となることは考えにくい。

いまひとつの選択肢は，東アジアにおける地域化を追求する道である。既存の路線でいえば東アジア経済協議体（EAEC）ないし東アジア経済グループ（EAEG）の道がそれであるが，これはほぼ挫折したと見てよいであろう。最近脚光を浴び始めているのはASEAN＋3であるが，まだ実績はない。この道は，多かれ少なかれアメリカとの対抗関係を生みうるし，現に生んできた。グローバル化あるいはアメリカ化からひとまず距離を置き，あるいはそれにたいする対抗軸の形成へと向かいうる道である。また，対EU交渉の主体としてはより可能性がある。

わが日本はどちらの道を選択するのか，あるいは選択しようとしているのか。現在はAPECにも参加し，あわせてASEAN＋3をも追求し，さらにASEMにも期待をかけている。いわば両睨みの態度をとっている。当面このままで推移するのかもしれない。あるいは，決断のときが意外と早く訪れることになるの

かもしれない。

　もし，後者の，おそらくより困難な道を選択するとした場合を考えてみよう。まず，そのような選択への意欲ないし意思があるのかどうかという問題がある。それがあったとしても，それを受け入れる環境条件が整っているかどうかという，いまひとつの問題がある。山影は，日本は国際的リーダーシップをとらなかったのではなく，とりえなかったのだと指摘している[31]。この指摘は1990年代半ばのものだが，今日もなお基本的には妥当するのではなかろうか。東アジアにおける地域化を志向する後者の選択肢は，こうして，意欲ないし意思の有無のほかに，前提条件の欠落という一般的制約の下にある。どのように条件を作り出していくのかが，十分考察されなければならない[32]。

　最後に，この後者の道を歩むうえで生じうる，いまひとつの困難を指摘しておきたい。

　西ヨーロッパの挑戦が含意するところは二重であった。すなわち，西ヨーロッパが提起した課題は，地域化・地域統合にとどまらず，福祉国家あるいはヨーロッパ福祉社会――「ソーシャル・ヨーロッパ」――の堅持である。日本・東アジアの経済的挑戦――およびアメリカの覇権――にたいして，西ヨーロッパは福祉国家あるいはヨーロッパ福祉社会を守り，またそのためにも地域統合を進めようと決意している。そのような挑戦を誘発した当事者たる日本にあっては，この点の認識において欠けるところがある。国際的な態度決定と社会編成に関する方針とは，相互に無関係ではなく，むしろ密接不可分である。双方を関連させて，選択肢を考慮しなければならない。

　もし日本がこの二重の挑戦を正面から受け止めたうえで，東アジアにおける地域化への道を選択するとすれば，日本は同地域において，自らの福祉社会をどのように堅持ないし再構築するかという問題に直面している。外国人労働者に関する態度決定はそのひとつの側面である。

　だが，日本にとっての課題はおそらくそれにとどまらないであろう。東アジアの諸国は開発国家の道を歩んでおり，近い将来に路線を転換することはほとんど見通しえない。しかし，日本が福祉国家への道を追求しつつ，東アジアとの関係ではその開発主義を促進し，その結果として福祉国家と開発国家との分業関係を固定化するということでよいのであろうか。むしろ，東アジアにおけ

る福祉国家への転換を促すような関係の構築が求められており，そこにこそ東アジアにおける日本のリーダーシップの必要と内実とがあるのではなかろうか。

これは困難な課題である。経済関係に即していえば，日本は東アジアの開発国家との関係を深めながら——自らが達成した技術・経営を東アジアへ積極的に移転・開放し，東アジアのキャッチアップ型生産・経営システムの発展を支えながら——，さらにそれらの福祉国家化を促すというのであるから，これは容易ではない。しかし，この困難を克服する道を見出し，「ソーシャル・ジャパン」への道が同時に「ソーシャル・アジア」への道につながって初めて，日本は西ヨーロッパの挑戦に正面から対応しうることになると思われるのである[33]。

付記 本章は，1999年3月に開催された東京大学社会科学研究所コロキウム「グローバライゼーションと日本社会の変容」での報告の際の覚書を基にしている。当日の討論で得た認識を手掛かりとしてこれに加筆したが，なお蕪雑な思弁の域を出るものではない。研究史および研究状況への目配りも系統的ではない。覚書とした所以である。今後思弁を深めるとともに，実証的作業との接続を試みたい。

1) George Solos, *The Crisis of Global Capitalism: Open society endangered*, New York: Public Affairs, 1998（大原進訳『グローバル資本主義の危機』日本経済新聞社，1999年）.
2) 恒川恵市『企業と国家』東京大学出版会，1996年。
3) 山影進『対立と共存の国際理論——国民国家体系のゆくえ』東京大学出版会，1994年，309，318-319ページ。
4) 覇権一般について，馬場宏二「世界体制論と段階論」工藤章編『20世紀資本主義Ⅱ 覇権の変容と福祉国家』東京大学出版会，1995年，とくに16-18ページ，参照。
5) アメリカの覇権について，館山豊「パクス・アメリカーナの構造」同，および小沢健二「日米経済関係の逆転」同，参照。アメリカの覇権の特質について，金子勝『市場と制度の政治経済学』東京大学出版会，1997年，175ページをも参照。いわゆる覇権安定論については，佐々木隆雄「書評 ロバート・ギルピン，大蔵省世界システム研究会訳『世界システムの政治経済学——国際関係の新段階』（東洋経済新報社，1990年）」法政大学『経済志林』59巻1号，1991年における批判的検討を参照。
6) 館山，前掲，63-73ページ，参照。なお，覇権・ポスト覇権，冷戦・ポスト冷

戦をめぐる学説・論点の整理については，田中明彦『新しい中世──21世紀の世界システム』日本経済新聞社，1996年，第1-4章，参照。
7) この点をめぐる考察について，さしあたり，Akira Kudo, Americanization or Europeanization? The globalization of Japanese economy, in: Glenn D. Hook and Harukiyo Hasegawa (eds.), *The Political Economy of Japanese Globalization*, London: Routledge: forthcoming [2001]，参照。
8) 地域一般について，山影，前掲，第III部第3章，参照。
9) 金丸輝男編『EUとは何か──欧州同盟の解説と条約』日本貿易振興会，1994年，さらに，細野昭雄『APECとNAFTA』有斐閣，1995年，山影進『ASEAN──シンボルからシステムへ』東京大学出版会，1991年，参照。
10) Andrew Gamble, Globalisation and Regionalisation: Theoretical approaches, paper presented at the University of Sheffield Symposium on 'Japan, Asia Pacific, and Regionalism: Global and regional dynamics into the 21st century' (September 21-22, 1998), p. 11.
11) 田中俊郎「ヨーロッパ統合」歴史学研究会編『講座世界史11 岐路に立つ現代世界──混沌を恐れるな』東京大学出版会，1996年，77-78ページ。
12) この点を通貨統合の事例に即して考察したものとして，工藤章「ヨーロッパ統合の射程──覇権代替の可能性」東京大学社会科学研究所編『20世紀システム6 機能と変容』東京大学出版会，1998年〔本書第11章〕，参照。ここでは，もう少し視野を拡げて再考したい。
13) 山影『対立と共存の国際理論』前掲，104ページ（初出は1983年）。
14) 工藤，前掲。
15) とくに，Hartmut Kaelble, *Auf dem Weg zu einer europäischen Gesellschaft. Eine Sozialgeschichte Westeuropas 1880-1980*, München: C. H. Beck 1987（雨宮昭彦・金子邦子・永岑三千輝・古内博行訳『ひとつのヨーロッパへの道──その社会史的考察』日本経済評論社，1997年），参照。
16) 超長期の観察の一例として，Krzysztof Pomian, *L'Europe et ses nations*, Paris: Gallimard, 1990（松村剛訳『ヨーロッパとは何か──分裂と統合の1500年』平凡社，1993年）がある。
17) 経済学の分野においては，とくに，渡辺尚・作道潤編『現代ヨーロッパ経営史』有斐閣，1996年がある。
18) 山田誠『ドイツ型福祉国家の発展と変容──現代ドイツ地方財政研究』ミネルヴァ書房，1996年，324ページ。
19) そのほか，とくに，中村民雄「アムステルダム条約の第2・3の柱の法的断面図──深化？ 進化？ するEU」『日本EU学会年報』17号，1998年，藤原帰一「ヘ

ゲモニーとネットワーク――国際政治における秩序形成の条件について」東京大学社会科学研究所編, 前掲が注目される.
20) Hedley Bull, *The Anarchical Society: A study of order in world politics*, New York: Columbia University Press, 1977; Gamble, *op. cit.*
21) 山影『対立と共存の国際理論』前掲, 293-303ページ (初出は1988年).
22) 田中明彦, 前掲, 253ページ.
23) 山影進『ASEAN パワー――アジア太平洋の中核へ』東京大学出版会, 1997年, 8-10ページ. とくに ASEM について, 田中俊郎「ASEM (アジア欧州会合)――新しい対話の誕生」『日本 EU 学会年報』17号, 1997年, 参照.
24) 山影『ASEAN パワー』前掲, 318ページ, 同『対立と共存の国際理論』前掲, 121-124ページ.
25) 山影『ASEAN パワー』前掲, 318ページ.
26) 中村, 前掲, 藤原, 前掲, 参照. ただし, 藤原, 前掲におけるネットワーク論は, EU についてもその要素を認めつつも, 例示は ASEAN および APEC に限定されている. 同, 318-333ページ.
27) 東アジアの成長という事実について, 域内の経済的相互依存を重視する見解や, 担い手としての華人ネットワークに着目する議論もおこなわれている. 私としては, 同地域における技術・経営発展に果たした日本企業の役割――技術・経営移転――という要因に注目したい. そして, 同地域における技術・経営発展は一定の自立性を持っており, かつ将来における革新への可能性を有しているという, いわば反アムスデン・反クルーグマン的な仮説を立てておきたい. なお, これに関連する事実認識について, 板垣博編『日本的経営・生産システムと東アジア――台湾・韓国・中国におけるハイブリッド工場』ミネルヴァ書房, 1997年, 参照.
28) 例えば, Michel Albert, *Capitalisme contre capitalisme*, Paris: Seuil, 1991 (小池はるひ訳・久水宏之監修『資本主義対資本主義』竹内書店新社, 1992年) および深田祐介／ロナルド・ドーア『日本型資本主義なくしてなんの日本か』光文社, 1993年というふたつの著作が西ヨーロッパおよび日本でどのように, どの程度読まれたかを想起されたい.
29) 佐伯啓思『「アメリカニズム」の終焉――シヴィック・リベラリズム精神の再発見へ　増補版』ティビーエス・ブリタニカ, 1998年では, 地域化は議論からはずしてあるが, それはたんに議論の便宜によるものであろうか.
30) さしあたり, 工藤章「日欧経済関係の変貌」工藤編, 前掲〔本書第10章〕, 参照. ただし, 挑戦と対応というトインビーの図式については, それによって見えてくるものと見えなくなるものを再考する必要があろう.

31)「日本はこれまで国際社会でリーダーシップをとらないと批判されてきた。しかし，とらないのではなくとれなかったのである。日本のリーダーシップに警戒してきたのはアジアの国々だけではない。1980年代に入っても，例えばIMFや世界銀行で日本の投票権増大に結び付く増資に反対し続けた主要先進国があった。金は出させるが口は出させないという連合国体制の総意の中で，戦後半世紀，日本は行動してきたのである。」山影『対立と共存の国際理論』前掲，318ページ。

32) グローバル化をめぐる諸問題について示唆に富む，金子勝『反グローバリズム——市場改革の戦略的思考』岩波書店，1999年においても，この点の検討は不十分であるように思われる。同，105-110ページ，参照。

33) 東京大学社会科学研究所編『20世紀システム 4 開発主義』東京大学出版会，1998年においては，中村尚史「後発国工業化と中央・地方——明治日本の経験」および橘川武郎「経済開発政策と企業——戦後日本の経験」という，日本に関する2本の論考が収録されている。このことの意義は——日本とその他の東アジア諸国との違いを強調する編者の意図を超えて——大きいものと思われる。

付論1　企業分析の射程*

1　企業と現代資本主義

　資本主義を構成する最も基本的な単位ないし最も重要な主体は企業である。したがって，資本主義の分析に当たっては，この単位ないし主体としての企業の分析が最も重要であり，それはまた資本主義分析の際の前提にされなければならない。そして，このことはおおむね，現代の——20世紀初頭以降における——資本主義についても妥当する。ここであえて資本ではなく企業という言葉を用いるのは，単位ないし主体としての資本について，利潤率の極大化に関わるそのさまざまな機能のみならず，その戦略や組織構造にも注目しなければならないと考えるからである。本書の出発点をなすのは，このような大まかな認識である[1]。

　このような認識は，一見するとあるいは自明のことのように見え，あらためて論じるまでもないと思われるかもしれない。ましてや，近年のようにグローバル化が時代の合言葉となり——後でもう一度触れるように，グローバル化なるものの実態はアメリカ化と呼んだほうが適切だと思われるのだが——，グローバル企業，多国籍企業，あるいは超国籍企業などと呼ばれる世界的な大企業が最も重要な主体とみなされる時代にあっては，いっそうそのように考えられるかもしれない。しかしながら，このことはさほど自明のことではない。

　例えば，グローバル化という現象を論ずるに当たって，競争的にグローバル化を進める各国政府の動きに焦点を絞った接近方法が依然として広くおこなわれており，それがある程度の説得性を持っていることを考えてみればよい。この場合には，企業がグローバル化を推進する最も重要な主体であるかどうかは自明ではない。そのような各国政府の動きは，国際的に展開する大企業の圧力

＊　初出は「企業分析の射程」（井原基と共著）工藤章・井原基編『企業分析と現代資本主義』ミネルヴァ書房，2008年である。同書の序章として書かれた。ただし，同書の各章の概要を要約した部分は割愛した。

への対応であると考えることもできそうである。だがそうだとしても、そのことは各国政府の動きを無視してよい理由にはならない。さらには、国際連合などの国際機構や EU（欧州同盟ないし欧州連合）のような地域化機構など、各国政府以外のさまざまな主体の活動をも視野に入れなければならず、それらのさまざまな主体が相互にどのような関係をとりもっているのかをも明らかにしなければならない。

　さらに、仮に企業の分析こそが最も重要であるといいうるとしても、企業をそもそもいかなるものと捉えておくのかは、避けて通ることのできない論点である。また、この章ではもっぱら大企業を念頭に置いているが、本来ならば中小企業も含めておかなければならないであろう。とりわけ、小さなグローバル企業の存在にも研究者の関心が集まっているからである。

　このように考えてくれば、「資本主義を構成する最も基本的な単位ないし最も重要な主体は企業である」という命題は、とうてい自明のこととはいえなくなるのである。そこで、このような命題が成立しうる根拠、そしてまたこの命題の意味するところを明らかにしておかなければならない。とはいっても、これらの点を全面的に明らかにする用意はない。ここでは、この章に続く各章にとって必要最小限の議論を展開することで——それすらわれわれにとってはけっして容易なことではないのだが——満足しなければならない。そのためにも、しばらくグローバル化をめぐる言説につきあっておかなければならない。

2　資本主義の基本単位としての企業

　グローバル化が時代の合言葉となってからしばらくのときが経った。だが、グローバル化という現象は近代以降の、すなわち15世紀ないし16世紀以降の世界の資本主義の歴史にあっては、いつの時代にも見られたものであり、時代によって、グローバル化圧力の出所が異なり、圧力の強度が異なり、またその伝播の様態がさまざまであったにすぎない。例えば19世紀後半から20世紀初頭にかけての時代には、イギリスを中心とする世界経済の編成の下で、国際貿易や国際投資というチャネルを伝って強烈なグローバル化圧力が作用した。ところが、第1次世界大戦以降の20世紀の前半期、すなわち世界経済がブロック化に向かう経済的国家主義の時代になると、グローバル化圧力はかなり弱まった。

もっとも，圧力が失われてしまったわけではなく，そのことは，例えば1937年における世界恐慌の発生を考えただけでも明らかである。たしかにこのとき，日本やドイツなど，軍事化を進めることによって景気の昂揚を継続しえた諸国では，この恐慌はそれ自体としては発現しなかった。だが，それらの諸国でも，労働力の不足や金利の上昇圧力など，景気の過熱が経済過程にさまざまなひずみをもたらしたことは否定すべくもない。このような形でグローバル化の圧力が行使されたと見ることができるのである。

第2次世界大戦の終結以降，ことに1970年代以降になると，グローバル化の圧力はふたたび強まった。この点に着目すれば，19世紀後半から第1次世界大戦の勃発までの時期が，戦間期と戦後1970年前後までの時期を飛び越えて現在につながっていると見ることも，あながち短絡的とはいえないかもしれない。そして，冷戦がほぼ終結し――「ほぼ」というのは，とくに東アジア地域ではいまだに冷戦が継続している面を無視することができないからであるが――，アメリカ一極体制とも呼ばれる1990年代以降になると，グローバル化の圧力はますます強まってきた。それとともに，グローバル化はその内実においてアメリカ化と重なりあうようになってきた[2]。

ここでアメリカ化という言葉で指しているのは，アメリカを起点とし，企業そのものまでをも商品化する証券市場を通じて世界に及ぼされるグローバル化圧力である[3]。ちなみに，グローバル化圧力の帰結はアメリカを含む各国によって異なっているが，この点に着目しつつその将来をめぐって，グローバル化圧力の強さを強調して収斂に向かうとする説と圧力への抵抗を強調する発散説とのあいだで，熱心な論争が繰り拡げられてきた。後者の説はまた，資本主義のさまざまな様式の存在を主張する議論とも相呼応してきた。さらには，企業統治という新語を用いて各国ないしは各地域の企業の統治様式を比較検討する議論が熱を帯びるようになった。だが，これらの議論を仔細に検討してみれば，いずれもアメリカ化をめぐる理論と大きく重なっており，大筋ではこれに帰着するといってよい[4]。

ところで，グローバル化という圧力が加わる一方，他方ではこの現象に随伴して，上記の収斂・発散論争における発散説が着目したような，グローバル化に対抗的に作用する圧力もたしかに存在すると見なければならない。したがっ

て、このグローバル化という現象ないし傾向が、反対に作用する圧力を抑え込み、今後ともさらに続くのかどうか、つまり結局のところ収斂に向かうのかどうかは、実は自明のことではない。現在のグローバル化への趨勢が、ある時点で、何らかの形で反グローバル化へと反転する可能性は否定しえないであろう。したがってまた、われわれとしては、グローバル化を主体・実体化してグローバル資本主義ないし世界資本主義を措定することは躊躇せざるをえない。

それはともかくとして、グローバル化に限界を画し、さらにはそれを反転させる可能性を有するものとしては、さまざまな政治的・経済的・社会的な反グローバル化諸主体の存在がすぐに思い浮かぶ。だがその限界は、何よりも構造的に、グローバル化を推進する諸主体に即して指摘することができるのである。

まず第1に、各国政府やEUなどの地域化機構に即していえば、これらの主体は、なにもグローバル化を自己目的化しているわけではなく、自国民ないし有権者のさまざまな利益を考慮してグローバル化を手段として用い、あるいはグローバル化競争に参加しているにすぎない。つまり、国境は依然として消失していないばかりか、ある意味ではますます強化されようとしており、グローバル化は各国政府の自己主張の総和であるとさえいいうるのである。ちなみに、自己主張としてのグローバル化という規定が最もよく妥当する主体は、いうまでもなく覇権国アメリカの政府である。そしてまさにこの点において、グローバル化はその内実においてはアメリカ化と大きく重なりあっているのであり、またグローバル化におけるアメリカとそれ以外の諸国とのあいだに非対称性が見出されもするのである。

第2に、いまひとつのグローバル化の推進主体としての世界的大企業に即して見ても、グローバル化の構造的な限界を指摘することができる。覇権国アメリカをはじめとする各国の政府、さらには国際連合やEUなどと並び、ときにはそれらを上回って強力な圧力を行使するのは、何といっても世界的に活動する大企業である。覇権国アメリカの国籍を持つ企業がことにそうであるが、それ以外の、ヨーロッパ諸国や日本出自の大企業も、それに劣らぬ存在となっている。これらの大企業については、事業の世界的展開にともなって経営陣や組織も世界化し、さらには所有さえもがグローバル化しつつある。だが、労使関係だけはなかなかそうならない。なぜならば、そのようなグローバル化した大

企業の下で働く労働者ないし従業員の大多数は，事業や経営者のように軽々と国境を越えて移動することがないからである。もちろん，ヨーロッパのように地域化が進展しているところでは地域内移動が増える可能性はあるが，それでも労働者ないし従業員の居住に関わる慣性は大きい。世界的な大企業といえども，各国政府や地域化機構，さらにその背後にいる有権者や市民，あるいは生活者——もちろんそれら大企業の労働者ないし従業員もここに含まれる——と折り合っていかなければならない。ここに，世界的に活動する企業に即して見たグローバル化の構造的な限界が伏在しているといってよい。

だが，このようにグローバル化が資本主義の歴史においては必ずしも新しい現象ではないことを確認し，さらにグローバル化が抱える構造的な限界を指摘したうえでなお，近年におけるグローバル化には，資本主義の歴史上初めてといってよいほどの極端さが見てとれるとしなければならない。その極端さはいくつかの点で指摘しうる。ひとつは外延的な拡がりである。近代資本主義の生誕とともに続いてきた宗主国・植民地関係の最終的廃絶，20世紀初頭から繰り返された社会主義の実験の破綻——市場経済の導入の恒久化と資本主義への転換——を主たる要因として，資本主義は文字通り世界規模に拡大した。したがって，グローバル化も文字通り世界規模で展開されている。

いまひとつは内包的な深化である。外延的な拡大を前提として，グローバル化は全面的な市場経済化を伴って進行している。その核心はいうまでもなく企業の商品化であって，投資銀行やさまざまなファンドが介在しながら，資本主義の主体たる企業自身が頻繁に売買の対象となる，いわゆるM&A（企業の合併・取得）の盛行がその現実態である。これによって，企業によるすべての事業展開——天然資源の採掘，農林水産業，工業製品の製造，そしてあらゆる種類のサービスの提供が，あるいは購買，生産，販売，研究開発などのすべての企業機能もまた，今日では，売買される企業の価値を形成するひとつの属性にすぎないものとみなされるようになっているのである。

このように，グローバル化の時代にあって見まがうことなく明らかになっているのは，企業がグローバル化を主導する主体であるということである。このことをいささか強引に一般化すれば，「資本主義を構成する最も基本的な単位ないし最も重要な主体は企業である」ということになろう。資本主義のいつの

時代にも多かれ少なかれ妥当するこの命題が，現代における極端なグローバル化の下で，あたかも自明のこととして受け取られるようになっているのである。

3　企業分析の射程

それでは，「資本主義を構成する最も基本的な単位ないし最も重要な主体は企業である」という考え方は，どのような意味を持ちうるのであろうか。ここでは，この命題をある程度肉づけし，そうすることによって，歴史記述であれ現状分析であれ——このように分けるのは本来は不自然なのであるが——，企業分析は何をどのように明らかにすべきなのかという点を探っておきたい。それは言い換えれば，本書『企業分析と現代資本主義』の全体としての課題を浮き彫りにするということであり，企業分析の射程を測るということでもある。

今日のようなグローバル化の時代にかぎらず，もともと企業は各国資本主義の国境を越えて活動してきた。企業は生まれながらにしてグローバルな存在であった。あるいは，すべての企業は潜在的に世界企業であったということができる。

そのような企業の国際的な事業展開については，貿易，ライセンシングおよび直接投資という3つの主要な様式を区別することができる。ここでライセンシングと呼ぶ様式は，技術協力のための契約をはじめとする，貿易にも直接投資にも分類しえない多様な取引の総称である。誕生以来の資本主義の歴史においては，長らく貿易が国際的な事業展開の中心的な様式であった。19世紀，とくにその後半期になると，直接投資が重要性を増した。20世紀の前半期にグローバル化圧力が弱化すると，貿易がいま一度重要性を増し，国際カルテルの時代が訪れた。それとともに，ライセンシングも重要な様式となった。そのような中間期を経て，20世紀後半，とくに1970年前後以降，ふたたび直接投資の時代がめぐってきた。それに至る過程で，ヨーロッパ諸国および日本などは資本自由化を進めたが，その結果できあがったものは，ふつう開放体制などと呼ばれた。この時代になると，19世紀後半から20世紀初頭にかけての時期にそうであったように，間接投資（証券投資）も盛んとなったが，それと並行して短期資金移動も活発化した。

企業活動のグローバル化にともなって，企業の長期的な方針ないし戦略も

グローバルな視野を持つようになり，またそれを担う企業組織もグローバルに展開していく。その傾向はさらに企業所有の面でも明瞭となり，それが多国籍企業という言葉を生み出す発端ともなった。国際政治経済論の草分けの一人であるスーザン・ストレンジは，むしろ「脱国籍企業」(denationalized enterprise) と呼ぶべきだと主張した。ちなみに，ストレンジはこのように脱国籍化した「国家を超える権威」(authority beyond the state) の事例として，テレコム，マフィア，保険ビジネス，監査法人，カルテル，国際機構を挙げているが，実証的研究のための興味深い問題提起である[5]。

　このように，企業所有の側面にまでグローバル化が及んでくると，ある企業が特定の国家によって規制 (regulate) ——あるいは統治 (govern) あるいは統制 (control) ——される側面は，そのかぎりでは弱まると考えられる。しかしながら，この傾向を過大に評価すべきではない。すでに触れたように，そのような世界的企業は複数の政府によって規制されるという点，また競争的にグローバル化を進める各国政府の力が衰えたわけではないという点を措くとしても，各国政府以外の主体による規制が増大してきたことを軽視すべきではない。地域化機構の代表である EU は，なお端緒的ではあるが，さまざまな法制度や行政手段を通じて EU 域内で活動する企業を規制する仕組みを構築し始めており，そうすることにより，EU 企業と呼びうる存在を生み出しつつある。国際機構でも，例えば世界貿易機関 (WTO) は貿易のみならずライセンシングや直接投資という国際的事業展開の様式に関わる種々の規制を打ち出し続けている。こうして，さまざまな政治的主体によって，グローバル企業は規制され続けているのである。

　このような，政治主体が企業を規制する体制を企業体制と呼ぶことにしよう。すると，企業体制は依然として強固であるといってよいし，同時に，各国政府だけではなく国際機構や地域化機構も加わって，企業体制は重層化してきたといってよい[6]。

　だが，世界的大企業はそのような企業体制によって一方的に規制されるわけではない。これらの大企業は，とくに直接投資という様式を通じて——貿易やライセンシングでも同様なのだが——世界規模で事業を展開し，さらには企業機能を配置するが，その際，立地を選択する。それはある立地への進出，また

はある立地からの撤退という結果となって現れる。それはまた，国際的あるいは地域的な企業体制をも考慮しつつ，さらには場合によっては州政府などの地方政府の声をも聞きつつ，とくに各国政府によって形成された企業体制を選択するという行為である。さらにこのような企業は，諸国の政府と並んで，貿易，ライセンシング，そしてとりわけ直接投資のための環境の整備を各国の政府に要求する。そこで，各国政府はこうした企業の立地選択および要求に応えて，投資環境を整備しなければならない。つまり，このような大企業は企業体制を自らにとってより魅力的なものに作り変えるのである。こうして，企業が企業体制を選び，そこから企業体制間競争が生まれているのである。

要するに，一方では企業体制が企業を規制し，そのかぎりでは企業を選ぶとともに，他方では企業が立地選択と意思表示を通じて企業体制を選び，そのかぎりでは企業体制を規定する。企業と企業体制は，今日のようなグローバル化の時代におけるようにいかに後者の関連——すなわち企業が企業体制を選ぶという関連——が強まっていようとも，本来このように双方向的に影響を及ぼしあう関係にある。したがって，歴史記述にせよ現状分析にせよ，企業を分析する際には，それを企業体制との双方向的な関連において見なければならないのである。

この企業体制自体，すでに触れたように重層化してきているのだが，その背後には各国政府や国際機関，地域化機構などの規制主体が存在する。そしてさらにその背後には，有権者，市民あるいは生活者が存在している。図抜けて重要な企業体制は依然として各国政府によって形成されたそれであるから，各国政府，そしてそれぞれの国家の内部における有権者，市民ないしは生活者が最も存在感を持つことはいうまでもない。したがって，企業体制との関連において企業を分析することは，各国ごとの企業体制を中心とする重層化した企業体制の背後にあるそれらの主体をも視野に入れることを意味する。言い換えれば，企業分析は企業体制の背後にある現代の資本主義あるいは経済・社会にも射程が及ばなければならないのである。

1) このような論点について，ここで詳細に展開する準備も余裕もない。今後の課題としておきたい。さしあたり，われわれが最も重要であると考えている文献と

して，馬場宏二『富裕化と金融資本』ミネルヴァ書房，1986年，とくに第4章および第5章，同「株式会社論の視角」大東文化大学『経済論集』86号，2006年，田中章喜「市場と階層関係」河村哲二編『制度と組織の経済学』日本評論社，1996年を挙げておきたい．なお，このような認識は社会主義を看板に掲げる国民経済についてもほぼそのまま妥当すると考えているが，この点の立ち入った考察も他日を期したい．さしあたり，劉志宏「市場経済化と企業成長――宝山鋼鉄の事例」工藤章・井原基編『企業分析と現代資本主義』ミネルヴァ書房，2008年を参照されたい．

2) グローバル企業の歴史的概観については，Geoffrey Jones, *Multinationals and Global Capitalism from the Nineteenth to the Twenty-first Century*, Oxford: Oxford University Press, 2005（安室憲一・梅野巨利訳『国際経営講義――多国籍企業とグローバル資本主義』有斐閣，2007年），参照．

3) この点の理解について，さしあたり，工藤章「グローバル化と地域統合についての覚書」東京大学『社会科学研究』51巻5・6号，2000年〔本書第12章〕，参照．われわれの理解は，馬場宏二「世界体制論と段階論」工藤章編『20世紀資本主義II 覇権の変容と福祉国家』東京大学出版会，1995年に多くを負っている．さらに，アメリカ化の歴史を個別企業の次元で，かつ日独比較という観点から明らかにしたものとして，Akira Kudo, Matthias Kipping and Harm G. Schröter (eds.), *German and Japanese Business in the Boom Years: Transforming American management and technology models*, London: Routledge, 2004, 参照．アメリカ化とその最も重要な主体たるアメリカ企業について，とくに，春田素夫・鈴木直次『アメリカの経済』岩波書店，1998年（第2版，2005年），河村哲二「アメリカ企業と蓄積体制――現代資本主義と企業」SGCIME編『マルクス経済学の現代的課題 第I集第3巻 グローバル資本主義と企業システムの変容』御茶の水書房，2006年，参照．

4) この点について，Akira Kudo (ed.), *Approaches to Corporate Governance*, Institute of Social Science, University of Tokyo, Research Series, No. 3, 2002 を参照．いわゆる収斂説は内容の乏しいものがほとんどであるが，そのなかで明らかな例外をなす貴重なものとして，Susan Strange, The Future of Global Capitalism: Or will divergence persist forever?, in: Colin Crouch and Wolfgang Streeck (eds.), *The Political Economy of Modern Capitalism: Mapping convergence and diversity*, London: Sage, 1997（山田鋭夫訳「グローバル資本主義の将来――分岐は永久につづくか」同訳『現代の資本主義制度――グローバリズムと多様性』NTT出版，2001年）がある．

5) Susan Strange, *The Retreat of the State: The diffusion of power in the world economy*, Cambridge: Cambridge University Press, 1996（櫻井公人訳『国家の退場――

グローバル経済の新しい主役たち』岩波書店，1998年）．
6) 企業と企業体制との関連については，工藤章『20世紀ドイツ資本主義——国際定位と大企業体制』東京大学出版会，1999年，序章，同「現代日本の企業と企業体制——問題提起」工藤章／橘川武郎／グレン・D・フック編『現代日本企業1 企業体制（上）内部構造と組織間関係』有斐閣，2005年〔本書第8章〕，参照。

付論2　日独関係史への招待[*]

はじめに

　1992年に日独企業関係史に関する2冊の著書を出したとき[1]、それらにたいする書評あるいは私信で披瀝された感想には、大別するとおよそ3つのタイプがあった。ひとつは、「これだと外国雑誌に載りやすい」というものであったが、これにたいしては「たしかにそうかもしれない」と答えるしかなかった。いまひとつの感想もこれに似てはいるが、いささかの皮肉をこめて——そのように私には感じられたのだが——「これはニッチ狙いだ」というものであり、これには苦笑いするしかなかった。そして3番目の感想は、「日独関係史を試みたということはわかった。それで次は何なのか」という、3つのなかでは私には最もまじめなものと受け止められたものである。これにたいしては当初、「次はない、関係が最終目標なのだ」と答えていた。だが、それからおよそ20年が経ったいま、あらためてこれに答えるとすればどうなるだろうかと考えた[2]。以下はその答えの概略である。

　以下では、まずなぜ日独関係史なのかという疑問に答えることを試み、次に、関係史の重要性を戦後初期の事例を例証として用いながら示す。そして最後に、日独関係史が目指すものを明らかにすることにしたい。

1　なぜ日独関係史なのか

　まず、なぜ日独関係史なのか、なぜ日独関係史が課題となるのかという問いを取り上げよう。この問いは長年にわたっての自問でもあるのだが、それはと

---

[*] 本稿は、2010年9月、ドイツのマールブルクで開催された第31回ドイツ東洋学会（Deutscher Orientalistentag）の「日本学セクション」（オーガナイザーはシュミットポット Katja Schmidtpott マールブルク大学日本研究センター教授）において、「日独関係史への招待」と題してドイツ語で報告したものの日本語原文である。これだけが本書で唯一活字になっていないのものであるが、日独関係史の面白さを伝えたく、あえてここに収めた。

もかく，この問いを分けると，「なぜドイツなのか」と「なぜ日本なのか」というふたつの問いになる。そこでまず，「なぜドイツなのか」という問いであるが，これにたいしては，ドイツは経済その他で重要な国であるとか，ヨーロッパ統合の推進力であり，ヨーロッパではアメリカの最も重要なパートナーであるといった答えがすぐに浮かんでくる。だが同時に，研究対象としては——国家にかぎらず——本来すべてが等価であって，研究者の問題関心により非等価になるだけなのだという考えも浮かんでくる。もしこの考えが正しければ，ドイツに関する私の問題関心を示さなければならない。

同じことは，「なぜ日本なのか」という問いについても当てはまる。というより，「なぜドイツなのか」という問いよりもっとはっきりといえるであろう。つまり，研究者である私にとって日本とは生まれ育ったところであり，また，考えるときは日本語で考えているとしても，そのことが直ちに日本を取り上げる理由とはならないことは自明だからである。ここでは，日本についてどのような問題関心を持っているのかが，いっそう強く，あらためて問われるのである。

そうだとすれば，疑問は「なぜドイツなのか」，そして「なぜ日本なのか」というように分けて答えるのではなく，「なぜ日独関係史なのか」というもともとの問いに，つまり関係という要因を含めて，答えるべきなのであろう。これにたいする当座の答えは——とはいってもこれまで繰り返し考えてきたことなのだが——次のようになる。

第1に，日本とドイツは19世紀半ば以降20世紀を通じて緊密な関係を築いてきた。政治・外交の分野では，1914年の中国青島での戦闘——これは当時「日独戦争」と呼ばれた——に代表される対立および1940年の三国同盟の締結に象徴される協力という二面があった。このような対立と協力をともにはらんだ関係は，ドイツにとってよりも日本にとっていっそう重要であったといいうるかもしれないし，戦後はその重要性が減退したといいうるかもしれないが，それらはまた別の問題であって，ここではともかく，政治・外交の分野での日独関係の重要性をひとつの答えとしたい。経済の面では，世界市場における日独企業の競争——日本は「ソーシャル・ダンピング」をしているというドイツの非難は，戦前のみならず戦後初期までしばしば聞かれた——，および技術ライセ

ンシングに代表される——それも戦後のある時期まではドイツから日本へのそれであり，その後日本からドイツへの技術移転という逆の関係も開始された——協調があった。ここでも，このような競争と協調をはらんだ両国間の経済的な結び付きは，戦後のある時期から相対的に細くなったのではないかという問題があり，そもそも戦前にも経済関係は希薄だったのではないかとの指摘もありうるが，ここではこのような論点もまた——おそらく覇権としてのアメリカの存在と結び付くと思われるが——保留しておく。

　「なぜ日独関係史なのか」という問いにたいする第2の答えは，一言をもっていえば，両国の歴史に認められる並行性である。19世紀中葉以降20世紀半ばまでの両国間に共通する政治・経済的後進性は，これまで学界，とくに日本における歴史学界でさまざまに取り上げられ，強調されてきた。このような後進性に関わる学説については，私は批判的に再検討する必要を強く感じているのであるが——端的にいえば，それは時間的ずれを伴っており，厳密な意味では並行性とは言い難いのではないか——，この論点もいまは措く。歴史的並行性は戦後においてとりわけ鮮明であった。すなわち同盟国としての敗戦，そして戦後の被占領・改革・復興とその後の「経済大国」化という並行性である。そしてこの点についても，戦後のある時期以降，並行性は消滅していったとの指摘がありうるが，この論点もやはりまた——それもアメリカの覇権の消長と関連していると思われるのだが——，指摘するだけにとどめておきたい。いずれにしても，日独両国のあいだに認められる歴史的並行性を，日独について——比較だけではなく——その関係を問題とすべき第2の理由として挙げておきたい。

　そして第3の理由として挙げたいのが，両国間に認められるさまざまな分野や次元における，そしてさまざまな主体による相手国の学習である。いうまでもなく，この学習は19世紀後半から20世紀後半にかけて，日本によるドイツ学習という形をとった。明治国家の建設に果たしたドイツ・モデルないしはプロイセン・モデルの重要性はいうまでもない。ドイツ学習は学術・思想の分野に限っても，19世紀から20世紀前半にかけて，国家学，社会政策学，そしてマルクス主義と間断なく続いた。他方，日本企業にとってもドイツ企業はモデルであった。1930年代に三菱財閥が化学企業を起こしたとき，そのスローガンは

「東洋の IG ファルベン(イーゲー)たらん」というものであった。そしてここでも当然ながら，日本によるドイツ学習はそのアメリカ学習に取って代わられたのではないかとの指摘がありうるし，他方，戦後の一時期には，経済の分野に限られたとはいえ，ドイツによる日本学習が見られたこともたしかである。ただ，これらも論点として留保しておきたい。

以上が，きわめて雑駁ではあるが，なぜ日独関係史なのかという問いにたいするさしあたりの答えである。すなわち，関係の重要性，歴史的並行性，そして（相互）学習がそれである。だが，そうなると，すぐにいくつかの新たな問いないしは自問が生まれてくる。

まず，それでは汝の関心は国家そして国家間関係（国際関係）に限定されるのかという問いである。これにたいする私の答えははっきりと「否」である。一方で，ヨーロッパでは戦後のある時期からヨーロッパ統合という形での地域化が段階的に進展し，それにともなってドイツのヨーロッパ化というべき事態が生まれた。これにより日独関係は日欧関係の一環となるに至った。他方，アジアでもヨーロッパとは異なる様相をもってではあれ地域化が進み，日本もこの動向と無縁ではありえなかった。世界的に地域化が進展し，国家の相対化が進んだのである。こうして，日独関係は欧亜関係の一環となった。したがって，日独関係史に関心を持てば，同時に欧亜関係史にもその関心を拡げざるをえなくなるのである。

次に，それでは汝の関心は国家および国家間関係（国際関係），さらに地域化の進展および地域間関係（域際関係）にあるといってよいのかと問われるであろう。これにたいする答えもやはり「否」である。私の最終的な関心は，世界経済という全体——とくに20世紀におけるそれ——に向けられており，日独関係・欧亜関係とその歴史の解明はそのためのひとつの経路であると理解しているからである。そして，それらはたんにひとつの経路というにとどまらず，イギリスを襲ってアメリカが覇権国となった20世紀の世界経済を理解するうえで不可欠の経路であるとの仮説的な認識を抱いている。先に「日本とドイツは19世紀半ば以降20世紀を通じて重要な関係を築いてきた」と述べたとき，その重要性はつまるところ世界経済という全体の認識にとっての重要性を意味してい

たのである。

そこで次に，上記の思弁を多少とも具体的に展開することにしよう。

2 事例：戦後初期の日独経済関係史

まず，日独関係史の諸事例を念頭に置きながら，比較と関係認識という認識のふたつの方法について，半ダースの命題を提出したい。

1）対象の認識は，無意識的・意識的に比較に基づいている。
2）比較は意識的に試みる価値がある。その場合，方法的自覚を持ってしなければならない。
3）比較は往々にして恣意的になりがちである。それは比較の方法あるいは比較の基準が曖昧だからか，あるいは当為意識が働いているからである。
4）関係を踏まえた比較は，比較から恣意性を排除するひとつの方法である。
5）関係を明らかにすることは，試みる価値がある。それによって，比較では見えなかったことが見えてくるはずだからである。
6）さらに，関係の認識から，その関係を含む全体の認識へ進むべきである。

以上の半ダースの命題は，これまで日独関係史のさまざまな事例を扱うなかで私の脳裏に浮かび上がってきたものであり，私としてはこれらは公理であるといいたいところだが，そうもいくまい。そこで以下では，これらの命題のうち，とくに第5命題：「関係を明らかにすることは，試みる価値がある。それによって，比較では見えなかったことが見えてくるはずだからである」を例証してみたい。そのために，戦後初期の日独経済関係史から素材を拾うことにする[3]。ここでの目的のためには，あるいは戦前期のほうが適当かもしれない。それにもかかわらず，関係が希薄であると思われてきた戦後初期——この認識は必ずしも間違いではない——をあえて取り上げるのは，この時期についての比較はようやく盛んになったが，関係にはいまなおほとんど関心が寄せられていないことを考慮してのことである。

(1)「社会化」と有沢広巳

　日本とドイツは同盟国として世界大戦を戦い，敗北し，そして占領された。占領下で，両国はともに政治・経済・社会の全面にわたる改革──「占領改革」──を経験した。その改革の日独比較はさまざまになされてきた。改革の重要な一環である労働改革，とくに労使関係改革については，「社会化」の有無が指摘されてきた。すなわち，西ドイツ──以下では考察の対象を西ドイツに限定する──では西ドイツ政府自身の手で（もちろん制限された国家主権の下であったが）ヴァイマル時代の「社会化」立法が手直しされて復活されたのにたいし，日本では「社会化」が課題として提起されることなく，占領軍の強制によって民主化立法がなされたとされるのである。

　もちろん，このような比較は誤りではなく，また重要な示唆を与えるものである。だが日独関係史の観点からすれば，ヴァイマル時代の「社会化」が日本で一部の主体にとってのモデルとされた点が注目される。その主体の一人が，社会党左派のブレーンとして，また党派を超えた経済テクノクラートとして活躍した東京大学教授有沢広巳であった。彼は一方ではヴァイマル期の「社会化」の限界を左派的な観点から認識しながらも，なお「社会化」を主張した。社会党左派も，曖昧な形ではあったが，「社会化」を政治目標として掲げた。それはアメリカ・モデルへの，ある場合は密かな──有沢における──，ある場合には曖昧な──社会党左派の場合──代案とされていたと見るべきであろう。

　有沢は「社会化」の実現を1947年2月に設立された経済復興会議に託した。この組織は，生産の停滞とインフレーションの進行に悩む日本経済を労使協調によって復興させようとする全国組織であった。だがそれからわずか1年あまり経った1948年4月，経済復興会議はその課題を達成しえぬままに解散した。それとともに，そこに「社会化」の実現を託していた有沢の夢もあえなく消え去った。

　だが，この事実は，政治にコミットした一知識人の見果てぬ夢としてすますことのできない重要性を持っている。有沢は社会党左派の最も有力なブレーンであったし，その社会党左派は，まさにその現実的な経済復興構想をもって，復活した政党政治のなかでの有力なアクターだったからである。

さらに注目すべきは，ヴァイマル・ドイツの経験——とくにインフレーションとその収束，そして産業合理化——が，党派を問わず政策立案の際の準拠枠となっていたという事実である。有沢と彼が属する大内兵衛グループはいうまでもなく，自由党・吉田茂内閣で大蔵大臣を務めた石橋湛山もまた然りであった。そして「社会化」モデルはヴァイマル・モデルの一環をなしていたのである。

　20年のときを隔てて，しかも明らかに異なった世界的・一国的文脈の下で，ヴァイマル・ドイツが日本の少なからぬ政治的アクターの準拠枠となったことは，たしかに奇異である。それを今日の視点から時代錯誤と切って捨てることは容易である。だが，関係史という視点からは，彼らの政策立案に果たしたヴァイマル・モデルの役割に注目しつつ，占領下日本の政治経済を再検討することは，試みる価値がある。それによって，静態的な比較によっては明らかにしえない，その時代のダイナミズムをあらためて浮き彫りにすることができると思われるからである。

(2) 日独貿易協定

　さて，同盟・敗戦・占領という並行の歴史を経験した日独両国は，占領下で相互の政治的経済的関係を遮断された。だが，なお双方ともに占領下にあった1949年10月，それぞれの占領軍による斡旋を通じて，相互の管理貿易体制をつなぐ日独貿易協定が結ばれた。さらに日本が主権を回復する直前の1951年8月には，やはり管理貿易体制どうしをつなぐ趣旨ながらもやや自由化に傾斜した貿易・支払協定が結ばれた。両国が国交を回復して大使を交換するのは，それから3年以上後の1954-55年のことである。経済関係の復活は政治・外交関係の復活に先行したのである。

　経済関係の復活とともに，戦前の記憶も復活した。すなわち西ドイツにおいて，低賃金を武器に世界市場を席巻する日本経済という表象が再登場したのである。いわゆる「ソーシャル・ダンピング」論である。このような記憶が復活したのは，日本のガット加盟——それは西ドイツの加盟から4年近く遅れて1955年9月のことであった——をめぐる国際交渉の過程においてであり，さらに西ドイツが通貨の交換性の回復を果たし，貿易に関する数量制限の撤廃を迫

られた，いわゆる「ドイツ問題」をめぐる国際交渉の過程においてのことであった。

　これらの過程において，西ドイツは日本からの輸入について品目別の数量制限を強硬に主張し続け，それを実現した。その対象となったのは，繊維製品・陶磁器を筆頭に，ガラス・ミシン・貝ボタン・玩具などであった。そこには，繊維産業が難民を労働力として吸収していた事態への配慮などの戦後要因も働いていたが，主張の背後でより強く働いていたのは戦前の記憶であった。加えて，イギリスなどがこの戦前の記憶を持ち出して日本のガット加盟それ自体に強く反対し続けたことは——西ドイツは加盟自体には賛成していた——，西ドイツの記憶の蘇生を促したかもしれない。

　対日数量制限の歴史は，欧州経済共同体 (EEC) の発足とも絡んで，その後も長く続いた。その歴史をたどれば，自由貿易の旗手としてのルートヴィヒ・エアハルトという表象——とくに同時代の日本におけるそれ——および彼を首脳にいただく自由貿易派としての西ドイツ経済省という表象は，一定の修正を余儀なくされよう。また，対日交渉方針を策定する経済省の会議には——対日交渉方針に限られたわけではなかったものの——ドイツ工業連盟などの経済団体の首脳のみならず，ドイツ労働総同盟などの労働組合の幹部も招かれていた。「ソーシャル・ダンピング」論は労働組合幹部の持論でもあった。そのかぎりにおいて——日本側の事態は史料的制約もあって明らかではないが——，組織資本主義の成熟度において，この時期の西ドイツは日本を凌駕していたといいうるかもしれない。ちなみに，経済省官僚の日本経済観が明瞭に転換を開始するのは，経済省史料を見るかぎりでは，ようやく1970年代末になってのことである。

(3) 「エアハルト論争」

　さて，敗戦・占領と続いた両国の歴史における並行性は，その後も経済復興・高度成長という事象に関して継続された。その並行性にもおよそ5年のタイムラグがあり——ガット加盟における4年の差はその一例である——，そこから，西ドイツ経済の復興と成長は日本でも賞賛の的となった。その賞賛を一身に受けたのがエアハルトである。もっとも，彼の著作に「社会的市場経済」

の秘密を解く鍵を期待した読者は、それらが自由貿易の利点を繰り返すにすぎないことを知って落胆もした。

それはともかく、このような賞賛を背景に、早い時期から彼を日本に招聘する計画があったのだが、それが実現したのはようやく1958年10月のことである。ただ、日本側の熱意とは対照的に、エアハルトにとって、日本は多数のアジア諸国のひとつでしかなかった。エアハルトの旅の主たる目的はニューデリーでのIMF・世界銀行総会への出席であり、その後の東南アジア歴訪の後に訪日の日程が組み込まれたにすぎなかったのである。

日本側の賞賛と熱意を反映して、エアハルトは副首相として国賓に準ずる待遇を受けたが、その滞在中、彼はいつもながらの率直な発言を繰り返した。その骨子は、①日本の賃金は安すぎる、②日本の円の相場は低すぎる、そして③日本製品の輸出価格は低すぎるというものであった。①は前述した「ソーシャル・ダンピング」論の延長上にある議論であり、②はマルクの切上げを経験している西ドイツとしては自然な主張であった。そして③は①と②のふたつの要因を合成した結論であり、これまで上述のように対日数量制限を強硬に主張し続け、しかもそれを実現してきた西ドイツの主張の最も肝要な点である。これらはエアハルトが訪日前にブリーフィングを受けて学習した結果を、彼自身の理論枠で整序した主張でもあった。したがって彼は日本で自信たっぷりにこの主張を繰り返した。

これにたいし、これまでエアハルトを賞讃していた日本側の政治家・企業経営者・学者たちは、困惑しながらも批判を加えた。その多くはエアハルトの誤解を指摘するものであったが、有沢のそれのように、低賃金・低為替を経済発展の低位によって説明し、エアハルトに日本経済がさらに発展するまでしばらくの猶予を乞うという類の議論もあった。いずれにせよ、この「エアハルト論争」ともいうべき論争を通じて、日本における自由貿易の旗手というエアハルト像はさらに強まったが、もちろん彼への畏敬の念は薄れた。それと同時に、西ドイツの「社会的市場経済」は、日本では引き続き「社会」よりも「市場経済」に力点を置いて理解され続け、その福祉国家的側面——社会住宅や年金改革——が注目されることはほとんどなかった。

日本におけるこのような西ドイツ経済観は、おそらく西ドイツ経済のアメリ

カ化に目を向けたものであるといってよい。それと同時に，そこには，西ドイツ経済以上に広く深くアメリカ化していた日本経済の自己認識が反映されていると見ることができる。日本ではこの頃までに，ドイツ・モデルはアメリカ・モデルへの密かな代案としてさえも採用されなくなっていた。企業体制に関するドイツ学習は終焉のときを迎えたのであり，エアハルトの訪日と「エアハルト論争」は，結果的にドイツ学習に終止符を打つものとなったのかもしれない。

他方，訪日を終えたエアハルトは，日本が他のアジア諸国と異なってすでに高い経済水準にあることを「発見」したが，もちろん自らの日本経済観に修正を加える必要はまったく感じなかった。また，修正するわけにもいかなかった。というのは，実は彼の訪日当時，日独間では新しい，より自由化に傾斜した貿易協定の締結に向けての交渉が始まっており——その締結は1960年7月のことである——，その交渉の最高責任者たる彼としては，繊維産業などからの対日自由化反対の要請をたえず受けていたこともあり，交渉方針の根幹をなす日本経済観を簡単に修正することなど，思いもよらなかったのである。

新たな貿易協定の締結を目指す日独交渉は，日本のガット加盟からガットにおける「ドイツ問題」へと続くそれまでの交渉の延長上にあり，最大の争点は対日数量制限であった。「ソーシャル・ダンピング」という言葉はもはや使われなくなっていたが，日本は依然として「低賃金国」であり，次いで「低価格国」であって，自由貿易原則を適用する対象ではなかったのである。

ちなみに，このような西ドイツ側の主張もあって，貿易協定交渉はかつてなく難航した。それ以外の難航の原因として，ひとつはそれまで日本を支援しつつ日独関係に介入してきたアメリカの意思と能力が減衰したことが挙げられ，いまひとつは，西ドイツよりもはるかに保護主義に傾斜したフランスやイタリアを構成国とするEECが発足し，西ドイツは対日交渉をEEC加盟国の主張をも念頭に置きつつおこなわなければならなくなっていたことが挙げられる。

以上，戦後初期の日独関係史の一端を素描した。これによって，関係認識と比較に関する第5命題：「関係を明らかにすることは，試みる価値がある。それによって，比較では見えなかったことが見えてくるはずだからである」が多少とも例証されたのではないかと思う。少なくとも，盛んな日独の比較研究に

おいても見えていなかった側面が示唆されたのではなかろうか。

おわりに——日独関係史が目指すもの

「関係を踏まえた比較は，比較から恣意性を排除するひとつの方法である」（第4命題），さらに「関係を明らかにすることは，試みる価値がある。それによって，比較では見えなかったことが見えてくるはずだからである」（第5命題）というふたつの命題が正しいとすれば，われわれは日独関係史それ自体の価値を信じて先に進むべきである。さらに，「関係の認識から，その関係を含む全体の認識へ進むべきである」（第6命題）にも正しさがあるとすれば，われわれは全体の解明を目指して日独関係史という経路を歩むべきである。

いずれにしても，日独関係史という分野において，多くのテーマと素材がほとんど手つかずのままになっている。また，ここではいささか乱暴に認識に関する半ダースの命題を並べたが，関係史をめぐる方法の考察もこれからの課題である。日独関係史というこの未開の分野へのドイツの日本研究者の参入がおおいに期待される。

1) 『日独企業関係史』有斐閣，1992年および『イー・ゲー・ファルベンの対日戦略——戦間期日独企業関係史』東京大学出版会，1992年。
2) この間，日独関係史の分野で私は *Japanese-German Business Relations: Cooperation and rivalry in the inter-war period*, London: Routledge, 1998；工藤章・田嶋信雄編『日独関係史 1890-1945』全3巻，東京大学出版会，2008年，Akira Kudo, Nobuo Tajima and Erich Pauer (eds.), *Japan and Germany: Two latecomers to the world stage, 1890-1945*, 3 vols., Folkestone: Global Oriental, 2009 を刊行した。
3) これらの事例は，現在準備中の『20世紀日独経済関係史』全2巻（Ⅰ国際定位，Ⅱ企業体制）の関連する諸章からとった。

あとがき

　まず，本書の成立ちを理解していただくために，私自身の研究を簡単に回顧しておきたい。

　私はもともとドイツ経済史・企業史をいわばそれ自体として研究していた。日独経済関係史に向かう転機は，1985年の初夏，ヘキスト史料館を訪れたときにやってきた。同史料館で，本来のテーマである第2次世界大戦後のIG（イーゲー）ファルベンの解体に関する史料を閲覧したあと，閲覧の許可を求める手紙に急遽付け加えておいたテーマ「ドイツ化学企業の対日戦略」について，質量ともに期待をはるかに上回る史料を閲覧することができたのである。

　その後，BASF史料館でも同様の幸運に恵まれた。日本に戻ってからは，それらの史料に登場する日本の企業の史料を探索した。ここから日独経済関係史への道が，まず企業関係史という形で始まった。その後1988年には再度渡独し，半年にわたって20あまりの史料館をめぐり，帰国後はさらに多くの日本企業の文書を閲覧することができた。このような2度にわたるドイツでの史料収集および日本でのフォローアップの成果は，日本語および英語の論文となった。そして，ドイツ統一という現実を横目で眺めながら，それらを改訂し，2冊の著書『日独企業関係史』（有斐閣，1992年）および『イー・ゲー・ファルベンの対日戦略——戦間期日独企業関係史』（東京大学出版会，1992年）を上梓することができた。

　この間，2著に収めた論文以外にも，ドイツ滞在を契機にして拡がった関心の赴くまま，さまざまなテーマに挑戦した。具体的には3つの方向があった。ひとつは日独関係を手掛かりに日本の企業と経済へ向かうというものであり，いまひとつはその当時「貿易摩擦」が争点になっていた日欧経済関係へ向かうものであった。そして第3の方向は，東アジア経済への関心であった。このように，関心の対象は，地理的には西ヨーロッパ，東アジアへと拡がり，時期的には戦前から戦後へと延長され，20世紀全体を視野に入れることになった。本書の第7章とした日本における石油化学企業の生誕に関する論文は，この頃のものである。

さて，日独企業関係史に関する2著を刊行した1992年以降も，この分野ではIGファルベンの対日関係を中心として，英語やドイツ語での発表が続いた。また，新たに着手した分野では，日本の企業と経済に関しては花王の社史執筆に加わる機会を得たし（『花王史100年（1890～1990年）』1993年），日欧経済関係史や東アジア経済についても引き続き注目した。さらに新たに，日独経済の比較やヨーロッパ統合の分析をも試みた。この間，大学や学会の企画に参加する機会が増え，またその成果を編集することも幾度かあった。いずれも貴重な勉強の機会であった。本書に収めた論考の半分ほどはこの時期のものである。

1998年には，戦前期の日独企業関係史について，それまで英語で発表してきた論文を集めて *Japanese-German Business Relations: Cooperation and rivalry in the inter-war period* (London: Routledge) を刊行した。これは内容的には，1992年の日本語での2著作のそれぞれ一部を合わせたものとなった。さらに翌1999年には，もともと取り組んできたドイツ企業およびドイツ資本主義に関する研究の成果を，『現代ドイツ化学企業史――IGファルベンの成立・展開・解体』（ミネルヴァ書房）および『20世紀ドイツ資本主義――国際定位と大企業体制』（東京大学出版会）の2著にまとめることができた。本来10年前に果たしていなければならなかった課題をようやく果たすことができたとの思いが強かった。

こうして，日独企業関係史およびドイツ経済・企業についての研究に区切りをつけることができたとき，それまで迷っていた今後の方向につき，さらに日独経済関係史へ進もうとの思いが定まった。

ただ，それ以降，図らずも大学や学会での企画に携わる機会がさらに増え，しかも責任者の役割を振られることも増えたが，これは全力でこなすしかなかった。編者として序章を書くことも続いたが，その時々のテーマに沿って，実証水準を過度に犠牲にすることなしに概観を与え，かつ問題を提起することは予想を上回る難事であった。ただ，それによって視野が拡がり，日独経済関係史の輪郭を感得するのに役立ったかもしれない。本論文集に収めた論考の残りの半分ほどはこの時期に書かれたものである。

この間，さまざまな企画に参加するかたわら，そこで得られた知見，示唆，刺激などを糧としつつ，20世紀全体を見渡しての日独経済関係史の研究を続けた。視野は企業間関係から通商・関税政策を中心とする国際定位の交錯，そし

て企業活動の法制度を中心とする企業体制の次元での関係にまで拡がった。そればかりか，外交関係，軍事関係，日独それぞれの対中国関係，そして日独の相互認識などへも関心が拡大した。ただ，これは私一人の手に余ることもまたはっきりしてきたので，政治史の田嶋信雄氏と計らい，さらにすでにこれらのテーマに関する実績のある研究者に呼びかけ，『日独関係史 1890-1945』全3巻 (田嶋信雄と共編，東京大学出版会，2008年) を編集し，刊行した。その序章として書いたものを本書の冒頭に置いた。さらに，エーリヒ・パウアー氏の助力を得て，*Japan and Germany: Two latecomers to the world stage, 1890-1945*, 3 vols. (co-edited with Nobuo Tajima and Erich Pauer, Folkestone: Global Oriental, 2009) の刊行をも果たすことができた。ちなみに，この英語版はドイツ人研究者の執筆になる新たな章をいくつか含んでおり，日本語版とは3分の1ほど異なる内容となっている。これらの論文集は誰に頼まれたのでもなく，自ら進んで企画したものであったが，これまでにない難事であった。だがそれと同時に，私自身にとっての成果もあった。とくに，国際定位と並んで企業体制における日独関係という課題がこれまで以上に明瞭に視野に入ってきたし，日独関係の探究にとって中国の存在を視野に入れることが不可欠であることを確信できたからである。

いささか長くなってしまったが，以上がこれまでの私の研究の歩みである。いまや私としては，「残された時間を日独経済関係史の研究に集中すべし」という心境である。ただ，その努力は，既発表の論考を改訂するというシシュフォスの苦役にも似た作業も含め，この10年間続けてきたのであるが，前途遼遠との慨嘆もあった。そこで，いったん立ち止まって，この間に発表してきた論文を集成し，足元をあらためて確認するとともに，今後の作業への糧を得たいとの思いが強まった。そこで，この間発表してきた論考のなかから，濃淡の差はあれ関係を念頭に執筆したものを選んで論文集を編み，「序説」として刊行することに思い至った。それが本書である。もちろん，すでに単著に所収のものは除き，また英文でのみ発表したものも入れなかった。ひとつだけ，活字化されていないものを付論として収めることとした。各章は対象とする時期と分析枠組みに沿って配列した。なお，本書とほぼ同時に，*The Japanese and*

German Economies: Relations and comparison (仮題。Folkestone: Global Oriental) という論文集を刊行する予定である。ただし，これは日独経済関係史への「序説」という趣旨は同じであり，所収論文の一部が重なってはいるものの，内容的には別の書物である。

　本書は論文集であり，しかも各章はあらかじめ一書にまとめることを予定して書かれたものではない。一方では重複が目立つ。それはまた認識の変化をも浮かび上がらせている。例えば，EU 企業および EU 企業体制の形成についての評価，地域化と地域統合の用語法などがそうである。他方では欠落が目立つ。とくに，戦後期の日独関係については，それが日欧関係に含まれるとはいえ，正面から扱ってはいない。また1世紀あまりの，しかもさまざまな分野を対象としているとはいえ，研究史の整理も含め，アップデイトには手が回っていない。このように不備は覆いがたいが，彌縫することはせず，そのままとした。

　編集方針は，以上のような考えからおのずと定まった。誤記・誤植を訂正し，最小限の表記の統一（漢字の使い方やかなづかい，注や文献表記の統一），そして文意を明瞭にするために必要最小限の字句の訂正にとどめ，基本的に初出時のままとした。なお，初出は各章の冒頭に記した。

　今後の私自身の課題は次の通りである。第1に，狭義の「20世紀」(1914-90年) および1990年以降現在までの日独経済関係史につき，具体的な諸相を国際定位および企業体制の次元で，そして企業間関係の次元で明らかにする。具体的な課題としては，戦後期から21世紀初頭の今日までの時期について概観を与え，また企業体制と企業について，それぞれを別個に観察してきた日本とドイツ（本書第3章，第5-9章）を関連づけ，総合する。第2に，日独関係から欧亜関係への展開を図る。一方ではドイツと東アジアの関係を，他方では日本と西ヨーロッパの関係をそれぞれ明らかにし，そのうえでその総合としての欧亜関係史を目指す。このテーマについてもやはり，概観を与えるとともに，国際定位および企業体制の関係，そして企業間関係につき，本書に収めた論考（第2，10章）を出発点として明らかにする。第3に，このような日独関係――そして欧亜関係――を包含する全体すなわち世界経済につき，その過程と構造を明らかにする。その際，覇権としてのイギリスないしアメリカを中心とする――それ以外への視野の拡がりを欠く――世界経済認識とは異なったものを提示しう

るのではないかという期待がある。具体的には，第4章，第11章，第12章の拡充が課題である。

　一言をもっていえば，「拡大から深化へ」が方針である。その成果は，『20世紀日独経済関係史』全2巻（I 国際定位，II 企業体制），『ドイツと東アジア――欧亜経済関係史 1919-1939』および『ドイツと日本――グローバル化と企業体制』（いずれも仮題）として刊行する予定である。それらが予定どおり刊行された暁には，この書はまさに「序説」となるであろう。

　本書に収めた論考が成るに当たっては，各章冒頭の初出データにお名前を記した方々はいうまでもなく，共同研究・シンポジウム・ワークショップ・雑誌の特集などを企画・組織された方々，またその参加者など，多くの方々のお世話になった。共著論文の共著者，初出時の関係各位は論文の転載を快諾してくださった。昨春退職するまでの35年間，信州大学経済学部，東京大学教養学部，そして東京大学社会科学研究所のいずれの職場にあっても，自由で快適な研究空間を享受することができたが，それぞれに個性的なこれらの貴重な空間は諸先輩・同僚・職員のたゆまぬ努力によってかろうじて維持されてきたのだと，いまあらためて思う。大学生活最後の5年間，研究室の実務は中島美鈴さんが支えてくださった。桜井書店の桜井香氏は刊行を快諾してくださったばかりか，編別構成から編集方針，刊行時期に至るまで，わがままを聞いてくださった。2006年，戸原四郎先生および玉田美治先生の遺著である『ドイツ資本主義』および『フランス資本主義』が桜井書店から刊行された際，編集者としての氏の類い稀なお仕事ぶりを間近に見，いつかこのような編集者と一緒に仕事をしてみたいと思っていたのだが，その夢が図らずも実現することになった。校正ではいつもながら松葉裕氏に助けていただいた。以上の方々に厚くお礼を申し上げたい。

　本書が学界にたいするささやかな問題提起となることを期待する。

　　　　　2011年3月24日
　　　　　　　3月11日に起きた東北・関東大震災の報に打ちひしがれ，さらに
　　　　　　　福島第1原子力発電所の事故の報に底知れぬ恐怖を覚えながら

　　　　　　　　　　　　　　　　　　　　　　　　　　　　　工　藤　　章

索　引

AEG　23
APEC　→アジア太平洋経済協力
ASEAN　→東南アジア諸国連合
ASEAN＋3　381
ASEM　→アジア欧州会合
BASF　19, 156, 214-217, 234
BMW　321
CCMC　→欧州共同体製造者委員会
CCP　→共通通商政策
COMECON　→コメコン
CSCE　→欧州安全保障・協力会議
EAEC　→東アジア経済協議体
EAEG　→東アジア経済グループ
EC　177, 252, 288, 292, 329, 367
EC 委員会　140, 291, 295, 296, 299, 309-310, 334, 373
EC 企業　290, 291
EC 市場統合(1992年)　139, 288, 289-290, 294, 296, 334, 368
EC 対日自動車統一規制　309
EC の経済的挑戦　292, 293
EC 要塞化　314
EC・EU 企業　335
EEA　→欧州経済地域
EEC　111, 120, 291, 299, 333, 404
EFTA　→欧州自由貿易連合
EMS　→欧州通貨制度
EMU　→欧州経済通貨同盟
EPU　→ヨーロッパ支払同盟
ERM　→為替相場メカニズム
EU　124, 141, 177, 182-183, 187, 252, 296, 329, 331, 336, 343, 367, 369-370, 388, 393
EU 委員会　373

EU 会社法　142
EU 企業　183
GATT　109, 110, 298, 333, 403-404
GATT 19条(エスケープ・クローズ)　299
GATT ウルグアイ・ラウンド　301, 308
GATT 東京ラウンド　299, 301
GATT パネル　307, 319
IBM　291
IBRD　→世界銀行
ICI　205, 207, 216, 219, 220-221
ICI 法　208, 214, 215
IG ファルベン　29, 35, 42, 44, 47-48, 66, 79, 131, 400
IMF　109, 110, 298
IMF・GATT 体制　111, 114
IMF 固定相場制　333, 365
ITT　291
MAN　23, 33
M&A　→合併・取得
MERCOSUR　→メルコスール
NAFTA　→北米自由貿易協定
NATO　→北大西洋条約機構
OECD　→経済協力開発機構
OEEC　→ヨーロッパ経済協力機構
OSCE　→欧州安全保障・協力機構
PB レポート　229
RCA　88
SW 法　202, 210-211, 218, 219, 221, 223, 225, 236
WEU　→西欧同盟
WTO　→世界貿易機関

1992年市場統合　→EC 市場統合

あ

アイヒェル, H.　153
アインシュタイン, A.　34
アヴェンティス　184
旭ダウ　200
アジア欧州会合(ASEM)　376, 381
アジア太平洋経済協力(APEC)　177, 381, 329, 367
アスキ・マルク　73
亜地域主義　373
アムステルダム条約　141, 339, 354
アメリカ化(アメリカナイゼーション)　34, 48 111, 149-151, 169, 170, 172-173, 174-175, 177-178, 186, 189, 250-251, 253, 260-261, 275, 364, 366, 368, 380, 381, 389-390, 406
アメリカニズム　251, 253, 254, 265, 364
アメリカの挑戦　333
アメリカ覇権　111, 114, 119, 149, 170-172, 175, 177, 250-251, 330-332, 333, 340, 348, 365-366, 367
アメリカ覇権システム　330
アリアンツ　156
有沢広巳　402-403
アングロサクソン型資本主義　254
安定協定／安定成長協定　141-142, 144, 147, 352

い

池田亀三郎　212, 213, 215, 218
石田健　205, 206, 207-209, 208, 210, 237
石橋湛山　403
いすゞ　319
出光興産　219
出光石油化学　232
井上準之助　50

イリス商会　33
インフィネオン　156

う

ヴァッカー電気化学　44-45, 79-80
ヴェルサイユ・ワシントン体制　25, 30, 37-38, 40
ヴェルサイユ体制　25, 37-38

え

エアハルト, L.　404-406
エアハルト論争　405-406
エーオン　184
エスニシティー　373
エチレン　200-202, 217-219, 221, 223-224, 225

お

欧州安全保障・協力会議(CSCE)　125-126, 338
欧州安全保障・協力機構(OSCE)　126, 338
欧州委員会　353
欧州会社法　183
欧州議会　291, 373
欧州協定(連合協定)　296
欧州共同体(EC)　→EC
欧州共同体製造者委員会(CCMC)　310
欧州経営協議会法　142
欧州経済共同体(EEC)　→EEC
欧州経済地域(EEA)　296
欧州経済通貨同盟(EMU)　293, 336, 341
欧州産業人円卓会議(ラウンドテーブル)　181, 291
欧州産業連盟　181
欧州自由貿易連合(EFTA)　291, 296, 337
欧州中央銀行　141, 144, 151, 353, 355
欧州通貨機構　344

欧州通貨制度(EMS)　140, 293, 294, 341, 342, 343, 344, 345-348
欧州同盟／欧州連合(EU)　→EU
欧州フォード　311
大内兵衛　403
大型合併ブーム　184, 186, 190
岡時次郎　213, 215
沖電気工業　319
オットー・ヴォルフ商会　68, 75

か

改革の停滞　153, 191
外国人労働力　113
化成水島　232
合併・取得(M&A)　130, 147, 156, 182, 184, 186-187, 314, 335, 391
加藤武男　212
加藤寛治　31-32
株式ブーム　155-156, 157, 184, 190
株主価値　156-157, 158, 174, 185-186, 261
カルテックス　222
川崎造船所　33
為替相場メカニズム(ERM)　140, 293, 294, 295, 342, 343, 352
歓喜力行団　52
関係認識　401
関係を踏まえた比較　274-275, 401

き

キープ, O. C.　73
企画院　51
機関投資家　186
企業　88-89, 387-388, 391, 392
企業家精神　230
企業合併ブーム　156
企業設立ブーム　20
企業戦略の同質性　225

企業体制　168, 256-257, 258-260, 262-268, 271-273, 393-394
企業統治　174, 185, 261, 389
企業買収法　186-187
擬似共同体の形成　258, 262, 263
岸信介　49
技術・経営手法の導入　111, 112
技術・経営の移転　87-88, 130
技術院　51
技術導入　89, 203-204, 233, 236-237
技術料　227-228
規制撤廃・緩和　131, 147
北大西洋条約機構(NATO)　338
旧国営企業の民営化　130-133
協調的労使関係　258, 263
共通通貨　144
共通通商政策(CCP)　299
共同決定／共同決定制度　188, 189
共同変動相場制(スネーク)　341
協約自治　188, 189
許認可行政　226-227, 231
キリスト教民主・社会同盟(CDU/CSU)　125, 138, 153
キリンビール　210
金融センターとしてのドイツ　151, 191

く

グーテホフヌング製鉄　19
クノル, K.　73
クルップ　19, 73, 81
クルップ・ゲルマニア造船所　33
クレックナー・フンボルト・ドイツ　19
クレッソン, É.　316
グローバリズム　149, 250, 253, 254, 265, 361, 362
グローバル化　123-124, 149-151, 167-169, 174-175, 189, 249-250, 260-261, 275,

361-364, 366, 368, 387-392
グローバル企業　190-192, 266, 278, 364, 393
グローバル企業の統治　267-268
軍事視察団　43-44

け

経営史／企業経営史　87
経営者層レベルでの統合性　97
経営者の暴走　263
経営の優位　258
経済格差　137
経済関係　18
経済協力開発機構（OECD）　110, 298
経済協力協定　46, 82
経済成長至上主義　109, 121
経済相互援助会議（COMECON）→コメコン
経済的角逐　63
経済統合　123-124, 127, 135, 138, 151
経済復興会議　402
ゲーリング, H.　72
ゲッベルス, J.　52
ケロッグ　211, 218
ケロッグ法　210, 218
ゲンシャー, H.-D.　143
現地調達比率（ローカル・コンテンツ）　319

こ

膠州湾租借　19
合理化投資　112, 113, 116
コール, K.　125, 127, 131, 138, 154
国際カルテル　41-42
国際関係企業史／国際関係経営史　90, 92
国際通貨基金（IMF）→IMF
国際的技術市場　227
国際的資金移動　149, 167-168, 362, 363

国際連合　109, 388
国際連盟　38, 64
国産化奨励運動　42
国産品愛用運動　42
児玉信次郎　219, 220
国家統一　125
伍堂卓雄　73
コメコン（COMECON）　129, 291, 338
雇用・職業教育・競争力のための同盟　154
ゴルバチョフ, M. C.　291

さ

最恵国条項　22
最恵国待遇　21, 29
財政金融政策　254, 256-257
斎藤・ヴァイベル協定　30, 42
佐藤喜一郎　206
産業革命　20
産業合理化運動　49-50
産業政策　226-227
三国干渉　19
三国同盟　80, 398
三国同盟条約　41, 43, 45, 47
三洋電機　308

し

ジーメンス　19, 22-23, 33, 36-37, 48-49, 156
シーメンス事件　21
シェーリング　156
シェル　211-213, 214-215, 217, 218
塩谷二郎　220-221
資金の移転　133, 137
自社技術　237
資本主義　272-273, 387-388
資本輸出・債権大国　312-314
シャープ　308
社会化　402

索引　419

社会国家　191
社会的市場経済　130, 157, 158, 191, 404-405
社会的統合　371
社会的ヨーロッパ　180-182, 183-184
社会民主党(SPD)　125, 138, 153
社会労働憲章　293, 294
シャハト, H.　68
住域　373
重化学工業化　27-28, 39, 41, 78, 91, 110, 111-112
従業員の疲弊　263
自由貿易派　304-305, 310
収斂基準　146-147
主権国家　364
首都移転　130
シュミット, H.　157
シュレーダー, G.　130, 147, 148, 153, 154, 157
証券化　174, 182, 184, 261
証券市場活性化　154-155
情報　89
条約改正　21-22
昭和石油　212
昭和電工　200, 215, 223
昭和油化　217
所有にたいする経営の優位　263
所有の優位　186
シラク, J.　147, 354
新計画　68
信託庁　131-133, 135

す

スズキ　319
スタンダード・オブ・インディアナ法　214
ストーン・アンド・ウェブスター　202, 211, 213-214, 218-219, 223-224
住友化学　200, 219-221, 233, 235, 236, 237

せ

西欧同盟(WEU)　338
生産技術的な合理化　239
生産性向上運動　251
成長・競争力・雇用白書　140, 295, 336
制度的障壁　322
制度の移転　129-130
セーフガード　299
世界企業　392
世界恐慌(1929年)　38
世界銀行(IBRD)　109
世界的大企業　390-391
世界貿易機関(WTO)　393
石炭化学から石油化学への転換　228-230
石油化学協調懇談会　235
石油化学工業企業化第1期計画　200
石油化学工業企業化第2期計画　231
石油化学工業の育成対策　199
戦前からの連続性　230
染料輸入許可制　29

そ

総合石油化学企業　200, 224, 226
相互関税協定　22
相互協定税率　21
総力戦　50-52
総力戦研究所　51-52
ソーシャル・アジア　383
ソーシャル・ジャパン　383
ソーシャル・ダンピング　398, 403, 404, 405, 406
ソーシャル・ヨーロッパ　382
組織的な合理化　238-239
ソニー　267, 308, 319
ゾルフ, W.　26

た

第1次石油危機　115-116, 238, 259, 300, 365
第2次石油危機　116-117, 238, 301
第3次産業革命　117, 289, 333
大協和石油化学　232
大戦ブーム　27
大東亜共栄圏　45-46
対日差別輸入数量規制　307
大日本セルロイド　44, 79
ダイムラー・ベンツ　156, 311
ダイムラークライスラー　156, 184, 267
多国籍企業　364, 393
脱国籍企業　191-192, 266, 393
単一欧州議定書　139, 289, 334
単一通貨　144, 343, 346, 349-351, 350
タングステン　69
ダンピング防止規則　307

ち

地域　176, 252, 366
地域化　176-178, 251-252, 253, 260, 266, 366-368, 369, 370-371, 376-378, 400
地域主義　265-266, 366
地域統合　178, 287, 329, 330, 369, 371-372
チーグラー, K.　207-208
チーグラー法　207-210, 214
チェッキーニ報告　290-291
知識　89
中欧協定制度　22
中国ジーメンス社　78
中国調査会　67
超国家性　349-351
直接投資　22, 35-37, 47, 48, 112, 149, 274, 279, 281, 311, 312-323, 392

つ

ツァイス　33
通貨統合　141, 143-144, 346-347, 374
通商航海条約（1896年）　21
通商航海条約（1911年）　21, 24, 29
通商航海条約（1927年）　30
通商コンフリクト（摩擦）　300-302
通商産業省（通産省）　226-227, 309-310

て

ティートマイヤー, H.　127
ティッセン・クルップ　184
敵対的買収　186-187
デッカー, W.　291
テュッセン, F.　72
デュポン　96, 234

と

ドイツ・テレコム　155, 157
ドイツ・ブンデスバンク　→ドイツ連邦銀行
ドイツ・マルク　144
ドイツ学習　49-52, 63, 399-400, 406
ドイツ銀行（ドイチェ・バンク）　156, 184
ドイツ工業連盟　67, 189
ドイツ商社　20, 27, 77
ドイツ封じ込め　143, 337
ドイツ連邦銀行（ドイチェ・ブンデスバンク）　127, 144, 351, 352, 355, 356
東亜協会　20, 72
統一ブーム　134
統一不況　135
東郷茂徳　26, 31-32
統合度　297
統合の過熱　292
統合ブーム　292

東西通貨の統一　126
東芝　319
東南アジア原料資源　43
東南アジア諸国連合(ASEAN)　177, 252, 266, 329, 367, 376, 381
東燃石油化学　232
東方への拡大　142-143, 145, 178
東洋レーヨン　96, 206
ドーズ案　27
独亜銀行　24, 68
独中間貿易　66-67, 68-69
トヨタ　267, 311, 319
トラウトマン, O.　76
鳥居保治　205, 207, 208, 210, 211, 221
ドルニエ　33
ドレスナー銀行　185
ドロール, J.　291, 295
ドロール報告　141, 336, 341, 342, 346

な

中島久万吉　50
中島昇　204, 208, 210, 234
ナチス広域経済圏　45-46, 71
ナチス人口政策　52
南米南部共同市場　→メルコスール(MERCOSUR)

に

ニース条約　143, 145
ニクソン・ショック　299, 300
ニクソン声明　114, 115
日欧投資コンフリクト　320-321, 322-323
日独間貿易　20, 28-29, 38-40, 64-65
日独戦争　23, 398
日独防共協定　40, 41, 76
日米経済紛争　118-119
日満独三角貿易　65, 78-79

日産　267, 311, 319, 320
日本・EC間貿易　301-306
日本・EC共同宣言　301, 306
日本・EC高級事務レベル協議　306
日本・EC首脳会議　306-307
日本・EC定期閣僚会議　306, 307
日本経済の長期停滞　252-257
日本石油　221-222
日本石油化学　200, 222-223, 235, 236, 237
日本石油精製　221-222
日本曹達　199
日本電気　318, 319
日本の経済的挑戦　289, 334

の

ノイアー・マルクト　155, 156, 158
野村直邦　43, 81

は

ハーバー, F.　34
ハーバー・ボッシュ法　24, 34
ハイエ, F.　72
バイエル　19, 156
パクス・アメリカーナ　114, 120
覇権　170, 176-177, 250-251, 329-330, 364-365, 367-368
覇権システム　330, 332
長谷川周重　220-221
バブル経済　259, 264, 271, 292
ハプロ契約　69
反ダンピング課税　308-309, 314, 318

ひ

比較　273, 401
東アジア　376
東アジア経済協議体(EAEC)　381
東アジア経済グループ(EAEG)　381

日立製作所　94, 319, 320
ヒトラー・ユーゲント　52

ふ

フィッシャー, J.　145
フィッシャー法　205, 207
フィリップス　291
フィリップス法　214, 215
富士通　318, 319
富士電機製造　36-37, 48-49
部品ダンピング課税　307-308, 319
プラット, A. W.　212
古河化学　217
古河グループ　222
古河電気工業　36, 200
ブレア, T.　153
文化的障壁　322

へ

米欧経済紛争　118
ペール, K. O.　127
ヘキスト　19, 208, 210
ベルリンの壁の崩壊　294

ほ

貿易・関税一般協定（GATT）　→GATT
貿易協定（1939年）　40-41, 43, 46, 80-81
貿易協定（1949年）　403
貿易協定（1960年）　406
貿易取決め（1934年）　40
北米自由貿易協定（NAFTA）　177, 252, 329, 331, 367
保護貿易派　304-306, 310
ポリエチレン　202-203, 206-210, 213-217, 219-221, 224-225
ボン・サミット（1978年）　117
本田技研工業　311, 319

ま

マーストリヒト条約　123, 134, 140-141, 143, 293-294, 296, 336, 337, 338, 342-344, 350, 351, 355, 374
マイクロ・エレクトロニクス（ME）化　117
マイクロ・エレクトロニクス（ME）革命　289, 333
松下電器産業　308
松下電子工業　319
マツダ　311, 319
マルク　354
マルク（経済）圏　337, 347-348
丸善石油　200
丸善石油化学　232
満州産大豆　65, 70-72, 74
満州中央銀行　75
満州電気化学工業　44, 79
満独修好条約（1938年）　41, 77
満独通商条約（1938年）　77
満独貿易協定（1936年）　41, 45, 72, 78, 80
マンネスマン　23, 184, 186

み

三池合成工業　204, 206
三井化学　205-210
三井銀行　206
三井鉱山　205, 206, 207
三井石油化学　200, 206, 209-210, 211, 232, 233-234, 235, 237
三井東圧化学　239
三井物産　70, 81
ミッテラン, F.　143
三菱化成　211-212, 214
三菱自動車工業　267, 311, 319
三菱商事　27, 70, 81, 214, 215
三菱石油　200

三菱電機　319
三菱モンサント　200
三菱油化　200, 213-219, 232, 233, 234, 235, 236, 237, 239
ミュラー, W.　157

め

メルコスール (MERCOSUR)　177, 252, 329, 367

も

モデル・ジャパン　289
モードロウ, H.　124-125
模倣・改善・革新　99
モンテカチーニ　233

や行

山下奉文　81
ユーロ　141-142, 144-145, 146, 148, 156, 178, 179, 344, 352-357, 374
ユーロ・ペシミズム　295
輸出監視（モニタリング）　309-311, 314, 319
輸出自主規制　301
ヨーロッパ・EU 企業　356-357
ヨーロッパ化　123-124, 146-148, 169, 182-183, 189, 337, 400
ヨーロッパ企業　183
ヨーロッパ企業体制　182-183
ヨーロッパ経済協力機構 (OEEC)　332
ヨーロッパ支払同盟 (EPU)　332, 341
ヨーロッパ統合　123-124, 139, 143, 178-179, 294, 331, 332, 333, 336, 340, 350, 400

ヨーロッパの競争力　181-182, 183-184
ヨーロッパの挑戦　297

ら行

ラーテナウ, W.　50
ライセンシング　23, 33, 35, 46-47, 95, 392, 398-399
ライニッシェ・オレフィン・ヴェルケ (ROW)　214-215
ライヘナウ, W. v.　69, 76
ライン資本主義　150
ラフォンテーヌ, O.　153
リッター, K.　72
立地としてのドイツ　151, 182, 191
立地としてのヨーロッパ　181
立地論争　151, 191
ルノー　267
歴史的並行性　399
レッペ, W.　208, 215
レッペ化学　210
ロイナ工場　131-132
労使関係における統合性　98
労使関係の柔軟化　116, 136, 152, 188-189
ローゼンベルク, A.　72
ロールバハ　33
盧溝橋事件　76
ロゴフスキー, M.　189

わ

ワシントン体制　25, 38
和田野基　44-45, 79-80

著者紹介

工藤 章（くどう あきら）

- 1946年10月　東京に生まれる。
- 1969年6月　東京大学経済学部卒業。
- 1975年3月　東京大学大学院経済学研究科博士課程単位取得退学。
  東京大学社会科学研究所助手，信州大学経済学部助教授，東京大学教養学部助教授，東京大学社会科学研究所助教授を経て，
- 1992年4月　東京大学社会科学研究所教授。
- 2010年3月　東京大学停年退職・東京大学名誉教授。

主要業績

『日独企業関係史』有斐閣，1992年。
『イー・ゲー・ファルベンの対日戦略——戦間期日独企業関係史』東京大学出版会，1992年。
International Cartels in Business History, co-edited with Terushi Hara, Tokyo: University of Tokyo Press, 1992.
『ドイツ統一と東欧変革』住谷一彦，山田誠と共編，ミネルヴァ書房，1992年。
『20世紀資本主義Ⅱ 覇権の変容と福祉国家』編，東京大学出版会，1995年。
『現代ヨーロッパ経済史』原輝史と共編，有斐閣，1996年。
Japanese-German Business Relations: Cooperation and rivalry in the inter-war period, London: Routledge, 1998.
『現代ドイツ化学企業史——IGファルベンの成立・展開・解体』ミネルヴァ書房，1999年。
『20世紀ドイツ資本主義——国際定位と大企業体制』東京大学出版会，1999年。
『ドイツ経済——統一後の10年』戸原四郎，加藤榮一と共編，有斐閣，2003年。
German and Japanese Business in the Boom Years: Transforming American management and technology models, co-edited with Matthias Kipping and Harm G. Schröter, London: Routledge, 2004.
『現代日本企業』全3巻，橘川武郎，G・D・フックと共編，有斐閣，2005-2006年。
『日独関係史 1890-1945』全3巻，田嶋信雄と共編，東京大学出版会，2008年。
『企業分析と現代資本主義』井原基と共編，ミネルヴァ書房，2008年。
『現代世界経済の構図』馬場宏二と共編，ミネルヴァ書房，2009年。
Japan and Germany: Two latecomers to the world stage, 1890-1945, 3 vols., co-edited with Nobuo Tajima and Erich Pauer, Folkestone: Global Oriental, 2009.

日独経済関係史序説

2011年10月31日　初 版

著　者　　工藤　章
装幀者　　加藤昌子
発行者　　桜井　香
発行所　　株式会社 桜井書店
　　　　　東京都文京区本郷1丁目5-17 三洋ビル16
　　　　　〒113-0033
　　　　　電話　(03)5803-7353
　　　　　Fax　(03)5803-7356
　　　　　http://www.sakurai-shoten.com/
印刷所　　株式会社 ミツワ
製本所　　誠製本株式会社

© 2011 Akira KUDO

定価はカバー等に表示してあります。
本書の無断複写(コピー)は著作権法上
での例外を除き，禁じられています。
落丁本・乱丁本はお取り替えします。

ISBN978-4-905261-04-9　Printed in Japan

戸原四郎著
ドイツ資本主義
戦間期の研究
資本主義発達史として戦間期におけるドイツ経済を分析
A5判・定価4600円＋税

玉田美治著
フランス資本主義
戦間期の研究
フランス帝国主義の戦間期における再編成と変容を追究
A5判・定価4800円＋税

奥村　哲著
中国の資本主義と社会主義
近現代史の再構成
中国近現代史の新たな全体像を追究する
A5判・定価4800円＋税

中村　哲著
近代東アジア史像の再構成
東アジア資本主義の形成と発展に関する理論を組み替える
A5判・定価3500円＋税

菊本義治ほか著
グローバル化経済の構図と矛盾
世界経済システムとしてのアメリカン・グローバリズムの経済分析
A5判・定価2700円＋税

福田泰雄著
コーポレート・グローバリゼーションと地域主権
多国籍巨大企業による〈市場と制度〉統治の実態に迫る現代帝国主義論
A5判・定価3400円＋税

G. エスピン-アンデルセン著／渡辺雅男・渡辺景子訳
ポスト工業経済の社会的基礎
市場・福祉国家・家族の政治経済学
アンデルセン教授の福祉国家類型論の基礎理論を凝縮
A5判・定価4000円＋税

桜井書店
http://www.sakurai-shoten.com/